ORIENT - OCCIDENT

Suppl. 16
2020

Ouvrage édité par

*la Société des Amis de la Bibliothèque Salomon Reinach
et l'École française d'Athènes*

Comité d'honneur (au 01.01.2020) :
Jean ANDREAU, Alexandre FARNOUX, Ian MORRIS, Catherine VIRLOUVET

Comité de Rédaction (au 01.01.2020) :
Marie-Françoise BOUSSAC, Roland ÉTIENNE, Pierre-Louis GATIER, Jean-François SALLES, Laurianne MARTINEZ-SÈVE, Jean-Baptiste YON

Responsable de la Rédaction : Marie-Françoise BOUSSAC
Adjoint : Jean-Baptiste YON
Maison de l'Orient et de la Méditerranée — Jean Pouilloux
5/7 rue Raulin, F-69365 Lyon Cedex 07, France
marie-francoise.boussac@mom.fr

www.topoi.mom.fr
http://www.persee.fr/collection/topoi

© Société des Amis de la Bibliothèque Salomon Reinach
© École française d'Athènes

ISSN : 1764-0733
ISBN : 978-2-86958-559-1

Illustration de couverture : tablettes d'Ougarit (RS 15.094 et RS 15.073), copie Juan Pablo Vita ; tablette mycénienne (recto de MY Oe 106), copie Massimo Perna.
Illustrations du dos : a-ko-no-to ka-ra-pe-we.

Topoi Supplément 16

PALAIS SANS ARCHIVES, ARCHIVES SANS PALAIS

Palais, archives et territoires en Orient et en Égée

Table ronde internationale, Nanterre, Maison René Ginouvès
17 novembre 2015

Textes réunis par Françoise Rougemont

Sommaire

Françoise Rougemont, « Présentation »	5
Abréviations	6

Les palais : critères, définitions, modèles ?

Bertrand Lafont et Camille Lecompte, « À propos des "palais" (e_2-gal) sumériens »	7-56
Stefan Jakob, « Le palais médio-assyrien. Un centre politique et administratif »	57-72
Françoise Rougemont et Juan Pablo Vita, « Palais et archives : organisation administrative des palais dans le monde mycénien et à Ougarit »	73-107

Palais et archives : rapports, fonctions et développements

Pascal Butterlin, « Le grand palais royal de Mari : dernières recherches au cœur du système palatial (2005) »	109-139
Olivier Venture, « Le site de Yinxu à Anyang (env. 1400-1050 av. n. è.) : un palais sans archives ? »	141-153
Laura Cousin, « L'occupation des palais de Babylone d'après la répartition de la documentation textuelle (vi^e-ve siècles av. J.-C.) »	155-169

Palais, archives et territoires

Maria Emanuela ALBERTI et Artemis KARNAVA, « Palais, résidences et archives :
   le maillage des territoires en Crète à l'époque minoenne »   171-193
Maurizio DEL FREO, « Archives et palais dans le monde mycénien :
   quelques observations »   195-216
Aline TENU, « Le contexte archéologique des archives médio-assyriennes »   217-231

Francis JOANNÈS, « Conclusions »   233-240
Index   241-246

PRÉSENTATION

À l'âge du Bronze, dans le monde égéen comme au Proche-Orient et en Asie, de nombreux bâtiments interprétés comme des « palais » sont attestés. Ils se distinguent des autres constructions par leur taille et/ou par leur originalité dans plusieurs domaines, et apparaissent comme les centres du pouvoir politique par excellence ; ils servent également de résidence à l'autorité politique qui exerçait le contrôle sur son territoire. Un certain nombre de « palais » ont livré des documents écrits, aussi bien au Proche-Orient que dans le monde égéen et en Extrême-Orient. Toutefois, dans plusieurs domaines chrono-géographiques, la situation documentaire relative aux « palais » et aux archives palatiales est plus compliquée : les sources textuelles ne coïncident pas nécessairement avec la documentation archéologique. Certains palais n'ont pas livré d'archives administratives et économiques. Par ailleurs, on peut trouver des archives palatiales hors des édifices palatiaux proprement dits, dans d'autres bâtiments fouillés sur le même site ou même en dehors de ce site « central », ce qui invite à réfléchir à la fois sur la hiérarchie éventuelle des sites et sur le maillage du territoire contrôlé par les palais.

La table ronde *Palais sans archives, archives sans palais : archives, palais et territoires en Égée et en Orient*, issue du projet de recherche collectif *Palais de l'âge du Bronze, en Égée et en Orient* de l'UMR 7041 ArScAn, s'est tenue à la Maison René Ginouvès le 17 novembre 2015 ; elle a réuni à la fois des spécialistes du monde égéen (palais minoens et mycéniens), du Proche et de l'Extrême-Orient, mais aussi des archéologues et des spécialistes des textes, de manière à confronter, entre autres, tous les types de sources, à s'interroger sur les éléments de définition et de terminologie des palais, sur les relations entre les différentes catégories de témoignages disponibles, sur l'organisation administrative des palais et leur rapport avec le territoire qu'ils dominent. Les textes ont été réunis et édités par Fr. Rougemont.

Abréviations

AhW	Akkadisches Handwörterbuch
AoF	Altorientalische Forschungen
AOAT	Alter Orient und Altes Testament
AOS	American Oriental Series
ARM	Archives Royales de Mari
AVO	Altertumskunde des Vorderen Orients. Archäologische Studien zur Kultur und Geschichte des Alten Orients
BAH	Bibliothèque archéologique et historique
BAR-IS	British Archaeological Reports – International Series
BATSH	Berichte der Ausgrabung Tall Šēḫ Ḥamad/Dūr-Katlimmu
BEFAR	Bibliothèque des Ecoles françaises d'Athènes et de Rome
CAD	Chicago Assyrian Dictionary
CUSAS	Cornell University Studies in Assyriology and Sumerology
FAOS	Freiburger Altorientalische Studien
ISIMU	ISIMU. Revista sobre Oriente Próximo y Egipto en la antigüedad
LAPO	Littératures anciennes du Proche-Orient
M.A.R.I.	Mari, Annales de Recherches Interdisciplinaires
MARV	Mittelassyrische Rechtsurkunden und Verwaltungstexte
NABU	Nouvelles Assyriologiques Brèves et Utilitaires
PAPhS	Proceedings of the American Philosophical Society
RIMA	The Royal Inscriptions of Mesopotamia, Assyrian Periods
RIME	The Royal Inscriptions of Mesopotamia, Early Periods
RSO	Ras Shamra-Ougarit
SIMA-PB	Studies in Mediterranean Archaeology – Pocket Books
TAPhS	Transactions of the American Philosophical Society
WVDOG	Wissenschaftliche Veröffentlichungen der Deutschen Orient-Gesellschaft

À PROPOS DES « PALAIS » (e$_2$-gal) SUMÉRIENS

Introduction[1]

En Mésopotamie méridionale, il est habituel de caractériser le IIIe millénaire avant notre ère (l'âge du Bronze ancien des archéologues) comme le temps de la suprématie des Sumériens et de l'émergence des Akkadiens. Pour cette longue période, les archéologues n'ont guère exhumé de bâtiment pouvant clairement s'apparenter à un « palais royal »[2]. Il faut cependant reconnaître la difficulté qu'ils rencontrent pour distinguer temples, palais et simples résidences, parmi les bâtiments de ces époques anciennes qu'ils fouillent. Alors que, en Syrie, le palais royal d'Ebla du IIIe millénaire possède les attributs à part entière d'un tel édifice, plus particulièrement un immense lot d'archives, les premiers palais de Mésopotamie bien identifiés, avec leurs espaces spécifiques (cours, salle du trône, etc.), datent davantage du début du IIe millénaire, avec notamment celui qui vient assez spontanément à l'esprit quand il s'agit d'évoquer un grand palais royal : le palais de Mari, dont il ne faut cependant jamais omettre de souligner le caractère très exceptionnel.

Les historiens s'accordent pourtant sur un point : c'est au cours de cette longue période du IIIe millénaire qu'a émergé peu à peu une réelle « autorité royale » : la royauté a fini par s'imposer en Mésopotamie, d'abord dans le cadre des cités-États sumériennes, puis surtout avec les « empires » d'Akkad et d'Ur III.

---

1. Les abréviations employées dans cet article, en particulier celles se rapportant aux éditions de textes présargoniques, suivent celles utilisées par le site du CDLI.

2. On laisse ici de côté les débats archéologiques sur la nature des bâtiments fouillés à Jemdet Nasr (voir remarques ci-dessous), Tell Uqair, Eridu, Tell Asmar ou Kiš, mais aussi le cas du palais présargonique de Mari, qui se trouve en Syrie. On pourra se reporter pour ces questions à MARGUERON 1982, HUOT 1990 et MATTHEWS et MATTHEWS 2017.

Cette question de la recherche sur les palais est importante, car longtemps, chez les historiens de la Mésopotamie, on a considéré que le palais n'était qu'un développement tardif issu d'une institution qui l'aurait précédé pour gouverner les cités-États sumériennes : celle du temple[3].

Alors, où sont les palais de ces rois mésopotamiens du IIIe millénaire ? Aucune des capitales sumériennes ayant fait l'objet de fouilles n'a livré un tel bâtiment, à l'exception de Kiš. À Lagaš et surtout Ĝirsu, il a pu être « raté » par les fouilleurs, comme on le verra ; on n'a rien pour Akkadé, bien sûr, puisque cette capitale n'a jamais été retrouvée. Mais pourquoi aucune résidence palatiale remplissant les fonctions imparties à l'autorité royale n'a-t-elle été retrouvée à Ur, capitale royale pourtant bien fouillée par L. Woolley, et cela ni pour l'époque archaïque, ni même, en un sens, pour l'époque d'Ur III[4] ?

Pour toute cette longue période de mille ans et pour faire référence aux travaux préparatoires qui ont mené au présent programme collectif de recherche sur les palais orientaux de l'âge du Bronze, on se trouve donc ici dans un contexte où l'on dispose de textes faisant allusion au palais, mais d'aucun palais archéologiquement attesté. Soit la situation, envisagée par les participants à ce programme, d'« archives sans palais », qui contraste avec celle où l'on a des « palais sans archives ».

Dans les textes de cette période, le mot sumérien que l'on traduit généralement par « palais » est e_2-gal. Il apparaît dès l'époque archaïque et il est à l'origine du mot akkadien *ekallum* (voir ci-dessous n. 6).

L'e_2-gal, c'est d'abord une « e_2 » au même titre que les autres, c'est-à-dire une « maison », une « maisonnée » ou un « domaine » : structure élémentaire de la société, de l'économie et des institutions sumériennes, l'e_2 peut caractériser aussi bien un temple (maison du dieu), un palais (maison du roi), un domaine familial ou une quelconque unité institutionnelle fonctionnant sur le modèle de l'*oikos*[5]. L'autorité politique, la structure de l'économie, tout autant que l'ordre social, étaient tous formés, à cette époque du IIIe millénaire, sur ce même modèle de la maisonnée, de haut en bas d'une sorte de pyramide d'*oikoi* aboutissant finalement au roi.

---

3. Il n'y a pas lieu de retracer ici, ni même de résumer les grands débats historiographiques qui se sont multipliés jusqu'à la fin de notre XXe siècle, dans le cadre de la théorie dite de la « cité-temple », à propos de la supposée rivalité entre le palais et les temples dans les cités-États sumériennes au cours des deux premiers tiers du IIIe millénaire. Il est fait allusion à cette question un peu plus loin, avec les éléments de bibliographie auxquels on pourra se reporter en dernier lieu.

4. Concernant le bâtiment du site d'Ur connu sous le nom de « palais d'Ur-Nammu et de Šulgi », voir ci-dessous n. 169.

5. Il existe une bibliographie conséquente à ce sujet. Il reste commode de se référer à GELB 1979 et à SCHLOEN 2002.

Le « palais » (e$_2$+gal) n'est donc, étymologiquement, qu'une « grande maison »[6]. C'est généralement celle où réside le roi (lugal) qui est lui-même un « grand homme » (lu$_2$+gal). Il est habituel, en assyriologie, d'établir, surtout postérieurement à l'époque sumérienne, une sorte d'équation e$_2$-gal = « palais royal ». Mais la situation n'est pas aussi simple qu'il y paraît, étant donné notamment la nature polysémique de ce mot. L'e$_2$-gal peut en effet caractériser :

- un bâtiment où réside le souverain
- le centre du pouvoir politique, siège du gouvernement
- le domaine royal, centre de l'activité économique
- un organisme de nature administrative
- une entité légale et symbolique
- n'importe quelle grande résidence, temple, ou même prison [7].

Pour tenter de préciser les choses, nous avons lancé une enquête la plus systématique possible[8] pour repérer toutes les mentions du mot e$_2$-gal dans les sources textuelles du IIIe millénaire (quel que soit le genre de ces textes) et pour essayer d'en détailler le sens, Camille Lecompte pour les périodes les plus anciennes et Bertrand Lafont pour la fin du IIIe millénaire, en espérant au total pouvoir affiner les critères permettant de préciser les diverses acceptions du terme e$_2$-gal à l'époque sumérienne.

1. Problématiques relatives à l'e$_2$-gal lors de l'époque présargonique

1.1. Généalogie du palais : incertitudes du début du IIIe millénaire

Les premières sources écrites de la fin du IVe et du début du IIIe millénaires, datant plus précisément de l'époque dite d'Uruk, ne semblent pas témoigner clairement de l'existence d'un palais désigné comme e$_2$-gal, dans la mesure où le meilleur exemple d'une institution sûrement identifiable avec des restes architecturaux, le « Large Building » du site de Jemdet Nasr, dont la fonction ne se déduit apparemment pas de ses restes, était désigné par le signe AB, à interpréter

---

6. À propos de l'étymologie et des aspects linguistiques du terme e$_2$-gal, voir tout récemment RUBIO 2017.

7. Cf. HALLO 1979.

8. En nous référant d'abord au *status quaestionis* complet dans les deux contributions que N. Postgate et W. Sallaberger ont rédigées pour l'article « Palast » du *Reallexikon der Assyriologie* (POSTGATE 2003-2005 et SALLABERGER 2003-2005). Voir aussi l'article *ekallu* dans le volume E du *Dictionnaire assyrien de Chicago* (CAD).

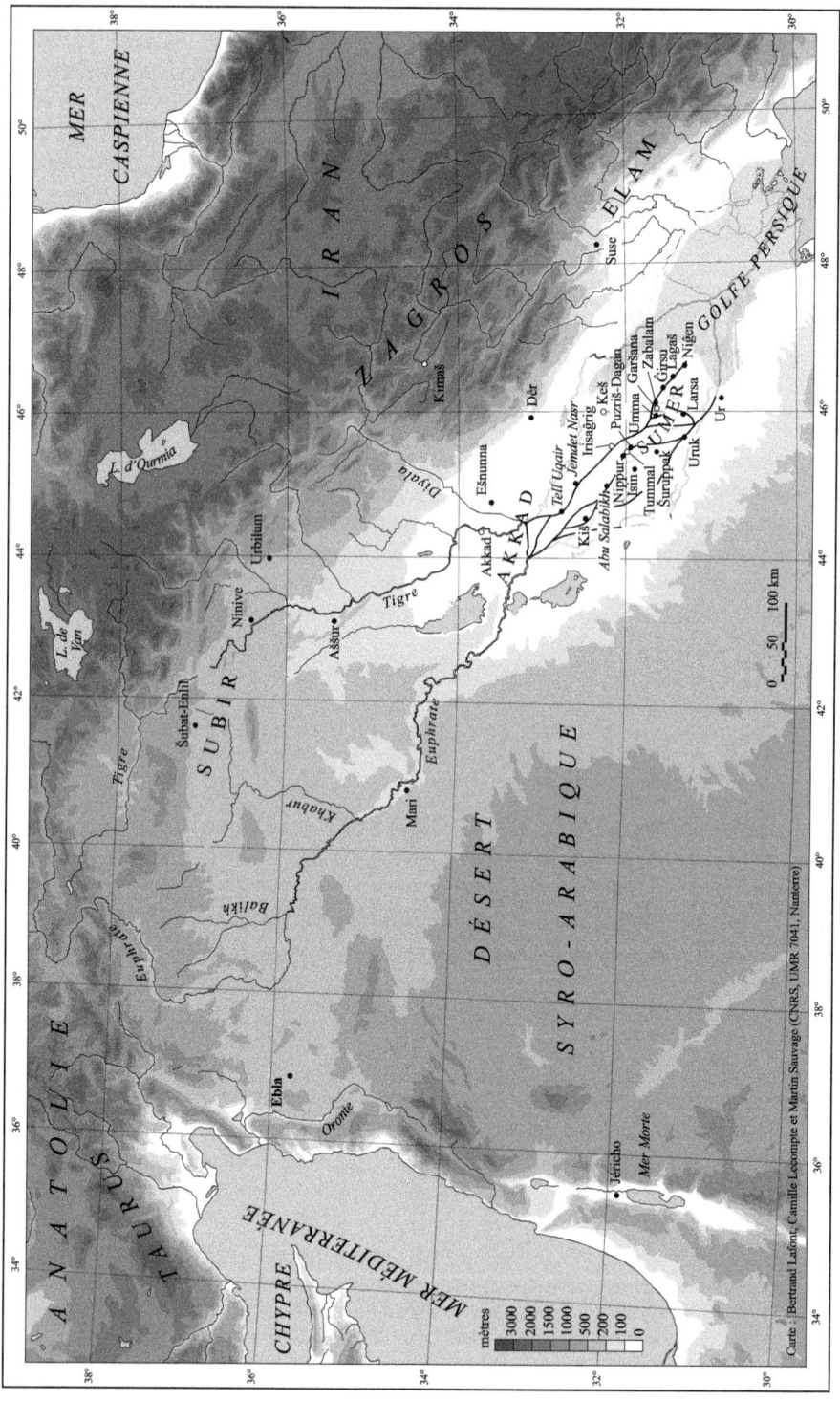

probablement comme eš₃, « sanctuaire »⁹. La combinaison des signes E$_{2a/b}$ et GAL en une même ligne dans les sources de cette époque reste également d'une lecture incertaine et ne se rapporte pas nécessairement à un « palais »[10]. Par conséquent, on ne saurait apparemment tirer aucune conclusion quant au siège de l'institution « royale » ni quant à la possible implication d'un palais désigné comme e₂-gal dans les plus anciennes sources.

Plus tard, lors de la période dite Dynastique Archaïque I-II, le palais est pour la première fois sûrement identifiable en quelques occurrences. En premier lieu, le terme e₂-gal est attesté dans de rares contextes administratifs documentant principalement une fonction professionnelle qui lui est associée, celle de nu-banda₃, « surveillant, inspecteur »[11]. Pour le reste, le terme e₂-gal apparaît également dans l'onomastique et plus particulièrement dans le nom Amar-e₂-gal, qui peut se traduire comme « le veau du palais ». Ces données peuvent être corrélées aux nombreuses attestations du mot lugal, roi, dans l'anthroponymie[12], en faveur de l'importance de l'institution royale. Toutefois, les archives découvertes à Ur proviennent de restes identifiables, d'après les reconstructions proposées par G. Benati, avec les

---

9. Voir à ce sujet ENGLUND 1998, p. 24-27; SALLABERGER 2003-2005, p. 200. Pour une analyse architecturale, voir MARGUERON 1982, p. 23-34, dont les conclusions démontrent l'incertitude relative à la fonction de ce bâtiment – dont on ne peut savoir s'il était un palais ou un temple : « Il reste certain qu'aucun trait distinctif d'un temple n'est décelable dans ce foisonnement anarchique de murs et de murets bien souvent sculptés par les fouilleurs eux-mêmes. […] Quant à y définir un palais, ce n'est guère plus facile pour les mêmes motifs, et aussi parce que si des palais ont existé à cette époque on n'en connaît pas encore les caractéristiques essentielles ». Voir plus récemment MATTHEWS et MATTHEWS 2017, p. 365. À titre spéculatif, l'on pourrait envisager ici un centre administratif dépendant du palais, comme ce devait être le cas à Ur dans les restes d'où proviennent les tablettes du DA I-II, cf. BENATI 2015.

10. On peut citer les exemples suivants : BagM 22, W 24008,12. O0102. 1N₃₄ SUḪUR SANGA$_a$ ME$_a$ GAL$_a$ E$_{2a}$ [ ] où le signe GAL$_a$ peut être associé à n'importe lequel des autres signes. CUSAS 1, 22. O0101. [ ] ⌈E$_{2a}$⌉ ⌈GAL$_a$⌉ ⌈TI⌉ SANGA$_a$ DUB$_a$, que rien n'interdit d'interpréter comme le principal scribe (umbisaĝ-gal dub). CUSAS 1, 94. O0201a. [ ] SANGA$_a$ SANGA$_a$ ⌈GAL$_a$⌉ ⌈E$_{2a}$?⌉. Une des attestations les moins incertaines se trouve en CUSAS 31, 120. O0202. 1N₁ E$_{2a}$ GAL$_a$, mais le reste du texte semble ne se rapporter qu'à des anthroponymes ; voir également CUSAS 1, 177. On peut également relever MSVO 1, 128. O0203. URU$_{a1}$ PA$_a$ E$_{2a}$ ⌈GAL$_a$⌉ [ ]. MSVO 3, 12. O0301. 4N₃₉$_a$? NIN GAL$_a$ E$_{2a}$. MSVO 3, 33. O0101. [ ] 1N₁₈ 4N₃ 3N₄₀ DUB$_a$ E$_{2b}$ GAL$_a$ ŠAM₂.

11. UET II, 112. R0103'. nu-banda₃ e₂-gal. Voir BURROWS 1935, p. 14. À ces références, on peut ajouter UET II, 170. O0104. 1N₁ ninda e₂-gal MUŠ₃? (collation d'après les photographies disponibles sur le site du CDLI, P005756).

12. Voir l'index des noms propres établi par BURROWS UET II, p. 34-35. ANDERSSON 2012, notamment p. 35.

bureaux du temple de Nanna[13]. Par ailleurs, la rareté des attestations du palais et du «roi» comme acteurs politiques semblent impliquer qu'à Ur, les fonctions suprêmes n'étaient pas nécessairement détenues par un tel type de souverain, mais éventuellement par un «gouverneur», ensi$_x$ (écrit PA.SI), soit que cette dernière cité fût soumise à une puissance politique extérieure, soit que d'autres institutions se soient interposées[14].

Si l'on progresse dans le temps, les archives de l'époque de Fara (vers 2600) révèlent cette fois le fonctionnement de l'e$_2$-gal, qui, d'après Visicato et Pomponio[15], constituait l'une des trois principales institutions de la ville de Šuruppak, avec l'e$_2$-geme$_2$ et l'e$_2$-iri, respectivement «maison des servantes» et «maison de la ville». Le souverain de cette cité, dont le titre est désigné en sumérien comme ensi$_2$-GAR (gal), serait davantage connecté avec l'e$_2$-geme$_2$ tandis que le «palais» inclurait, dans les archives existantes, une partie significative du personnel. La reconstruction proposée par les deux auteurs, dont Sallaberger rappelle d'ailleurs qu'elle comporte une part d'incertitude en raison du laconisme des sources, ne semble pas promouvoir le «palais» au centre de la vie politique de Šuruppak, ce qui peut paraître surprenant[16]. Cette question devrait faire l'objet de futures recherches afin de confirmer ou infirmer les hypothèses exprimées par Visicato et Pomponio. Il est à vrai dire préjudiciable à toute analyse sur l'importance du «palais», e$_2$-gal, que les prérogatives qui lui sont imparties dans les textes de Fara n'aient pas fait l'objet d'une étude systématique, qui offrirait une certaine perspective face aux apories dont l'historiographie est devenue captive.

1.2. Problématique et historiographie des textes du Dynastique Archaïque IIIb

La question du rôle du palais est principalement évaluée à l'aune des textes de la période succédant à celle de Fara, qui est tenue pour l'âge de rivalité entre ces entités politiques conventionnellement désignées comme cités-États[17]. Plus spécifiquement, les sources écrites venant du site de Telloh, ancienne Ĝirsu,

---

13. Voir notamment à ce propos Benati 2015.

14. Voir notamment Benati et Lecompte 2016, p. 22-24.

15. Pomponio et Visicato 1994; Visicato 1995, p. 119-121. Mentionnons également la corrélation proposée par Matthews et Matthews 2017, p. 366-368, entre des restes architecturaux du site de Abū Ṣalābīḫ et l'attestation d'un roi, notamment de la cité d'Ereš, du même site.

16. Sallaberger 2003-2005, p. 201.

17. Pour une vue d'ensemble sur la cité-État sumérienne, voir entre autres Glassner 2000 et Westenholz 2002.

principalement découvertes hors de tout contexte archéologique [18], inspirèrent diverses théories historiques qui déterminèrent les termes d'un débat encore ouvert. Ce site correspondait à la plus grande ville de l'État désigné comme celui de Lagaš, nom d'une autre cité de taille également importante : y gouvernait alors la Première Dynastie de Lagaš, fondée par le roi Ur-Nanše. Les sources qui y furent retrouvées se répartissent notamment entre :

– des inscriptions royales, se présentant généralement sous la forme d'une énumération de temples construits ou d'un récit, par exemple relatif à la guerre avec la cité voisine d'Umma [19] ;

– des tablettes administratives, pour un total d'environ 1750 [20], dont la majorité appartient à l'institution d'abord nommée e_2-mi_2 («maison des femmes»), puis, à partir du roi Urukagina, e_2-^dBa-U_2, «temple de la déesse Ba-U», la parèdre du dieu tutélaire de la ville de Ĝirsu, Nin-ĝirsu, sous le contrôle de l'épouse du souverain – selon une analogie entre couple «royal» et divin ; d'autres archives, d'une ampleur plus réduite, s'en distinguent (voir ci-dessous) ;

– quelques contrats de vente qui proviennent en partie de la sphère des souverains [21].

Les sources des autres sites, qui ne seront pas considérées ici en raison des limites imparties à notre enquête, offrent évidemment un complément intéressant, mais moins propice à une évaluation du rôle du palais, soit que les corpus qui nous sont parvenus demeurent plus réduits que ceux de Ĝirsu – constat valable pour les tablettes de Nippur, dont le total s'élève à environ 300 – soit qu'ils ne soient encore qu'incomplètement publiés, notamment dans le cas d'Umma [22].

Rappelons ici brièvement que l'un des principaux problèmes historiographiques des études assyriologiques concerne l'organisation politique des cités-États sumériennes du IIIe millénaire et plus précisément la part théocratique

---

18. Sur Telloh et les fouilles qui y furent menées, cf. PARROT 1948 et, plus récemment, HUH 2008 ; REY 2016, p. 5-35.

19. Par commodité, nous ne renvoyons ici qu'à la plus récente publication, FRAYNE 2007. Voir également STEIBLE 1982a et 1982b.

20. On se rapportera notamment à SELZ 1995a, p. 9-10 ; MAGID 2001, p. 313-314 ; SELZ 2011 ; SCHRAKAMP 2013, p. 447 avec bibliographie.

21. Voir notamment GELB et al. 1991 et EDZARD 1968.

22. De nombreux textes viennent à l'heure actuelle tout juste d'être publiés. Voir SCHRAKAMP et SALLABERGER 2015, p. 74, note 179, et SCHRAKAMP 2015b, p. 211, note 139, pour une mise au point récente respectivement sur les textes d'Umma et de Nippur.

des régimes anciens, à travers le concept de cité-temple[23]. Voici près d'un siècle, la théorie de l'État-temple[24] fut défendue par divers auteurs, notamment Deimel, selon qui les Sumériens ne purent exploiter leur pays et mettre en œuvre les installations hydrauliques nécessaires à l'agriculture que sous l'égide du temple, qui était alors l'institution majeure de cette civilisation – constat qui présuppose d'ailleurs l'existence d'une telle organisation à l'époque d'Uruk, pourtant mal connue. Au cours du IIIe millénaire, ce système aurait eu tendance à se désagréger. Selon ce point de vue, le souverain des cités sumériennes était principalement considéré comme le représentant terrestre de la divinité tutélaire de la cité. Si la place du palais ne semble alors pas clairement définie, elle ne peut être que reléguée comme un parent pauvre. Diverses critiques, qui insistent par exemple sur la place de la propriété privée, furent par la suite émises à l'encontre de ce cadre théorique[25]. De même, plusieurs auteurs se sont accordés à discréditer le concept d'État-temple pour caractériser l'organisation politique des cités sumériennes[26]. Comme le rappelle Foster, l'une des pierres d'achoppement de la théorie de l'État-temple et de ses contempteurs réside dans le texte des *Réformes d'Urukagina*, qui a suscité une abondante littérature assyriologique[27]. En dépit des innombrables difficultés philologiques propres à ce texte, son contenu peut être résumé comme suit: le souverain Urukagina commence par dresser une liste de certaines des constructions entreprises sous son règne, puis décrit les abus du passé dont il affirme qu'il les a rectifiés. Parmi les réformes proclamées par Urukagina figure la restitution des temples et de leurs biens aux divinités, dont on estime qu'elle se traduisit dans les textes administratifs par la substitution à la clause «propriété de Para$_{10}$-nam-tar-ra», l'épouse du souverain Lugal-an-da, prédécesseur d'Urukagina, qui caractérise à la fois les denrées, domaines agraires et rations, par «propriété de Ba-U$_2$». C'est notamment ce texte qui inspira à Deimel l'idée qu'Urukagina aspirait à restaurer l'État-temple dont il supposait qu'il était, à force de sécularisation, en proie à la décadence.

---

23. L'historiographie de ce problème est présentée synthétiquement par Foster 1981, p. 225-230; Glassner 2000, p. 40-43; Schrakamp 2013, p. 445-446.

24. Par commodité, nous ne renvoyons ici qu'à quelques références: Deimel 1931; Falkenstein 1954. Les assyriologues se réfèrent aux concepts de *Tempelstadt* et *Tempelstaat*.

25. Gelb 1969. Diakonoff 1974. Voir les références bibliographiques dans Foster 1981, p. 228-229, et Schrakamp 2013 p. 446.

26. Foster 1981; Glassner 2000. La discussion de Schrakamp 2013 est de premier ordre pour le sujet traité ici.

27. Notre but n'étant pas de rassembler la bibliographie exhaustive à ce sujet, nous renvoyons aux références suivantes pour plus de détails sur les interprétations diversement proposées: Hruška 1971; Foster 1981, p. 230-237; Schrakamp 2013, p. 454-457; Schrakamp 2015a, p. 335-342; Seminara 2015.

Toutefois, Foster comme Maekawa ou plus récemment Schrakamp ont affirmé l'inverse de Deimel, à savoir que la création de l'institution du «temple de Ba-U$_2$» (e$_2$-^{d}Ba-U$_2$) constitua une innovation administrative, qui peut notamment se comprendre comme une mainmise des souverains sur le patrimoine de la cité en profitant de leur statut de représentants des dieux sur terre[28]. Le but sous-jacent aux réformes d'Urukagina est toutefois encore considéré, notamment par Selz, à l'aune d'une crise économique menaçant les institutions étatiques[29]. En outre, Seminara rappelle le caractère purement idéologique du texte des *Réformes* et insiste sur les *topoi* littéraires qu'il comporte, relativisant quelque peu par là sa valeur comme source purement historique[30].

Ces mêmes *Réformes d'Urukagina* ont permis à Schrakamp d'introduire la notion de palais, puisque, comme cela sera rappelé ci-dessous, ce dernier auteur estime que les archives administratives démontrent l'emprise du palais sur les temples et leurs biens: ainsi, le vernis idéologique affirmant que les biens des temples furent rendus aux divinités permit à la maisonnée du souverain, et par là au palais, de confirmer leur contrôle sur les ressources du pays[31]. Pourtant, comme rappelé par Schrakamp[32] lui-même, le terme e$_2$-gal n'est mentionné que dans des circonstances spécifiques dans les *Réformes d'Urukagina*, sans être automatiquement assimilé à la « maisonnée » royale:

E1.9.9.1. ix. 2-6.

«De ce que les administrateurs des temples acquittaient les taxes au palais, le maškim (un huissier) en (= de cette responsabilité) fut déchu»

E1.9.9.3. ii. 10'-21'.

«après que les intendants, les chefs (de troupe), les lamentateurs, les fermiers et les brasseurs apportaient les moutons à laine, les tondaient dans le palais, lorsque les moutons étaient purs/blancs (?), leur laine était apportée au palais»

Le terme e$_2$-gal y désigne également un des sanctuaires du dieu Nin-ĝirsu:

E1.9.9.3. i. 7-9.

«Il (Urukagina) bâtit le palais de Tiraš»

Si, donc, les *Réformes d'Urukagina* mettent bien en évidence le rôle du souverain – que ce soit dans le sens où l'entendait Deimel, ou selon les interprétations de Maekawa et Foster – celui du «palais» reste documenté de manière plus

---

28. Maekawa 1973-1974; Foster 1981; Schrakamp 2013; Schrakamp 2015a, p. 335-342 et 371.

29. Cf. Selz 1999-2000, p. 16-20.

30. Seminara 2015, p. 427-429.

31. Schrakamp 2015a, p. 341, suivant notamment Maekawa 1973-1974.

32. Schrakamp 2013, p. 457.

restreinte[33]. Le palais y est avant tout considéré comme le lieu d'acquittement d'un type de taxe (IL$_2$) et de la tonte des moutons, deux informations qui s'avèrent cohérentes avec les données des textes administratifs. En revanche, comme l'a bien souligné Selz[34], la mention de l'e$_2$-gal entendu comme sanctuaire de Nin-ĝirsu témoigne sans équivoque de l'absence de frontière entre les institutions séculières et religieuses.

1.3. Une typologie du terme e$_2$-gal dans la documentation de Ĝirsu

Dans sa réévaluation du rôle du temple de Ba-U$_2$ et de son archive, SCHRAKAMP 2013, p. 447-452, propose une classification des activités attestées et met en avant plus spécifiquement que le contrôle des biens précieux et de luxe, la circulation des métaux, de l'argent et des textiles de haute qualité, les aspects militaires, seraient autant de secteurs qui relèveraient principalement du palais. L'une de ses principales conclusions, sur laquelle nous reviendrons, le conduit à affirmer que le temple était subordonné au palais et qu'une certaine distinction dans les prérogatives des deux institutions peut être établie, dessinant ainsi en «creux» une image de l'organisation palatiale[35]. Afin de confronter cette analyse aux données ne concernant que le palais, nous proposons ici de dresser une typologie des mentions du seul terme e$_2$-gal –par conséquent distingué du souverain et du couple royal– dans les textes de Ĝirsu, plus particulièrement dans l'archive de l'e$_2$-mi$_2$/e$_2$-^{d}Ba-U$_2$ [36].

---

33. En outre, les *Réformes* attestent de l'emploi du terme e$_2$-ensi$_2$, traduit par Frayne comme «biens (*estate*) de l'ensi$_2$».

34. SELZ 2014, p. 243 note 17. Rappelons ici que ROSENGARTEN 1960b, p. 14, avait également hésité dans sa traduction du terme e$_2$-gal entre palais et «grand temple». Voir également ci-dessous 2.2.

35. Cf. aussi SCHRAKAMP 2015a, p. 371.

36. Voir les analyses préliminaires offertes par WESTENHOLZ 1984, p. 18 note 1. Un premier état de la question sur le palais avait été présenté par BAUER 1972, p. 101 (AWL 6), qui avait notamment mis en lumière les éléments suivants: le terme «palais» désigne un temple et une «bestimmte Bauform»; deux palais, l'un à Ĝirsu, l'autre à Niĝen, sont connus; le palais apparaît uniquement lorsque le souverain est actif au nom de l'e$_2$-mi$_2$/e$_2$-^{d}Ba-U$_2$ ou lorsque cette dernière institution approvisionne le palais, «so ist nicht auszumachen, wie weit die é-gal mit der Wirtschaft des Gottes Nin-ĝirsu zu tun hatten».

1.3.1. Le saĝĝa du palais

Un des principaux administrateurs de l'e_2-gal, si on l'entend bien comme « palais », est un responsable désigné comme saĝĝa[37], généralement à la tête de temples, voire d'implantations semi-urbaines[38]. Quatre personnes portant cette charge sont connues, dont la responsabilité ou les sources les concernant se répartissent chronologiquement comme suit[39] :

Lugal-an-da ensi$_2$	1	Ša$_3$-tar[40]	
	2	Ša$_3$-tar (?)[41]	Épouse d'Ur-e$_2$-zi-da[42]
	3	Ša$_3$-tar[43]	
	4		Ur-e$_2$-zi-da, dit défunt[44]
	5	---	---
	6	---	---

---

37. Cf. déjà Visicato 2000, p. 76-77 ; Sallaberger 2003-2005, p. 201.

38. Cf. Grégoire 1962, p. 12-13 ; Lecompte 2015, p. 230-233.

39. Visicato 2000, p. 76-77, avait déjà repéré et collecté l'ensemble des attestations relatives aux saĝĝa e$_2$-gal, sans proposer de classification chronologique, tâche désormais réalisable à la suite de son étude liminaire.

40. Lugalanda 1 : Nik 1, 53. f. v 6-7 ; RTC 61. f. vi 8-9.

41. DP 578. f. ii 3-4. En l'absence du nom du souverain, les éléments de prosopographie relatifs à Ša$_3$-tar permettent de dater ce texte soit du règne de Lugalanda soit – moins probablement selon nous – de celui d'Urukagina.

42. Lugalanda 2 : Nik 1, 125. f. 9-10 : il s'agit d'un des textes de donation de « lait et malt purs » se rapportant à l'épouse d'Ur-e$_2$-zi-da qui y reçoit 0.2.0 gur d'orge (≈ 72 litres).

43. Lugalanda 3 : DP 42. f. iv 2-3 ; VS 14, 179. f. i 2-3. Signalons en outre : DP 134. rs. I 17-18, du règne de Lugalanda, mais dont l'année n'est pas préservée.

44. Lugalanda 4 : DP 218. rs. ii 5-6, se rapporte à sa mort : 1 maš Ur-e$_2$-zi-da / saĝĝa e$_2$-gal / ba-uš$_2$-a / ba-gu$_7$. Ce même saĝĝa est en outre mentionné en HG 12. rs. vi 3-4, dépourvu de date.

Urukagina ensi₂	1	---	---
Urukagina lugal	1	Da-da[45]	Anonyme (probablement Da-da)[46]
	2	Ša₃-tar[47]	U₂-U₂[48]
	3	Anonyme (U₂-U₂?)[49]	U₂-U₂[50]
	4		U₂-U₂[51]
	5		U₂-U₂[52]
	6		U₂-U₂[53]
	7		U₂-U₂[54]

Il est probable que Ur-e₂-zi-da, mentionné en même temps que Ša₃-tar, fût en réalité un ancien saĝĝa déjà défunt lors de la deuxième année de règne de Lugal-an-da, hypothèse qui permet d'expliquer leur attestation simultanée. Ce dernier y apparaît néanmoins par l'intermédiaire de son épouse et n'est désigné comme défunt que lors de l'année Lugal-an-da 4. Quant aux mentions contemporaines de Ša₃-tar et U₂-U₂, elles pourraient s'expliquer par le fait que celui-là remplaça brièvement Da-da avant de laisser sa place à celui-ci (qui apparaît d'ailleurs au huitième mois de l'année).

---

45. Urukagina lugal 1 : VS 14, 164. rs. I 2-3.

46. Urukagina lugal 1 : DP 629. f. iii 3-4.

47. Urukagina lugal 2 : VS 27, 72. f. i 8 - ii 1.

48. Urukagina lugal 2 : DP 113. rs. iv 6-7 (huitième mois) ; Erm 08379+08405 (neuvième mois ; inédit, accessible sur CDLI, P225765). rs. iv 3'-4'.

49. Urukagina lugal 3 : DP 631. f. iii 2.

50. Urukagina lugal 3 : CT 50, 36. rs. vi 6-7 ; DP 477. rs. i 1-2 ; DP 632. f. iii 2 (saĝĝa anonyme à identifier avec U₂-U₂) ; FAOS 15/2, 118. f. iv 15-16 ; HSS 3, 8. f. iv 18-19 ; HSS 3, 9. f. v 4-5 ; HSS 3, 10. f. v 2-3 ; HSS 3, 11. f. 4 12-13 ; HSS 3, 17. rs. vi 1-2 ; Nik 1, 63. rs. ii 1-2.

51. Urukagina lugal 4 : FAOS 15/2, 120. rs. v 2-3 ; HSS 3, 34. rs. i 15 - ii 1 ; VS 14, 28. rs. i 4-5.

52. Urukagina lugal 5 : HSS 3, 35. rs. i 9-10 ; HSS 3, 36. rs. i 16 - ii 1 ; Nik 1, 3. rs. v 2-3 ; TSA 35.f. vii 10-11.

53. Urukagina lugal 6 : CTNMC 03. rs. i 6-7 ;

54. Urukagina lugal 7 : AoF 38 003-014. rs. ii 2-3 ; BIN 8, 391. rs iii 5-6. Mentionnons, enfin, un texte de l'époque d'Urukagina lugal, mais dont la date n'est pas préservée : Erm 14340 (inédit, accessible sur CDLI, P225748).

Le saĝĝa du palais apparaît en divers contextes purement administratifs déjà répertoriés par Visicato[55] : U_2-U_2 est ainsi responsable de la gestion de fourrages mensuels pour des veaux[56] ou de la comptabilité d'objets en bois[57]. Son implication dans la vie agraire est peu documentée, mais une tablette précise que $Ša_3$-tar reçoit un lopin de terre de 6,48 hectares[58] au titre d'une tenure tandis que U_2-U_2 semble également prendre en charge une parcelle agraire dont la superficie n'est pas préservée[59]. À deux reprises, des saĝĝa non nommés, mais peut-être à identifier avec Da-da et U_2-U_2, reçoivent la charge de mener des travaux sur un mur d'enceinte, bad_3, du temple de Ba-U_2[60]. U_2-U_2 semble en outre recevoir une petite quantité d'orge de 72 litres qu'il reverse à des artisans (ĝeš-kiĝ$_2$-ti)[61]. Da-da reçoit par ailleurs des textiles lors d'une fête de la déesse Ba-U_2[62]. Le saĝĝa semble également acquitter la taxe maš-da-ri-a, tel $Ša_3$-tar[63] qui dépose des offrandes lors de fêtes religieuses[64]. Enfin, à plusieurs reprises, les tablettes se réfèrent à des personnes qui sont dites « vivre avec le saĝĝa », U_2-U_2[65].

---

55. Visicato 2000, 76-78.

56. AoF 38 003-014, BIN 8, 391, CTNMC 003, HSS 3, 34-36, Nik 1, 63, TSA 35 (voir ci-dessus pour les références aux lignes exactes ainsi qu'aux dates).

57. DP 477, VS 14, 28.

58. DP 578.

59. Erm 14340.

60. DP 629. f. iii. 3, et 631. f. iii. 2.

61. AWAS 118, HSS 3, 8-11. Ces mentions sont à lier avec Nik 1, 3, qui rapporte simplement que U_2-U_2 est responsable d'un travailleur.

62. VS 14, 164. rs. i. 1-3.

63. Par exemple en DP 42. f. iii. 11-iv. 3 : 1 maš lugud$_2$-da (« un petit chevreau »), 0.0.2 zi$_3$-KAL (soit environ 12 litres de farine, parfois lue zi$_3$-sig$_{15}$), 2 contenants de bière d'épeautre (2 dug kaš KAL). VS 14, 179 : 1 agneau (1 sila$_4$ nita).

64. Par exemple en DP 134, Nik 1, 53, RTC 61.

65. Par exemple en CT 50, 36 (Lugal-aya$_2$-ĝu$_{10}$), DP 113 (deux hommes Lugal-i$_3$-nun et Lugal-aya$_2$-ĝu$_{10}$ et une femme, Za-na), Erm. 08379+08405 (Za-na), AWAS 120 (Lugal-aya$_2$-ĝu$_{10}$), HSS 3, 17 (Lugal-aya$_2$-ĝu$_{10}$). Voir ci-dessous.

1.3.2. Le personnel du palais

Les personnes dont la charge est liée au palais sont les suivantes [66] :
– ugula ša₃ e₂-gal-ka, « surveillant de l'intérieur du palais » [67] ;
– nu-banda₃ e₂-gal, « inspecteur du palais » [68] ;
– les portiers du palais, i₃-du₈ e₂-gal [69] ;
– les « anciens du palais », ab-ba e₂-gal [70] ;
– « homme » du palais (lu₂ e₂-gal) [71].

D'autres catégories de personnel résident, d'après les sources de Ĝirsu, dans le palais, certains, comme vu ci-dessus, auprès du saĝĝa [72] :

---

66. Contrairement à SALLABERGER 2003-2005, p. 201, nous n'avons pas inclus les soldats parmi le personnel en poste au palais, dans la mesure où la seule tablette qui semble les associer à ce lieu, Nik 1, 131, emploie le locatif pour signaler qu'ils consomment de la farine « dans le palais ».

67. Ukg. 32. 3 : édition en STEIBLE 1982a, p. 346 ; SCHRAKAMP 2010, p. 293-294. C'est Inanna-ur-saĝ qui occupe cette charge. Les doutes émis à juste titre par STEIBLE 1982b, p. 175, sur l'interprétation du terme ša₃ e₂-gal et la possibilité qu'il se réfère en réalité à un groupe, « ceux du palais », peuvent être toutefois écartés, si l'on considère que l'on retrouve une même désignation topographique plus tard, durant l'époque d'Ur III (par exemple SALLABERGER 1993, p. 221).

68. Cf. GELB *et al.* 1991, p. 86, texte 23 (contrat de Lum-ma-tur II) obv. x 1-2.

69. DP 623. rs. iv 3 ; DP 624. f. iv 2, deux « portiers du palais », Ur-du₆ et Lum-ma-teš₂-ĝu₁₀. SALLABERGER 2003-2005, p. 201.

70. Amar-ᵈŠuba₃ : VS 25, 105. f. ii 4-5 ; En-si : VS 14, 180. f. iii 7-8 ; Šeš-tur : DP 184. f. i 2-3. BAUER 1972, p. 350 et 353 (AWL 126), suivi par SELZ 1995a, p. 110 note 401 et 126 note 494, propose de traduire le terme par « Palastältester ».

71. Nik 1, 104. f. ii 2-3. Ur-e₂ / lu₂ e₂-gal-la. Il s'agit d'un texte relatif à des montants d'orge še gub-ba, dont Maekawa et Nakahara (MAEKAWA 1977, p. 4-5 et 23) ont démontré qu'ils correspondaient à une forme de taxe ; Ur-e₂ quant à lui acquitte cette redevance sous forme d'orge se substituant à une somme d'argent.

72. Comme l'observe MAEKAWA 1973-1974, p. 131 et 132 note 74, ces mentions de personnes résidant dans le palais se trouvent notamment dans les listes de ration de type 4 (lu₂-di₄-di₄-la-ne) ; selon cet auteur, le personnel qui y est inclus aurait d'abord appartenu à la maisonnée d'Urukagina avant d'être transféré sur le compte du temple de Ba-U₂ : « The organizations of Uru-KA-gi-na's children were related closely to the "palace" (é-gal) ».

– des échansons, sagi : Aya$_2$-da-gal-di[73] ; Aya$_2$-diĝir-ĝu$_{10}$[74] ; certains d'entre eux sont associés ensemble, Aya$_2$-bad$_3$-ĝu$_{10}$ avec Aya$_2$-diĝir-ĝu$_{10}$ et Šeš-lu$_2$-du$_{10}$ avec Aya$_2$-da-gal-di[75] ;

– des « femmes »[76] : Aya$_2$-teš$_2$-ĝu$_{10}$ et Ama-teš$_2$-ĝu$_{10}$[77] ; Za-na[78] ; Ĝa$_2$-ka-nam-ḫe$_2$-ti, qui est dite d'ailleurs ar$_3$-du$_2$[79], tout comme Nin-ĝu$_{10}$-da-kuš$_2$[80] ;

– d'autres hommes : Ur-saĝ, Šu-tur-ga-ti et ^{d}Nin-ĝir$_2$-su-lu$_2$-ĝu$_{10}$[81] ; Sipa-^{d}En-ki[82] ; Lugal-i$_3$-nun et Lugal-aya$_2$-ĝu$_{10}$ « résident auprès de U$_2$-U$_2$ »[83].

Le personnel le plus important pour notre sujet est celui désigné en sumérien comme ša$_3$-dub e$_2$-gal, « (ceux enregistrés) dans les tablettes du palais », groupe correspondant avant tout à une désignation administrative[84]. Il constitue une entrée que l'on trouve dans les tablettes de ration dites de Type 2 – c'est-à-dire celles concernant les rations des « personnes qui n'ouvrent pas les yeux », igi-nu-du$_8$, les porteurs, il$_2$ et ceux « enregistrés individuellement » – et qui rassemble diverses professions, dont la liste fut dressée par Prentice :

« HAR.TU women (HAR.TU-munus-me), cupbearers (sagi), cooks (muhaldim), messengers (sukkal), persons of the store room (lu$_2$-e$_2$-nig$_2$-ka), persons of the 'inner

---

73. BIN 8, 359. f. v 9-11 (reconstruction) ; DP 119. f. v 4-6 (cf. Maekawa 1973-1974, p. 133 note 74) ; HSS 3, 25. f. v 8-10 ; Nik 1, 22. f. v 10-12 (reconstruction).

74. BIN 8, 359. f. vii 13-14 (reconstruction) ; HSS 3, 26. rs. ii 12-13. HSS 3, 27. rs. ii 14. Nik 1, 16. rs. i 3-4. Nik 1, 22. rs. i 2. Erm 14343. rd. iii 2'-3'. AWAS 124. rs. ii 1-2.

75. Aya$_2$-da-gal-di et Šeš-lu$_2$-du$_{10}$ apparaissent ainsi en : DP 116. f. vii 14-15 ; AWAS 124. obv. vi 4-5 ; HSS 3, 26. f. v 5-6 ; HSS 3, 27. f. vi 13 - rs. i 1 ; Nik 1, 16. f. vi 6-7. Aya$_2$-diĝir-ĝu$_{10}$ et Aya$_2$-bad$_3$-ĝu$_{10}$ en : DP 116. rs. ii 14-15.

76. Voir Prentice 2010 p. 43.

77. AWAS 122. f. iii 4-6. BIN 8, 359. f. iii 7-9. DP 116. f. iv 2-4. DP 119. f. iii 10-12. Erm 14343. f. iii 6-8. HSS 3, 25. f. iii 6-8. Nik 1, 16. f. iii 11-13. Nik 1, 22. f. iii 7-11

78. DP 113. rs. iv. 4-7. Erm. 08379+08405 rs. iv 1'-2'.

79. Par exemple en BIN 8, 259. rs. i 1-3. DP 116. rs. iii 2-3 (ar$_3$-du$_2$). DP 199. rs. i 9 (Maekawa 1973-1974, p. 133 note 74). HSS 3, 26. rs. ii 14.

80. DP 116. f. vii 17 ; HSS 3, 27. rs. I 4 (reconstruction).

81. DP 119. f. vi 1-3 (cf. Maekawa 1973-1974, p. 133 note 74).

82. DP 119. f. ii 4 (cf. Maekawa 1973-1974, p. 133 note 74).

83. DP 113. rs. iv 1-2.

84. Deimel 1931 p. 108 ; Bauer 1972 p. 196 et 646 ; Maekawa 1973-1974, p. 92 note 20, p. 94-95 ; Selz 1995a, p. 58 et 67 ; Selz 1993, p. 176-177 ; Prentice 2010, p. 30-40.

room' (lu$_2$ e$_2$-ša$_3$-ga), hot water persons (lu$_2$ a-kum$_2$), scribes (dub-sar) hairdressers (su-i$_2$), a cleaner/washer (gab$_2$-UŠxKID$_2$) and a statue attendant (lu$_2$ alan) »[85]

Comme le démontrent les tables récapitulatives établies par Maekawa et Prentice du montant de rations allouées à cette catégorie, le personnel « enregistré sur les tablettes du palais » recevait des quantités standard d'orge allant de 12 à 72 sila$_3$ (environ 12 à 72 litres), selon le statut. Les enfants perçoivent 12 sila$_3$, tandis que les professions recevant le plus haut montant sont certaines des femmes dites ar$_3$-du$_2$, des scribes et des échansons. Ce groupe rassemble, comme le rappelle Prentice, environ 30 personnes[86]. L'interprétation de l'ancrage institutionnel de ce groupe varie, soit qu'il se soit agi de membres de l'e$_2$-mi$_2$/e$_2$-^{d}Ba-U$_2$ ayant travaillé pour le palais, soit que la situation soit inverse et que ces individus aient appartenu au palais pour être détachés auprès de la première institution[87]. Conformément aux conclusions de Prentice, il ressort des données disponibles que la première hypothèse est plus vraisemblable[88].

Une des autres caractéristiques du palais que Schrakamp mit en lumière réside dans le contrôle exercé sur l'armée et les affaires militaires en général[89]. À ce titre, une des listes de conscription de troupes, DP 135, qui recense 157 hommes relevant de la « propriété de la déesse Ba-U$_2$ » et précise que le roi Urukagina

---

85. PRENTICE 2010 p.30; voir également BELD 2002, p.15. La clause ša$_3$-dub e$_2$-gal ne semble pas présente dans toutes les tablettes de type 2. Le terme se trouve d'après mes recherches – effectuées à titre non exhaustif – en: RA 71, 102. rs. i 13; VS 14, 102. f. i 2; VS 25, 11.f. viii 17; VS 25, 71. rs. i 4; CT 50, 36. rs. ii 8; DP 113. rs. i 9; DP 114. rs. i 8; DP 115. rs. i 13; DP 227. f. vi 6; AWAS 120. f. ix 17; AWAS 122. rs. i 14; HSS 3, 15. f. vii 6; HSS 3, 16. f. vii 13; HSS 3, 17. rs. i 18; HSS 3, 18f. viii 13; MVN 3, 26. f. v 5'; Nik 1, 2. f. ix 17 (reconstruction); Nik 1, 9. f. viii 1.

86. MAEKAWA 1973-1974, p.92 note 20, répertorie 33 personnes en DP 113.

87. PRENTICE 2010, p.38-39; SELZ 1995a, p.58.

88. DEIMEL 1931, p.108: « die im Palast der Patesin/Königin angestellten Leute ». BAUER 1972, p.196: « Leute der Baba, die im Palast Dienst taten, aber durch den Baba-Tempel ausgelöhnt wurden »; SELZ 1995a, p.58: « Dabei handelt es sich offensichtlich um Leute, die im Palast Dienst taten (und in dessen Personenlisten geführt wurden), aber vom Baba-Tempel ihre Zuteilung erhielten ». PRENTICE 2010, p.38-39. On rappellera que *in fine* les personnes du groupe dit ša$_3$-dub e$_2$-gal sont comprises apparemment dans la clause des lu$_2$ u$_2$-rum ^{d}Ba-U$_2$, « personnes propriété de Ba-U$_2$ ». Voir également PRUSS et SALLABERGER 2015, p.78, où le terme ša$_3$-dub e$_2$-gal est interprété comme du personnel « working for the lady of Girsu, *i.e.*, in the palace ».

89. Cf. SCHRAKAMP 2013, p.450: « Auch das Militär unterstand der Kontrolle durch Palast bzw. Herrscher », avec bibliographie. Comme nous le rappelons ici, notre étude ne réunit que les attestations démontrant l'implication du palais dans ces affaires, non celles exclusivement liées au souverain.

les a inspectés dans le palais, est en effet citée pour étayer ce propos[90]. Dans les autres listes de conscription, les troupes ne sont certes pas inspectées dans le palais – qui n'y apparaît pas –, mais toujours par le souverain. La similarité entre ces sources nous conduit à nous demander si en réalité toutes ces troupes n'étaient pas inspectées dans le palais, omis par les scribes. Rappelons par ailleurs que les conscrits mentionnés dans ces sources font partie d'équipes notamment employées pour réaliser des travaux agraires ou l'entretien de canaux. Ces équipes étaient sous la supervision de chefs de troupes, tel Dam-diĝir-ĝu$_{10}$, qui étaient responsables de la distribution de rations aux conscrits et travailleurs. Le corpus de seize petites tablettes perforées dites olivettes, car d'une forme à peu près similaire à une ellipse, qui spécifient quel homme se voit attribuer la charge de mener la garde ainsi que plus occasionnellement le lieu à surveiller, est également identifié comme une archive du palais[91]. Le seul lien explicite avec le palais se trouve dans le titre de « surveillant de l'intérieur du palais », ugula ša$_3$ e$_2$-gal-ka, évoqué ci-dessus, porté par ^{d}Inanna-ur-saĝ[92].

Enfin, VS 14, 154[93] mentionne que des textiles, redistribués à des personnes attestées par ailleurs comme chefs de groupes de travailleurs et de troupes, y sont également pesés avant d'être soumis au foulage.

1.3.3. Le palais comme lieu et bâtiment

Seules les « cuisines », e$_2$-muḫaldim, apparaissent clairement dans les sources de l'e$_2$-mi$_2$/e$_2$-^{d}Ba-U$_2$, sans toutefois plus de précisions dans la mesure où elles ne sont mentionnées que lorsque sont abattus des animaux[94]. Une composante du palais, e$_2$-ur$_3$, « grenier, toit », employé pour le stockage de poissons, semble également être évoquée[95]. Le « palais » devait se composer de diverses unités domestiques comme le prouve le fait que plusieurs personnes y habitaient ou

---

90. Réédition en Schrakamp 2010, p.197-306, avec bibliographie ; voir également Beld 2002, p.89 ; cf. Bauer 1998 p.485. Comparer de plus avec Nik 1, 131, qui se rapporte à des soldats consommant de la farine dans le palais, voir ci-dessous.

91. Westenholz 1984, p.18 note 1. Schrakamp 2013, p.451.

92. Voir note 67 ci-dessus.

93. = AWL 129. Schrakamp 2010, p.175, estime que ceux désignés comme ugula sont des chefs de troupe. On rencontre également des « anciens », ab-ba, parmi les bénéficiaires de textiles.

94. DP 218. rs. ii 2-4. 1 sila$_4$ / e$_2$-muḫaldim e$_2$-gal-la-ka / ba-sa$_6$: « 1 agneau, dans les cuisines du palais, fut abattu ». Comparer avec Nik 1, 162, qui se rapporte à un bélier mort apporté aux cuisines et dont l'entrée comptable est effectuée dans le palais.

95. VS 14, 18. f. I 1. 5 sa-ZI.ZI-a ku$_6$ / 2. e$_2$-gal-la / 3. e$_2$-ur$_3$-ra-ka / 4. ba-DU : « 5 ballots de poisson ZI.ZI-a / dans le palais, dans le grenier, sont apportés/entrés ». Voir Bauer 1972, p.370 (AWL 131), qui traduit e$_2$-ur$_3$ par « Balkenhaus ».

résidaient; de même, apprend-on en quelques documents que des soldats, des groupes de travailleurs et des « gens d'importance », lu$_2$-igi-niĝen$_2$, y employaient des ingrédients, notamment pour produire de la bière[96].

1.3.4. Les activités menées dans le palais

Une vaste proportion des attestations du terme e$_2$-gal concerne des activités qui y sont réalisées ou des secteurs dont l'administration y est accomplie. Par souci de synthèse dans le cadre de cet article, nous attirons l'attention sur les éléments qui nous semblent les plus marquants, sans pour autant épuiser un sujet qui mériterait de plus amples études.

– Textes relatifs aux troupeaux – la maš-da-ri-a – denrées

Certains textes administratifs confirment les informations contenues dans les *Réformes d'Urukagina* sur le rôle imparti au palais quant à l'administration des troupeaux puisque c'est en ce centre que des ovins étaient tondus[97], comme nous le rappelle le total de la tablette suivante[98]:

VS 25, 55. revers i. 1. šu-niĝen$_2$ 42 udu siki / 2. udu u$_2$-rum / 3. ⌜Para$_{10}$-nam⌝-tar-ra / 4. ⌜dam⌝ Lugal-an-da / 5. ensi$_2$ / ii. 1. Lagaš^{ki}-ka / 2. ensi$_2$-ke$_4$ / 3. e$_2$-gal-la / 4. e-ur$_4$ 2

« Total : 42 moutons à laine, les moutons sont la propriété de Para-namtarra, l'épouse de Lugal-an-da, le gouverneur de Lagaš, le gouverneur dans le palais les fit tondre »

Il semble que, dans le cadre de la gestion des animaux sacrifiés lors de fêtes religieuses et surtout à l'occasion des comptes relatifs à la maš-da-ri-a – une taxe liée aux rituels –, le palais serve comme centre contrôlant des troupeaux ou recevant ovins et caprins. Les modalités administratives de cette gestion sont reflétées par un ensemble conséquent de textes. Un petit lot de tablettes de l'e$_2$-mi$_2$/e$_2$-^{d}Ba-U$_2$

---

96. Nik 1, 93 (cf. SCHRAKAMP 2010, p. 65) se rapporte à des troupes ayant « consommé » des pains. Nik 1, 131 (cf. SCHRAKAMP 2010, p. 182) mentionne des soldats ayant consommé de la farine dabin. Enfin, en VS 14, 21, ce sont des « gens d'importance », lu$_2$ igi-niĝen$_2$, qui emploient divers ingrédients pour produire de la bière. À titre spéculatif, on pourrait suggérer un lien éventuel entre ces indices et la présence de cuisines.

97. Cf. HRUŠKA 1971, p. 159 ; SCHRAKAMP 2013, p. 450.

98. Cinq textes rapportant la tonte des moutons dans le palais peuvent être répertoriés : Lugal-an-da 5 : RTC 40 ; VS 14, 73. Urukagina ensi$_2$ 1 : VS 25, 55 ; DP 258. Urukagina lugal 4 : DP 88 (mentionnant également la réalisation d'une opération de comptabilité gurum$_2$). Cf. BELD 2002, p. 20 note 63.

précise ainsi que des ovins comme des bovins sont « restitués » dans le palais, à l'instar de cet exemple [99]:

DP 259. Urukagina ensi$_2$ 1
Face.   i.

1.	1 udu siki	1 mouton à laine
2.	Niĝar$_x$-mud	de Niĝar-mud
3.	1 udu siki	1 mouton à laine
4.	Lugal-da	de Lugal-da
5.	sipa udu siki-ka-me	ce sont des pâtres de moutons à laine
6.	iti ezem munu$_4$ gu$_7$	au mois de la fête de consommation de malt

ii.

1.	^{d}Nanše-ka	de Nanše
2.	na ba-PI(neda)-di$_5$	ils (les moutons) sont morts/furent emportés [100]
3.	Iri-inim-gi-na	Urukagina
4.	ensi$_2$	le gouverneur
5.	Lagaš^{ki}-ke$_4$	de Lagaš

Rev.   i

1.	e$_2$-gal-la	dans le palais
2.	šu-a bi$_2$-gi$_4$ 1	les a restitués 1ère (année)

En lien avec cette gestion, signalons que des ovins sont explicitement enregistrés à l'occasion de la redevance dite maš-da-ri-a au palais, dont certains doivent y être sacrifiés et consommés [101]. En plus de cette activité, deux autres tablettes précisent que des bovins achetés par des marchands furent marqués dans le palais (za$_3$ bi$_2$-šu$_4$) [102]. À titre de comparaison, la tonte des moutons semble, dans la ville de Lagaš, être réalisée dans un bâtiment dit e$_2$-PA(ĝidri?), dont la fonction est mise en parallèle en un texte administratif avec l'e$_2$-gal de Ĝirsu [103]. La

---

99. Dans plusieurs cas, ces animaux sont caractérisés selon le terme na - di$_5$(ri), voir notamment Selz 1995b, p.260-261 et Sallaberger 2005, p.242-247 pour une liste et une traduction de ces tablettes. On peut de plus recenser 19 tablettes comportant la clause šu-a - gi$_4$ connectée au palais: DP 96; DP 103; DP 232; DP 259; DP 260; DP 262; Nik 1, 93; Nik 1, 169; Nik 1, 220; Nik 1, 247; RA 11, 62; VS 14, 18 (poissons); VS 14, 22; VS 14, 51; VS 14, 126; VS 14, 166; VS 25, 25; VS 25, 80; VS 27, 55. Voir Beld 2002, p.19-20.

100. Cf. Rosengarten 1960a, p.211, note 5, et p.404, note 2; Selz 1995b, p.260: « verendet »; Sallaberger 2005, p.243: « cleared away ».

101. Par exemple en DP 42; DP 84; DP 88; DP 210; DP 211; Nik 1, 157. VS 14, 179.

102. VS 14, 55 et 145: dans les deux textes, le marchand est Munus-kur-ra.

103. RTC 40. Face. i. 1. 23 udu siki / 2. udu dub-kam / 3. 1 udu siki / 4. maš-da-ri-a-ni / 5. ba-ĝar / 6. Niĝar$_x$-mud / ii. 1. ensi$_2$-ke$_4$ / 2. Ĝir$_2$-su^{ki}-a / e$_2$-gal-la / 3. e-ur$_4$ / 4. 25 udu siki / 5. udu dub-kam / 6. 1 udu siki / iii. 1. maš-da-ri-a-ni / ba-ĝar /

situation à Ĝirsu nous rappelle en revanche celle dont témoignent la documentation de l'époque d'Ur III, lorsque le palais servait encore aux mêmes usages [104], les textes de Mari d'époque amorrite [105], voire une tablette administrative de Nippur présagonique [106]. Un autre point de comparaison contemporain aux tablettes de Ĝirsu est offert par un petit lot de textes venant d'Ur et mettant en avant le rôle du roi, lugal : sur un total de onze documents se rapportant à la « livraison » d'ovins et caprins sous l'égide du roi, apparemment à l'occasion de cultes, trois mentionnent en effet explicitement le palais [107].

Plus sporadiquement, le palais reçoit des denrées et biens de consommation qui ne se réduisent pas à des animaux dans le cadre de la maš-da-ri-a [108]. En DP 169, un administrateur nu-banda$_3$ apporte de la bière, étant précisés les ingrédients employés pour sa production, au palais, apparemment dans le cadre d'un événement cultuel caractérisé comme ki-su$_7$ šu su-ga [109]. En VS 25, 91, des administrateurs saĝĝa apportent près de 890 pains, de la bière, d'autres denrées et un chevreau à Sa$_6$-sa$_6$ – épouse de Urukagina – dans le palais, tandis qu'en DP 130, c'est inversement Sa$_6$-sa$_6$ qui distribue des pains (dits gug) à du personnel, dans

---

3. Ur-uri$_3$-ru$_2$-a / 4. ensi$_2$-ke$_4$ / 5. Lagaš^{ki}-ka / 6. e$_2$-PA-ka / revers i. 1. e-ur$_4$: « 23 moutons à laine, moutons (consignés) sur la tablette, 1 mouton à laine, sa mašdaria, a été posée : Niĝar$_x$-mud ; le gouverneur, à Ĝirsu, dans le palais, les a tondus. 25 moutons à laine, moutons de la tablette, 1 mouton à laine, sa mašdaria, a été posé : Ur-uri$_3$-ru$_2$-a ; le gouverneur, à Lagaš, dans l'e$_2$-PA(ĝidri ?), les a tondus ». Voir Selz 1995a, p. 244 (pour la traduction de ba-ĝar comme intransitif, voir BIN 8, 391 = AWAS 117, Selz 1993, p. 639, rs. ii 7 : « wurden abgeliefert »). Le bâtiment dit e$_2$-PA se trouve également dans les listes d'offrandes en l'honneur de Nanše, où un sacrifice est d'ailleurs accompli en même temps que sur l'eg$_2$-ki-sur-ra - une digue, témoignant éventuellement d'une cohésion religieuse entre les composantes du territoire de l'État de Lagaš entre la frontière commune à Umma et la ville de Lagaš, voir notamment Selz 1995a, p. 191-193. L'e$_2$-PA est également mentionné dans les inscriptions royales, cf. Behrens et Steible 1983, p. 73 et Selz 1995a, p. 187 et 219, et est identifié par cet auteur avec un temple de Nin-ĝirsu à Lagaš (cf. E1.9.9.9, 10').

104. Waetzoldt 1972, p. 15.

105. Durand 1987, p. 56 note 56 (voir également ARM 30, p. 394).

106. TMH 5, 165, se rapporte ainsi à des animaux venant de l'e$_2$-gal.

107. Visicato et Westenholz 2005 : textes 1, 3, 5. Nous remercions G. Benati pour cette indication.

108. DP 42 et DP 82 sont de ce point de vue des documents intéressants qui consistent en de longues listes d'animaux (chevreaux, moutons), de pain, d'oignon, de navets (lu^{sar}), d'orge brûlé, de types de céréales. Voir également TSA 4.

109. Cf. Rosengarten 1960a, p. 228 (voir également les références signalées p. 429), Beld 2002, p. 146 sur ce texte. Comparer aussi avec DP 164. À propos du rituel caractérisé comme ki-su$_7$ šu-su-ga, voir Rosengarten 1960a, p. 62sqq., Rosengarten 1960b, p. 45-47, et Beld 2002, p. 144-148 avec bibliographie.

les deux cas lors d'une occasion caractérisée comme buru$_x$-maš, correspondant à une fête religieuse du nouvel an[110]. Enfin, on relèvera de rares attestations de «livraisons régulières du palais», sa$_2$-du$_{11}$ e$_2$-gal-kam[111].

– Activités commerciales

Comme l'ont déjà souligné d'autres auteurs[112], le palais intervient dans l'écoulement des métaux précieux, de l'argent, de biens de luxe et d'arômes ou parfums[113] et dans le commerce à longue distance, voire dans le prêt d'orge[114]. Si l'on ne retient ici que les attestations propres au palais – en écartant les activités de ce type qui ne font part que des souverains –, il s'avère que le palais e$_2$-gal est notamment mentionné comme lieu où sont pesés les objets vendus et leur montant en métal et où des affaires sont menées[115]. Toutefois, une partie des activités commerciales liées au souverain ou à son épouse sont effectuées sans que soit mentionné le palais proprement dit, voire semblent relever de l'e$_2$-mi$_2$/e$_2$-^{d}Ba-U$_2$[116]. En DP 509, sont documentés des pesons de différents poids, notamment désignés comme na$_4$ si-sa$_2$-am$_6$ et na$_4$ ša$_3$ tug$_2$-kam, comportant également une rubrique des poids relevant du palais, tous les pesons en étant d'ailleurs sortis par En-ig-gal[117].

---

110. Beld 2002, p.127-128 (comparer également avec DP 131, livraison à Para$_{10}$-nam-tar-ra faite à Niĝen), avec références bibliographiques note 18; Krecher 1973, p.247-249, interpréta le terme GAN$_2$ comme buru$_x$; on suppose alors que buru$_x$ maš serait une référence au nouvel an par le biais d'une comparaison avec le nom de mois buru$_{14}$-maš. Voir également Schrakamp 2010, p.176 note 1132, avec d'autres renvois bibliographiques; Rosengarten 1960a, p.399 sur DP 130.

111. DCS 6, f. iii 12. HSS 3, 5 (Rosengarten 1960a, p.232) RTC 66. f. v 2.

112. Ross 1999, p.182-184, 197 et 201. Schrakamp 2013, p.448-450. Voir également Beld 2002, p.32.

113. Cf. DP 512. Il est intéressant de relever que dans ce texte la liste des matières précieuses est suivie de la mention e$_2$-mi$_2$, tandis que Šul-me, portant le titre d'agrig, est chargé de les sortir du palais.

114. Bien que Schrakamp 2013 p.451, attribue les textes de prêt, «Gerste-Darlehens-urkunden», au palais, Bauer 1975, qui rassembla ce corpus, l'interprète davantage comme relatif à la fortune – privée – du souverain, «aus dem Vermögen des Stadtfürstens», hypothèse qui repose d'ailleurs sur l'identification du responsable des prêts, Amar-ezem. Par ailleurs, nous ne les intégrons pas ici car le terme «palais» n'y est pas attesté.

115. Cf. Ross 1999, p.195-200; Beld 2002, p.31-32, DP 518. RTC 25 (argent pesé pour être amené à Umma). VS 14, 30. VS 14, 43 (métaux). VS 14, 55 et 145 pour des animaux. RTC 20 et RTC 21 pour des parfums, du savon, des pierres et contenants.

116. Par exemple Nik 1, 85, mentionné par Schrakamp 2013, p.450.

117. Cf. Powell 1987-1993, p.508.

– Agriculture

Un aspect moins connu du palais est son rôle dans le domaine de l'agriculture puisque l'on repère les attestations suivantes :

- stockage d'outils agraires ou de matériaux ligneux : DP 469 nous informe d'un transfert entre l'e_2-gal et une possible implantation en dehors de Ĝirsu, dite e_2-ki-sal$_4$, qui constituait un important centre agricole [118] ; VS 14, 28 témoigne cette fois d'un chemin inverse, à savoir de la possible implantation – située en bordure du site de Ĝirsu – e_2-za$_3$-iri [119] vers l'e_2-gal [120] ;

- parcelles agraires rattachées au palais, comprenant des plants de légumes za-ḫa-ti, d'oignons ou d'autres types de cultures évoqués à propos de sillons à remplir de semences (absin$_2$) [121] ; selon un document, des parcelles distribuées en tenure peuvent à la fois être caractérisées comme appartenant au palais et «propriété de Paranamtara» [122], tandis que, dans d'autres tablettes postérieures du règne d'Urukagina, des parcelles de légumes sont également désignées comme appartenant au palais et étant la «propriété de Ba-U$_2$» [123].

En marge, notons également que plusieurs tablettes enregistrent des bottes de chanvre relevant du palais [124]. Sans que l'on puisse en déduire les modalités des rapports entre l'e_2-gal et l'e_2-mi$_2$/e_2-^{d}Ba-U$_2$, il convient de rappeler que toutes ces attestations interviennent dans le cadre d'une comptabilité relevant de cette dernière institution et que les parcelles agraires sont clairement désignées comme étant la propriété de la déesse Ba-U$_2$ dans les documents datant du règne d'Urukagina lugal.

1.3.5. Topographie et e_2-gal

Il existe au moins deux édifices désignés comme palais dans les archives de Ĝirsu qui sont apparemment localisés en dehors de cette dernière ville :

---

118. Cf. Lecompte 2015, p. 233, suivant les conclusions tirées par Carroué.

119. Cf. Lecompte 2015, p. 226-230.

120. Voir également DP 484.

121. DP 611 ; Nik 1, 46 (šum$_2$ e_2-gal-kam) ; Nik 1, 47. Nik 1, 48. TSA 40. VS 14, 189. VS 27, 5. VS 27, 8. VS 27, 31. Voir également BIN 8, 369 et DP 396 à propos de la possession par le palais d'oignons.

122. VS 14, 156 : parcelle de U$_2$-U$_2$, dub-sar.

123. Par exemple, en DP 385, un plant de 8 sar (288 m²) est ainsi caractérisé comme e_2-gal-kam, tandis que l'ensemble des plants listés dans le texte sont dits u$_2$-rum ^{d}Ba-U$_2$.

124. DP 372 ; DP 373 ; DP 620. Bauer 1972, p. 98 (AWL 6) distingue ainsi e_2-gal-kam «das Feld gehört dem Palast» et u$_2$-rum «das Feld ist Eigentum der Baragnamtara», en dépit de l'ambiguïté de ces formules.

– à Niĝen : cette ville, pourtant d'une extension réduite comparée à Ĝirsu, était apparemment pourvue d'un palais [125] ;

– dans une possible implantation ou un lieu-dit, du$_6$ Me-kul-aba$_4$^{ki}-ta, qui, d'après les attestations collectées, correspondait à une sorte de village où des offrandes étaient présentées lors de fêtes religieuses de Ba-U$_2$: on y connaît le « palais, maison » que les « gens d'importance » – lu$_2$-igi-niĝen$_2$ – « et les échansons ont construite », qui semble caractériser le bâtiment plus simplement désigné comme e$_2$ du$_6$-me-kul-aba$_4$^{ki}-ta, et dont on se demande s'il n'est pas équivalent à une e$_2$-ensi$_2$, « maison de l'ensi$_2$ » [126].

Ce deuxième élément, combiné aux fonctions de stockage imparties à l'e$_2$-gal nous conduit à nous demander s'il n'existait pas d'autres « grandes maisons » dans des structures villageoises dont elles auraient constitué des structures primordiales. Il peut en revanche paraître quelque peu surprenant que la ville de Lagaš ne soit pas pourvue d'un palais, en dehors du temple de Nin-ĝirsu du ba-gara$_2$ [127].

Les inscriptions royales, comme le rappelle Selz, se réfèrent également à des temples caractérisés comme des « palais » [128], dont certains sont des toponymes que l'on peut interpréter comme des implantations :

---

125. DP 164 (cf. Rosengarten 1960a, p. 429 pour les renvois). f. i. 1-4 : bière et liste d'ingrédients. 5. ezem munu$_4$ gu$_7$ / 6. ^{d}Nanše-ka / 7. Niĝen$_6$^{ki}-na / 8. e$_2$-gal-la / ii 1. ba-DU(ku$_x$) : « (bière et ingrédients) lors de la fête de consommation de malt de Nanše, à Niĝen, dans le palais, sont entrés ». Voir également DP 166 (cf. Rosengarten 1960a, p. 66 et 216-218 pour une édition ; Beld 2002, p. 146). f. ii. 1. še-bi 0.0.4 4 sila$_3$ / 2. iti udu-še$_3$ še a ^{d}Nanše-ka / 3. munus e$_2$ u$_4$-sakar / 4. Niĝen$_6$^{ki}-na-še$_3$ / 5. e-ĝen-na-a / 6. Niĝen$_6$^{ki}-na / 7. e$_2$-gal-la / iii 1. ba-DU(ku$_x$), qui mentionne le trajet de Sa$_6$-sa$_6$ – ici appelée munus – dans un temple de Niĝen ; voir Beld 2002, p. 163. Dans la mesure où il s'agit des deux seules attestations de ce « palais », nous ne saurions en déduire son rôle ni son implication politique, mais nous constatons qu'il est lié à la fête de Nanše (cf. Sallaberger 2003-2005, p. 201) et apparaît sur le même plan que le temple e$_2$-u$_4$-sakar. Ce palais avait été repéré par Bauer 1972, p. 101 (AWL 6).

126. Nik 1, 286. rs. i 2. Voir la traduction de Selz 1989 (AWEL 286). À propos de l'e$_2$-ensi$_2$, « maison du souverain », qui semble également un élément constitutif de la localité du$_6$-me-kul-aba$_4$-ta, voir Nik 1, 283, et commentaire en Selz 1989 p. 512. Cf. Lecompte 2015, p. 227-228, 236.

127. Cf. Selz 2013, p. 243. Selz 1995a, p. 246. Dans la documentation administrative, on rappellera, à la suite de cet auteur, l'attestation en DP 406. rs. ii 5, ab-ba e$_2$-gal ba-gara$_2$.

128. Cette situation peut être comparée avec les observations offertes par Visicato et Westenholz 2005, p. 66 et 68, pour Ur, où le « palais » pourrait avoir désigné – ou avoir eu un lien avec – le temple de Nanna.

– e_2-gal An-ta-sur-ra : temple de Nin-ĝirsu dans l'implantation d'Antasurra [129] ;

– e_2-gal Ti-ra-aš$_2^{ki}$: temple de Nin-ĝirsu, construit sous E-annatum [130] dans l'implantation de Tiraš ;

– e_2-gal Uru$_{11}^{ki}$: temple du dieu Lugal-uru$_{11}$ [131] dans la ville d'Uru$_{11}$;

– e_2-gal-iri-ku$_3$: temple de Ḫendursaĝ à Ĝirsu, dans le quartier sacré [132].

1.3.6. e_2-gal dans l'onomastique

Le terme e_2-gal apparaît, enfin, dans quelques noms propres, tels que Amar-e_2-gal, Nin-e_2-gal-le-si, Ur-e_2-gal [133].

1.4. Le palais à Ĝirsu : archives, localisation et rôle

Bien qu'aucun des restes architecturaux retrouvés sur le site de Ĝirsu ne puisse être sûrement identifié avec le palais d'époque présargonique, Westenholz, suivi par Visicato et Schrakamp [134], a postulé que le siège du gouverneur de la période sargonique, où furent retrouvées plusieurs milliers de tablettes [135], aurait également rempli les mêmes fonctions auparavant. Ce palais serait donc localisé sur le Tell V, dit Tell des Tablettes [136], en raison des trouvailles épigraphiques qui y furent exhumées. En dehors de la continuité entre les deux périodes, d'autres arguments furent avancés par Westenholz, qui estime que le corpus des olivettes, dont celles qui furent découvertes lors des fouilles régulières proviennent du Tell V, constituerait une archive caractéristique du palais. Les analyses de ces derniers auteurs permettraient alors de reconstruire une archive « palatiale », que nous confrontons ici aux indications laissées par les fouilleurs :

---

129. Selz 1995a, p. 227 ; Selz 2013, p. 143 note 17. Pour Antasurra cf. Lecompte 2015, p. 232.

130. Selz 1995a, p. 221 et 233 ; Selz 2013, p. 243 note 17. Pour l'implantation Tiraš cf. Lecompte 2015, p. 231.

131. Selz 1995a, p. 164-165 et 168. À propos de l'implantation Uru$_{11}$, cf. Lecompte 2015, p. 232-233.

132. Selz 1995a, p. 143.

133. Nous nous contentons ici de donner quelques exemples d'attestations de ces anthroponymes. Amar-e_2-gal : Ean. 65, édition en Edzard 1968, p. 42 (SRU 14). Nin-e_2-gal-le-si : DP 110. f. v 2. Ur-e_2-gal : DP 31. f. v 1.

134. Westenholz 1984 p. 18 ; Visicato 2000 p. 53 note 139 ; Schrakamp 2013, p. 451.

135. Cf. Lafont et Yildiz 1989, p. 1-15 ; Lafont 1984, p. 180.

136. Pour une synthèse des fouilles réalisées sur ce secteur par Sarzec et Cros, cf. Huh 2008, p. 160-192.

– RTC 20-23 et 28[137], des documents portant des clauses finales distinctes de celles de l'e$_2$-mi$_2$/e$_2$-^{d}Ba-U$_2$, mais dont le lieu de découverte n'est pas précisément indiqué : les quatre premières sont des tablettes administratives, dont deux (RTC 20 et 21) mentionnent le palais comme lieu où les biens enregistrés sont apportés[138] ; RTC 28 est une source « judiciaire » sur un avoir, dont les protagonistes sont malheureusement mentionnés sans leur profession[139] ;

– Enz. 1, lettre de l'administrateur Lu'ena, qui relate l'invasion d'Élamites dans le territoire de Lagaš[140], fut retrouvée dans les ruines d'une ancienne construction que Cros date de l'époque présargonique (point V)[141] ;

– du même contexte semblent provenir vingt-quatre autres tablettes, correspondant à ITT V, 9226-9249[142], dont les mieux préservées sont datées de l'époque d'En-entarzi : il s'agit de textes administratifs relatifs à de l'orge (ITT V, 9228), ou traitant de bière, de rations de pain, de vêtements, d'autres denrées,

---

137. WESTENHOLZ 1984 p. 18 note 1. THUREAU-DANGIN 1903, p. ii mentionne simplement que RTC 22, 23 et 28 furent dégagées lors de la campagne de 1895. Or, si l'on se réfère aux indications, vagues il est vrai, de HEUZEY et DE SARZEC 1884-1912, p. 439-444, deux « gisements » de tablettes furent alors exhumés, d'importance inégale : le premier dans le carré dit « de grandes briques » (formant sur le *Plan 1* ci-dessous une sorte de carré comportant à l'intérieur deux murs se croisant en diagonale), qui ne livra que « quelques fragments épars » ; le second à l'ouest semble ne se composer que des nombreux textes akkadiens. On pourrait alors se demander si RTC 22, 23 et 28 ne furent pas retrouvées dans le « carré de grandes briques ». THUREAU-DANGIN 1903, p. ii précise en outre que RTC 20 fut « distraite des fouilles antérieurement à 1896 », ce qui ne permet guère de définir son lieu de découverte. Enfin, RTC 21, 38 et 76 furent trouvées lors de la campagne de 1898. DE SARZEC et HEUZEY 1884-1912, p. 446, décrivent pour cette campagne un « nouveau filon » qui « se développait sur une longueur d'environ 30 mètres » dans les environs du même carré de grandes briques, apparemment, si l'on en croit le plan des auteurs, au nord-est. Voir HUH 2008, p. 161-165, pour le détail sur les fouilles ainsi que p. 445 (RTC 20 et 28) et 387 (AO 0303 = RTC 21) pour les fiches sur les objets (à comparer avec les numéros AO sur le site du CDLI).

138. RTC 20 (cf. ROSENGARTEN 1960a, p. 201-202). rs. I 6 et RTC 21 rs. i 1.

139. Édition dans EDZARD 1968, p. 132-133 (SRU 78).

140. Edition dans KIENAST et VOLK 1995, p. 25-29. Voir également SCHRAKAMP 2010, p. 183-184, et SCHRAKAMP 2015a, p. 365-366, pour une discussion de sa datation et des références bibliographiques.

141. CROS 1910-1914, p. 259 ; HUH 2008, p. 174-175 et 397 (AO 4238).

142. CROS 1910-1914, p. 259 ; PARROT 1948, p. 337-338 ; LAFONT et YILDIZ 1989, p. 14 ; WESTENHOLZ 1984, p. 18. L'équation entre ces références semblerait davantage accréditer une datation de la lettre de Lu'enna du règne d'En-entarzi. Toutefois, on rappellera, à la suite de HUH 2008, p. 737, que ces tablettes ne furent par la suite pas mentionnées explicitement, raison pour laquelle cet auteur les classe parmi les objets trouvés lors des fouilles et dépourvus de numéro de musée, G 250.

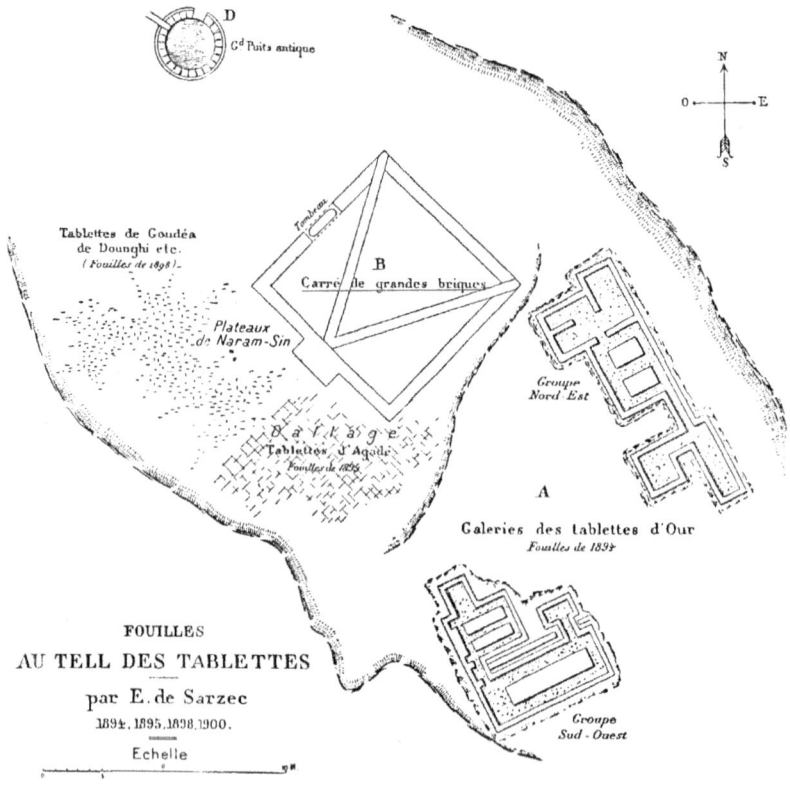

Plan 1 – Fouilles de Sarzec sur le Tell V
(d'après Heuzey et de Sarzec 1884-1912, p. 441).

d'oiseaux, de poissons, d'agriculture et de haches ḫa-zi ; le palais est d'ailleurs mentionné dans l'une des tablettes de ce corpus comptabilisant des amphores de bière faisant l'objet d'une offrande régulière de la part de capitaines[143]. Ce lot de textes est de plus regroupé avec un ensemble plus large comprenant également les tablettes numérotées L 9200 à 9225, soit vingt-six de plus, sans doute plus tardives et à caractère non administratif[144] ;

---

143. ITT V, 9229. rs. ii. 1. 3 mud$_x$(LAK449) kas ĝe$_6$ 1 sa$_2$-du$_{11}$ / 2. kas ugula-ne-kam / 3. e$_2$-gal-la / ba-DU.

144. Westenholz 1984, p. 23 note 19, interprète avec raison ce lot comme des exercices, sans les dater. Il me semble que les attribuer au DA III ou à l'époque présargonique comme cela figure sur le catalogue publié par Parrot 1948, p. 337-338, demeure une hypothèse au vu de la forme des tablettes, et que l'on peut suivre Selz 1995a, p. 10 qui ne les inclut pas. Elles semblent davantage remonter à l'époque sargonique.

– les « olives » : Cros mentionne la découverte de trois olivettes dans la « région du canal », et quatre furent éditées ou mentionnées par Thureau-Dangin dans les rapports de cet archéologue[145];

– un des fragments du contrat d'achat de terres par Lum-ma-tur (Lummatur II), fils de E-anatum, fut, selon Cros, « recueilli dans les anciens déblais, au Nord-Est du Tell-des-Tablettes », à un endroit apparemment non répertorié sur les plans de l'archéologue, mais non loin du « canal couvert », à 3 mètres de profondeur[146];

– des inscriptions royales de divers règnes : AO 3285, une figurine de lion comportant une inscription votive d'Akurgal pour le dieu Nin-ĝirsu, dont le contexte précis reste indéterminé[147]; AO 4597, inscription d'E-anatum, provenant des rectangles G-G'[148]; AO 4399 = Ent. 30, une inscription historique retrouvée au nord de la tranchée C-E, non loin du Canal couvert, à 3 mètres de profondeur[149]; les manuscrits d'une inscription d'Urukagina, apparemment sans contexte défini[150];

La provenance des textes de prêt rassemblés et édités par BAUER 1975 demeure certes incertaine, mais l'absence de mention du palais, contrastant avec celles de l'e$_2$-munus ainsi que d'autres temples (ša$_3$-pa$_3$-da à Lagaš et e$_2$-babbar$_2$)[151], ne semble pas confirmer à première vue l'hypothèse de SCHRAKAMP 2013, p. 451, de leur possible appartenance à l'archive palatiale ; rien ne permet, enfin, d'exclure

---

145. CROS 1910-1914, p. 260 ; HUH 2008, p. 172. Voir les éditions de Thureau-Dangin dans CROS 1910-1914, p. 219. Il s'agit de AO 4196, AO 4646, AO 4647 et AO 4444. À propos de ces documents, voir les éditions avec commentaires dans STEIBLE 1982a, p. 338-358, et SCHRAKAMP 2010, p. 287-295.

146. EŞEM 2517. CROS 1910-1914, p. 246, et Thureau-Dangin dans CROS 1910-1914, p. 262-264. HUH 2008, p. 401. Édition dans EDZARD 1968, p. 192-196 (SRU 118), et GELB et al. 1991, p. 80-86 (No. 23). Comme le rappellent ces derniers auteurs, le fragment retrouvé par Cros est à rattacher à deux autres dont le contexte archéologique semble perdu : AO 4464 (acheté auprès du vendeur d'antiquités E. Géjou) et EŞEM 4808 (sûrement retrouvé lors des fouilles, mais apparemment non mentionné dans les rapports existants).

147. DE SARZEC et HEUZEY 1884-1912, p. 351 et 448 ; HUH 2008, p. 165. Voir l'édition en RIME1.9.2.1.

148. = E-annatum 63 (E1.9.3.3). CROS 1910-1914, p. 250-251. HUH 2008, p. 173, l'attribue au secteur N, au sud de ces tranchées, mais Cros se réfère aux « rectangles G-G' » qui doivent correspondre aux tranchées du même nom, soit plus au nord.

149. CROS 1910-1914, p. 215 et 249. Édition dans STEIBLE 1982a, p. 246-247.

150. Ukg. 4, cf. E1.9.9.1. Cf. HUH 2008, p. 386, l'objet fut trouvé lors des fouilles de Sarzec.

151. BAUER 1975, p. 214 (index).

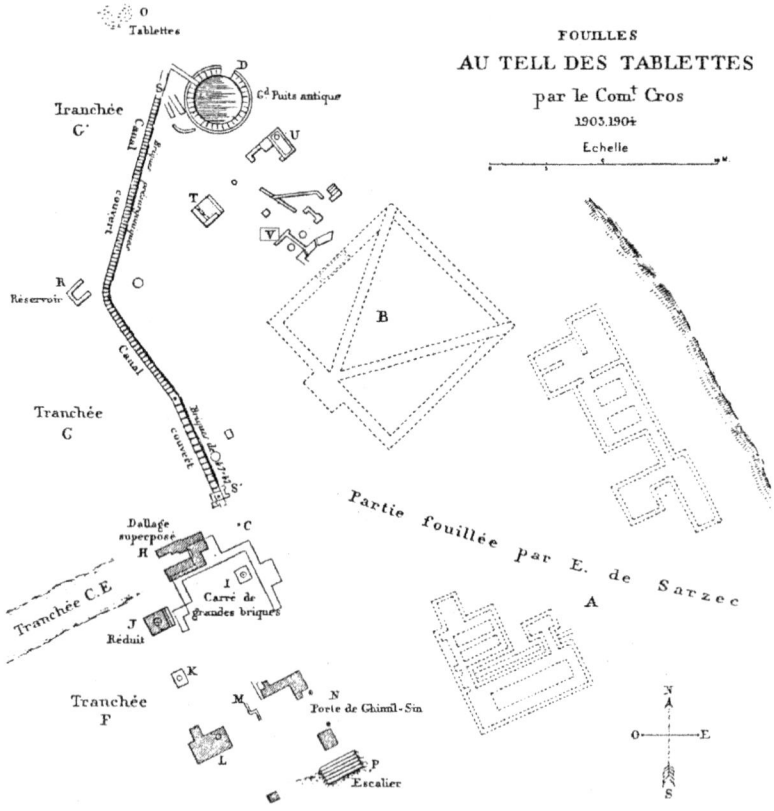

Plan 2 – Fouilles de Cros sur le Tell V (d'après Cros 1910-1914, Plan F).

que d'autres tablettes présargoniques ne furent pas retrouvées lors des fouilles du Tell V, plus particulièrement parmi les lots simplement mentionnés par Cros [152].

Bien entendu, l'identification de ces textes avec une archive palatiale demeure une hypothèse. Il semble que les artefacts inscrits dont la localisation fut indiquée avec quelque peu de précision par les fouilleurs – toujours par Cros au demeurant –

---

152. Cros 1910-1914, p. 234, rapporte la découverte de 45 tablettes dans les tranchées C-E, sans préciser d'indice chronologique; de même, Cros 1910-1914, p. 255, mentionne un « nouvel amas de tablettes » sans en préciser ni la date ni la quantité ni le lieu de découverte, dont on peut se demander s'il ne correspond pas au point O marqué sur le plan F (reproduit p. 229 et dans cet article, *Plan 2*). Dans la mesure où l'on ne retrouve apparemment pas de traces de ces tablettes dans les publications postérieures (notamment en raison du projet avorté de la préparation de ITT VI, cf. Lafont et Yildiz 1989, p. 1-14), on peut se demander si ce lot ne comprenait pas quelques textes présargoniques.

provenaient essentiellement d'un secteur allant de ruines désignées par le point V à une zone légèrement plus à l'ouest comprenant le Canal couvert et ses environs, à l'exception du contrat de Lum-ma-tur[153]. Malheureusement, dans la mesure où le contexte des tablettes découvertes lors des fouilles de Sarzec ne retint guère l'attention des fouilleurs, les informations les concernant demeurent vagues.

Un autre aspect marquant est que ces documents – y compris ceux de nature administrative – remontent en grande partie à des règnes antérieurs à ceux de Lugal-an-da et Urukagina, mis à part RTC 28 (Lugal-an-da), les olivettes, RTC 20-21, les exemplaires des *Réformes*, tous du règne de ce dernier roi.

Il est par ailleurs avancé par Westenholz que les clauses employées dans ces tablettes, se distinguant de celles de l'archive de l'e_2-mi$_2$/e_2-^{d}Ba-U$_2$, refléteraient le formulaire d'une archive du palais. Cet argument rencontre une certaine limite du point de vue archéologique si l'on songe que des tablettes découvertes par de Genouillac dans les tranchées proches de la maison de fouille semblent également témoigner d'une diplomatique distincte, alors que nous sommes loin du Tell V[154].

Par ailleurs, le lien entre la royauté et le palais, notamment la fonction du palais comme résidence du souverain, est rarement évoqué dans la documentation présargonique : si aucune inscription royale ne commémore la construction du palais – mais uniquement, comme vu précédemment, celle des « palais », e_2-gal, de divinités, notamment de Nin-ĝirsu –, seul un passage d'une inscription de Ĝiša-kidu rappelle, à notre connaissance, que le roi y habitait : « Puisse le venin du serpent mordre ce souverain en son palais détruit »[155]. Dans la documentation administrative, ce sont principalement les déplacements du souverain ou de son épouse et leur séjour en d'autres lieux auxquels il est fait allusion[156].

---

153. Ce serait à titre spéculatif dans les secteurs gravitant autour de la tranchée V qu'il conviendrait alors de rechercher les restes d'un hypothétique palais ou de ses salles d'archives, par conséquent à un emplacement apparemment légèrement distinct de celui où fut retrouvée la masse des textes d'Ur III ou d'époque sargonique.

154. Il s'agit des tablettes publiées en FT II, pl. XLII et XLIII. La maison de fouilles se trouvait, selon les informations de Genouillac 1936, p. 19, à l'est du tell L, voir ainsi les explications de Parrot 1948, p. 28-30 ; Huh 2008, p. 192-203.

155. Édition en E1.12.6.2. i 90-93. Au vu des éléments considérés ici, on peut à titre spéculatif comparer la situation de Ĝirsu à époque présargonique avec celle de la Rome du Haut-Empire, antérieurement à Néron, notamment celle du règne d'Auguste, lorsque l'empereur résidait en une demeure relativement modeste.

156. Les textes administratifs de Ĝirsu ne donnent que ponctuellement des informations sur des éventuels déplacements du couple royal. Para$_{10}$-nam-tar comme Sa$_6$-sa$_6$, épouses respectives de Lugal-an-da et Urukagina, se déplacent régulièrement à Niĝen, notamment pour se rendre dans le sanctuaire e_2-u$_4$-sakar (cf. TSA 1. rs. ii 9-12 ; DP 47. rs. vi 2-9 ; DP 261. f. ii 2 - rs. i 1). Para$_{10}$-nam-tar se rend également dans deux sanctuaires sans doute non loin de Ĝirsu, le para$_{10}$-guru$_5$-a et l'Abzu-gu$_2$-i$_7$ (DP 184 et 214), voir à ce propos Beld 2002, p. 155-156, et la possibilité qu'il se soit agi d'une résidence d'été. Comme on peut s'y attendre, le souverain était amené

La question des relations entre le palais comme institution et les temples, suscitant des positions contradictoires, ne semble pas avoir trouvé de consensus. Si l'on se contente de considérer les fonctions remplies par le palais en tant que bâtiment et organisme administratif désigné comme e_2-gal, le constat de certains domaines de compétence semble confirmé[157]: comme précédemment rappelé, le palais, e_2-gal, servait notamment de lieu de commerce, d'inspection des conscrits, de comptabilité pour une partie des troupeaux qui pouvaient y être tondus. Toutefois, il convient de nuancer cette approche, dans la mesure où l'on ne saurait induire qu'il existait entre les deux types d'institution une séparation des tâches, les temples étant ainsi chargés de l'administration des biens agraires, le palais d'autres domaines. En effet, l'administration des ressources agraires, effectuées depuis les bâtiments de l'e_2-mi$_2$/e_2-^{d}Ba-U$_2$ localisés sur le Tell K, incombait à l'épouse du souverain, par exemple la femme d'Urukagina lorsque l'e_2-mi$_2$ fut rebaptisée e_2-^{d}Ba-U$_2$, tandis que, inversement, les ovins tondus dans le palais étaient considérés comme «propriété de Ba-U$_2$». L'utilisation du palais pour certaines affaires – regardant notamment le temple de Ba-U$_2$ – peut simplement démontrer que cette unité architecturale convenait mieux pour la logistique d'opérations administratives précises, le nombre de moutons effectivement tondus dans le palais ne représentant vraisemblablement qu'une faible proportion de l'ensemble. De même, le fait que dans la lettre de Lu'enna, ce soit ce dernier administrateur saĝĝa du temple de l'e_2-^{d}Nin-MAR.KI qui commande les troupes dirigées contre les Élamites rappelle bien la porosité entre ces organismes. De ce point de vue, l'emploi du terme e_2-gal à des sanctuaires confirme davantage les conclusions tirées par SELZ 2015 (p. 243 note 17 et 270):

«Analog könnte man aber auch das é-mí – é-^{d}ba-ba$_6$ als „Königinnen-Palast" beschreiben. [...]Der é-gal im altsumerischen Lagas ist so wenig eine säkulare Institution wie das é-mí.»

«Nach meiner Auffassung steht aber der spätfrühdynastische é-gal („Palast") erst am Anfangspunkt entsprechender Entwicklungen; ein wirklich gravierender

---

à se déplacer sur l'ensemble de l'État de Lagaš, qui, en raison de son extension, comprenait et englobait des régions distinctes; cela était le cas lors des processions, mais aussi pour régler des affaires politiques – voir ainsi DP 50. Rs. IV. 1-5, et DP 220. Rs. V. 2-7 se rapportant au moment où «Lugalanda mit en ordre par sa parole les affaires à Niĝen». Signalons, enfin, que le souverain Lugal-an-da – portant le titre d'ensi$_2$ – est dit résider en d'autres endroits, près de canaux ou fleuves (DP 79 et 165), mais aussi en des «maisons», e_2, notamment dans la «maison nouvelle de Lugal-gil-sa» (VS 14, 26), mais aussi en l'e_2-mi$_2$: DP 164. f. iii 5-7 et VS 14, 159. rs. iii 6 - iv 2: «après que le souverain résida en l'e_2-mi$_2$» et «lorsque le souverain lors de la fête [...] résida en l'e_2-mi$_2$». Voir respectivement ROSENGARTEN 1960a, p. 229, et BAUER 1972, p. 497 (AWL 176). En revanche, il ne semble pas que les textes administratifs se réfèrent à l'installation du souverain en l'e_2-gal.

157. Voir notamment SCHRAKAMP 2013, p. 452.

Unterschied der Strukturen zwischen „Tempel" und „Palast" ist kaum zu erkennen »[158].

De ce point de vue, le document DP 49, interprété comme une liste d'offrandes pour la déesse Ba-U$_2$, est intéressant, dans la mesure où il mentionne, à côté de diverses divinités, notamment Nin-ĝirsu, Ba-U$_2$, Šul-ša$_3$-ga-na, Gan-ĝir$_2$ et Lamma, le palais e$_2$-gal, où est apporté ½ récipient de bière[159]. À l'appui de ce constat, on observe une certaine perméabilité entre le personnel du « temple » et celui du palais : d'un côté, une partie du personnel de l'e$_2$-mi$_2$/e$_2$-^{d}Ba-U$_2$ se trouve contrôlée dans le cadre de la conscription par le palais, de l'autre plusieurs personnes rattachées au palais sont intégrées ou appartiennent au système administratif de l'e$_2$-mi$_2$/e$_2$-^{d}Ba-U$_2$. Inversement, les transferts de personnel entre l'e$_2$-mi$_2$/e$_2$-^{d}Ba-U$_2$ et d'autres temples sont plus rares et font l'objet d'une mention spécifique, si l'on suit du moins l'intégration dans cette dernière institution de personnes relevant du temple de Nin-ĝirsu d'après les reconstructions de Maekawa[160]. En outre, dans quelle mesure le statut de l'e$_2$-mi$_2$ fut modifié pour devenir le « temple » de Ba-U$_2$ demeure une question complexe[161]. Il nous apparaît, enfin, que le palais, compris comme maisonnée royale et étendue des pouvoirs du souverain, ne se distinguait pas à cette époque des « temples », mais l'on pourra ici suivre trois des interprétations déjà offertes par des assyriologues :

– comme Maekawa l'avait soutenu, le pouvoir des rois de Lagaš à partir d'En-entarzi s'appuya en premier lieu sur leur contrôle du temple de Nin-ĝirsu, qu'Urukagina étendit par la suite en promouvant le temple de Ba-U$_2$ pour justifier des ressources de l'e$_2$-mi$_2$, prouvant bien que les différentes sphères se mêlaient[162];

---

158. Cf. EDZARD 1971 : « Il faut supposer coexistence et même coalescence des secteurs "temple" et "palais" plutôt que conflit et rivalité ».

159. Sur ce texte, voir SELZ 1995a, p.422 avec les renvois aux analyses.

160. Cf. MAEKAWA 1973-1974, p.114-115 : DP 140 rs. ii 1-4. En-ig-gal / nu-banda$_3$ / dub še-ba ^{d}Nin-ĝir$_2$-su-ka-ta / e-ta-sar 1 : « En-ig-gal, l'intendant, a écrit (i.e. le personnel recevant des rations) hors des tablettes de ration d'orge de Nin-ĝirsu. 1ère année de règne ». Or, on ne trouve apparemment pas de formule similaire relative à l'extraction du personnel du palais vers l'e$_2$-mi$_2$/e$_2$-^{d}Ba-U$_2$, bien que MAEKAWA 1973-1974, p.113, suppose que les individus enregistrés sur les listes de rations BIN 8, 347 et DP 195 aient appartenu au palais ou au temple de Nin-ĝirsu avant d'être transférés à un moment qui n'est pas documenté. En outre, il semble ne pas exister d'équivalence entre les institutions ou organismes e$_2$-gal, « palais », et temple de Nin-ĝirsu.

161. Cf. MAEKAWA 1973-1974 ; SELZ 2015, p.270.

162. MAEKAWA 1973-1974, p.136-140. Il semble que l'on puisse toutefois rétorquer à la démonstration de Maekawa que les réformes d'Urukagina ont également en partie conduit à appauvrir la maisonnée royale et pas seulement à en accroître le pouvoir : ainsi, alors que le champ du$_6$ ^{d}Ab-u$_2$ est dit propriété de Lugal-an-da (u$_2$-rum) en RTC 75, il est dit « propriété de Ba-U$_2$ » (u$_2$-rum) en DP 589.

– comme le rappelle Steinkeller, le souverain agit avant tout comme le représentant du dieu poliade : il est par conséquent amené à gérer les biens appartenant aux divinités [163] ;

– comme l'affirme Selz ci-dessus, le palais sumérien de l'époque présargonique n'a pas encore évolué pour atteindre le développement d'époques postérieures, ni celle du palais contemporain d'Ebla.

En guise de conclusion sur le palais – en tant que terme e_2-gal – à Ĝirsu, on pourra mettre en valeur les aspects suivants :

– le palais pourrait avoir été localisé sur le Tell des Tablettes et les textes qui y furent trouvés auraient appartenu à une éventuelle archive palatiale ; si tel est le cas, le bâtiment, qui n'est guère évoqué que de manière allusive, aurait compris sur ce secteur archéologique plusieurs salles dont aucune ne subsiste pour la période présargonique ;

– le palais comprend un vaste personnel qui n'apparaît dans les corpus qu'en liaison avec l'e_2-mi$_2$/e_2-^{d}Ba-U$_2$; à sa tête se trouvait un administrateur saĝĝa, qui est davantage assigné aux temples en règle générale ;

– ce bâtiment était impliqué directement dans diverses opérations administratives, commerciales et militaires ;

– la délimitation de ses prérogatives vis-à-vis des temples demeure difficile à fixer et il semble à vrai dire avoir pleinement participé à un même système administratif ou à une même organisation institutionnelle [164], comme le montrent sa pleine interaction avec l'e_2-mi$_2$/e_2-^{d}Ba-U$_2$ et l'emploi des ressources que le palais fait de cet organisme.

L'image qui s'en dégage semble par conséquent différente des modèles que l'on connaît pour des époques postérieures, notamment paléo-babylonienne, lorsque l'exemple du palais de Mari révèle une diversité d'activités, de salles et de personnel nettement supérieure à celle documentée lors de la période présargonique [165].

---

163. STEINKELLER 1993, p. 117 ; STEINKELLER 1999a, p. 116 ; STEINKELLER 1999b, p. 291. Citons également Ross 2002, p. 183 : « Other Ĝirsu texts appear to blur the distinction between secular and religious control over silver, due to the dual role of the city administrator ».

164. Cf. récemment PRUSS et SALLABERGER 2015, p. 70-75, pour une terminologie plus flexible et l'adoption du terme « communal organization ».

165. On pourra ainsi se reporter à la description du palais de Mari d'après les sources analysées par DURAND 1987 : plusieurs salles y sont explicitement nommées, notamment le bīt majālim, servant à la fois pour des cérémonies et pour recevoir des invités, le papāḫum, ou d'une salle de trône ; de plus, en dehors du métal et de denrées, on y trouve des mentions de bitume et une parfumerie ; les appartements des femmes y occupent aussi une place importante ; enfin, le palais de Mari héberge des divinités. De même, les activités du palais telles qu'analysées par CHARPIN 1987,

2. L'époque de la IIIe dynastie d'Ur

Quelques siècles plus tard, pour l'époque des souverains de la IIIe dynastie d'Ur (XXIe siècle av., époque dite néo-sumérienne), le palais royal est devenu le centre essentiel du pouvoir et la majeure partie des activités économiques du royaume dépend des domaines qu'il contrôle, avec leurs terres, leurs troupeaux et leurs personnels pour les exploiter, comme le montre l'abondante documentation administrative de cette époque. M. Van de Mieroop résume ainsi [166] :

> « Le vaste ensemble documentaire disponible illustre le fait que, à la base même de l'économie, le palais contrôlait directement une énorme quantité de terres agricoles et qu'il distribuait une grande partie des revenus qu'il en tirait à des milliers de personnes à sa charge, depuis le roi jusqu'au nouveau-né de la plus humble des tisseuses. Les textes de rations enregistrent les distributions d'orge, de laine, de vêtements et d'huile à de longues listes de personnes qui paraissent avoir dépendu entièrement du palais pour leur survie. Afin d'obtenir les ressources nécessaires à ces distributions, le palais semble avoir possédé la majorité des terres du territoire du royaume. »

Les trois capitales connues (Ur, Uruk et Nippur, respectivement capitale politique, berceau de la dynastie et capitale religieuse) de ce royaume devenu empire ont fait l'objet de fouilles archéologiques [167], mais on n'y a guère retrouvé les vestiges de ce qui pourrait correspondre à un véritable palais royal, lieu d'exercice du pouvoir par le souverain.

Dans les textes de cette époque – majoritairement de grands lots d'archives administratives –, on rencontre de très nombreuses mentions d'e_2-gal. D'autres sources écrites (inscriptions royales, hymnes, etc.) doivent aussi être examinées, tant il s'avère que le mot e_2-gal dans tous ces documents ne désigne pas toujours la même réalité, en tout cas sûrement pas, de façon systématique, « le » palais royal comme on a encore trop souvent tendance à le penser.

---

semblent démontrer un spectre plus important, notamment du point de vue de l'administration de domaines agraires ou des relations avec des « entrepreneurs ». EDZARD 2003-2005, rappelle également certaines des particularités des palais d'époque paléo-babylonienne qui confirment que la documentation qui s'y rapporte est plus riche, mais donne de plus une image plus impressionnante de ce type de bâtiment : nombre de salles, pièces domestiques pour les femmes et la maisonnée, présence d'un trône (apparemment non mentionné dans les textes connus, si ce n'est dans les attestations du terme para$_{10}$, jamais connecté spécifiquement au palais), administration de palmeraies et vergers, etc. Voir également les observations en 2.3.6.

166. VAN DE MIEROOP 2004, p. 59.

167. Cf. les 10 volumes des *Ur Excavations* (Oxford), les 24 volumes des *Ausgrabungen in Uruk-Warka Endberichte* (DAI), ou les volumes consacrés aux fouilles de Nippur de la série *Oriental Institute Publications* (Chicago).

Par ailleurs, la publication récente de nouveaux lots d'archives administratives vient d'apporter des éléments neufs sur cette question; il nous faudra donc examiner aussi ces dossiers, avec pour objectif final de mieux cerner pour cette époque :

– quelles réalités diverses se cachent éventuellement derrière le mot e_2-gal ;
– les contextes dans lesquels ce mot désigne réellement un bâtiment, en essayant de préciser où se trouvaient les divers e_2-gal à travers le royaume des rois néo-sumériens et à quel type de construction ils correspondaient ;
– quelle répartition il est possible de faire, dans nos textes, entre « palais-résidence » et « palais-institution ».

2.1. Inscriptions royales, mentions officielles et hymnes à la gloire du roi

Commençons par quelques illustrations de mentions d'« e_2-gal » dans différents types de sources officielles de cette époque :

Le libellé du nom de l'année 10 de Šulgi est le suivant : « année où l'*eḫursaĝ* (étymol. : le 'palais-montagne') royal a été construit » (mu e_2-ḫur-saĝ lugal ba-du$_3$). Ce nom d'année fait écho au passage d'un hymne à Šulgi (*Šulgi B* [168]), où celui-ci affirme, en parlant de lui à la première personne : « Je suis Šulgi et ma maison, l'*eḫursaĝ*, est *le palais des palais* » (ᵈšul-gi-me-en e_2-ĝu$_{10}$ e_2-ḫur-saĝ e_2-gal e_2-gal-bi-im).

Or l'*eḫursaĝ* d'Ur a bien été identifié et dégagé sur le téménos de cette ville par les archéologues [169]. Mais s'agit-il d'un véritable palais royal où le roi résidait et d'où il gouvernait ? Le débat a longtemps perduré pour savoir s'il ne s'agissait pas plutôt d'un temple. Cela n'est pas invraisemblable, dans la mesure où Šulgi ayant été divinisé de son vivant, un culte régulier lui était rendu, au même titre que les autres dieux.

Le palais comme lieu où le roi exerçait son pouvoir est pourtant explicitement mentionné dans les textes. Ainsi, par exemple, dans un autre hymne où Šulgi parle à la première personne (*Šulgi C* [170]), on peut lire : « ... *le vaste palais*, lieu où je prends mes décisions » (e_2-gal maḫ ki nam tar-re-ga$_2$).

---

168. ETCSL 2.4.2.02.

169. Voir la reprise synthétique et l'étude dans Margueron 1982, chapitre 9, p. 156-167 («Le palais d'Ur-Nammu et de Šulgi»). Après avoir rappelé les discussions entre L. Woolley et R. Hall et « les doutes sérieux sur la nature de l'édifice dégagé » (p. 156), l'auteur conclut néanmoins pour sa part que « l'édifice construit par Ur-Nammu et Šulgi est un *palais* pourvu d'un groupe officiel et surmonté très vraisemblablement d'un étage » (p. 165). À titre d'exemple d'une opinion émise plus récemment, van Ess 2013, p. 63, caractérise ce bâtiment – appelé Kisal-Gu'en – comme une « palastartige Anlage ». Voir aussi Postgate 2004, p. 195 et 244, Zettler et Hafford 2015, p. 375 § 3.1.3d, et Sharlach 2017, p. 35 et 44.

170. ETCSL 2.4.2.03.

Si l'on regarde maintenant les très nombreuses inscriptions royales de cette époque, les rois y célèbrent à l'envi les constructions qu'ils ont entreprises, mais il s'agit de *temples* dans la presque totalité des cas. Il existe pourtant deux inscriptions où le roi mentionne explicitement la construction de «son» palais (ou temple): «Šu-Sîn, roi d'Ur, roi des quatre régions, a construit *sa maison bien aimée*» (^{d}šu-^{d}suen [...], lugal uri$_5^{ki}$-ma, lugal an-ub-da limmu$_2$-ba-ke$_4$, e$_2$ ki-aĝ$_2$-ĝa$_2$-ni mu-du$_3$) [171]; et «[*Nom-de-Roi*], roi d'Ur, roi de Sumer et Akkad, a construit pour lui-même *son palais bien aimé*» ([NR], lugal uri$_5^{ki}$-ma, lugal ki-en-gi ki-uri-ke$_4$, e$_2$-gal ki-aĝ$_2$-ĝa$_2$-ni, mu-na-du$_3$) [172]. On notera, dans le second exemple, l'emploi de e$_2$-gal («palais») au lieu de e$_2$ («maison»). Mais aucun détail n'est hélas donné, dans ces textes, sur la construction même de ces bâtiments, sur leur nature ou sur leur localisation.

En revanche, dans un autre hymne de Šulgi (*Šulgi A* [173]), e$_2$-gal semble avoir un tout autre sens: «J'ai remis en ordre les routes du pays, j'ai instauré la double lieue, j'ai construit de *grandes demeures*» (kaskal kalam-ma-ke$_4$ si ḫe$_2$-mi-sa$_2$-sa$_2$ danna ḫu-mu-gen$_6$ e$_2$-gal-la ḫe$_2$-bi$_2$-du$_3$). On comprend généralement, étant donné le contexte, que le mot e$_2$-gal désigne simplement ici un *grand bâtiment*, jouant le rôle de gîte d'étape, de caravansérail.

2.2. Textes littéraires

Les textes littéraires sumériens mentionnant e$_2$-gal font clairement référence au «palais royal». Ainsi, dans *Sargon et Ur-Zababa* [174], il est question du palais du roi Ur-Zababa à Kiš, où se rend Sargon: «Il entre chez Ur-Zababa, son roi; il pénètre *au cœur du palais*, solidement bâti comme une grande montagne» (ki ^{d}ur-^{d}za-ba$_4$-ba$_4$ lugal-la-na-še$_3$ im-ma-da-an-ku$_4$-ku$_4$, ša$_3$ e$_2$-gal kur-gal-gin$_7$ ki us$_2$-sa im-ma-da-an-ku$_4$-ku$_4$).

---

171. RIME 3/2.1.4.19. Dans son commentaire à l'édition de cette inscription, D.R. Frayne note: «Steible, NSBW 2 p. 256 sub Šūsuen 5, raises the question whether the 'house' mentioned in line 9 refers to a temple dedicated to the divine Šū-Sîn or to the palace in Ur. The normal practice in Ur III times is to name city governors in inscriptions dealing with the construction of temples dedicated to the king. The king, on the other hand, usually appears in inscriptions dealing with the palace. This inscription, then, likely refers to the palace at Ur.» Et ce même auteur suggère que, dans cette capitale d'Ur, «Šū-Sîn moved the royal residence from the E-hursag to the Giparku.» (FRAYNE 1993, p. 329-330).

172. RIME 3/2.1.6.1001.

173. ETCSL 2.4.2.01.

174. ETCSL 2.1.4.

Dans *La mort d'Ur-Namma*[175], on apprend que le roi « a construit *un nouveau palais* mais qu'il n'a pas eu le temps d'en profiter » (e₂-gal gibil na-mu-un-du₃-a-ni nu-mu-un-ḫul₂-ḫul₂-la-ni) : le roi y est ramené mourant et il est indiqué que « le fier héros gît *dans son palais* » (saĝ-ku₃-gal₂ e₂-gal-a-na i₃-nu₂).

Dans ces trois exemples, et dans plusieurs autres que l'on pourrait ajouter, il est donc clairement fait allusion à la résidence royale qu'est l'e₂-gal.

Cependant, dans ces textes, e₂-gal peut aussi caractériser d'autres types de grandes résidences, pas nécessairement « royales ». Ainsi dans la *Lettre d'Aradĝu à Šulgi*[176], on voit le ministre Aradĝu être envoyé par le roi chez un chef militaire nommé Apillaša et affirmer : « Lorsque je suis arrivé à *la porte du palais*, personne ne m'a interrogé sur la santé de mon roi » (ka₂ e₂-gal-la-še₃ ĝen-a-ĝu₁₀-ne, lu₂-e silim-ma lugal-ga₂-ke₄ en₃ li-bi₂-in-tar). Ici, le « palais » (e₂-gal) désigne simplement la résidence du chef militaire à qui le ministre rend visite.

On notera par ailleurs que le mot e₂-gal est assez souvent utilisé – et il s'agit donc d'un autre sens possible – pour désigner un temple et non pas un palais. On se contentera ainsi de citer ici quelques noms de temples, comme le « palais du Ciel et de la Terre » (e₂-gal an-ki-a) ou le « palais de la steppe » (e₂-gal edin) à Uruk, ou encore le « palais de Keš » (e₂-gal keš₃ᵏⁱ-a) pour désigner le *temple* principal de la ville de Keš.

2.3. Archives administratives

Regardons maintenant du côté des textes d'archives, si nombreux à Ur III. Une rapide recherche dans le conservatoire numérique du CDLI[177] montre que plus de 2000 textes d'Ur III mentionnent le terme e₂-gal, en dehors de l'onomastique où l'élément e₂-gal est assez fréquemment utilisé comme composant. La plupart de ces textes proviennent des archives *provinciales* de Ĝirsu et Umma, mais aussi de Drehem (= le grand centre de Puzriš-Dagan créé par l'administration royale) : c'est un fait notable qu'il n'y a en réalité aucune « archive palatiale » (au sens d'un « palais royal ») existant pour cette époque, malgré ce qui est parfois affirmé. Une recherche du nombre d'attestations d'e₂-gal par lieu d'origine dans la base du CDLI donne les résultats suivants :

Ĝirsu	(capitale provinciale)	576 attestations
Puzriš-Dagan/Drehem (entrepôt centralisé du royaume avec centre administratif)		474
Umma	(capitale provinciale)	162

---

175. ETCSL 2.4.1.1

176. MICHALOWSKI 2011, lettre CKU 1, p. 249-272.

177. CDLI <cdli.ucla.edu>. Les tablettes administratives mentionnées dans la suite de l'article sont citées par leur identifiant CDLI sous la forme P######.

Ur	(capitale politique du royaume)	79
Irisaĝrig	(capitale provinciale)	46
Garšana	(ville provinciale)	30
Nippur	(capitale religieuse du royaume)	14
Uruk	(berceau de la dynastie des rois d'Ur III)	0

Dans de très nombreux cas, ces textes des archives administratives d'Ur III emploient e_2-gal dans le sens large de «palais» en tant qu'institution, ou pour désigner le domaine royal. On mentionnera par exemple le cas des «champs du palais» (a-ša$_3$ e_2-gal), des «troupeaux du palais» (gu$_4$-udu e_2-gal) à Umma, Ĝirsu, Nippur ou ailleurs (P118710 pour Umma, P131337 ou P102264 pour Ĝirsu, etc.). C'est également «l'institution-palais» à laquelle il est fait référence lorsque l'on trouve des noms de métiers comme dub-sar e_2-gal (P248711), ra-gaba e_2-gal (P455203), i$_3$-du$_8$ e_2-gal (P108618), etc.

Il convient cependant d'entrer un peu plus dans le détail de ces attestations, en fonction de leurs lieux d'origine:

2.3.1. Ĝirsu

Le grand nombre d'attestation d'e_2-gal à Ĝirsu s'explique sûrement par le fait qu'il y a clairement, dans cette province, un «palais des gouverneurs», existant sans doute depuis le temps des anciennes dynasties de Lagaš I et II des siècles précédents – située sur le Tell V du site, voir ci-dessus. C'est ce que montre le texte P111391 qui mentionne explicitement ce «palais de l'*ensi*» (e_2-gal ensi$_2$). D'ailleurs, tout le territoire de Ĝirsu est alors clairement organisé – et sans doute depuis longtemps – autour de ces grands organismes que sont «le palais et les temples des dieux» (e_2-gal u$_3$ dingir-re-ne), comme le précise le colophon du grand texte P108839. De nombreuses tablettes comptabilisent les champs, les travailleurs, les troupeaux qui relèvent de ce «palais» (e_2-gal ĝir$_2$-su^{ki}, P113355), ce qui donne lieu à la rédaction de bilans comptables spécifiques (ni$_3$-ka$_9$-ak e_2-gal, P217669). Il y a une «bergerie du palais» (e_2-gal udu), un «atelier de tissage du palais» (e_2-uš-bar e_2-gal), et il est fréquemment fait allusion – de l'année Šulgi 32 à l'année Šu-Sîn 7 – à un «nouveau palais» (e_2-gal gibil) qui a peut-être été construit dans cette capitale pour remplacer l'ancien[178]. On notera par ailleurs une expression très fréquente, mais assez spécifique aux textes de Ĝirsu de l'époque d'Ur III, pour caractériser divers personnels qui sont «en service aux ordres (?) du palais» (KA e_2-gal gub-ba, *passim*)[179].

---

178. À moins que ce «nouveau palais» (e_2-gal gibil) ne fasse allusion, non pas à un bâtiment situé sur le territoire de Ĝirsu, mais au nouveau palais royal construit par Ur-Namma et/ou Šulgi dans la région de Nippur (voir ci-dessous).

179. Je continue toutefois de me demander si, dans toutes ces références, ka n'est pas une écriture non orthographique pour ka$_2$, «porte» (comme en P332477 ou P332478), l'expression signifiant alors: «présents à la porte du palais».

On trouve par ailleurs, dans les textes de Ĝirsu, de fréquentes mentions de l'expression e_2+*Nom-de-Roi*. Cela fait-il allusion au « palais du roi », comme on pourrait *a priori* s'y attendre, malgré l'écriture du seul e_2 et non pas d'e_2-gal ? Il est en fait vraisemblable, dans ce cas, que e_2 se réfère à un temple et non pas à un palais, l'expression recouvrant en réalité souvent, comme cela a été noté par ailleurs[180], les chapelles funéraires des rois défunts. On voit d'ailleurs, dans plusieurs exemples (P204453, P331059) que, à Ĝirsu, « e_2 ᵈAmar-Suen » fait clairement allusion à un temple.

2.3.2. Drehem (et Nippur, à proximité immédiate)

Concernant e_2-gal à Drehem (l'ancienne Puzriš-Dagan où le roi Šulgi a créé un grand entrepôt et parc à bestiaux), C. Tsouparopoulou pense que « the palace was probably a full economic unit, a household where several different workshops and craftsmen were operating, and transferring hides there could have been related to such enterprises[181] ». Je me demande pour ma part si les nombreuses mentions d'e_2-gal dans les textes de Drehem ne renvoient pas, dans la plupart des contextes y compris celui des activités artisanales, à celle des résidences royales dont on sait qu'elle se trouvait dans la proximité de Nippur (voir-ci-dessous 2.3.5).

Un palais est cependant attesté à Nippur même (e_2-gal nibru^{ki}-ka, P144028, P135984), et aussi dans les deux autres capitales du royaume de cette époque qu'étaient Ur et Uruk, comme l'a précisé W. Sallaberger en attirant l'attention sur la mention, dans les textes de Drehem, de nombreuses offrandes enregistrées pour les « sacrifices à l'intérieur du palais » (siskur$_2$ ša$_3$ e_2-gal) dans chacune de ces trois capitales[182].

2.3.3. Umma

Le cas d'Umma, autre grande capitale provinciale du royaume, est assez particulier car il ne semble pas qu'y soit spécifiquement attesté de « palais du gouverneur », à l'inverse de la situation connue à Ĝirsu. Au contraire, P. Steinkeller affirme que, dans les nombreux domaines ruraux et hameaux de la province d'Umma dont il a fait l'étude[183], on relève à chaque fois un certain nombre d'établissements, bâtiments et installations, parmi lesquels des *palais* (e_2-gal), des greniers (ĝa$_2$-nun), des bergeries (e_2-udu), des ateliers textiles (e_2-uš-bar), des installations nautiques le long des canaux (mar-sa), ainsi que divers temples et chapelles. On peut citer par exemple la mention, dans plusieurs textes (P303694,

---

180. Lafont 2017, p. 195.

181. Tsouparopoulou 2013, p. 158.

182. Sallaberger 1993, p. 221, 222.

183. Steinkeller 2007, p. 193.

etc.), du «*palais* du domaine rural Lamaḫ» (e₂-gal a-ša₃ la₂-maḫ). L'e₂-gal ne devait donc être au mieux, dans ces différents cas, qu'un bâtiment officiel.

Par ailleurs, comme à Ĝirsu, les mentions de e₂+*Nom-de-Roi* renvoient, à Umma, à un temple du roi divinisé, éventuellement à une unité domaniale [184] et non pas à une résidence royale [185].

2.3.4. Ur

On a déjà évoqué, à propos des inscriptions royales et de l'*eḫursaĝ* d'Ur, la situation de cette capitale politique du royaume, qui n'était pas nécessairement le lieu à partir duquel gouvernaient au quotidien les rois de la Troisième dynastie. Deux textes provenant d'Ur (P137420, P137745) mentionnent la rémunération de travailleurs qui, dans cette cité, étaient « en service au *palais du roi* » (e₂-gal lugal-ka gub-ba-ne). Le fait que l'on précise ici e₂-gal + lugal est significatif : on avait besoin de distinguer le palais royal des autres palais existant dans cette ville. Il est d'autre part question du « palais d'Ur » (e₂-gal uri₅^ki-ma) dans un texte de Ĝirsu (P114700) qui comptabilise divers travailleurs.

2.3.5. Résidences royales et palais principal

Mais, en dehors de cet inventaire ville par ville, on ajoutera qu'une quinzaine de textes d'Ur III font, eux aussi, explicitement allusion à un « palais royal » (e₂-gal lugal, *passim*). Comme ces textes proviennent aussi bien d'Umma, de Ĝirsu et de Drehem, que de Nippur, cela pourrait montrer qu'il existait des « palais royaux » dans certains centres provinciaux, et confirme par la même occasion qu'il y avait d'autres e₂-gal que ceux du roi.

Cette existence, ici et là, de palais royaux locaux est également envisagée par P. Michalowski qui écrit pour sa part [186] :

---

184. LAFONT 2017, p. 193.

185. Cette problématique temple / palais à propos des rois divinisés amène à évoquer brièvement le cas tout à fait intéressant et particulier de la situation qui, à cette époque, a existé à Ešnunna (Tell Asmar), dans la vallée de la Diyala, à la périphérie du pays de Sumer et Akkad. C. Reichel a en effet proposé (REICHEL 2008) une réinterprétation complète des découvertes archéologiques faites à Tell Asmar, montrant que, à l'époque d'Ur III, le palais du gouverneur local était accolé à un temple dédié au divin roi Šu-Sîn alors que celui-ci régnait à Ur. À la chute d'Ur III, la situation a évolué (le nouveau roi indépendant d'Ešnunna s'étant fait lui-même diviniser) et cet auteur a proposé une relecture historique particulièrement convaincante des nouveaux rapports qu'ont entretenus, au sein du même ensemble architectural, le lieu de culte et la résidence royale, soulignant que, concernant le siège de la royauté, « Ešnunna provides the one surviving architectural manifestation of a cultic concept that actually originated from the heartland of Mesopotamia » (p. 144).

186. MICHALOWSKI 2013, p. 171-172. Voir aussi désormais à ce sujet SHARLACH 2017, notamment chapitre 2.

« The kings and their entourages were constantly moving from one seat of power to another, holding court in various palaces in the land and participating in local and state festivals and temple rites, sustaining by participation their connections to local elites and playing out status-affirming performances. Ur may have been the state capital, but there were official royal residences in Nippur, Umma and Girsu, as well as in other places, notably Uruk and Tummal. »

Mais il faut aller plus loin, car il est probable que devait exister, malgré tout, un « palais principal » du royaume, siège éminent du pouvoir royal, du gouvernement et de l'administration. On ne l'a jamais retrouvé, mais il est possible qu'on ne l'ait pas cherché au bon endroit. Car on dispose aujourd'hui de quelques arguments en faveur d'une autre localisation que la ville d'Ur comme résidence principale des rois néo-sumériens : il pourrait s'agir de Tummal (Tell Dlehim), dans la proximité de Nippur, site qui n'a jamais été fouillé. C'est P. Steinkeller qui a émis cette hypothèse dans deux articles récents [187] dont on peut présenter ici deux extraits essentiels :

« Although known to exist already in the Sargonic period, Tummal probably came to prominence only in Ur III times, when it became the seat of a royal palace and the focus of the funerary cult of Ur-Namma. As indicated by the frequent references to the royal court and the high officials sejourning at Tummal, this satellite of Nippur, and the immediate neighbor of Puzriš-Dagan, appears to have been, after the capital city of Ur, the most important administrative center of the Ur III state. There are reasons to suspect that it was there that some of the main offices of the Ur III state, such as the "war ministry" and the "ministry of foreign affairs," were situated. However, this question will have to wait for the excavation of the site of Tell Dlehim, and of its neighbor Tell Drehem, the modern site of Puzriš-Dagan. (…)

Whoever initiated the Tummal project—be that Ur-Namma or Šulgi—it is certain that the express purpose of this undertaking was to provide the Ur III state with a centrally-situated seat of government, as the capital city of Ur, because of its location in the southernmost reaches of Babylonia, was not well-suited for that purpose. As already noted, it was likely there that some of the highest officials of the realm — such as the sukkalmah, and probably the king himself — worked and lived most of the time. Furthermore, it would seem that the construction at Tummal was closely connected with another massive project, which was the building of Puzriš-Dagan, less than 15 km away from Tummal. One might even consider that both undertakings were but parts of the same project. »

---

187. STEINKELLER 2013, p. 362-363, et STEINKELLER 2015, p. 156-158 et 165-166. Ces deux contributions donnent, en détail, les arguments et les sources textuelles sur lesquels s'appuie cet auteur pour développer ses propositions. On ne peut les énumérer tous ici et l'on renverra donc à ces deux articles pour plus de détails.

Il avait été observé depuis longtemps que les informations données par les archives administratives d'Ur III montraient que les rois de cette époque résidaient bien plus fréquemment dans la région de Nippur que dans celle d'Ur (et cela a été confirmé par la publication récente des archives d'Irisaĝrig; voir ci-dessous). La proposition tout à fait convaincante de P. Steinkeller va dans ce sens et montre l'endroit où il faudrait sans doute aller chercher, archéologiquement parlant, un véritable palais des souverains de la IIIe dynastie d'Ur. Il ne serait donc pas impossible, si ce site de Tell Dlehim demeure exploitable par les archéologues, que certaines découvertes permettent un jour de faire passer le dossier de l'époque d'Ur III de la catégorie «archives sans palais royal» à la catégorie «palais royal avec archives»…

2.3.6. Irisaĝrig et Garšana

Finalement, deux autres courtes enquêtes restent à mener pour compléter ce tableau, afin d'exploiter les informations particulièrement neuves apportées par deux importants lots d'archives récemment publiés: celui d'Irisaĝrig[188] et celui de Garšana[189].

Les nouveaux textes d'Irisaĝrig que viennent de faire connaître David Owen et ses collègues montrent, à partir du règne de Šu-Suen, une présence fréquente dans cette cité – située sur le Tigre, à la latitude de Nippur – du roi et des membres de sa famille. On voit les uns et les autres se rendre assez souvent dans cette ville et il est même possible qu'un ou plusieurs membres de l'entourage royal aient résidé à Irisaĝrig[190].

Il existe plus d'une trentaine de mentions d'un e_2-gal à Irisaĝrig[191], mais surtout de très nombreuses références à un «lieu du roi» (ki lugal)[192]. De quoi s'agit-il? P. Steinkeller a proposé (avec un point d'interrogation) la possible équation e_2-gal «palais» = ki lugal «lieu du roi» à Irisaĝrig. Je me demande, pour ma part, si les messagers royaux enregistrés à Irisaĝrig et qui voyagent le plus souvent entre Dêr (puis Kimaš en Iran) et ce «lieu du roi» (ki lugal), ne sont pas ceux qui circulent précisément entre le palais royal de Tummal (siège probable du gouvernement, comme on vient de le voir) et les territoires iraniens (Élam, Susiane), en passant naturellement par Irisaĝrig pour pouvoir emprunter la route les menant vers les piémonts du Zagros. On sait que Tummal est équidistant de Nippur et d'Irisaĝrig, à une vingtaine de kilomètres seulement de ces deux

---

188. Owen 2013.

189. Owen & Mayr 2007.

190. Cf. P. Steinkeller dans Owen 2013, p. 45.

191. Owen 2013, index p. 370.

192. Plus de 200 occurrences: cf. tableau dans Owen 2013, p. 132-152.

villes[193]. Dans cette hypothèse, le « lieu du roi » (ki lugal) renverrait donc au palais royal de Tummal que nous avons évoqué plus haut.

À Irisaĝrig encore, on notera l'intéressant texte P387940 (daté de xi/AS 7), qui concerne les finitions et l'équipement de l'« e$_2$ ^{d}amar-^{d}suen-ka » (rev. ii 8'). Mais comme on l'a vu à Ĝirsu ou à Umma, il s'agit ici très vraisemblablement d'un temple dédié à Amar-Suen (venant juste de décéder ?[194]) et non pas d'un palais royal supplémentaire.

Autre dossier : celui de Garšana. Comme l'a bien montré W. Heimpel[195], l'un des aspects les plus intéressants des nouveaux textes provenant de ce site, à proximité d'Umma, touche aux nombreux travaux de construction qui y ont été entrepris, avec toutes les opérations techniques afférentes qui sont précisément décrites et que l'on connaissait très mal jusqu'alors. Or, parmi les bâtiments construits, on trouve un e$_2$-gal, et l'on dispose de la sorte, pour la toute première fois, de données techniques concernant l'édification d'un tel bâtiment. W. Heimpel estime[196] que cet e$_2$-gal devait être une résidence royale de niveau local, mais sans qu'on n'y voie jamais le roi s'y rendre. Cependant, il est tout aussi possible que cet e$_2$-gal ait simplement été un grand bâtiment ou résidence, au milieu d'autres du même type tels qu'ils sont mentionnés dans les textes de Garšana. On ne sait cependant pas à qui cet e$_2$-gal était destiné. Confection du toit, systèmes d'évacuation des eaux, baraquements intégrés, réparations : toutes les références relatives à cet e$_2$-gal de Garšana sont désormais bien identifiées et étudiées[197]. On notera qu'il est aussi question, dans les mêmes textes, d'un « nouveau palais » (e$_2$-gal gibil) construit également à Garšana (P322615).

À l'issue de ce rapide survol des sources écrites de l'époque d'Ur III, on voit les nombreux sens différents que peut finalement recouvrir le mot e$_2$-gal dans les textes. Il peut s'agir de toutes sortes de bâtiments ou résidences, et non pas seulement du « palais royal ». Il semble pourtant désormais assez plausible que, si une résidence royale principale, siège du gouvernement, a bel et bien existé à cette époque, elle se soit trouvée à Tummal, c'est-à-dire à proximité de Nippur, de Puzriš-Dagan et d'Irisaĝrig. Mais on n'oubliera pas que le terme e$_2$-gal est également souvent utilisé, dans ces textes d'Ur III, pour caractériser l'institution palatiale, dans son sens de grand organisme économique et d'autorité politique.

Après la chute d'Ur III, la situation a changé assez radicalement lorsque se sont développés les multiples royaumes caractéristiques de l'époque amorrite, chaque roi étant désireux de disposer d'une résidence royale principale d'où

---

193. Cf. carte dans Owen 2013, p. 43.

194. Cf. Lafont 2017.

195. Heimpel 2009.

196. Heimpel 2009, p. 132.

197. Owen et Kleinerman 2009, p. 676-678, et Heimpel 2009, p. 132.

exercer son pouvoir. Plusieurs sites mésopotamiens ont d'ailleurs livré des vestiges de palais royaux de cette époque (xxe-xviiie siècles), comme Isin, Larsa, Uruk, Ešnunna, Mari, Šubat-Enlil[198]. Il manque bien sûr –hélas– à cette liste le palais amorrite de Babylone, mais cela est en partie compensé par l'extrême richesse offerte par celui de Mari. Concernant Mari, on notera incidemment que les textes montrent bien qu'il y avait plusieurs palais (e$_2$-gal) au sein même de ce royaume[199]. On relèvera pour finir quelques mentions explicites de construction de résidences royales à cette époque, comme dans le cas de Samsu-iluna qui se fit construire à Babylone un nouveau palais, célébré dans le nom de sa 33e année de règne[200]. Tout ceci relève cependant d'une autre histoire…

Conclusion générale

Si, sur l'ensemble du IIIe millénaire, l'émergence du palais comme institution et lieu d'administration au centre de la vie politique apparaît comme un fait incontestable, les modalités de son évolution, de sa puissance et de son organisation ne sont néanmoins pas entièrement élucidées. Alors que la documentation du début du IIIe millénaire ne met pas en lumière le terme e$_2$-gal, le « palais » semble, dans les cités sumériennes aux alentours de 2400, du moins à l'aune de la situation observable à Ĝirsu, constituer un bâtiment fonctionnel, comprenant un personnel varié mais à l'ampleur inconnue et un organisme économique en interaction complète avec les temples. Toutefois, le nombre réduit de textes appartenant à une possible archive palatiale – y compris à Umma, dont on possède un lot important de tablettes provenant du temple d'Inanna de Zabalam – ainsi que l'absence de restes archéologiques identifiés comme ceux d'un palais pour la période du DA IIIb ne permettent guère que d'évaluer le rôle du palais en « creux » à travers la documentation administrative des temples. Il s'avère que le palais à Ĝirsu mobilise logiquement les ressources de l'e$_2$-mi$_2$/e$_2$-^{d}Ba-U$_2$, notamment : le personnel ša$_3$-dub e$_2$-gal, si celui-ci est bien détaché auprès du palais, les conscrits – les deux catégories étant désignées sous Urukagina comme « propriété de Ba-U$_2$ » –, les animaux tondus et marqués, les biens destinés aux cérémonies religieuses. L'on ne saurait pour autant estimer les biens appartenant au palais ni sa richesse, notamment du point de vue de la propriété foncière, surtout bien connue pour l'e$_2$-mi$_2$/e$_2$-^{d}Ba-U$_2$[201]. L'interaction entre le palais et le

---

198. Charpin 2004, p. 263-266.

199. Charpin 2011, p. 47 n. 45.

200. Charpin 2004, p. 361-362.

201. On signalera ici que les terres faisant l'objet des contrats de Lum-ma-tur ne semblent pas caractérisées comme celles du palais ; de plus un administrateur nu-banda$_2$ e$_2$

temple, deux institutions qu'il ne saurait être question à vrai dire de distinguer, pourrait d'ailleurs avoir comme antécédent la situation dont témoignent les textes « archaïques » d'Ur, remontant au Dynastique Archaïque I-II, lorsque le sanctuaire du dieu Nanna possédait apparemment de vastes domaines agraires et que les autorités de cette cité en géraient les ressources, selon des modalités à préciser[202].

À l'époque des souverains de la IIIe Dynastie d'Ur, la situation a nettement changé, dans la mesure où le palais peut désormais désigner des lieux de pouvoir distincts à divers échelons, palais de gouverneur, temples, caravansérails, palais « central », mais aussi des temples, notamment liés aux souverains. Les modifications se sont aussi opérées conformément à la nature géographique du royaume qui avait uni l'ensemble des cités de Mésopotamie méridionale : les résidences royales dans les différentes cités permettaient ainsi aux souverains d'assurer la cohésion de leur État, tandis que les gouverneurs assuraient leurs pouvoirs depuis des palais locaux. Toutefois, là aussi, la situation documentaire rencontre des limites évidentes vis-à-vis de la résidence royale, dans la mesure où le principal palais des rois d'Ur, dont on peut supposer qu'il se trouve à Tummal, n'a jamais été fouillé, nous privant ainsi d'une possible archive palatiale, alors que la place de l'e_2-ḫur-saĝ à Ur dans le système royal reste à mieux déterminer. En revanche, les prérogatives du palais semblent plus claires si l'on considère que le palais du gouverneur à Ĝirsu est impliqué directement dans l'administration de domaines agraires, de cheptels et autres ressources qui relèvent directement de lui. De même, les ambitieux programmes des souverains de la IIIe Dynastie d'Ur à Drehem et peut-être à Tummal permirent sans doute de consolider la centralisation administrative et révèlent l'importance du palais comme lieu de pouvoir, notamment si, comme le suggère Steinkeller, se trouvaient à Tummal les « ministères », dont celui chargé des affaires étrangères.

Cette affirmation en pays sumérien du palais ouvrit sans doute certes la voie aux constructions et à l'organisation palatiale de l'époque amorrite, mais l'on peut également se demander si l'antécédent à ce modèle amorrite n'est pas d'avantage à rechercher au IIIe millénaire à Ebla, voire à Mari. Une piste de réflexion pourrait, enfin, consister à mieux cerner la place du palais au cours des âges dans l'organisation du pouvoir royal et du système administratif : on se contentera de mentionner ici que les souverains de la Première Dynastie de Lagaš au DA IIIb pouvaient administrer les biens agraires de l'e_2-mi$_2$/e_2-^{d}Ba-U$_2$ sans impliquer directement le bâtiment qu'était le palais – les textes de cette dernière institution étant en effet supposés provenir du Tell K, la ville sainte,

---

Lum-ma-tur-ka, « inspecteur de la maisonnée de Lum-ma-tur », s'y distingue de celui du palais, voir ci-dessus.

202. Cette question fera l'objet d'une étude dans le cadre d'un programme de réévaluation complète des textes archaïques d'Ur entrepris par G. Benati et C. Lecompte.

distincte du Tell des Tablettes. De ce point de vue, l'époque d'Ur III, avec la gestion entreprise directement depuis le possible palais du gouverneur – si l'on songe que les tablettes néo-sumériennes de Ĝirsu proviennent surtout du Tell des Tablettes – pourrait marquer une étape décisive.

Bertrand LAFONT
bertrand.lafont@cnrs.fr
Camille LECOMPTE
Camille.LECOMPTE@cnrs.fr
CNRS, UMR 7041 ArScAn, Nanterre

Bibliographie

ANDERSSON J. 2012, *Kingship in the Early Mesopotamian Onomasticon 2800-2200 BCE*, Uppsala.

BAUER J. 1972, *Altsumerische Wirtschaftstexte aus Lagash*, Studia Pohl 9, Rome.

BAUER J. 1975, «Darlehensurkunden aus Girsu», *Journal of the Economic and Social History of the Orient* 18, p. 189-218.

BAUER J. 1998, «Der vorsargonische Abschnitt der mesopotamischen Geschichte», dans P. ATTINGER et M. WÄFFLER (éds), *Mesopotamien. Späturuk-Zeit und Frühdynastische Zeit*, Orbis Biblicus et Orientalis 160/1, Fribourg et Göttingen, p. 429-585.

BEHRENS H. et H. STEIBLE 1983, *Glossar zu den altsumerischen Bau- und Weihinschriften*, FAOS 6, Stuttgart.

BELD S.G. 2002, *The Queen of Lagash: Ritual Economy in a Sumerian State*. Thèse, Michigan.

BENATI G. 2015, «Re-modeling Political Economy in Early 3rd Millennium BC Mesopotamia: Patterns of Socio-Economic Organization in Archaic Ur (Tell al-Muqayyar, Iraq)», *Cuneiform Digital Library Journal* 2015: 2.

BENATI G. et C. LECOMPTE 2016, «New Light On the Archaic Texts from Ur: The "Ancient Room" Tablet Hoard», dans R.A. STUCKY (éd.), *Proceedings of the 9th International Congress on the Archaeology of the Ancient Near East* Volume 3, Wiesbaden, p. 13-30.

BURROWS E. 1935, *Ur Excavations Texts II. Archaic Texts*, Londres et Philadelphie.

CHARPIN D. 1987, «Le rôle économique du palais en Babylonie sous Hammurabi et ses successeurs», dans E. LÉVY (éd.), *Le système palatial en Orient, en Grèce et à Rome. Actes du colloque de Strasbourg 19-22 juin 1985*, Strasbourg, p. 111-126.

CHARPIN D. 2004, «Histoire politique du Proche-Orient amorrite», dans D. CHARPIN, D.O. EDZARD et M. STOL (éds), *Mesopotamien: Die altbabylonische Zeit*, Orbis Biblicus et Orientalis 160/4, Fribourg, p. 23-480.

CHARPIN D. 2011, «Le 'pays de Mari et des Bédouins' à l'époque de Samsu-iluna de Babylone», *Revue d'Assyriologie* 105, p. 41-59.

CROS G. 1910-1914, *Nouvelles fouilles de Tello, publiées avec le concours de : Léon Heuzey, François Thureau-Dangin*, Paris.

DEIMEL A. 1931, *Šumerische Tempelwirtschaft zur Zeit Urukaginas und seiner Vorgänger. Abschluss der Einzelstudien und Zusammenfassung der Hauptresultate*, Analecta Orientalia 2, Rome.

DIAKONOFF I.M. 1974, *Structure of Society and State in Early Dynastic Sumer*, Monographs of the Ancient Near East 1/3, Los Angeles.

DURAND J.-M. 1987, «L'organisation de l'espace dans le palais de Mari : le témoignage des textes», dans E. LÉVY (éd.), *Le système palatial en Orient, en Grèce et à Rome. Actes du colloque de Strasbourg 19-22 juin 1985*, Strasbourg, p. 39-110.

EDZARD D.O. 1968, *Sumerische Rechtsurkunden des III. Jahrtausends aus der Zeit vor der III. Dynastie von Ur*, Munich.

EDZARD D.O. 1974, «Problèmes de la royauté dans la période présargonique», dans P. GARELLI (éd.), *Le palais et la royauté*, Paris, p. 141-149.

EDZARD D.O. 2003-2005, «Palast. A. III. Altbabylonisch», *Reallexikon der Assyriologie* 10, p. 205-208.

ENGLUND R.K. 1998, «Texts from the Late Uruk Period», dans P. ATTINGER et M. WÄFFLER (éds), *Mesopotamien. Späturuk-Zeit und Frühdynastische Zeit*, Orbis Biblicus et Orientalis 160/1, Fribourg et Göttingen, p. 13-233.

VAN ESS M. 2013, «Babylonische Tempel zwischen Ur III- und neubabylonischer Zeit», dans K. KANIUTH, A. LÖHNERT, J.L. MILLER, A. OTTO, M. ROAF et W. SALLABERGER (éds), *Tempel im Alten Orient, 7. Internationales Colloquium der Deutschen Orient-Gesellschaft,11.-13. Oktober 2009, München*, Wiesbaden, p. 59-84.

FALKENSTEIN A. 1974, *The Sumerian Temple City*, Monographs of the Ancient Near East 1/1, Los Angeles.

FOSTER B. 1981, «A New Look at the Sumerian Temple», *Journal of the Economic and Social History of the Orient* 24, p. 225-241.

FRAYNE D.R. 1993, *Ur III Period (2112-2004 BC)*, RIME 3/2, Toronto.

FRAYNE D.R. 2007, *The Royal Inscriptions of Mesopotamia. Presargonic Period*, RIME 1, Toronto, Buffalo, Londres.

GELB I.J. 1969, «On the Alleged Temple and State Economies in Ancient Mesopotamia», *Studi in onore di Edoardo Volterra*, Milan, p. 137-154.

GELB I.J. 1979, «Household and Family in Early Mesopotamia», dans E. LIPIŃSKI (éd.), *State and Temple Economy in the Ancient Near East*, Orientalia Lovanensia Analecta 5, Louvain, p. 1-98.

GELB I.J., P. STEINKELLER, R.M. WHITING 1991, *Earliest Land Tenure Systems in the Near East: Ancient Kudurrus*, Oriental Institute Publications 104, Chicago.

GENOUILLAC H. de 1936, *Fouilles de Telloh. Tome II : Époques d'Ur IIIe Dynastie et de Larsa*, Paris.

GLASSNER J.-J. 2000, «Les petits États mésopotamiens à la fin du 4e et au cours du 3e millénaires», dans M.H. HANSEN (éd.), *A Comparative Study of Thirty City-State Cultures*, Copenhague, p. 35-54.

GRÉGOIRE J.-P. 1962, *La province méridionale de l'Etat de Lagaš*, Luxembourg.

HALLO W.W. 1979, «Notes from the Babylonian Collection, I. Nungal in the Egal: An Introduction to Colloquial Sumerian?», *Journal of Cuneiform Studies* 31, p. 161-165.

HEIMPEL W. 2009, *Working Construction Work at Garšana*, CUSAS 5, Bethesda MD.

Hruška B. 1971, « Die Reformtexte Urukaginas. Der verspätete Versuch einer Konsolidierung des Stadtstaates von Lagaš », dans P. Garelli (éd.), *Le palais et la royauté*, Paris, p. 151-162.

Huh S.K. 2008, *Studien zur Region Lagaš. Von der Ubaid- bis zur altbabylonischen Zeit*, AOAT 345, Münster.

Huot J.-L. 1990, « Palais et temples », dans J.-L. Huot, J.-P. Thalmann et D. Valbelle (éds), *Naissance des cités*, Paris, p. 68-73.

Kienast B. et K. Volk 1995, *Die sumerischen und akkadischen Briefe des III. Jahrtausends aus der Zeit vor der III. Dynastie von Ur*, FAOS 19, Stuttgart.

Krecher J. 1973, « Neue sumerische Rechtsurkunden des 3. Jahrtausends », *Zeitschrift für Assyriologie und verwandte Gebiete* 63, p. 145-271.

Lafont B. 1984, « La collection des tablettes cunéiformes des musées archéologiques d'Istanbul », *Turcica* IV, p. 179-185.

Lafont B. 2017, « Game of Thrones: The Years when Šu-Sin Succeeded Amar-Suen in the Kingdom of Ur », dans L. Feliu, F. Karahashi et G. Rubio (éds), *The First Ninety Years. A Sumerian Celebration in Honor of Miguel Civil*, Studies in Ancient Near Eastern Records 12, Boston et Berlin, p. 189-204.

Lafont B. et F. Yildiz 1989, *Tablettes cunéiformes de Tello datant de l'époque de la IIIe Dynastie d'Ur*, Istanbul.

Lecompte C. 2015, « Untersuchungen zu den Siedlungsstrukturen und ländlichen Siedlungen in der FD-Zeit. Auf der Suche nach den verlorenen Dörfern in den altsumerischen Urkunden », dans R. Dittmann et G. Selz (éds), *It's a Long Way to a Historiography of the Early Dynastic Period(s)*, AVO 15, Münster, p. 211-246.

Maekawa K. 1973-1974, « The Development of the É-MÍ in Lagash during Early Dynastic III », *Mesopotamia* VIII-IX, p. 77-145.

Maekawa K. 1977, « The Rent of the Tenant Field (gán-APIN.LAL) in Lagash », *Zinbun* 14, p. 1-54.

Magid G. 2001, « Micromanagement in the é-mi/^{d}Ba-ú: Notes on the Organization of Labor at Early Dynastic Lagash », dans T. Abush, C. Noyes, W.W. Hallo, et I. Winter (éds), *Historiography in the Cuneiform World, Proceedings of the XLVe Rencontre Assyriologique Internationale*, Bethesda, p. 313-328.

Margueron J.-Cl. 1982, *Recherches sur les palais mésopotamiens de l'âge du Bronze*, BAH 107, Paris.

Matthews R. et W. Matthews 2017, « A Palace for the King of Ereš? Evidence from the Early Dynastic City of Abu Salabikh, South Iraq », dans Y. Heffron, A. Stone et M. Worthington (éds), *At the Dawn of History. Ancient Near Eastern Studies in Honour of J.N. Postgate*, Winona Lake IN, p. 363-371.

Michalowski P. 2011, *The Correspondence of the Kings of Ur*, Mesopotamian Civilizations 15. Winona Lake IN.

Michalowski P. 2013, « The Third Dynasty of Ur and the Limits of State Power in Early Mesopotamia », dans S.J. Garfinkle et M. Molina (éds), *From the 21st Century B.C. to the 21st Century A.D.: Proceedings of the International Conference on Sumerian Studies Held in Madrid 22–24 July 2010*, (éds), Winona Lake IN, p. 169-206.

Owen D.I. (dir.) 2013, *Cuneiform Texts Primarily from Iri-Sagrig/Al-Šarraki and the History of the Ur III Period*, Nisaba 15, Bethesda MD.

Owen D.I. et A. Kleinerman 2009, *Analytical Concordance to the Garšana Archives*, CUSAS 4, Bethesda MD.

Parrot A. 1948, *Tello. Vingt campagnes de fouilles (1877-1933)*, Paris.

Pomponio F. et G. Visicato 1994, *Early Dynastic Tablets of Šuruppak*, Naples.

Postgate J.N. 2004, «Palast. A. V Mittel- und Neuassyrisch», *Reallexikon der Assyriologie* 10, p. 212-226.

Powell M. 1987-1993, «Masse und Gewichte», *Reallexikon der Assyriologie* 7, p. 457-517.

Prentice R. 2010, *The Exchange of Goods and Services in Pre-Sargonic Lagash*, AOAT 368, Münster.

Pruss A. et W. Sallaberger 2015, «Home and Work in Early Bronze Age Mesopotamia: "Ration Lists" and "Private Houses" at Tell Beydar/Nadaba», dans P. Steinkeller et M. Hudson (éds), *Labor in the Ancient World: A Colloquium held at Hirschbach (Saxony), April 2005*, Dresde, p. 69-136.

Reichel C. 2008, «The King is Dead, Long Live The King: The Last Days of The Šu-Sîn Cult at Ešnunna and its Aftermath», dans N. Brisch (éd.), *Religion and Power. Divine Kingship in the Ancient World and Beyond*, Mesopotamian Civilizations 4, Chicago, p. 133-157.

Rey S. 2016, *For the Gods of Girsu. City-State Formation in Ancient Sumer*, Oxford.

Rosengarten Y. 1960a, *Le concept sumérien de consommation dans la vie économique et religieuse*, Paris.

Rosengarten Y. 1960b, *Le régime des offrandes dans la société sumérienne*, Paris.

Ross J.C. 1999, *The Golden Ruler. Precious Metals and Political Development in the Third Millennium B.C. Near East*, Thèse, Berkeley.

Rubio G. 2017, «Sumerian Temples and Arabian Horses: On Sumerian e_2-gal», dans L. Feliu, F. Karahashi, G. Rubio (éds), *The First Ninety Years. A Sumerian Celebration in Honor of Miguel Civil*, Studies in Ancient Near Eastern Records 12, Boston et Berlin, p. 284-299.

Sallaberger W. 1993, *Der kultische Kalender der Ur III-Zeit*, Untersuchungen zur Assyriologie und Vorderasiatischen Archäologie 7/1 et 2, Berlin.

Sallaberger W. 2003-2005, «Palast. A. I. Mesopotamien im dritten Jahrtausend», *Reallexikon der Assyriologie* 10, p. 200-204.

Sallaberger W. 2005, «The Sumerian Verb na de$_5$(-g)», dans Y. Sefati, P. Artzi, C. Cohen, B.L. Eichler, et V.A. Hurowitz (éds), *An Experienced Scribe who neglects Nothing. Ancient Near Eastern Studies in Honor of Jacob Klein*, Bethesda, p. 229-253.

Sallaberger W. et I. Schrakamp 2015, «Part I. Philological Data for a Historical Chronology of Mesopotamia in the 3rd Millennium», dans W. Sallaberger et I. Schrakamp (éds), *ARCANE III. History and Philology*, Turnhout, p. 1-136.

De Sarzec E. et L. Heuzey 1884-1912, *Découvertes en Chaldée par Ernest de Sarzec, ouvrage accompagné de planches, publié par les soins de Léon Heuzey, avec le concours de Arthur Amiaud et François Thureau-Dangin pour la partie épigraphique. Premier volume : Texte 1884-1912. Second volume : Partie épigraphique et planches 1888-1912*, Paris.

SCHLOEN J.D. 2001, *The House of the Father as Fact and Symbol: Patrimonalism in Ugarit and the Ancient Near East*. Studies in the Archaeology and History of the Levant, 2, Winona Lake IN.

SCHRAKAMP I. 2010, *Krieger und Waffen im frühen Mesopotamien. Organisation und Bewaffnung des Militärs in frühdynastischer und sargonischer Zeit*. Thèse, Marburg.

SCHRAKAMP I. 2013, « Die „Sumerische Tempelstadt" heute. Die sozioökonomische Rolle eines Tempels in frühdynastischer Zeit », dans K. KANIUTH, A. LÖHNERT, J.L. MILLER, A. OTTO, M. ROAF et W. SALLABERGER (éds), *Tempel im Alten Orient. 7. Internationales Colloquium der Deutschen Orient-Gesellschaft, 11.-13. Oktober 2009, München*, Wiesbaden, p. 445-465.

SCHRAKAMP I. 2015a, « Urukagina und die Geschichte von Lagaš am Ende der präsargonischer Zeit », dans R. DITTMANN et G. SELZ (éds), *It's a Long Way to a Historiography of the Early Dynastic Period(s)*, AVO 15, Münster, p. 303-386.

SCHRAKAMP I. 2015b, « Geographical Horizons in Presargonic and Sargonic Archives », dans W. SALLABERGER et I. SCHRAKAMP (éds), *ARCANE III. History and Philology*, Turnhout, p. 197-270.

SELZ G. 1989, *Die altsumerischen Wirtschaftsurkunden der Eremitage zu Leningrad*, FAOS 15/1, Stuttgart.

SELZ G. 1993, *Altsumerischen Wirtschaftsurkunden aus amerikanischen Sammlungen*, FAOS 15/2, Stuttgart.

SELZ G. 1995a, *Untersuchungen zur Götterwelt des altsumerischen Staates von Lagaš*, Occasional Publications of the Samuel Noah Kramer Fund 13, Philadelphie.

SELZ G. 1995b, « Maš-da-ři-a und Verwandtes. Ein Versuch über da-ři "an der Seite führen" : ein zusammengesetztes Verbum und einige nominale Ableitungen », *Acta Sumerologica* 17, p. 251-274.

SELZ G. 1999-2000, « „Wirtschaftskrise – Legitimationskrise – Staatskrise". Zur Genese mesopotamischer Rechtsvorstellungen zwischen Planwirtschaft und Eigentumsverfassung », *Archiv für Orientforschung* 46/47, p. 1-44.

SELZ G. 2011, « Reconstructing the Old Sumerian Administrative Archives of the é-mí – é-^{d}ba-ba$_6$ - Institution », dans G. BARJAMOVIC, J.L. DAHL, U.S. KOCH, W. SOMMERFELD et J. GOODNICK WESTENHOLZ (éds), *Akkade is King. A Collection of Papers By Friends and Colleagues Presented To Aage Westenholz On the Occasion of His 70th Birthday – 15th of May 2009*, Leyde, p. 273-286.

SELZ G. 2014, « Aspekte einer Sozialgeschichte der spätfrühdynastischen Zeit. Das Beispiel Lagas, oder : „The inhabited ghosts of our intellectual ancestors" », dans Z. VASBAI (éd.), *Studies in Economic and Social History of the Ancient Near East in Memory of Péter Vargyas*, Budapest, p. 239-281.

SEMINARA S. 2015, « Die Rede des Königs. Die sogenannten ‚Reformen' UruKAginas zwischen Politik und Theologie », dans R. DITTMANN et G. SELZ (éds), *It's a Long Way to a Historiography of the Early Dynastic Period(s)*, AVO 15, Münster, p. 405-431.

SHARLACH T.M. 2017, *An Ox of One's Own. Royal Wives and Religion at the Court of the Third Dynasty of Ur*, Studies in Ancient Near Eastern Records 18, Boston et Berlin.

STEIBLE H. 1982a, *Die altsumerischen Bau- und Weihinschriften. Teil I. Inschriften aus 'Lagaš'*, FAOS 5/1, Wiesbaden.

STEIBLE H. 1982b, *Die altsumerischen Bau- und Weihinschriften. Teil II. Kommentar zu den Inschriften aus 'Lagaš'. Inschriften außerhalb von 'Lagaš'*, FAOS 5/2, Wiesbaden.

STEINKELLER P. 1993, « Early Political Development in Mesopotamia and the Origins of the Sargonic Empire », dans M. LIVERANI (éd.), *Akkad. The First World Empire. Structure, Ideology, Traditions*, Padoue, p. 107-112.

STEINKELLER P. 1999a, « Land-Tenure Conditions in Third Millennium Babylonia: The Problem of Regional Variation », dans M. HUDSON et B.A. LEVINE (éds), *Urbanization and Land Ownership in the Ancient Near East*, Harvard University, Peabody Museum Bulletin 7, Cambridge MA, p. 289-331.

STEINKELLER P. 1999b, « On Rulers, Priests and Sacred Marriage: Tracing the Evolution of Early Sumerian Kingship », dans K. WATANABE (éd.), *Priests and Officials in the Ancient Near East*, Heidelberg, p. 103-138.

STEINKELLER P. 2007, « City and Countryside in Third-Millennium Southern Babylonia », dans E. STONE (éd.), *Settlement and Society. Essays dedicated to Robert McCormick Adams*, Chicago, p. 185-211.

STEINKELLER P. 2013, « Corvée Labor in Ur III Times », dans S.J. GARFINKLE et M. MOLINA (éd.), *From the 21st Century B.C. to the 21st Century A.D.: Proceedings of the International Conference on Sumerian Studies Held in Madrid 22–24 July 2010*, Winona Lake IN, p. 347-424.

STEINKELLER P. 2015, « The Employment of Labor on National Building Projects in the Ur III Period », dans P. STEINKELLER et M. HUDSON (éd.), *Labor in the Ancient World. A Colloquium Held at Hirschbach (Saxony), April 2005*, Dresde, p. 137-236.

THUREAU-DANGIN Fr. 1903, *Recueil de tablettes chaldéennes*, Paris.

TSOUPAROPOLOU Chr. 2013, « Killing and Skinning Animals in the Ur III Period: The Puzriš-Dagan (Drehem) Office Managing of Dead Animals and Slaughter By-products », *Altorientalische Forschungen* 40, p. 150-182.

VAN DE MIEROOP M. 2014, « Economic Theories and the Ancient Near East », dans R. ROLLINGER et Chr. ULF (éd.), *Commerce and Monetary Systems in the Ancient World: Means of Transmission and Cultural Interaction*, Stuttgart, p. 54-64.

VISICATO G. 1995, *The Bureaucracy of Šuruppak. Administrative Centres, Central Offices, Intermediate Structures and Hierarchies in the Economic Documentation of Fara*, ALASPAM 10, Münster.

VISICATO G. 2000, *The Power and the Writing. The Scribes of Early Mesopotamia*, Bethesda.

VISICATO G. et A. WESTENHOLZ 2005, « An Early Dynastic Archive from Ur Involving the Lugal », *Kaskal* 2, p. 55-78.

WAETZOLDT H. 1972, *Untersuchungen zur neusumerischen Textilindustrie*, Studi Economici e tecnologici 1. Rome.

WESTENHOLZ A. 1984, « The Sargonic Period », dans A. ARCHI (éd.), *Circulation of Goods in Non-palatial Context in the Ancient Near East. Proceedings of the International Conference Organized by the Instituto per gli studi Micenei ed Egeo-Anatolici*, Rome, p. 17-30.

WESTENHOLZ A. 2002, « The Sumerian City-State », dans M.H. HANSEN (éd.), *A Comparative Study of Six City-State Cultures*, Copenhague, p. 23-42.

ZETTLER R.L. et W.B. HAFFORD 2015, « Ur. B. Archäologisch », *Reallexikon der Assyriologie* 14, p. 367-385.

LE PALAIS MÉDIO-ASSYRIEN
Un centre politique et administratif

Un coup d'œil sur les dictionnaires akkadiens montre que le terme *ekallu*, dérivé du mot sumérien É.GAL « grande maison » et conventionnellement traduit par « palais », a un sens plus large dans l'ancienne Mésopotamie que la désignation d'une résidence somptueuse d'un souverain. Ainsi, le *Chicago Assyrian Dictionary* énumère trois aspects différents : 1. palais royal, 2. propriété royale, 3. pièce principale d'une maison privée[1]. L'*Akkadisches Handwörterbuch* ajoute encore quelques nuances supplémentaires à la signification d'*ekallu* : 1. palais comme bâtiment, 2. cour royale, 3. palais comme autorité publique (pas seulement dans la capitale), 4. Trésor public etc., 5. *e.* comme office d'homologation, 6. palais des gouverneurs etc., 7. *e.* d'une tombe du roi, 8. *e.* des temples 9. partie de bâtiment dans une grande maison privée[2]. Dans ce qui suit, il s'agit d'examiner les aspects du terme *ekallu* qui peuvent être jugés représentatifs de la période médio-assyrienne.

1. Le palais royal médio-assyrien – Des problèmes fondamentaux

L'*ekallu* « palais » dans le royaume médio-assyrien est bien documenté, aussi bien par le témoignage des textes que par les ruines archéologiques. Depuis plus d'un siècle, l'assyriologie et l'archéologie travaillent ensemble pour mettre en conformité leurs résultats. Ici, on se trouve toujours à nouveau confronté à des problèmes insurmontables.

---

1. CAD E 52 p. 1. royal palace, 2. royal property et 3. main room of a private house.

2. AHw p. 191 s. 1) Palast als Bau, 2) Königshof, 3) Palast als Behörde (nicht nur in der Hauptstadt), 4) Fiskus als Steuerbehörde usw., 5) e. als Eichamt für Maße, 6) Palast von Statthaltern usw., 7) v Königsgrab, 8) v Tempeln, 9) ein Gebäudeteil in großem Privathaus.

D'un côté, nous disposons des descriptions de bâtiments avec leurs désignations anciennes. Par ailleurs, nous connaissons un grand nombre de fonctionnaires qui avaient accès au palais pour exécuter certaines tâches. En outre, des textes qui concernent des procédures et des cérémonies, dans lesquelles le palais joue un rôle essentiel, ont été préservés jusqu'à présent.

Cette situation, qui paraît favorable à première vue, est contrecarrée par le fait que les informations dans les sources écrites ne peuvent pas souvent être mises en relation avec des lieux concrets à l'intérieur du bâtiment du palais. Dans bon nombre de cas, la fonction des salles fouillées reste incompréhensible. Ce phénomène est illustré de façon concrète par l'exemple du vieux palais dans la capitale assyrienne, Aššur (*Fig. 1*).

Il faut en effet rappeler que l'état de conservation du bâtiment au moment des fouilles est le résultat de sa démolition par une nouvelle construction à l'époque néo-assyrienne. Les objets dispersés[3] ne servent que d'indications de la fonction des espaces, mais ils ne permettent pas d'obtenir une idée claire.

Dans quelques cas, on pourrait être tenté d'apporter des clarifications par des analogies trompeuses avec d'autres époques et des espaces géographiques différents[4], mais généralement une telle discussion doit rester spéculative, et n'a pas véritablement de force probante. De plus, dans bien d'autres cas, ce chemin est de toute façon barré. Nous renvoyons ici à une construction dite *rēš ḫameluḫḫi*, qui a beaucoup d'importance pour l'idéologie de la royauté médio-assyrienne et qui est à chercher dans le complexe du vieux palais. Le mot *ḫameluḫḫu* a été très probablement emprunté à la langue hourrite[5]. Deux références existent dans les sources textuelles médio-assyriennes. Pendant le rituel de couronnement médio-assyrien, quand le roi vient du temple d'Aššur au palais, il célèbre certains rites au *rēš ḫameluḫḫi* (col II 42), avant de quitter le palais par la porte principale. À l'extérieur, il continue la cérémonie sur une terrasse, peut-être la « petite terrasse » qui est située entre le temple d'Anu et Adad et le vieux palais (*Fig. 2*).

Il devient alors clair que le *rēš ḫameluḫḫi* était directement lié au complexe du palais. Un compte-rendu de construction du roi Aššur-bēl-kala (1073-1056 av. J.-C.) permet de recueillir plus d'informations sur la localisation : « L'entrepôt du palais de ma domination, au *rēš ḫameluḫḫi* et la petite terrasse qui étaient délabrés, je les ai construits de leurs fondations jusqu'à leur sommet »[6].

---

3. Pedde et Lundström 2008, p. 77-116.

4. Kertai 2014, p. 199, mentionne, par exemple, le château de Versailles et le palais de Topkapi comme points de comparaison avec le palais néo-assyrien.

5. AHw 338 ḫawalḫu, ḫalaḫwu, ḫamiluḫḫi « ein eingezäuntes Grundstück »; cf. Richter 2012, p. 123.

6. RIMA 2, A.0.89.7 col. v 1-3 ¹ É *a-bu-sa-te šá* É.GAL EN-*ti-ia šá re-*[*eš*₁₅] ² *ḫa-mi-luḫ-ḫi ù tam-li-a qàl-la šá e-na-ḫu-ma* ³ *iš-tu uš-še-šu a-di gaba-dib-bi-šu e-pu-uš* (d'après Grayson 1991, p. 104).

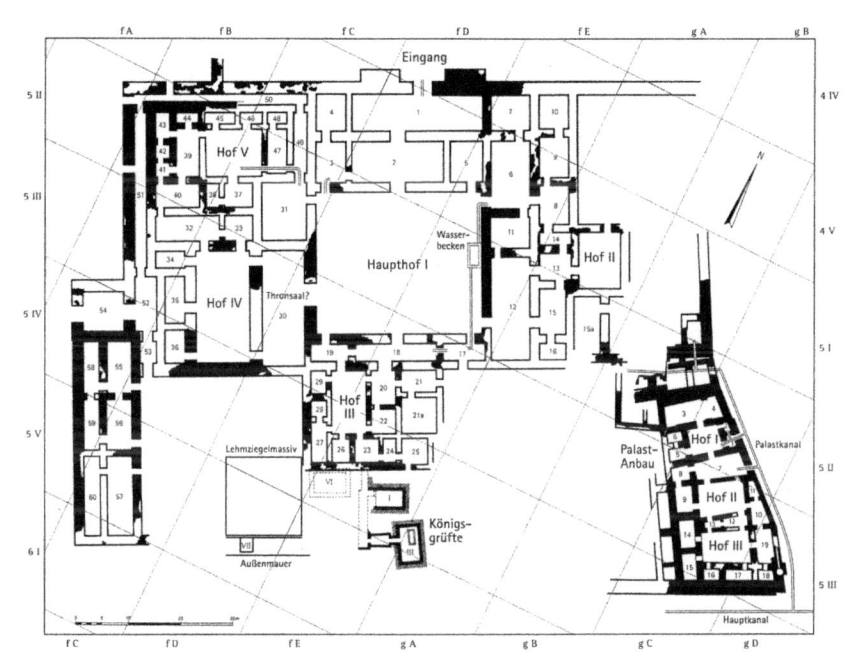

Fig.1 – Le vieux palais (d'après Pedde et Lundström 2008, Taf.6).

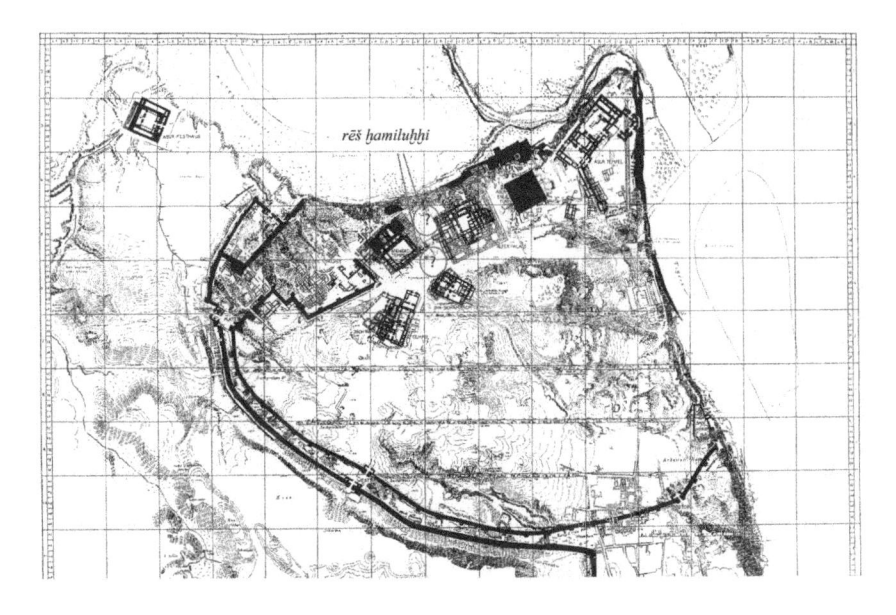

Fig.2 – La ville haute d'Aššur (d'après P. Miglus, *Das Wohngebiet von Assur*, WVDOG [1996], Taf. 1).

S'il est exact que l'édifice désigné par *bīt abūsāte* est à identifier au groupe de pièces 55 à 60 dans la partie sud-ouest du vieux palais (voir *Fig. 1*)[7], il serait possible de déterminer l'endroit approximatif du *rēš ḫameluḫḫi*, mais une identification univoque avec une partie du palais ne peut pas être prouvée archéologiquement. La question de savoir s'il était un bâtiment ou une zone ouverte reste sans réponse certaine[8]. De nombreux exemples similaires pourraient démontrer les difficultés que l'on éprouve à concilier le témoignage des textes et les résultats des études archéologiques. Où se trouvaient, par exemple, les appartements privés du roi et de sa famille, la résidence des courtisans ? Même en ce qui concerne une partie centrale comme la Salle du Trône, on ne peut faire que des suppositions (cf. *Fig. 1*)[9].

1.1. La résidence du roi

Il y avait deux complexes de palais à Aššur. Le nouveau palais de Tukultī-Ninurta Ier a été entièrement démoli à l'époque néo-assyrienne pour faire place à d'autres bâtiments. Dès lors, nous disposons seulement, pour une analyse, du vieux palais. Celui-ci est situé à proximité immédiate des sanctuaires de la cité, surtout le temple du dieu suprême, Aššur, ainsi que des temples des divinités Anu, Adad, Sîn, Šamaš, et Ištar, les dieux les plus importants d'Assyrie. Depuis le XVIe siècle, les souverains d'Aššur ont toujours tenté de se faire un nom en tant que bâtisseurs. Et ce n'est pas un hasard si trois entre eux se distinguaient de tous les autres : Tukultī-Ninurta Ier (1233-1197), Tiglath Phalazar Ier (1114-1076) et Aššur-bēl-kala[10]. À ces moments, les succès de la politique étrangère éveillèrent le besoin d'une représentation adéquate de la royauté assyrienne. Ce que nous voyons ici est une forte corrélation entre le pouvoir politique et la splendeur royale, qui se reflètent dans l'apparence du palais du souverain. Les rapports sur les aménagements et les transformations du palais, dans le cadre des inscriptions royales, révèlent bien les programmes politiques de divers rois comme l'expression d'un besoin individuel de créer quelque chose de durable[11].

---

7. PEDDE et LUNDSTRÖM 2008, p. 175.

8. Les différentes tentatives d'explication sont réunies chez PEDDE et LUNDSTRÖM 2008, p. 177.

9. *Ibid.*, p. 171sq.

10. *Ibid*, p. 138.

11. Tukultī-Ninurta Ier essaya de surpasser tous ses prédécesseurs en construisant à proximité immédiate du vieux bâtiment un nouveau palais qui le remplacerait comme lieu de résidence. Plus tard, les rois assyriens ont rejeté cette voie et sont revenus dans le vieux palais pour mettre en œuvre leurs conceptions individuelles. C'est ce qui arriva aussi au complexe palatial dans la nouvelle résidence royale, Kār-

Ceci peut impliquer également d'attribuer au palais un nom programmatique qui caractérise aussi bien le bâtiment que le roi lui-même. Ainsi, le nouveau palais de Tukulti-Ninurta Ier reçoit le nom de E.lugal.umun.kur.kur.ra, « maison du roi, seigneur des pays »[12], alors que Tiglath Phalazar Ier donne à son palais le nom de E.gal.lugal.šar.ra.kur.kur.ra, « palais du roi de tous les pays »[13]. Mais il n'est contesté par personne que l'édifice appartient uniquement à la sphère terrestre. Tiglath Phalazar souligne à cet égard : « ce palais [n'est pas pu]rifié (pour le culte ni) déclaré comme [domicile d]ivin. Le roi et ses [...] l'habitent »[14].

On ne sait si la lacune doit être comblée par ses « [femme]s » ou plutôt par ses « [courtisan]s ». Une solution ne peut pas être trouvée dans d'autres inscriptions du même genre, car les inscriptions royales médio-assyriennes ne nous apprennent généralement rien sur la vie quotidienne derrière les murs du palais. La principale source d'information est une collection des édits royaux, créée entre le XIVe et le XIe siècle, plus précisément entre les règnes d'Aššur-uballiṭ Ier (1353-1318) et de Tiglath Phalazar Ier (1114-1076), ci-après dénommée « Haremserlasse » (édits de harem). On y trouve la mention de nombreux fonctionnaires et des processus en vigueur à la cour, des réglementations pour les courtisans et des règles concernant les contacts du roi avec les femmes du palais. Les « Haremserlasse » permettent d'avoir un aperçu de différents aspects de la cohabitation à l'intérieur de l'*ekallu*. Mais nous sommes toutefois très loin de posséder une image vivante de la vie quotidienne dans le palais médio-assyrien. On ne sait même pas combien de personnes ont résidé dans le palais de manière permanente[15]. À la fin, on ne peut que spéculer sur les événements réels qui sont toujours un secret caché au spectateur d'aujourd'hui.

Ceci vaut aussi pour la relation entre le concept architectural du palais et quelques notions centrales dans les textes. Un bon exemple à cet égard est le mot *bētānû* « dans la maison, à l'intérieur » qui apparaît à plusieurs reprises. Pour la période néo-assyrienne, J.N. Postgate distingue deux types d'espace intérieur du palais, à savoir *bābānû* « public » (correspondant au *kīdānû* médio-assyrien) et *bētānû* « privé »[16]. C'est dans ce dernier domaine que les chambres de l'*aššat šarre* (l'épouse du roi, la reine) et des *sinnišati ša ekalle* (les dames de cour) devraient

---

Tukultī-Ninurta, à quelques kilomètres d'Aššur. Après la mort de Tukultī-Ninurta la cour royale retourna dans la vieille capitale.

12. RIMA 1, A.0.78.5:79 (GRAYSON 1987, p. 245).

13. PEDDE et LUNDSTRÖM 2008, p. 166.

14. RIMA 2, A.0.87.4:88-89 [88]... É.GAL-*lum ši-i* [89][*la qa*]-*šu-da-at* ⌈*a-na*⌉ [*šubat ilū*]-*ti la-a ša-ak-na-at* LUGAL ⌈*ù*⌉ [ ].⌈MEŠ⌉-*šu* ⌈*i-na lìb-bi áš*⌉-*bu* (GRAYSON 1991, p. 45).

15. Cela vaut d'ailleurs aussi pour l'époque néo-assyrienne (KERTAI 2014, p. 193).

16. POSTGATE 2003-2005, p. 222.

être situées. D. Kertai rejette cette interprétation[17]. D'après lui, le terme *bētānû* désigne toute la surface intérieure du bâtiment, alors que *kīdānû/bābānû* se trouve uniquement en dehors des murs du palais. Un indice en faveur de ce second point de vue est un passage, dans les «Haremserlasse», où on parle des femmes qui sont employées dans le palais et habitent dans la ville (littéralement «qui sont mariées dehors (...) dans la maison de leurs époux»)[18]; mais si Kertai préconise de mettre l'accent sur différents degrés de droit d'accès[19], cela implique finalement qu'il y a des zones «publiques» (pour tous les membres de la cour) et des sphères «privées» dont seuls quelques rares privilégiés peuvent profiter. Parmi ceux-ci, on compte par ailleurs sans aucun doute les fonctionnaires qu'on appelle, en assyrien, *ša rēši*. Ils peuvent rencontrer les femmes dans des conditions prédéterminées, ce qui veut dire avec l'autorisation de l'inspecteur du palais (*rab ekalle*). Ils ne doivent pas, par exemple, parler avec elles, ni rester quand les femmes se disputent.

Dans le passé, on a considéré ces passages dans les «Haremserlasse» comme une preuve de l'existence des eunuques à la cour médio-assyrienne, mais cette interprétation a été contredite par différents spécialistes[20]. Plus récemment l'existence même du harem a été également contestée[21]. Indépendamment de la question de savoir si vraiment un orientalisme romantique (surtout des films de Hollywood) nous induit en erreur[22], une fois de plus les sources assyriennes littéraires refusent de parler clairement. Il importe de dire, d'autre part, que ces hommes sont, en tout cas, membres du personnel de la cour au côté du roi. Ils constituent un groupe qui peut être distingué d'un autre groupe de courtisans (*manzāz pāni*).

Mais leurs tâches vont beaucoup plus loin. Nous les trouvons dans de nombreux contextes de l'administration à l'extérieur du palais. Ils agissent sur l'ordre direct du roi, parce qu'ils jouissent d'une confiance particulière. On s'en rend compte en voyant que les *ša rēši* sont compris comme «représentants» (*qēpu*). Dans cette fonction, ils se chargent, par exemple, de surveiller la main-d'œuvre ou apportent des cadeaux du roi. En outre, ils servent de liens entre la capitale et les provinces (voir aussi ci-dessous «le palais comme centre administratif»). Par

---

17. KERTAI 2014, p. 195sq.

18. WEIDNER 1954-1956, p. 272:22 [*sinnišātu ša*] *kidānû* [*a*]*ḫḫuzāni* (Adad-nērārī Ier).

19. KERTAI 2014, p. 199.

20. Voir PELED 2013, p. 785.

21. Dans le cadre de la première publication des «Haremserlasse», WEIDNER 1954-1956, p. 261, ne met pas en doute l'existence d'un harem avec plusieurs épouses et des concubines, tandis que KERTAI 2014, p. 197sq., a une position très critique.

22. KERTAI 2014, p. 196sq.

l'intermédiaire de ses représentants le roi peut intervenir directement partout dans les limites de son royaume. Ainsi, les *ša rēši* sont le bras prolongé du monarque [23].

1.2. Représentation

Comme l'indiquent les inscriptions royales, le palais du roi est un point culminant du pouvoir. C'est là que l'Assyrie – en la personne du roi et de ses dignitaires – est représentée à l'extérieur. Ici, on reçoit des ambassadeurs des pays étrangers, des serviteurs etc. On y vient au roi, si celui-ci le désire, ou inversement avec sa permission, si on veut lui faire une demande. À l'époque, l'étiquette veut que l'administration assyrienne soit responsable du bien-être des messagers étrangers [24]. Le langage assyrien parle ici de *piqittu* [25]. Sur leur route, il y a des établissements où les ambassadeurs reçoivent des rations (de la bière, de l'orge et, selon les circonstances, de la viande [26], et du fourrage pour les chevaux, les ânes et les mulets).

La lingua franca de la correspondance diplomatique est le babylonien. Les ambassadeurs eux-mêmes ne disposent jamais de compétences suffisantes dans cette langue, si bien qu'on consulte des interprètes, au cas par cas, pour faciliter la communication. Lorsque le roi est satisfait des services rendus, il offre une récompense. Dans un texte administratif du temps de Tukultī-Ninurta Ier, nous apprenons les explications suivantes :

« Un manteau, un vêtement *išḫan*[*abe*, produit par] les femmes de la cité de[...] une casquette [...] pour Uṣur-[...], l'interpr[ète] de la lang[ue hittite] qui a traduit (les mots) de n.[pr.] et de [n. pr.], les Hittites ... » [27].

En parallèle, les responsables des administrations provinciales peuvent solliciter une audience auprès du roi ou d'autres membres de la famille royale. Pour avoir une idée de l'importance de cette communication, il suffit de jeter un regard sur une archive du XIIe siècle av. J.-C., qui documente les activités dans

---

23. Jakob 2003, p. 82-92 et 261-286.

24. En contrepartie, le monarque assyrien lui-même attend que les ambassadeurs ne viennent pas les mains vides (cf. Faist 2001, p.9sq.). L'expression qui est utilisée par l'administration médio-assyrienne est *nāmurtu*.

25. AHw 865 sub 1) Belieferung (mit Lebensmittel usw); CAD P 389 « provisioning, provisions ».

26. Cela semble concerner uniquement des voyageurs d'exception (cf. Jakob 2009, p.8-11).

27. MARV III 12:1-14 ^{1}1 ^{túg}GÙ.È.[A] ^{2}1^{túg}*iš-ḫa-n*[*a-be*] ^{3}*ša* MUNUS.MEŠ UR[U] ^{4}1 ^{túg}UGU[ ] ^{5}*a-na* ^{1}PAP-x[ ] ^{6}*tar-g*[*u-ma-an-ni*] ^{7kur}*Ḫa-a*[*t-ta-ie*] ^{8}*ša tar-g*[*u-ma-nu-ta*] ^{9}*ša Za-*[ ] ^{10}*ù* ^{1}[ ] ^{11kur}*Ḫa-*⌈*at*⌉-[*ta-ie*^{meš}] ^{12}*e-pu-šu-*[*ni*] ^{13}*ki ri-mu-*[*ut-te*] ^{14}*ta-ad-na-š*[*u*] (Freydank 1994, p. 31).

un bureau dont la tâche est d'enregistrer le nombre de moutons livrés comme « cadeau » (*nāmurtu*)[28] à l'occasion d'une audience.

Pour la période du mois de Kalmartu (III) au mois de Ša-kēnāte (IX), c'est-à-dire six mois, plus de mille sept cents moutons sont enregistrés par le bureau concerné avant d'être transmis à leur destination ultérieure. On ne peut pas s'empêcher de constater que le système de *nāmurtu* avait une certaine importance pour les recettes de l'État.

Les décomptes individuels démontrent clairement qui se présente là-bas: des gouverneurs de province, des maires, des administrateurs, des messagers des vassaux ou des envoyés des nomades[29].

1.3. La cour en voyage

Ce sont de nouveau les « Haremserlasse » qui montrent que le monarque médio-assyrien ne réside pas seulement dans la capitale, mais qu'il fait aussi route avec une partie de sa cour, probablement un nombre important de gens. Dans un document administratif de la première décennie du règne de Tukultī-Ninurta I[er 30], les scribes précisent qui a accompagné le roi et qui a reçu, à cette occasion, des rations alimentaires. On y trouve un enregistrement des frais de repas causés par des membres de la cour royale pendant le séjour à Ninive et dans deux autres villes assyriennes. Il ressort de la liste des participants qu'il ne s'agit pas simplement d'une formation militaire:

MARV III 1v° col. VI

13'	*muraqqiātu*	des fabricantes de parfum
16'	*mārāt šarre*	des princesses
17'	*mār'ū šarre*	des princes
18'	*rabi'ūtu*	des grands hommes
19'	*ša rēši kašši'u*	un eunuque kassite (= babylonien)

Cette façon de voyager semble faire partie du quotidien de la cour royale, car on voit la nécessité de rendre des édits royaux concernant des questions spécifiques qui résultent de l'absence des « dames de la cour » de la capitale.

Plusieurs édits de Tukultī-Ninurta Ier concernent des questions liées aux voyages du roi et de son entourage. Une dame de la cour, par exemple, ne peut pas demander des biens personnels appartenant à son appartement sans autorisation

---

28. AHw 730 « (Ehren-)Geschenk »; CAD N/I 254 « audience gift, gift ».

29. Donbaz 1976.

30. MARV III 1 (Freydank 1994, p.33sq.).

du roi. On apprend aussi qu'il existe d'autres palais dans la région d'Aššur qui peuvent être utilisés comme lieux d'étape [31].

1.4. Les palais dans les provinces

Le voyage qui est documenté par MARV III 1 a eu lieu au mois de Kuzallu, c'est-à-dire au printemps, pendant l'éponymie d'Aššur-bēl-ilāne, c'est-à-dire la quinzième année de règne de Tukultī-Ninurta Ier. C'est le même roi qui a visité, quelques années plus tard, la capitale provinciale, Dūr-Katlimmu, au bord du Ḫābūr, avec le roi babylonien, accompagné par une escorte et les cours des deux reines. Cette résidence du Grand Vizir, Aššur-iddin, est mentionnée ailleurs comme *ekallu* [32]. D'autres témoignages, notamment des inscriptions royales, nous enseignent aussi que l'existence d'un *ekallu* n'est pas limitée à la capitale [33]. Le passage le plus important se trouve dans un texte de Tiglath Phalazar Ier, où le roi dit avoir rénové les palais et résidences royales dans tout le domaine situé sous son contrôle [34]. Ce n'est sûrement pas un hasard si le titre *ša muḫḫi ekallāte sa šiddi māte* (qui signifie à peu près « gardien des palais de tout le pays ») apparaît justement à cette époque, attribué à un fonctionnaire de la cour à la ville d'Aššur [35].

Le palais dans la capitale est donc seulement un point nodal, mais le plus important cependant, dans un réseau d'édifices représentatifs, à l'intérieur des frontières du royaume assyrien, qui sont dénommés également comme *ekallu*. Il faut souligner que le terme *ekallu* ne signifie pas nécessairement qu'il y a un bâtiment monumental comme celui de la capitale. L'aspect déterminant est la présence de la représentation du pouvoir royal lorsque le roi est en voyage ou de l'administration royale dans les résidences des gouverneurs. Ainsi, *ekallu* devient synonyme du pouvoir étatique [36].

---

31. WEIDNER 1954-1956, p.274:42. Les deux bâtiments énumérés ici, le *bīt lušme* (signification inconnue) et le *bīt nāri* (maison de la rivière), pourraient être des possibilités de logement moins représentatives.

32. BATSH 9/3, 35 Vs. 6 (RÖLLIG 2008, p.67).

33. Voir POSTGATE 2003-2005, p.212sq. Il est rappelé que le roi d'Arrapḫa avait disposé également de plusieurs complexes palatiaux dans les limites de son royaume (LION 2017, p.46).

34. RIMA 2, A.0.87.1 vi 94-99 (GRAYSON 1991, p.26).

35. WEIDNER 1954-1956, p.286:96.

36. C'est dans le même esprit que nous pouvons comprendre une inscription royale d'Adad-nērārī Ier (1295-1264) qui se rapporte à la construction d'un nouveau palais dans la ville de Taidu après la victoire sur Uasašatta (RIMA 1, A.0.76.22; GRAYSON 1987, p.158).

2. Le palais comme centre administratif

On peut sans doute supposer que le terme *ekallu* est généralement synonyme du domaine royal[37]. Dans les textes administratifs l'étiquetage des biens comme propriété de la Couronne est fait par l'expression *ša ekalle* « (propriété) du palais ». Dans ce sens, le « palais » est le principal élément de détermination économique de l'État médio-assyrien.

Rien n'indique pourtant que le bâtiment « *ekallu* » est le siège des institutions administratives de l'État au vrai sens du terme. Les quelques textes qui ont été trouvés dans les limites du vieux palais concernent exclusivement des thèmes religieux et incluent, entre autres, une incantation pour la purification magique de l'écurie royale. Toutes les archives de textes économiques d'Aššur ont été exhumées à l'extérieur de l'*ekallu*[38]. Dans notre contexte, l'archive du *mašennu rabi'u* (« grand administrateur »), qu'on a découverte au sud-ouest du temple de Sîn et Samaš, est la plus importante[39]. Plus de 400 textes donnent un aperçu de l'administration économique de l'empire médio-assyrien (*Fig.3*) pendant une durée d'un siècle[40], avec, entre autres, la réception et la sortie de marchandises, le stockage des métaux, des tissus et des armes aussi bien que l'entretien des chars.

La proximité organisationnelle de ce bureau avec le palais, la demeure du roi et la cour royale est souvent évidente. Compte tenu aussi bien des inscriptions royales que des textes administratifs on peut déduire qu'il y avait des entrepôts à l'intérieur de l'*ekallu* médio-assyrien, dits « *bīt abūsāte* ». Habituellement, des ateliers et des espaces de travail semblent avoir été indépendants du complexe du palais. Nous trouvons peu fréquemment des informations relatives aux matières premières qui doivent être livrées au palais[41]. Dans la plupart des cas, des produits finis et des marchandises ont été livrés au palais de l'extérieur: des textiles[42], des rubans de laine[43], certains arbres[44], des bols en bronze avec mèche[45], des

---

37. Lion 2017, p.48.

38. Il n'est pas nécessaire que cette situation, qui est prouvée pour la capitale, Aššur, s'applique également à tous les bâtiments *ekallu* dans les provinces. Nous y trouverons, au cas par cas, d'autres solutions, selon les particularités locales.

39. Pedersén 1985, p.68-81 (M7).

40. Prechel et Freydank 2014, p.7-9.

41. Des fourrures et tendons d'animaux (Prechel et Freydank 2014, no 26:7).

42. *Ibid.*, n° 18:8-9 ; 79:4-5 ; 82:5-6.

43. *Ibid.*, n° 81:10-11.

44. *Ibid.*, n° 31:6-7.

45. *Ibid.*, n° 76:9-10.

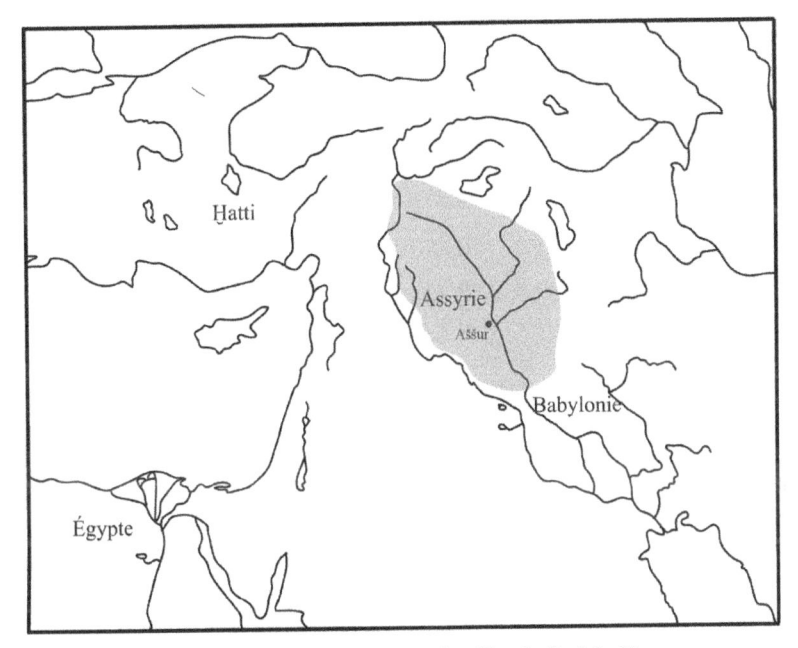

Fig. 3 – L'empire médio-assyrien (dessin St. Jakob).

pointes de flèches[46] et des ingrédients pour un « rituel du palais », à exécuter par un spécialiste de l'incantation (*āšipu*)[47]. La seule exception à cette règle concerne le cas d'un transfert de vêtements et d'objets d'or et d'argent qui étaient à la disposition du « grand administrateur », Aplīja, dans les mains de Šadûnīja, « gouverneur du pays »[48]. Ici, la procédure spécifique s'explique par le fait que les biens mentionnés ont une grande valeur, de sorte que la présence personnelle d'Aplīja a été jugée nécessaire.

De fait, il est fort probable qu'il y a en ce lieu une autre partie de cette institution, le *bīt hiburni* (l'office d'homologation). Ici, les poids et mesures sont fixés. Une mesure standard est dénommée *sūtu* (ca 8 l). Nous en connaissons différentes variantes. Il est toutefois intéressant de remarquer que le « *sūtu* du palais » n'est qu'un exemple parmi les nombreuses mesures *sūtu*[49].

Il convient de noter que nous n'avons pas encore parlé de l'agriculture alors qu'elle était d'une importance fondamentale dans l'État médio-assyrien. Il est vrai que le palais, par l'intermédiaire du roi et de ses représentants, est fortement lié à

---

46. *Ibid.*, n° 89:11-12.

47. *Ibid.*, n° 23:9-10.

48. *Ibid.*, n° 4:22'-23'.

49. POWELL 1987-1990, p. 501 ; cf. FREYDANK 1991, p. 70sq.

ce domaine d'activité. Les fonctionnaires « *qēpu* » (parmi lesquels se trouvent de nombreux *ša rēši* de la cour) sont annuellement déployés dans les provinces, afin d'enregistrer la récolte. Les résultats sont évalués dans la capitale. Mais là aussi, le palais comme centre administratif est mentionné dans ces rapports seulement en sa qualité de synonyme du pouvoir étatique. Le stockage dans la ville d'Aššur même se fait de manière décentralisée dans les « grands greniers » (*karmū rabi'ūtu*)[50].

Conclusion – un palais sans archives et une archive sans palais

Pour résumer, la définition d'*ekallu* que l'on trouve dans les dictionnaires est seulement partiellement valable pour l'époque médio-assyrienne. D'après ce que nous savons, le terme *ekallu* est en réalité utilisé dans un sens plus limité qu'à d'autres périodes de l'histoire mésopotamienne. Premièrement, il peut désigner le complexe architectural du palais (voir ci-dessus CAD 1., AHw 1.) dans la capitale et les résidences royales, dont les fonctions sont les suivantes :

– l'*ekallu* est le centre politique du royaume, le bâtiment où le roi réside avec sa famille et le lieu où la cour royale est située ;

– deuxièmement (voir ci-dessus CAD 2.), il attire l'attention sur la propriété du roi d'Assyrie « palais (*Ekal*) Tiglath Phalazar », par exemple, il peut désigner des objets (comme des offrandes sacrées) ;

– troisièmement (voir AHw 3. à 5.), quelques institutions de l'État, comme l'office d'homologation et l'administration économique et fiscale, ne sont pas directement liées au terme *ekallu*, mais plutôt séparées physiquement du palais. On pourrait parler des ministères sous la surveillance du roi et de ses dignitaires.

En outre, le mot *ekallu* n'a pas été utilisé pour désigner une partie d'une tombe royale, d'un temple, ni dans le domaine privé (voir CAD 3, AHw 7-9). En cela, l'utilisation du terme *ekallu* dans la langue médio-assyrienne est différente de celle qui est faite aux autres époques du Proche-Orient ancien.

Reste à savoir si la structure décentralisée des institutions du palais médio-assyrien se reflète dans la distribution des documents pertinents ou, en d'autres termes, si les textes concernant l'*ekallu* au sens étroit et au sens large sont disséminés aux quatre coins de la ville. C'est le cas au moins pour l'administration économique du roi, représentée par l'archive de l'administrateur du palais (*mašennu*)[51] qui se situe dans un bâtiment dédié (*Fig. 2*).

Dans le vieux palais qui a été l'objet du présent article, on trouvait quatre textes seulement. Ce sont des incantations (par exemple pour la purification magique des écuries) et des rituels qui ont été écrits par Ribātu, scribe royal et

---

50. Faist et Llop 2012.

51. Voir **2.** Le palais comme centre administratif.

expert magique au temps des rois Aššur-rēša-īši Ier et Tiglath Phalazar I[er 52]. À cela s'ajoutent quelques textes dispersés dans les alentours du vieux palais, qui ne forment cependant pas une unité *in situ* à la manière d'une bibliothèque ou d'une archive. Donc, le vieux palais était largement un palais sans archives au moment de sa redécouverte.

Nous devons nous demander si cette situation existait déjà pendant l'époque médio-assyrienne. Si c'est le cas, le vieux palais ne servait pas de dépôt pour les archives royales. Autrement, les textes ont été enlevés dans le cadre des transformations fréquentes du palais pendant sa longue période d'utilisation, par exemple, parce que la façon dont le local d'archive était utilisé a fondamentalement changé.

En règle générale, on peut espérer que les archives royales avaient été traitées soigneusement, de sorte que nous pourrions les trouver peut-être ailleurs dans le centre-ville d'Assur. Si l'on examine la situation au premier millénaire, on peut imaginer ce que nous pouvons attendre dans un palais médio-assyrien[53]: premièrement, la correspondance diplomatique et l'échange de lettres entre le roi et ses fonctionnaires et, deuxièmement, des textes littéraires qui concernent le monarque et/ou son entourage par rapport à la stabilité du gouvernement et à la bonne gouvernance. Cela veut dire: des règles du cérémoniel de la Cour, des lois, des instructions sur le savoir-faire militaire et des textes divinatoires sur l'art de lire dans les entrailles d'un animal pour en tirer des présages quant à l'avenir ou à une décision à prendre.

On n'a pas trouvé trace de la correspondance royale médio-assyrienne jusqu'à présent, hormis quelques objets dispersés et fragmentaires dans la ville haute d'Aššur[54]. En ce qui concerne les textes littéraires, la situation semble meilleure. On a déterré ici, à Aššur, plusieurs «nids de tablettes» qui, originellement, avaient formé un ensemble sur la base de leur contenu, des noms de scribes et des dates (*Fig. 4*)[55].

Si l'on regarde les sujets de ces sources de textes, ils répondent à ce que l'on attend d'une archive royale. Certains genres concernent très directement la sphère du palais: les chroniques, les édits de harem, plusieurs recueils de lois, parmi lesquels des parties du Code Hammurapi, un rituel de couronnement et une liste des trophées de la guerre entre Tukultī-Ninurta Ier et le roi babylonien, Kaštiliaš IV.

---

52. PEDERSÉN 1985, p.29-31 (les textes ont été trouvés sur le seuil de porte entre les pièces 42 et 43; voir *Fig. 1*).

53. PEDERSÉN 1998, p.132-134 (documents administratifs d'Aššur) et p.161-163 (textes littéraires et administratifs de Ninive).

54. Ce corpus non publié est actuellement à l'examen dans le cadre du projet «Literarische Keilschrifttexte aus Assur literarischen Inhalts» (Heidelberger Akademie der Wissenschaften; chef de projet: S.M. Maul).

55. PEDERSÉN 1985, p.31-42 (M2); 1986, p.11-28 (N1).

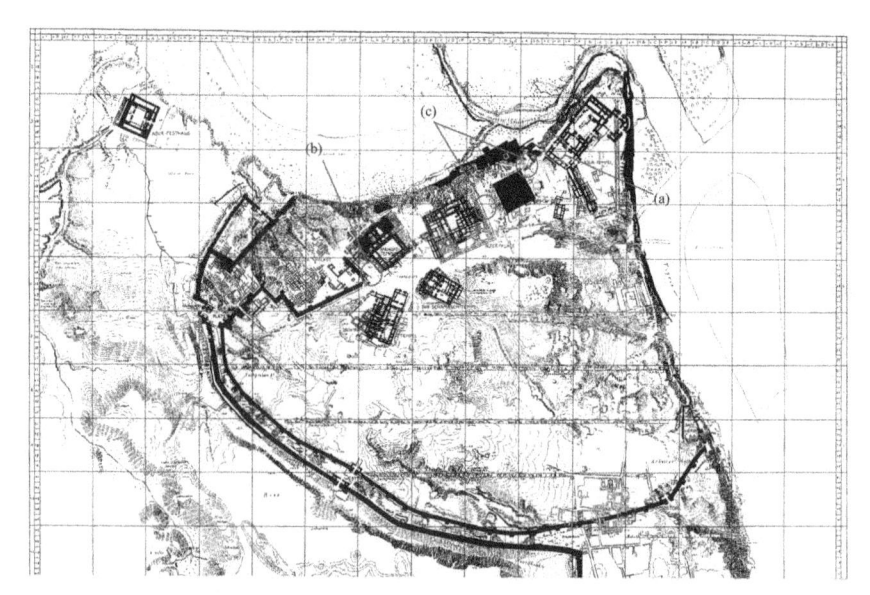

Fig. 4 – Les «nids de tablettes». (a) temple d'Aššur;
(b) terrain entre le nouveau palais et le temple d'Anu et Adad; (c) haute ville d'Aššur
(d'après P.MIGLUS, *Das Wohngebiet von Assur*, WVDOG [1996], Taf. 1).

On trouve également dans ce contexte des recettes pour des parfums, entre autres une crème «pour la tête du roi», c'est-à-dire pour l'onction du monarque. On pourrait continuer cette liste:

– instructions pour l'entretien et l'entraînement des chevaux d'armée

– textes divinatoires et hémérologiques

– textes lexicaux de différents types

– ouvrages mathématiques et astronomiques

– hymnes et prières

– incantations et mythes (sont également compris ici des textes bilingues)

Les textes de la première section (a) étaient accessibles jusqu'à l'époque néo-assyrienne. Les autres sections contiennent des tablettes qui sont probablement (b) ou avec certitude (c) sorties de leur contexte.

Ce résultat complexe a eu pour conséquence que différentes interprétations ont été proposées au cours de l'histoire des recherches sur ces textes. E. Weidner a supposé qu'ils avaient appartenu à une bibliothèque du roi Tiglath Phalazar Ier semblable à celle d'Assurbanipal (668-627) qu'on a découverte dans son palais à Ninive[56]. Des études récentes ont démontré que les dates dans les colophons

---

56. PEDERSÉN 1998, p.161.

plaident en faveur d'une date plus tardive de certains documents, ou plus exactement au début du XIIe siècle[57]. D'autres chercheurs pensent qu'il s'agit de la bibliothèque personnelle d'une ou de plusieurs familles (de scribes royaux) à laquelle on a ajouté des textes officiels, par exemple parce que ces documents étaient aussi élaborés par des membres des familles concernées[58].

Je voudrais proposer un troisième scénario qui me semble beaucoup plus probable. Notre recueil de textes comprend des pièces uniques datant du IIIe au début du IIe millénaire aussi bien que des inscriptions historiques de nombreux rois médio- et néo-assyriens, mais aussi des tablettes authentiques de la Babylonie ou des copies de tels textes[59]. Dans l'épopée qui traite du conflit avec Kaštilias IV et de l'éclatante victoire des Assyriens, Tukultī-Ninurta Ier mentionne qu'il aurait recueilli comme butin tous les genres littéraires jusqu'à ce qu'il n'en reste aucun aux pays de Sumer et d'Agadé[60]. Il est donc bien possible que cela ait été la pierre angulaire d'une archive royale à laquelle des inscriptions royales plus anciennes ont été attribuées et qui a perduré jusqu'au premier millénaire. Cette collection gouvernementale a été complétée de temps en temps par des textes rédigés dans des écoles privées de scribes comme celle de la famille de Ninurta-uballissu, le scribe privé du roi Aššur-dān (1168-1133).

Nous avons affaire à un palais qui est resté en grande partie sans textes et, d'autre part, aux restes d'un ensemble de tablettes cunéiformes dispersé qui présente des caractéristiques d'une archive royale sans être connecté spatialement avec l'institution du «palais». Considérant la pratique de l'archivage à l'époque néo-assyrienne[61], il semble plausible que le palais et l'archive ont formé jadis une unité. S'il en est réellement ainsi, le lieu de la découverte des textes du scribe Ribātu mentionné ci-dessus peut donner peut-être une idée de la localisation ancienne de l'archive royale médio-assyrienne. Elle se trouvait donc dans une zone privée du palais à une certaine distance du domaine officiel (entrée, salle du trône).

De nombreux détails restent à éclaircir. On peut néanmoins espérer que la recherche récente sur les textes littéraires d'Aššur à Heidelberg apportera une contribution essentielle pour répondre aux questions qui restent ouvertes.

Stefan Jakob
Université de Heidelberg
stefan.jakob@ori.uni-heidelberg.de

---

57. Cf. Freydank 2016, p. 133 (Aššur-aḫa-iddina); 151 (Ikkaru).

58. Pedersén 1985, p. 37.

59. *Ibid.*, p. 34.

60. Machinist 1978, p. 128sq. (B VI 11').

61. Pedersén 1998, p. 147sq. et 161-163.

Bibliographie

DONBAZ V. 1976, *Ninurta-Tukulti-Aššur*, Ankara.

FAIST B. 2001, *Der Fernhandel des assyrischen Reiches zwischen dem 14. und 11. Jh. v. Chr.* Münster.

FAIST B. et J. LLOP 2012, « The Assyrian Royal Granary (karmu) », dans J. VIDAL et N. WYATT (éds), *The Perfumes of Seven Tamarisks. Studies in Honour of Wilfred G.E. Watson*, AOAT 394, Münster, p. 19-35.

FREYDANK H. 1991, *Beiträge zur mittelassyrischen Chronologie und Geschichte*, Berlin.

FREYDANK H. 1994, « Gewänder für einen Dolmetscher », *Archiv für Orientforschung* 21, p. 31-33.

FREYDANK H. 2016, *Assyrische Jahresbeamte des 12. Jh. v. Chr.*, Münster.

GRAYSON A.K. 1987, *Assyrian Rulers of the Third and Second Millennia BC (To 1115 BC)*, Toronto, Buffalo et Londres.

GRAYSON A.K. 1991, *Assyrian Rulers of the Early First Millennium BC I (1114-859 BC)*, Toronto, Buffalo et Londres.

JAKOB St. 2003, *Mittelassyrische Verwaltung und Sozialstruktur*, Leyde et Boston.

JAKOB St. 2009, *Die mittelassyrischen Texte von Tell Chuēra in Nordost-Syrien*, Wiesbaden.

KERTAI D. 2014, « From bābānu to bētānu, Looking for Spaces in Late Assyrian Palaces », dans N.N. MAY, U. STEINERT (éds), *The Fabric of Cities. Aspects of Urban Topography and Society in Mesopotamia, Greece and Rome*, Leyde et Boston, p. 189-201.

LION B. 2017, « L'économie palatiale à Nuzi », dans P. CARLIER, Fr. JOANNÈS, Fr. ROUGEMONT et J. ZURBACH (éds), *Palatial Economy in the Ancient Near East and in the Aegean: First Steps Towards a Comprehensive Study and Analysis. ESF Exploratory Workshop Held in Sèvres (France), 16-19 Sept. 2010*, Pasiphae 11, Pise, Rome, p. 43-64.

MACHINIST M. 1978, *The Epic of Tukulti-Ninurta I*, thèse non publiée.

PEDERSÉN O. 1985, *Archives and Libraries in the City of Assur*, Uppsala.

PEDERSÉN O. 1998, *Archives and Libraries in the Ancient Near East 1500-300 BC*, Bethesda, Maryland.

PEDDE F. et S. LUNDSTRÖM 2008, *Der Alte Palast in Assur*, Wiesbaden.

PELED I. 2014, « Eunuchs in Hatti and Assyria: A Reassessment », dans Ll. FELIU, J. LLOP, A. MILLET, J. SANMARTÍN (éds), *Time and History. Proceedings of the 56th Rencontre Assyriologique Internationale*, Winona Lake, p. 785-797.

POSTGATE J.N. 2003-2005, « Palast A V. Mittel- und Neuassyrisch », *Reallexikon der Assyriologie* 10, p. 212-226.

POWELL M.A. 1987-1990, « Masse und Gewichte », *Reallexikon der Assyriologie* 7, p. 457-530.

RICHTER Th. 2012, *Bibliographisches Glossar des Hurritischen*, Wiesbaden.

RÖLLIG W. 2008, *Land- und Viehwirtschaft am Unteren Ḫābūr in mittelassyrischer Zeit*, Wiesbaden.

WEIDNER E. 1954-1956, « Hof und Haremserlasse assyrischer Könige aus dem 2. Jahrtausend v. Chr. », *Archiv für Orientforschung* 17, p. 257-293.

PALAIS ET ARCHIVES
ORGANISATION ADMINISTRATIVE DES PALAIS DANS LE MONDE MYCÉNIEN ET À OUGARIT*

1. Archives et fonctionnement administratif dans le monde mycénien

Les documents d'archives inscrits en linéaire B, qui représentent les plus anciens textes grecs connus à ce jour, comportent quatre types principaux de support : les scellés ou nodules, les tablettes de format « feuille de palmier » et celles de format « page », et les étiquettes[1]. Jusqu'à une date assez récente, ils n'avaient été mis au jour que dans, ou à proximité de bâtiments imposants par leur taille et exceptionnels par un certain nombre de caractéristiques architecturales et de mobilier, que l'on qualifiait de « palais », sur des sites qui pouvaient être considérés comme des centres de pouvoir politique. Sur une partie des sites ayant livré des archives en linéaire B, on observe l'existence de différents dépôts archéologiques contenant des tablettes et des scellés ; ces dépôts sont parfois datés de différentes périodes d'occupation du site. Un exemple bien connu en est la *Room of the Chariot Tablets*, dans le palais de Cnossos, où une destruction

---

* Nous remercions pour leurs relectures et leurs conseils P. Darcque, M. Del Freo, V. Fotou, V. Matoïan et G. Rougemont. Toute erreur qui pourrait subsister relève naturellement de notre seule responsabilité. P. Darcque nous a autorisés à reproduire les *Fig. 1*, *2* et *3* et V. Matoïan nous a généreusement fourni la carte de la *Fig. 4*.

1. Cf. *infra* pour les caractéristiques de ces différents types. Le linéaire B est également attesté sous la forme d'inscriptions peintes sur des vases, pour l'essentiel des jarres à étrier, gravées sur un « sceau » en ivoire (Médéon de Phocide) ou sur une pierre (Dimini). Toutefois ces inscriptions ne constituent pas des documents d'archive. Sur la typologie des documents inscrits en linéaire B, et en particulier sur les scellés, voir la contribution de M. Del Freo dans ce volume. Sur les lieux de trouvaille des documents d'archives en linéaire B dans le monde égéen, voir *Fig. 1*.

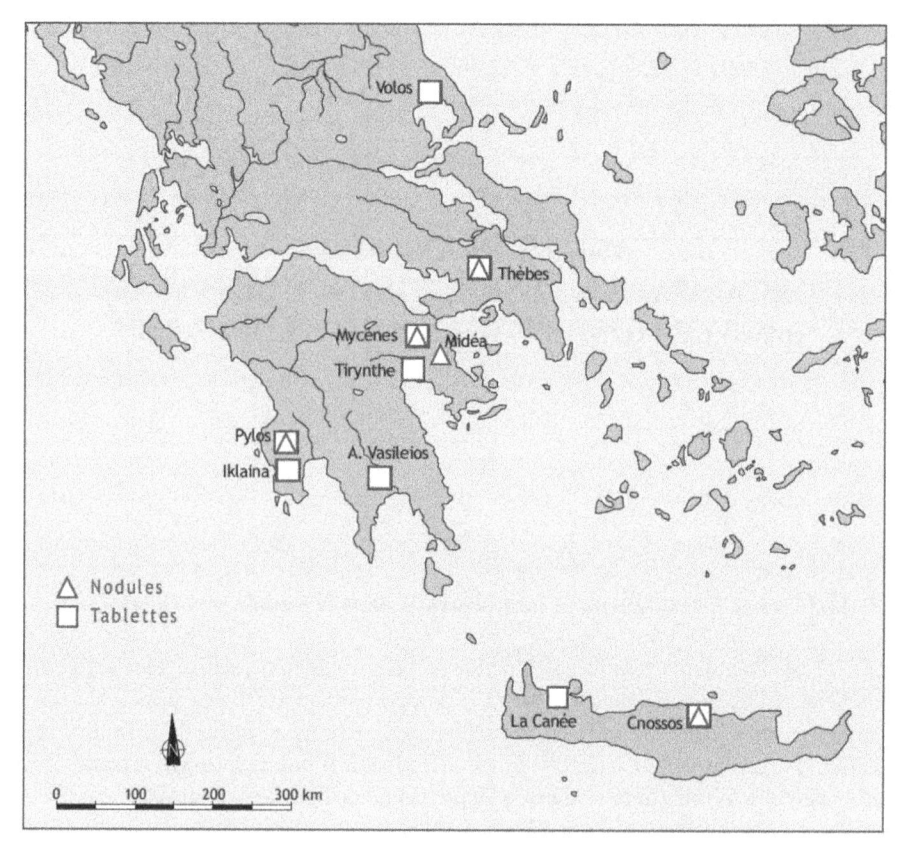

Fig. 1 – Carte du monde égéen avec les lieux de trouvaille
des documents d'archives en linéaire B (© P. Darcque).

partielle par incendie a conservé des tablettes plus anciennes que celles exhumées dans le reste de l'édifice[2].

Les documents administratifs, rédigés sur argile, ont été conservés par les incendies qui ont détruit les bâtiments ou du moins les pièces qui les abritaient. Ils ne sont pas datés[3], mais il est généralement admis que ces documents constituaient, à la date de l'incendie qui les a fait cuire, des archives vivantes et que les textes ont été rédigés par les scribes, au plus, pendant la dernière année de fonctionnement de l'administration palatiale avant cet incendie. Dans la plupart des cas, il s'agit de l'incendie qui a accompagné la destruction du bâtiment ; les documents administratifs reflètent donc l'activité économique juste avant la

---

2. Cf. *infra*.

3. Seuls les enregistrements d'offrandes mentionnent des noms de mois. Sur les noms de mois, cf. ROUGEMONT 2005, p. 343 (avec bibliographie) et p. 387-388, tableau n° 5.

destruction finale du bâtiment. Il arrive cependant que des dépôts provenant des destructions antérieures contiennent aussi des documents administratifs.

La documentation est exclusivement de type économique: listes d'offrandes, de personnel, inventaires de magasins, enregistrements de troupeaux, enregistrements d'entrées et de sorties de biens et de produits, etc. À la différence de ce qu'on observe au Proche-Orient, il n'existe, à ce jour, dans le monde mycénien ni archives diplomatiques, ni archives privées, ni documentation juridique, ni textes littéraires, ni traités internationaux.

En fonction de critères comme le nombre et la typologie des documents, le nombre et la variété des sujets traités et les mains de scribes identifiées, les groupes de documents mis au jour peuvent être interprétés comme la production de bureaux, spécialisés ou non, de départements, ou comme la documentation rassemblée dans des archives centrales[4]. Toutefois, il existe des différences selon les sites (cf. *infra*).

1.1. Définitions

Dans une étude qui visait à proposer des critères de définition de ce qu'est un palais mycénien, P. Darcque et Fr. Rougemont ont proposé l'usage d'un faisceau de critères archéologiques et épigraphiques[5]: ces critères incluent des caractéristiques architecturales (dimensions exceptionnelles d'un bâtiment; usage de la pierre de taille, décoration avec des peintures murales figurées; présence de seuils monolithiques, existence d'un étage, etc.), des éléments de mobilier spécifiques (par ex. traces de travail de l'ivoire)[6]; enfin la présence de l'ensemble des types de documents administratifs inscrits en linéaire B: nodules, mais aussi tablettes de format «feuille de palmier»[7] et récapitulatifs sur des tablettes au format «page». En effet, la présence de nodules, inscrits et non inscrits, dans un endroit donné, indique certes l'existence d'une activité locale de collecte et d'enregistrement d'informations simples[8], menée à bien par des personnes capables d'écrire et

---

4. OLIVIER 1967; PALAIMA 1988.

5. DARCQUE et ROUGEMONT 2015.

6. Un certain nombre de critères et de réflexions étaient déjà développés dans une étude antérieure, cf. DARCQUE 1998.

7. Les tablettes de format «feuille de palmier» sont des documents de forme allongée, plus larges que hauts; ils servent en général à noter les informations relatives à un troupeau, une allocation de denrées, une transaction, ou encore un lot de terres. Ils portent une à trois lignes inscrites, jamais plus de cinq. Les lignes sont parallèles au côté long de la tablette.

8. Il peut s'agir, par exemple, d'une unité d'huile, comme sur MI Wv 1, ou de blé, comme sur MI Wv 3.

Fig. 2 – Plan du palais de Pylos
(© P. Darcque).

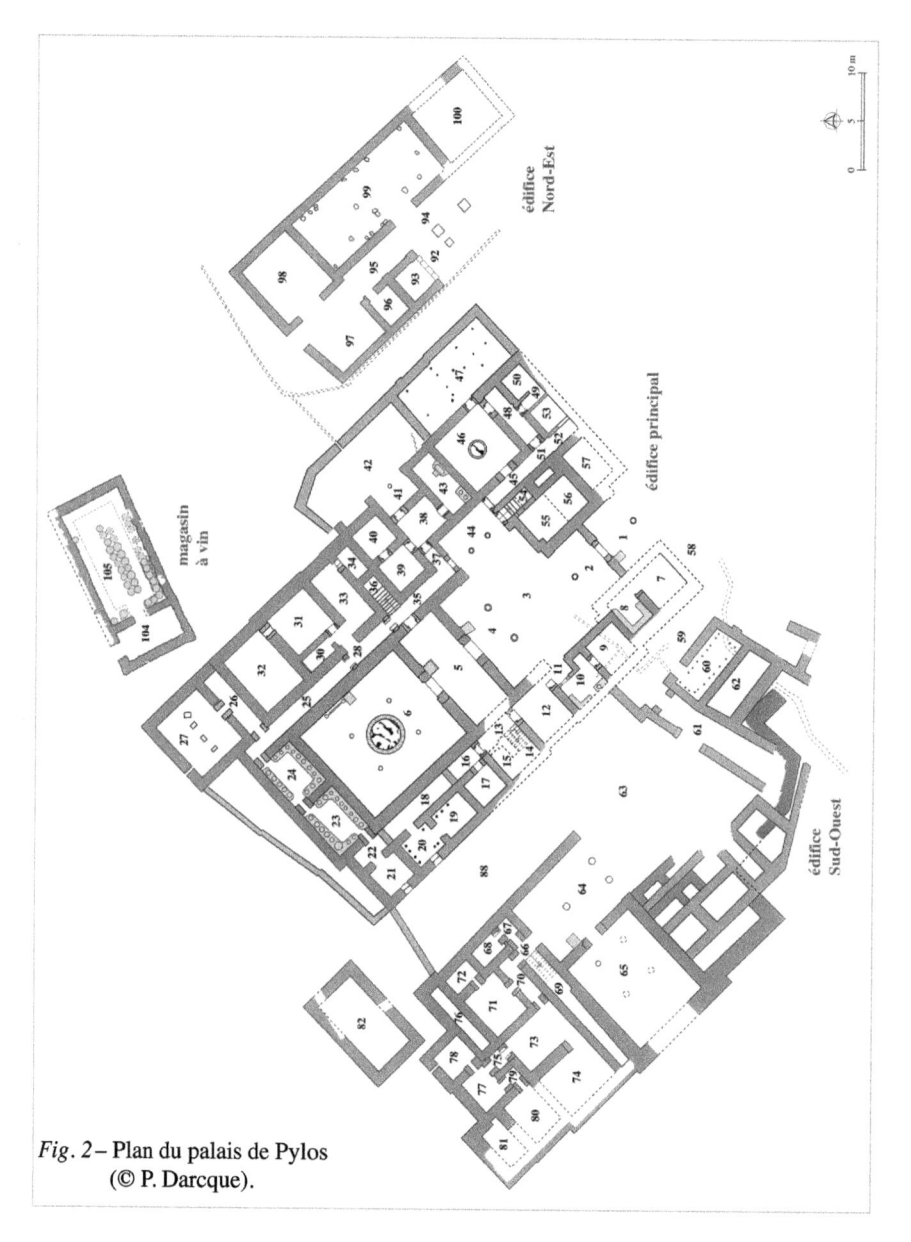

possédant des sceaux[9], afin de faire parvenir au centre palatial les informations rassemblées au niveau local, mais ne peut à elle seule démontrer l'existence à cet

---

9. Sans préjuger du nombre de personnes potentiellement impliquées dans la préparation, l'authentification et la rédaction d'un nodule, qui peut théoriquement se monter à trois, cf. PITEROS *et al.* 1990, p. 112-114. Voir aussi PALAIMA 1987, p. 261-262.

endroit d'une administration palatiale. En effet, seule l'association, dans le même bâtiment, de nodules [10], de tablettes de format « feuille de palmier », qui portent des enregistrements « simples » [11] et de récapitulatifs au format « page » [12], avec parfois en outre des étiquettes, qui indiquent une activité de classement et d'archivage des documents, permettent de parler d'« administration palatiale » et de voir dans ce bâtiment un « centre palatial ».

Cet ensemble de critères correspond assez parfaitement à l'exemple d'Ano Englianos, en Messénie, au point que les études consacrées à d'autres sites où la situation documentaire est moins complète, moins exemplaire, se réfèrent fréquemment à ce modèle pour compléter les lacunes [13]. Dans le palais situé à Pylos, en effet, l'immense majorité des documents écrits proviennent de deux pièces identifiées comme des pièces d'archives (pièces 7 et 8, à l'entrée du palais, dites aussi *Archives Complex*) [14]. Rien de tel cependant dans les palais de Cnossos ou de Mycènes, par ex., où la localisation précise d'archives centrales reste incertaine et n'a jusqu'ici fait l'objet que d'hypothèses [15].

Plus encore, dans certains centres palatiaux, comme à Mycènes, des documents d'archive ont été mis au jour hors du palais proprement dit, dans des bâtiments qualifiés de « maisons », ce qui signifie que certains secteurs de l'administration palatiale pouvaient être « décentralisés » hors du palais – et que des

---

10. Petits prismes d'argile à trois faces, modelés autour d'un lien, portant une empreinte de sceau et éventuellement une inscription sur une, deux ou trois faces. Un nodule enregistre en général un animal, une unité d'un produit, etc.

11. Un nodule enregistre par exemple les données relatives à un mouton, un porc, une quantité d'huile, de blé, etc. L'information enregistrée reste donc très limitée par rapport à ce qui peut être noté sur une tablette.

12. Les tablettes de format « page » sont de forme rectangulaire, comportent en général plus de cinq lignes de texte (parfois moins) et enregistrent des informations plus complexes, ou synthétisent les informations notées sur plusieurs nodules ou plusieurs documents de type « feuille de palmier ». Il en existe une certaine variété de taille et de forme ; les plus grandes peuvent atteindre la taille d'une feuille A4, comme KN As 1516.

13. Cf. *infra*, note 15, pour une hypothèse de localisation des archives centrales sur le site de Mycènes formulée par Varias García 1999.

14. Cf. *Fig. 2*, plan du palais de Pylos (© P. Darcque).

15. Cf. respectivement Driessen 1999, qui suggère une localisation à proximité de l'entrée Nord du palais de Cnossos, où existait un bureau non spécialisé ; mais l'auteur apporte des nuances quant au statut et au contenu de ces « archives centrales », qui diffèrent, par ex., des archives pyliennes (cf. surtout p. 220-226) ; et Varias García 1999, p. 600 : « on the analogy of that Palace [Pylos], it can be supposed that the Archives Complex at Mycenae would have been close to the main section of the Palace (for instance, in the two Rooms 4) » ; l'auteur ne développe pas plus cette suggestion.

bâtiments extérieurs pouvaient en constituer des annexes ou des dépendances [16]. Finalement, signalons que dans certaines régions, comme l'Argolide, la Crète et maintenant la Messénie, la présence des documents d'archives ne se limite pas aux grands centres palatiaux connus. Ils sont attestés dans d'autres sites, dont certains sont situés à proximité d'un centre palatial connu, mais le caractère de ces sites nous échappe encore.

1.2. Pylos et la Messénie

Parmi les documents retrouvés dans le palais de Pylos, quatre tablettes sont datées de l'HR III A [17] et donc plus anciennes que le reste des archives, conservées dans la couche de destruction de la fin de l'HR III B (*ca* 1200 av. J.-C.). Par ailleurs, en Messénie, la question de l'existence d'un centre administratif secondaire du royaume pylien avec des archives se pose, avec encore des incertitudes, depuis la découverte d'un fragment de tablette en linéaire B sur le site d'Iklaina [18], à 4 km au sud du palais de Pylos [19]. Ce site est identifié par Hope Simpson et Cosmopoulos avec le toponyme mycénien $a\text{-}pu_2$, nom d'un chef-lieu de district bien connu dans les tablettes de Pylos [20]. Un autre site de Messénie, Nichoria, est identifié, lui,

---

16. Sur les archives de Mycènes, voir VARIAS GARCÍA 1999. P. Darcque (2005, p. 364-365), invoquait déjà le parallèle d'Ougarit pour interpréter la situation documentaire observée à Mycènes : [à propos de la question de l'absence de tablettes ressemblant à une documentation non palatiale à Pylos] « à cet égard, le cas mycénien mérite d'être éclairé par les débats concernant le statut de grandes 'maisons' ou de certains palais d'Ougarit et de leurs occupants, dont on connaît souvent le nom : Rap'anu, Yabninu et Urtenu. En raison de leur implication dans les échanges internationaux, certains de ces personnages pourraient passer pour des marchands et des hommes d'affaires agissant à titre privé. Cependant, de nombreux textes, listes d'individus, de biens ou de villes et correspondance, montrent que ces personnages jouent un rôle dans l'administration palatiale. Ainsi, sur 103 lettres découvertes dans la 'maison d'Urtenu' comportant le nom du correspondant, 58 sont envoyées au roi d'Ougarit. De la même façon, dans le 'palais Sud', Yabninu semble à la tête d'un vaste secteur de l'administration qui contrôlerait plusieurs domaines de la vie économique : recensement et contrôle des déplacements de personnes, gestion de matières premières, de productions agricoles, en particulier bois et huiles, constructions navales et constitution des équipages de bateau. Il reste cependant impossible de déterminer le degré d'autonomie des occupants de ces 'maisons' par rapport au Palais ». Voir aussi plus récemment VARIAS GARCIA 2012, en particulier p. 252-254, qui reprend la question de l'organisation de l'Argolide mycénienne.

17. PALAIMA 1988.

18. Cf. COSMOPOULOS 2010, p. 11 et fig. 18.

19. Cf. SHELMERDINE 2012 ; DEL FREO 2012, p. 18.

20. COSMOPOULOS 2006, p. 215.

avec le toponyme *ti-mi-to-a-ke-e*, mais il n'a, à ce jour, pas livré de textes en linéaire B[21].

La tablette d'Iklaina a été mise au jour dans un dépotoir avec des tessons HR II B, III A1 et III A2 ancien. Shelmerdine la date de manière hypothétique de l'HR III A2[22]. Le fragment pourrait donc témoigner d'activités administratives antérieures à celles attestées dans la couche de destruction de Pylos ; la question est de savoir s'il s'agirait d'une phase ancienne d'une administration pylienne partiellement délocalisée, ou d'un système administratif indépendant, éventuellement antérieur au contrôle exercé par Pylos sur la Messénie.

1.3. Cnossos, La Canée, Sissi (?)

À Cnossos, où la forme architecturale du palais est un héritage minoen (édifice à cour centrale) et non une forme mycénienne[23], les documents d'archives en linéaire B ont été trouvés dispersés dans l'ensemble de l'édifice[24], ainsi que dans deux bâtiments à l'extérieur du palais : l'Arsenal[25] et le « Little Palace »[26].

---

21. Cf. SHELMERDINE 1981, avec bibliographie antérieure.

22. SHELMERDINE 2012.

23. Avec une unité architecturale centrale stéréotypée couramment appelée « mégaron », comme par exemple dans le palais de Pylos. Pour une critique de ce terme, cf. DARCQUE 1990.

24. Pour un plan du palais avec la répartition des lieux de trouvailles de documents en linéaire B, voir DEL FREO et PERNA 2016, vol. I, p. 186.

25. L' « Arsenal » correspond à l'indication L sur le plan d'OLIVIER 1967. Un plan schématique montrant aussi la localisation des tablettes a été publié par Boardman dans *OKT* ii, fig. 14 p. 68. Les documents trouvés dans ce bâtiment sont datés du MR III A2.

26. Le « Petit palais » correspond à l'indication M sur le plan d'OLIVIER 1967. À cet endroit les documents sont datés du MR III A2. Sur l'Arsenal et le Petit Palais, voir DRIESSEN 1996, p. 1024. Sur le « Petit Palais » (appelé à l'origine « maison Ouest »), on dispose maintenant de l'étude de HATZAKI 2005. Il s'agit d'un édifice construit à l'époque néopalatiale, et réoccupé à l'époque mycénienne. Il est situé à environ 250 m à l'ouest/nord-ouest du palais de Cnossos. Le « Petit Palais » est étroitement lié à un autre bâtiment voisin, la *Minoan Unexplored Mansion*, à laquelle il était relié par un pont (à ce propos voir HATZAKI 2005, p. 29). La surface du Little Palace est assez imposante : « selon les plans au trait des vestiges retrouvés (EVANS 1914, pl. VII, entre p. 70 et 71, et HATZAKI 2005, plan 50) et en tenant compte de la reconstitution tout à fait raisonnable par Evans de la partie Est disparue dans un effondrement du terrain avant la fouille (EVANS, *PM* II.2, fig. 317 p. 516), le rez-de-chaussée occupait au moins 1076 m². À cette surface il faut ajouter le sous-sol qui couvre 139 m² ainsi que l'étage qui a sans doute existé ; ce dernier, à en juger par la position des escaliers, a dû avoir occupé au moins la partie occidentale du bâtiment, à savoir une superficie de 433 m² ce qui donne une surface totale construite de 1648 m² » (V. Fotou,

Au sein du palais de Cnossos, deux dépôts, celui de la *Room of the Chariot Tablets* et celui de la *Room of the Column Bases*, sont plus anciens que le reste des archives ; ces deux dépôts sont datés de la fin MR II ou du début MR III A1, soit de *ca* 1400 av. J.-C.[27]. Par ailleurs, la datation du gros des archives reste discutée, entre les tenants d'une datation au MR III A2 (entre 1375 et 1325 av. J.-C.), et ceux d'une datation au MR III B (entre 1325 et 1200 av. J.-C.) ; cette dernière hypothèse rapprocherait la documentation cnossienne de celle des sites continentaux. Nous adoptons ici la datation au MR III A2[28].

Le site de La Canée (ancienne Kydonia), en Crète occidentale, est attesté sans ambiguïté sous la forme *ku-do-ni-ja* dans les textes de Cnossos[29] ; par ailleurs, ce site a livré quelques tablettes en linéaire B[30] ; une trouvaille récente, X7, a été faite sur un sol daté de la phase initiale du MR III B[31] ; trois documents sont datés de la fin du MR III B1[32] et deux documents du MR III B[33]. Comme à Thèbes, la ville moderne est située sur le site antique, ce qui rend difficile une vue d'ensemble sur les vestiges architecturaux. La question de la coexistence, en Crète, de deux sites ayant livré des tablettes en linéaire B est conditionnée par le point de vue adopté

---

communication personnelle, avril 2017). E. Hatzaki (1996, p.41) souligne que le Petit Palais présente toutes les caractéristiques palatiales attestées dans le palais de Cnossos, à l'exception de la cour centrale, et qu'il en diffère essentiellement par ses dimensions.

27. Les indications de dates absolues se réfèrent à celles indiquées par Treuil *et al*. 2008, p.32-33. Pour la datation de la *RCT,* cf. Driessen 1990 et Driessen 2000. Pour une vue synthétique sur la date des tablettes de Cnossos, voir Treuil *et al*. 2008, p.455-456.

28. Nous n'entrerons pas ici dans ce débat, qui dépasserait largement le cadre de cette contribution ; pour un aperçu des discussions et de la bibliographie sur le sujet, voir entre autres Niemeier 1982 et Hatzaki 2005. Sur les controverses concernant la datation de Cnossos, voir aussi le résumé par Hatzaki 2005, p.2.

29. Cf. KN Ce 59, Co 904, C(1) 989, Fh 359, G 820 (reclassé F 820 dans *KT6*), Lc(2) 481, Lc(2) 7377, L 588, Sd 4404, X 8261, Wb 7713. Il est intéressant de noter que Ce 59 provient de la *Room of the Chariot Tablets,* c'est-à-dire du dépôt de tablettes le plus ancien mis au jour dans le palais de Cnossos (fin MR II ou début MR III A1). Fh 359 provient de E1 et est datée du MR III A1 ; Co 904, C(1) 989, G 820 (reclassé F 820 dans *KT6*), Lc(2) 481, Lc(2) 7377, L 588, Sd 4404 datent du MR III A2. X 8261 et Wb 7713 ne sont pas datables. Le toponyme Kydonia est donc attesté dans les archives de Cnossos à au moins deux périodes différentes.

30. Sur La Canée, voir aussi Driessen 1996, p.1015-1017.

31. Andreadaki-Vlasaki et Godart 2014, p.15-17.

32. Ar 4, Gq 5 et X 6.

33. Sq 1, 6659, et KH 3.

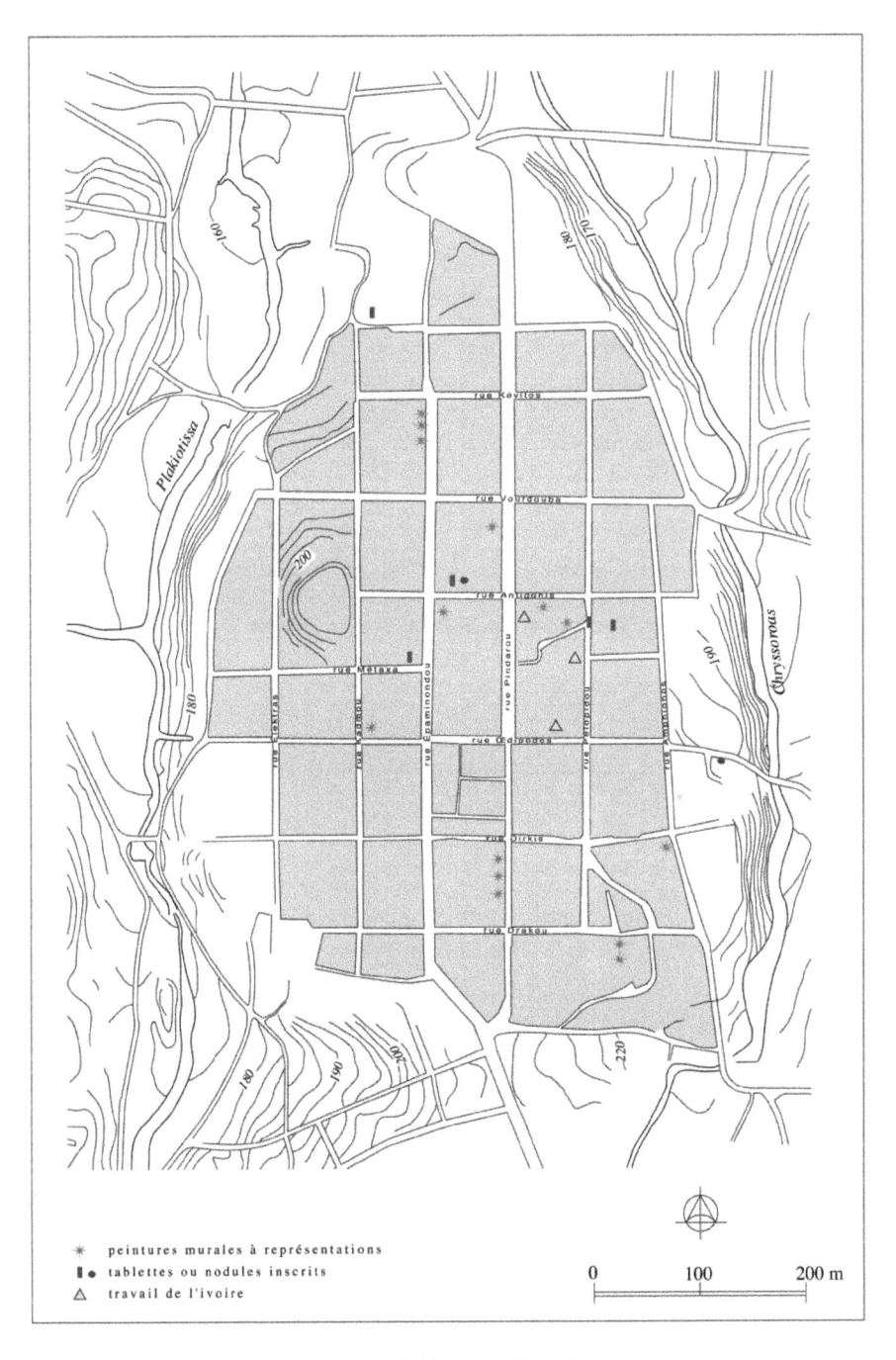

Fig. 3 – Plan de Thèbes avec l'emplacement
des principaux vestiges mycéniens (© P. Darcque, 2015).

sur la datation des archives de Cnossos, qui demeure un problème impossible à trancher définitivement (cf. *supra*). Nous laisserons de côté cette question, impossible à traiter de manière détaillée dans le cadre limité de cette contribution. Pour finir, il faut mentionner la trouvaille récente faite sur le site de Sissi, en Crète orientale[34]; la nature exacte du document en question (fragment de tablette? étiquette?) est impossible à assurer en l'absence d'une photographie de son verso dans les publications.

1.4. Haghios Vassilios

À Haghios Vassilios, en Laconie, les fouilles sont toujours en cours et la publication est naturellement encore incomplète[35], mais la plupart des critères mentionnés ci-dessus semblent d'ores et déjà réunis: usage de la pierre de taille, présence de peintures murales à décorations figurées[36], découverte de nodules inscrits, de tablettes mais aussi d'étiquettes[37]. Des armes de bronze ont également été mises au jour[38]. D'après les indications fournies par A. Vassilogamvrou au colloque de Copenhague, la date des textes serait HR III A2[39].

En ce qui concerne la date des textes d'Haghios Vassilios, HV Rb 1 provient d'un dépotoir qui comprend de la céramique mycénienne datable de trois périodes différentes (HR IIIA2, IIIB et IIIC ancien). HV X2 et Lg 3 sont des trouvailles de

---

34. DRIESSEN 2012. Cf. aussi la contribution de M. Del Freo dans ce volume.

35. Cinq textes sont actuellement publiés: HV Rb 1, HV X 2, Lg 3, HV X 4, HV Kb 5. Cf. DEL FREO 2012, p. 17-18, pour une présentation synthétique des trouvailles et de leur contexte. Dans une communication récente, A. Vasilogamvrou, directrice de la fouille, indiquait que l'inventaire des trouvailles épigraphiques se montait à cette date à 92 documents, dont 13 nodules et 3 étiquettes (cf. résumé de sa communication au colloque de Copenhague, sept. 2015). Enfin un nodule portant l'inscription *wa-na-ko-to*, génitif du titre du *wanax*, a également été mis au jour; il est illustré dans *Ergon* 2015, p. 25, fig. 18.

36. Des peintures murales à décor figuré sont mentionnées et illustrées dans la notice n° 2322 de la chronique des fouilles BCH-BSA en ligne (opérations de 2010): «Building B: within the building (Fig. 14) was a quantity of fragments of wall paintings, including depictions of human figures as well as ornament. Depictions include a lower leg clad in a greave on a blue background (Fig. 15), a female head set within a banded border (Fig. 16), and part of a chariot wheel (Fig. 17).» Cf. aussi *Ergon* 2010 [2011], p. 38.

37. Cf. *supra*, n. 35.

38. Cf. *Ergon* 2010 [2011], p. 35.

39. La notice n° 4428 (opérations de 2013) de la chronique des fouilles (*BCH* et *BSA*) en ligne indique, pour la stoa sur le sol de laquelle 29 fragments de tablettes ont été ramassés (probablement tombés de l'étage), une destruction à la fin de l'HR III A2 ou au début de l'HR III B1.

surface, qu'il est impossible de dater. HV X 4 et Kb 5 ont été trouvés pendant la fouille de 2009[40].

1.5. Thèbes et la Béotie

En Béotie, les documents d'archive en linéaire B proviennent exclusivement, dans l'état actuel de la recherche, de fouilles effectuées dans la ville de Thèbes, mais des éléments comme les peintures murales à décor figuré, qui appartiennent au faisceau de critères définissant un bâtiment comme «palatial»[41], sont aussi attestés à Gla et à Orchomène[42]. Il convient donc de s'interroger aussi sur le statut des bâtiments de caractère palatial qui n'ont pas livré d'archives en linéaire B. À Thèbes, la situation est compliquée par le fait que la ville moderne se trouve sur le site archéologique, ce qui empêche d'avoir une vue d'ensemble même du plan de l'édifice palatial[43]. Sur la Cadmée, les vestiges de deux édifices dont l'orientation est différente, baptisés respectivement «ancien» et «nouveau Kadmeion», ont été mis au jour, mais le caractère limité des fouilles en centre ville, ainsi que la présence d'édifices plus tardifs, en particulier byzantins, à certains endroits, ont rendu impossible un dégagement d'ensemble des vestiges mycéniens de la zone[44]. Il est intéressant de noter que P. Darcque classe parmi les «édifices intermédiaires» la «Maison de Cadmos», aussi appelée «ancien Kadmeion»[45]. Il faut toutefois

---

40. Voir à ce sujet Aravantinos et Vasilogamvrou 2012, p. 43-44 : « Three trial trenches that were opened in summer 2009 on the main hill, south and southwest of the chapel, produced evidence of an extended Mycenaean layer partially disturbed by a Byzantine stratum, which yielded two more fragmentary tablets (HV X 4, Sparta Mus. 16341 and HV Kb 5, Sparta Mus. 16797). »

41. Cf. Darcque et Rougemont 2015, p. 561.

42. Darcque et Rougemont 2015, p. 564. Un point d'interrogation subsiste en ce qui concerne l'existence possible d'un bâtiment palatial à Orchomène. Différents spécialistes, comme B. Eder (Eder 2009, p. 26-28), considèrent qu'Orchomène était probablement le siège d'un palais mycénien. Dans le même sens, cf. e.g. Driessen 1996, p. 1020 : « that this site had a palatial building seems obvious in view of the quality of the wallpaintings and the tholos tomb and has recently been confirmed by Spyropoulos' investigations [AAA 7 (1974), p. 320-323] ».

43. Cf. le plan de Thèbes (Fig. 3). Darcque 2005, p. 363, considère purement et simplement que « l'éventuel édifice palatial de référence n'a pas été identifié ». Cf. Aravantinos 2015, fig. 20, pour un plan permettant de situer les parties fouillées de l'édifice central.

44. Sur la «Maison de Kadmos», voir aussi Dakouri-Hild 2001 ; Dakouri-Hild 2005 ; plus récemment, sur l'ensemble des fouilles mycéniennes dans la ville de Thèbes, voir Aravantinos 2015.

45. Darcque 2005, p. 340 et plan 146.

souligner que les bâtiments en question n'ont pas pu être entièrement dégagés si bien que l'on ne dispose que de plans partiels.

Des bâtiments ou parties de bâtiments abritant des documents inscrits en linéaire B ont été mis au jour à divers emplacements dans la ville moderne : les nodules de la série Wu (terrain Liagas) sont datés par le fouilleur de l'HR III B1 [46] ; c'est peut-être aussi le cas des tablettes Ug découvertes dans « l'Arsenal » [47] ; la datation des trouvailles de l'Arsenal a été très discutée [48] ; les tablettes de la série Of (terrain Soteriou-Dougekou, à l'angle des rues Epameinondas et Démocritos) [49] ainsi que les documents de la rue Pélopidou [50] datent de la fin de l'HR III B2.

Enfin des fouilles récentes menées sur la Cadmée ont livré les vestiges d'un autre bâtiment ou secteur de bâtiment mycénien à caractère palatial, mais pour l'instant on n'a pas signalé de documents d'archives [51].

1.6. Volos et la Thessalie

En Thessalie, à Volos, l'examen des sacs de céramique d'une fouille ancienne de Theocharis (site de Volos-*Ta Palaia*) a livré deux fragments de tablette en linéaire B dont un seul conserve une inscription lisible, parfaitement canonique [52]. Toujours en Thessalie, le site de Dimini a livré des inscriptions en linéaire B qui ne constituent toutefois pas des documents d'archives : une pierre inscrite en linéaire B [53] et une inscription sur vase [54].

---

46. PITEROS *et al.* 1990.

47. Sur cette série de textes, cf. DEL FREO 2014.

48. Pour un résumé des discussions, voir DEL FREO 2014, note 62, avec bibliographie. Selon J. Chadwick, les fouilleurs dateraient les trouvailles de l'Armurerie de l'HR III A2, cf. *TT* 1, p. 116. Toutefois, les rapports de fouilles ne mentionnent que des tessons HR III B. V. Aravantinos *et al.* (2001) argumentent en faveur d'une datation à l'HR III B2. Les arguments invoqués sont la continuité des structures mises au jour sur les deux terrains de l'Arsenal et de la rue Pélopidou, l'identité des strates archéologiques, ainsi que des coïncidences onomastiques.

49. Pour une étude détaillée de cette série, qui enregistre des allocations de laine, voir DEL FREO et ROUGEMONT 2012.

50. ANDRIKOU *et al.* 2006.

51. Cf. ARAVANTINOS et FAPPAS 2012 ; cf. aussi ARAVANTINOS 2015 avec les fig. 12 et 13.

52. VOL X 1 et X 2 ; seul le premier porte une inscription lisible (le deuxième est trop abîmé) cf. SKAFIDA *et al.* 2012. Voir aussi DEL FREO 2012, p. 21.

53. Cf. DEL FREO 2008, p. 215-216, avec références. L'objet provient d'un bâtiment dont la destruction est datée de la transition HR III B2-III C.

54. IOL/DI Zh 1, objet en pierre, et IOL Z 2 (?), fragment de kylix inscrite, cf. DEL FREO 2008, p. 215-216, avec bibliographie ; l'objet provient d'un bâtiment détruit à la

1.7. L'Argolide

L'Argolide est la région mycénienne où la question de l'organisation du territoire se pose avec le plus d'acuité. En effet, Mycènes et Tirynthe, sites qui ont livré chacun un palais, sont distants d'à peine 14 km. Il faut rappeler ici qu'on n'a retrouvé de tablettes dans le palais proprement dit ni à Mycènes, ni à Tirynthe, bien qu'on en ait mis au jour à proximité. Le site de Midéa, situé à 11 km de Mycènes, n'a livré que des nodules, inscrits et non inscrits (cf. *infra*). À Mycènes l'acropole fortifiée, qui abrite l'édifice palatial, a livré des documents inscrits datés de la fin HR III B2[55]; mais l'essentiel des trouvailles épigraphiques provient d'ensembles architecturaux extérieurs à l'acropole[56] et au palais proprement dit (où aucune tablette n'a été découverte) et les textes sont datés de périodes antérieures à la fin HR III B2: la maison Petsas (documents datés de l'HR III A2[57]), le groupe des « maisons Ouest » (documents datés de l'HR III B1), et peut-être les « maisons de la Panagia »[58]. À Tirynthe, dans la citadelle basse, les documents inscrits sont datés de l'HR III B ou III B2[59]; dans la ville basse, selon les endroits, les textes sont datés, sans plus de précision, de l'HR III B (*Lower Town, Sector H, House M*)[60], ou de l'HR III B-C (*Lower Town, Sector H, House O*)[61]. Pour quelques documents enfin, la datation reste indéterminée[62].

Enfin, si Tirynthe a probablement constitué un site portuaire pour un royaume mycénien d'Argolide, dont les contours exacts restent à définir, il est également intéressant de rappeler les découvertes récentes faites dans la prospection du site

---

transition HR III B2-III C. Sur DI Z 1, cf. SACCONI 2012, p. 126, avec bibliographie. Cf. ADRIMI-SISMANI et GODART 2005.

55. Wt 700, Oi 701-706, X 707, Oi 708, Fu 711, L 710, Fu 711 ; à quoi il faut ajouter la découverte récente d'un nodule encore inédit, Wt 713, avec un idéogramme *supra sigillum*, dans un niveau HR III B2 avancé ; cf. DEL FREO 2012, p. 20.

56. Cf. MARAZZI 2008, surtout p. 488-489, qui insiste sur la notion de trouvailles *intra moenia* et *extra moenia*.

57. MY Ui/X 2, MY X 3, MY Wq 4 (étiquette ?); sur ces documents, voir SHELTON 2002-2003 ; plus récemment IAKOVIDIS *et al.* 2012 ; DEL FREO 2012, p. 19-20.

58. À cet endroit on a trouvé le nodule MY Wt 712, qui est daté de l'HR III B. Pour la répartition topographique et les sujets traités par les enregistrements, voir MARAZZI 2008, tableau A3, p. 490.

59. TI Al 7, Si 8-10, Sm 11, Uh 12, X 13-19 et X 21-25. Cf. KILIAN 1983, p. 303-307 et GODART *et al.* 1983.

60. TI Ef 2, Ef 3.

61. TI Cb 4.

62. TI Si 5 ; TI X <1>.

de Kalamianos, sur le golfe saronique, où l'habitat mycénien inclut au moins un ensemble (7-I-III) qui présente les caractéristiques de ce que Darcque a qualifié d'« édifice intermédiaire »[63]. Selon T. Tartaron et D. Pullen (2011), ce site portuaire pourrait avoir constitué un accès du palais de Mycènes au golfe saronique[64].

2. Le « modèle ougaritique » suggéré par les mycénologues

L'intérêt des spécialistes du monde mycénien – et surtout des épigraphistes – pour Ougarit, qui trouve son origine dans la contemporanéité des textes, mais aussi dans les analogies structurelles et thématiques des deux documentations écrites, est loin d'être nouveau[65]. La suggestion du « modèle ougaritique » comme outil d'interprétation de la répartition des sites et des archives dans une région donnée, elle, est plus récente.

L'Argolide comporte, à de faibles distances les uns des autres, trois sites qui ont livré des traces, à différents niveaux de complexité, d'activités administratives qui sont une caractéristique palatiale. Si Mycènes et Tirynthe ont livré des tablettes, Midéa[66] a livré des nodules inscrits[67] ainsi que des nodules non inscrits[68]. Cette

---

63. Cf. TARTARON et PULLEN 2011, surtout p. 598-599.

64. Cf. TARTARON et PULLEN 2011, p. 628. Les auteurs font cette suggestion avec toute la prudence nécessaire étant donné que les vestiges du site de Kalamianos, bien qu'exceptionnellement préservés, n'ont fait pour l'instant l'objet que d'une prospection archéologique. L'existence à Kalamianos d'un port et d'un site urbain lié à Mycènes n'exclut naturellement pas la possibilité que l'Argolide ait constitué un seul royaume mycénien, avec deux palais (Mycènes et Tirynthe) et deux accès stratégiques à la mer (Tirynthe et Kalamianos).

65. Voir à ce sujet ROUGEMONT et VITA 2010, surtout p. 126-127, avec bibliographie.

66. Nous laisserons ici de côté les discussions relatives au site d'Argos, où l'on a trouvé (dans la « maison » du terrain Vlachos) des fragments de peintures murales à décor figuré, cf. DEÏLAKI 1973, *ArchDelt*, 100-102 + Planches 98a-b. Cf. DARCQUE et ROUGEMONT 2015, p. 562.

67. MI Wv 1 (= CMS V.3,2 n° 238), Wv 3 (= CMS V.3,2 n° 236), Wv 5 (= CMS V.3,2 n° 240), Wv 6 (= CMS V.3,2 n° 237). La mention *me-ka-ro-de*, inscrite sur le nodule Wv 6, est susceptible de plusieurs interprétations (allatif du terme /megaron/, toponyme à l'allatif, indication du type *do-de*, *wo-ko-de*). Même dans l'hypothèse où il s'agirait de l'allatif du terme *megaron*, il resterait à démontrer que le mot avait le même sens à l'époque mycénienne que chez Homère. À ce sujet voir déjà DARCQUE et ROUGEMONT 2015, p. 558 et n. 14.

68. CMS V.3,2, n° 239. De surcroît, la position de Tirynthe, à proximité de la côte, peut suggérer que le palais qui s'y trouve était un bâtiment de prestige situé à proximité du port et destiné à accueillir les voyageurs étrangers. Sur la position et le rôle de Tirynthe en bord de mer, cf. FRENCH 2005 ; JUNG 2006, p. 184 ; MARAZZI 2008,

coexistence, dans la plaine argienne, de deux palais mycéniens (Mycènes et Tirynthe) ainsi que de plusieurs autres sites (Argos, Midéa, etc), plus ou moins importants, occupés à la même époque, a conduit plusieurs spécialistes, parmi lesquels J. Bintliff[69], Kl. Kilian[70], J. Driessen[71], M. Marazzi[72] et S. Voutsaki[73], à réfléchir et à élaborer des modèles d'interprétation pour l'organisation du territoire (organisation à centres multiples, hiérarchie de sites sous l'autorité de Mycènes)[74]. Chacune de ces études se concentrait sur certains aspects de l'organisation de l'Argolide à l'époque mycénienne, et atteignait différents types de conclusions[75]. P. Darcque, pour sa part, dans une étude publiée en 1998, proposait d'expliquer la coexistence des sites mycéniens d'Argolide dans un territoire somme toute réduit en évoquant l'organisation du royaume d'Ougarit: «la logique voudrait donc qu'il n'y eût qu'un seul centre, administrant un seul territoire. L'exemple du royaume d'Ougarit, en Syrie du Nord, où plusieurs palais coexistent dans un espace restreint, en particulier à Ras Shamra et à Ras Ibn Hani, deux sites distants de 5 km seulement, peut fournir un parallèle intéressant, d'autant que le Palais Nord de Ras Ibn Hani a fourni des documents d'archives et des vestiges d'activités métallurgiques qui auraient leur place dans la capitale du royaume»[76]. Il insistait en particulier sur les distances réduites qui séparent les sites de Mycènes et de Tirynthe[77]. En se

---

p.487; EDER 2009, p.22-23; DARCQUE et ROUGEMONT 2015, p.567 [bibliographie non exhaustive].

69. BINTLIFF 1977.

70. KILIAN 1988.

71. DRIESSEN 1996, surtout p.1027-1028, avec référence à DARCQUE 1998.

72. MARAZZI 2008, qui se réfère à DARCQUE 1998.

73. VOUTSAKI 2010.

74. Cf. DARCQUE 1998, p.110; DARCQUE et ROUGEMONT 2015, p.557-558, avec bibliographie.

75. Nous ne reprendrons pas ici le détail de ces analyses, qui sont résumées dans DARCQUE et ROUGEMONT 2015, *loc. cit.*

76. DARCQUE 1998, p.110-111.

77. DARCQUE 1998, p.111-112: «Comme je l'ai déjà suggéré, j'ai de la peine à concevoir que Mycènes et Tirynthe aient été, à l'HR III B, les capitales excentrées de deux entités – États ou royaumes, comme on voudra – adossées l'une à l'autre. À ce "modèle homérique" je préfère le "modèle ougaritique" où plusieurs palais coexistent dans un même territoire et jouent un rôle qui ne peut être que complémentaire. L'explication de cette coexistence peut être d'ordre stratégique, mais on peut aussi imaginer que les occupants de cet édifice se déplaçaient suivant les saisons».

fondant sur ces réflexions, Darcque et Rougemont (2015) reprenaient l'idée d'un « modèle ougaritique » pour l'interprétation des vestiges mycéniens dans la plaine argienne, en mettant l'accent sur les éléments, archéologiques et épigraphiques, qui permettent de définir un « palais »[78].

Le « modèle ougaritique » peut se lire et s'utiliser à deux niveaux : le premier est celui de l'organisation interne de sites comme Mycènes (avec une documentation écrite qui provient majoritairement de « maisons » extérieures au bâtiment palatial et même à l'acropole fortifiée), Thèbes[79], ou dans une moindre mesure Pylos[80] ; le deuxième est celui de l'organisation régionale de l'Argolide. En fait, les réflexions initiales de P. Darcque[81] partaient d'une interrogation sur la manière dont il est possible d'appréhender la géographie historique de la Grèce mycénienne. Il soulignait en particulier que même dans les cas où l'on peut, avec une certaine assurance, définir des entités géographiques susceptibles d'avoir constitué des unités à l'époque mycénienne, rien ne nous permet de dire que l'unité géographique ait coïncidé avec une unité politique[82].

---

78. Darcque et Rougemont 2015, p. 566-567 : [après un développement sur le royaume d'Arrapha] « Geographically closer to the Aegean, and demonstrably in contact with Mycenaean Greece, we should also look at Ugarit, a site which has produced texts also often compared with the Mycenaean tablets since the decipherment of Linear B ; beside the main palace located at Ras Shamra, the capital of the kingdom, two other palaces were in use at the same time at Ras Ibn-Hani, near the coast, within a 5 km distance, which is comparable to the one separating the sites of Mycenaean Argolid. The 'Ugaritic model' thus includes more than one 'palatial-like' building, and the written documentation indicates that the court of the king moved from one place to the other according to the time of year or to the needs of the moment. The archival documents uncovered in the North Palace at Ras Ibn-Hani include documents pertaining both to the economic activities of the queen and to the general administration of the kingdom. »

79. Avec les difficultés spécifiques dues à la présence de la ville moderne sur le site ancien, cf. *supra*, 1.5.

80. Cf. Darcque 2005, p. 364-365, et *supra*, note 45.

81. Darcque 1998, p. 103-104.

82. La discussion sur le « modèle » d'interprétation de l'organisation de l'Argolide à la fin du Bronze récent regroupe en fait des questions de différents ordres : comment définissons-nous un palais mycénien, sous le double aspect architectural (se pose en outre, comme souvent, le problème de l'interprétation et celui du statut à accorder aux bâtiments, dont certains, de plus, sont incomplètement fouillés et/ou mal conservés) et institutionnel ? Comment comprenons-nous leur répartition géographique ? Quelle compréhension pouvons-nous avoir de la géographie historique et administrative des États mycéniens ? Quelles sont nos sources pour l'étudier et la reconstituer ? Quels sont les critères d'identification de sites archéologiques repérés sur le terrain, par fouille ou par prospection, avec des toponymes attestés dans la documentation écrite ? Comment reconstituer le tracé des frontières qui délimitaient le territoire

Le « modèle ougaritique » découle donc d'une interrogation sur le statut respectif des sites de Mycènes et de Tirynthe, qui présentent chacun des caractéristiques (palais, fortifications, archives, etc.) leur permettant de prétendre au titre de centre de pouvoir politique, dans une région, l'Argolide, où l'on peine, en raison de ses dimensions, à imaginer la coexistence de deux entités politiques – ou royaumes – distincts. Il repose aussi sur l'idée que le centre du pouvoir en Argolide était situé à Mycènes[83]. De nombreux spécialistes s'accordent en effet pour attribuer au site de Mycènes[84] une prééminence sur la région[85].

Le « modèle ougaritique », du point de vue des mycénologues, reposerait donc sur l'identification d'une unité géographique qui serait aussi une unité politique (un royaume), dont les contours peuvent être esquissés avec plus ou moins de précision ; sur l'identification d'un centre prééminent, pourvu d'un palais, siège d'un pouvoir politique s'exerçant sur cette unité géographique ; et sur l'idée que les autres sites identifiés au sein de la même unité géographique, qu'ils comportent ou non un édifice palatial, sont soumis, à un titre ou à un autre, à l'autorité du site prééminent ou en constituent des annexes ou des sites « secondaires ».

Les pages qui suivent ont donc pour but de présenter, dans les grandes lignes, le fonctionnement du système administratif du royaume d'Ougarit, c'est-à-dire, de considérer les données architecturales et épigraphiques observables à Ras Shamra et Ras Ibn Hani, qui constituent le point de référence de ce « modèle ougaritique », pour en tirer, dans une dernière section, brièvement les conclusions.

---

        d'un ou de plusieurs État(s), en l'absence de documents tels que des bornes ou des traités internationaux ?

83. Idée qu'il faudrait sans doute aussi étudier et nuancer phase chronologique par phase chronologique.

84. Sur la prééminence de Mycènes sur les autres sites d'Argolide, voir par ex. DARCQUE 1998, p. 107-108 ; EDER 2009, p. 15-20. [bibliographie non exhaustive]

85. On peut toutefois se demander, avec P. Darcque, s'il n'y a pas là une confusion entre prééminence culturelle et prééminence politique, cf. DARCQUE 1998, p. 107-108 : « presque à chaque période, c'est à Mycènes que l'on trouve les tombes les plus nombreuses, les remparts les plus puissants, les édifices les plus sophistiqués, le mobilier le plus riche et le plus varié. L'épopée homérique apporterait une confirmation de cette image, en lui donnant une signification politique. Mycènes serait donc une capitale à l'époque mycénienne, régnant sur un vaste territoire, sinon sur plusieurs régions du continent grec. Ce faisant on confond abusivement hiérarchie culturelle, au sens large du terme, et hiérarchie politique. Or ces deux notions ne sont nullement équivalentes, plus exactement la prééminence politique d'une ville sur un territoire ne dépend pas seulement de sa prééminence culturelle. »

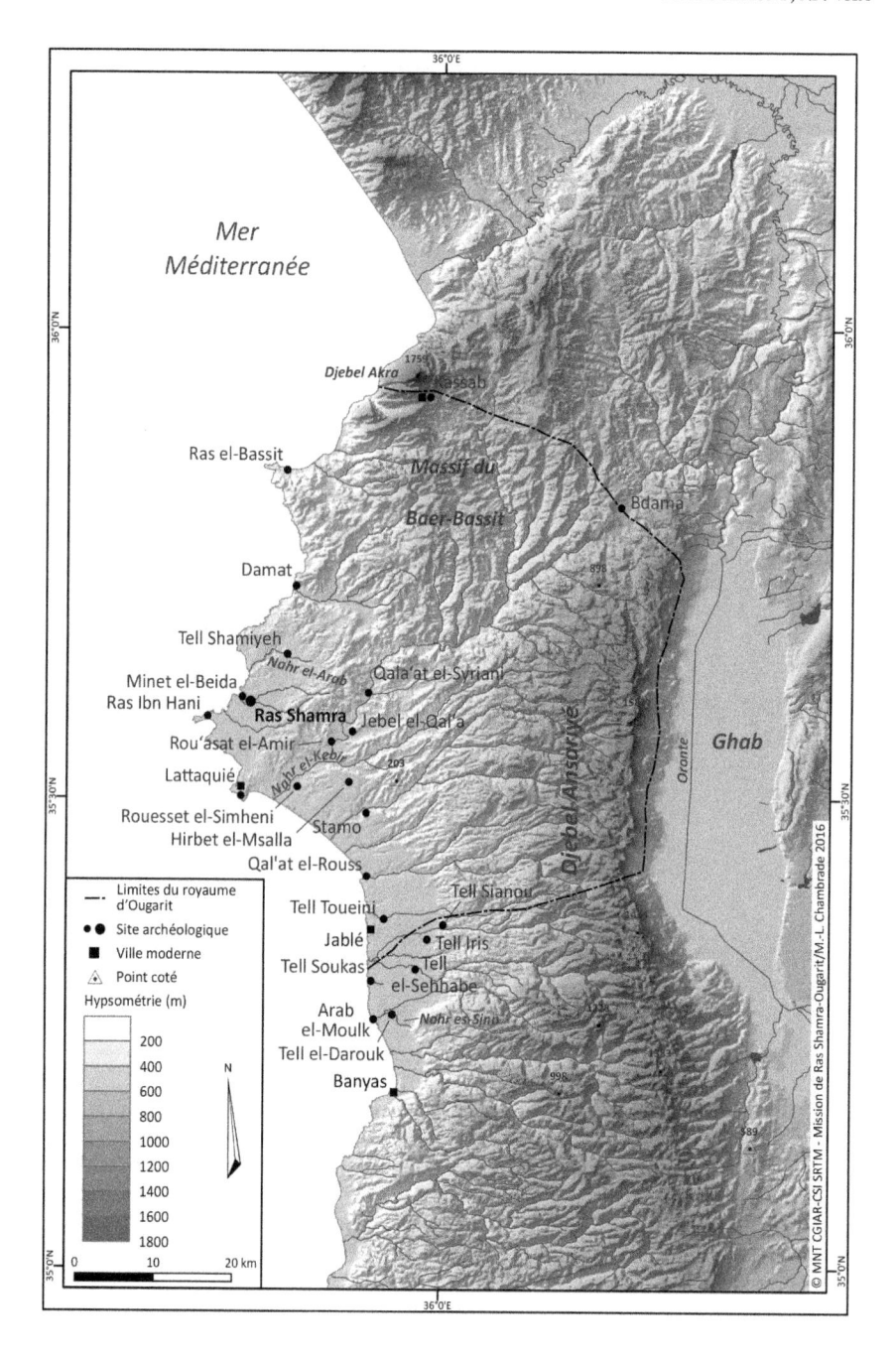

Fig. 4 – Carte du royaume d'Ougarit (*Ras Shamra – Ougarit* XXV [2016]).

3. Archives et fonctionnement administratif à Ougarit[86]

3.1. Le Palais royal et l'« enceinte royale »

Le Palais royal est un grand bâtiment situé sur la partie occidentale du tell de Ras Shamra. Construit en plusieurs étapes entre le XVe et le XIIIe siècles, il s'étendait sur près de 7 500 m^2 et sur un ou plusieurs étages[87]. Bien que l'interprétation de l'ensemble pose toujours des problèmes, certaines parties du palais ont été étudiées par J.-Cl. Margueron[88], qui a formulé des hypothèses quant à leurs fonctions. Margueron[89] définit l'ensemble comme « lieu de pouvoir, résidence du roi, de sa famille et de ses très proches, cadre des manifestations de la puissance royale, cœur de l'administration du pays ». Une définition plus large a été donnée récemment par V. Matoïan[90], pour qui le palais était notamment « un centre de stockage »; elle précise qu'« on y entreposait également les biens de consommation destinés à la famille royale, mais aussi des matières premières et des produits contrôlés par l'État, en vue d'être utilisés sur place ou redistribués. Il faut aussi prendre en compte le matériel nécessaire à l'administration (matériel des scribes), au personnel associé à la famille royale, ainsi qu'à la surveillance et à la protection de l'édifice. Enfin, certains objets furent probablement utilisés dans un cadre cultuel. Les textes religieux de la pratique (en particulier les rituels) renseignent sur l'existence de centres cultuels dans la zone palatiale; la 'maison du roi' était aussi le lieu des cultes sacrificiel, divinatoire et funéraire ». À l'heure actuelle, et dans le cadre des recherches développées par la Mission archéologique de Ras Shamra – Ougarit, deux opérations portent sur l'étude de ce complexe monumental[91].

Au moment de sa destruction, le Palais royal abritait quelques 810 textes de plusieurs types (documents administratifs et juridiques, lettres, textes littéraires, religieux et scolaires) répartis dans cinq lieux principaux de conservation de documents écrits ou « archives », situées à l'étage au-dessus des pièces et des cours où les tablettes sont tombées lors de la destruction et ont été trouvées[92]. Une

---

86. Nous tenons à remercier V. Matoïan par sa lecture critique de cette section de l'article. Carte du royaume d'Ougarit, *Fig. 4*

87. COURTOIS 1979, p. 1217-1235; YON 1997, p. 46-55; YON 2014, p. 293.

88. MARGUERON 1995; MARGUERON 2008a.

89. MARGUERON 2008b, p. 49-50.

90. MATOÏAN 2014, p. 223.

91. MATOÏAN 2014, p. 222.

92. Leurs dénominations modernes sont, respectivement, « Archives Ouest » (*ca* 80 documents; documents administratifs, quelques lettres au roi, à la reine et au gouverneur, plusieurs textes littéraires, quelques étiquettes), « Archives Est »

datation approximative est possible pour une partie d'entre eux (notamment pour un certain nombre de traités, lettres et textes juridiques), mais très difficile, sinon impossible, pour une grande majorité (par exemple pour les textes administratifs, qui constituent une grande partie de la documentation trouvée à Ougarit[93]). Un incendie d'une grande violence a ravagé l'édifice dans sa dernière phase; par la suite une remise en état a été effectuée. À ce moment-là, le bâtiment a été intégré dans un ensemble plus vaste qui comprend quatre bâtiments installés autour d'une place (le palais, le corps de garde, une salle de réception et un «temple tour») et qui couvre au total environ 10 000 m². Une interprétation possible serait de considérer l'ensemble comme «quartier» ou «enceinte royale»[94]. En tout cas, cet ensemble protégeait l'accès occidental de la ville et, en même temps, il était lui-même isolé du reste de la ville. La compréhension de l'ensemble d'archives pose plusieurs problèmes, car les textes se sont mélangés lors de l'effondrement du bâtiment. Les principes d'archivage nous échappent et l'on peut s'interroger sur la nature exacte de ces différentes «archives». Pour certaines d'entre elles, on peut même se demander s'il s'agit d'archives «vivantes» et à quel moment elles correspondent[95]. Néanmoins, plusieurs travaux entrepris dans le cadre de la Mission Ras Shamra – Ougarit permettent d'avancer dans la connaissance de la nature et fonctionnement de ces archives[96].

(*ca* 190 documents; les textes administratifs constituent le gros de la trouvaille, avec en plus une quinzaine de textes juridiques, presque toute la correspondance internationale retrouvée dans le palais, plusieurs textes littéraires, religieux et scolaires, quelques étiquettes), «Archives Centrales» (*ca* 280 documents; textes administratifs, lettres, quelques textes littéraires, religieux et scolaires, quelques étiquettes, et presque l'ensemble des textes juridiques et contrats royaux de la dynastie), «Archives Sud» (*ca* 140 documents; plusieurs textes administratifs et étiquettes, mais surtout l'ensemble des édits, traités et verdicts internationaux émanant des suzerains hittites et des états syriens voisins à partir de l'intervention hittite) et «Archives Sud-Ouest» (*ca* 120 documents; textes économiques, quelques lettres et documents juridiques, nombreux fragments de textes religieux musicaux en hourrite, des fragments littéraires ou religieux et des foies divinatoires). Voir notamment LACKENBACHER 2001; 2008a; 2008b.

93. Voir à ce propos VITA 1998, p. 43-45.

94. CALLOT 1986; YON 1997, p. 45; CALLOT et MARGUERON 2008.

95. LACKENBACHER 2001; LACKENBACHER 2008a.

96. Nous renvoyons notamment aux contributions de V. Matoïan, É. Bordreuil, A.-S. Dalix, Y. Coquinot, A. Bouquillon, A. Leclaire, R. Hawley, F. Malbran-Labat et C. Roche dans le volume collectif édité par MATOÏAN 2008.

3.2. Le «Palais Nord» et le «Palais Sud»

Hors de la zone royale, mais constituant presque des annexes à celle-ci, existent deux bâtiments souvent appelés «Palais Nord» et «Palais Sud». L'édifice appelé «Palais Nord» est situé immédiatement au nord du Palais royal : seule une petite rue, appelée «rue du Palais», sépare les deux édifices[97]. Avec une superficie de quelques 1 500 m², le Palais Nord comprend 29 salles, chambres, cours et passages, ainsi qu'une entrée monumentale. D'après les fouilleurs, son apogée paraît correspondre au XVIe s. av. J.-C., et il semble avoir été soigneusement évacué et vidé de son mobilier avant son abandon définitif vers 1450-1400 av. J.-C. (il n'a donc pas livré de documents écrits)[98]. Néanmoins, d'après O. Callot[99] cette demeure, malgré sa qualité architecturale, «n'a jamais été un Palais royal, même à titre provisoire (...) ; c'est une construction majestueuse d'une grande qualité, mais dont l'organisation reste très simple (...). Ce bâtiment a certainement occupé une place importante dans la cité (...) ; il faut plutôt le ranger dans la catégorie encore un peu vague des grandes résidences comme il existe d'autres dans la ville »[100]. Quant au «Palais Sud», il est aussi parfois dénommé «Petit Palais» ou «Résidence de Yabninou »[101], ce qui suffit à montrer les doutes qui subsistent sur sa fonction. Dans l'état actuellement visible, le bâtiment couvre plus de 1 000 m² au sol, avec une architecture soignée en pierre de taille et pas moins de 33 salles, chambres et cours, ce qui indique qu'il était réservé à une personne de haut rang. Yabninou fut, en fait, un haut dignitaire qui exerçait la fonction de «chef-administrateur» (*šatammu rabû*), «un homme d'affaires ayant eu des relations privilégiées avec le Levant méridional, l'Égypte, mais aussi Chypre et l'Égée »[102]. Outre quelques lettres et textes juridiques, y furent trouvés plus de 80 textes administratifs dont le contenu et les sujets ressemblent de près aux textes du même genre trouvés au Palais royal[103] ; on peut même considérer cette archive comme une extension des archives royales[104]. Ce dossier a été repris en 2009 par une équipe syro-française,

---

97. COURTOIS 1979, p. 1240-1244 ; YON 1997, p. 70-73 ; REY 2009.

98. COURTOIS 1979, p. 1244.

99. CALLOT 2016, p. 76-77.

100. D'après l'hypothèse d'O. Callot (2016, p. 74-75), fondée sur l'analyse architecturale, ce bâtiment aurait été détruit par un séisme autour de l'an 1250 av. J.-C., puis abandonné.

101. COURTOIS 1979, p. 1235-1240 ; COURTOIS 1990 ; YON 1997, p. 61-64.

102. MATOÏAN *et al.* 2013, p. 448.

103. COURTOIS 1979, p. 1238-1239 ; COURTOIS 1990.

104. VAN SOLDT 2000, p. 230-231.

l'un de ses objectifs étant « de mener à bien, sur le terrain, l'étude architecturale détaillée du bâtiment et d'en terminer le dégagement au sud »[105].

3.3. La « Maison aux jarres »

D'un point de vue administratif, le Palais royal se ramifiait hors du quartier royal. Le bâtiment nommé « Maison aux jarres », situé dans la terrasse Est du tell de Ras Shamra, pourrait constituer, en fait, un centre administratif situé dans la ville, mais hors du palais. Il s'agit d'une maison partiellement fouillée où l'on a trouvé des entrepôts avec des jarres à provisions encore en place, ainsi qu'une dizaine de documents écrits (cinq étiquettes, dont quatre syllabiques et une alphabétique, parfois marquées aussi d'empreintes de sceaux ; deux textes juridiques syllabiques ; deux textes administratifs alphabétiques ; un texte syllabique non identifié)[106]. L'ensemble de documents écrits mis au jour dans cette maison montre qu'elle constituait un petit centre administratif dépendant directement de l'administration du Palais royal et de ses archives[107]. On y stockait des quantités de produits provenant de différentes localités du royaume et, sur la base de documents administratifs préexistants, on préparait des livraisons, on assignait à des individus ou à des groupes des quantités de biens déposés sur place, tout en produisant de nouveaux documents administratifs. Cette activité générait une documentation administrative destinée à la fois au contrôle direct des biens et à son enregistrement administratif. Il faut donc considérer cette maison comme un centre administratif officiel, bien qu'extérieur au palais, et la documentation produite à cet endroit est à inclure dans le corpus des textes rédigés par l'administration palatiale. Il ne s'agirait pas d'un cas isolé au sein de la ville : il y avait sans doute dans la ville d'autres petits centres administratifs qui dépendaient directement de l'administration du palais.

3.4. D'autres grandes résidences

Sur le tell de Ras Shamra, d'autres maisons avec des archives ont été mises au jour, près du quartier royal (dans le secteur dénommé « Quartier résidentiel »), mais aussi dans d'autres zones de la ville. Quelques-unes ont été attribuées (avec des appellations plus ou moins conventionnelles) à des personnages précis, comme la « Maison de Rashapabou »[108], la « Maison de Rapanou »[109] ou la « Maison

---

105. Matoïan *et al.* 2013, p. 448.

106. Yon 1997, p. 132 ; Zamora 2004.

107. Zamora 2004.

108. Courtois 1979, p. 1250-1251 ; Matoïan 2013a ; Matoïan 2013b, p. 106-108.

109. Courtois 1979, p. 1253-1261 ; Yon 1997, p. 83-87.

d'Ourtenou[110]. D'autres ont reçu des dénominations plus génériques, comme la «Maison du Lettré»[111] ou la «Maison aux Tablettes littéraires»[112]. Ces demeures ont fourni des archives, des textes appartenant à des genres divers, notamment des lettres, des textes administratifs, juridiques, scolaires ou littéraires, des textes relatifs au culte. En revanche, les traités[113], les textes juridiques internationaux et ceux concernant des transmissions de terres supervisées par le roi étaient stockés uniquement dans les archives du Palais royal[114]. Ces maisons partagent d'autres traits importants, notamment le fait d'appartenir à des personnes qui occupaient des positions très élevées dans l'administration du royaume (hauts fonctionnaires, prêtres, scribes qui tenaient une école chez eux; parfois une seule personne pouvait cumuler plusieurs de ces caractéristiques), et le fait que la majorité des textes montrent des liens étroits avec la bureaucratie de l'État. On constate en fait de multiples recoupements entre ces archives et les archives du palais[115]; ces recoupements concernent aussi la correspondance internationale, y compris des lettres adressées au roi lui-même[116]. Le réexamen de ces «maisons», en particulier «celles ayant livré une archive, a été repris, dans le cadre des programmes actuels de la mission, en vue d'une publication détaillée de l'ensemble de la documentation», c'est-à-dire, de confronter «de manière systématique les données issues de l'étude de la culture matérielle à celles fournies par les textes»[117].

3.5. Ras Ibn Hani

À quelque 4,5 km au sud-ouest de Ras Shamra-Ougarit, sur le cap de Ras Ibn Hani, furent trouvés deux complexes architecturaux importants datés du Bronze récent et appelés «Palais Nord» et «Palais Sud». Ils se trouvent intégrés dans une ville située dans un paysage de presqu'île et protégée par un rempart[118]. Le Palais Nord, avec une salle du trône et plusieurs ateliers et magasins, fut construit vers la fin du XIVe s. et détruit entre la moitié du XIIIe et le début du XIIe s. av. J.-C. Il a livré des textes en langue akkadienne et ougaritique datés du XIIIe s.

---

110. Yon 1995.

111. Courtois 1979, p. 1251.

112. Courtois 1979, p. 1261-1263; Roche-Hawley 2013.

113. À une exception près, voir note 123.

114. van Soldt 2000, p. 243-245.

115. van Soldt 2000; Malbran-Labat et Roche 2008, p. 272.

116. Lackenbacher 1995.

117. Matoïan 2013b, p. 106.

118. Bounni et al. 1998; van Soldt 2006-2008; Goiran et al. 2015.

av. J.-C., quelque 130 documents de genres divers (textes scolaires, lettres, textes administratifs) stockés à l'étage (comme c'était le cas aussi au Palais royal de Ras Shamra)[119]. Cette archive montre que le Palais Nord était un centre de production et d'administration étroitement lié à la famille royale d'Ougarit et, par extension, à l'administration gérée depuis le Palais royal de la capitale[120]. Le « Palais Sud », en revanche, n'a pas livré de textes. Comme l'ont suggéré les fouilleurs, il est possible que cet ensemble de bâtiments ait constitué une résidence d'été pour la cour d'Ougarit ; l'origine de ce projet serait peut-être à chercher dans le désir du roi d'Ougarit d'affirmer sa richesse et son prestige[121].

3.6. Gestion économique et politique du royaume d'Ougarit : un bilan

Les archives du Palais royal d'Ougarit montrent que les affaires économiques et politiques de la ville et du royaume étaient notamment gérées depuis ce centre de pouvoir. Mais, comme on l'a vu plus haut, il y avait en même temps toute une série de bâtiments avec des archives qui montrent des liens étroits avec la bureaucratie du palais. Il paraît clair que, au moins dans la dernière phase de l'histoire du royaume, les affaires économiques, mais aussi politiques de l'État étaient gérées à Ougarit parallèlement depuis le palais et depuis ces diverses demeures[122], une gestion qui ne distinguait pas toujours les domaines privés et publics[123]. On pourrait même dire que « du moins dans les dernières années d'Ugarit les bureaux qui s'occupaient des relations internationales se trouvaient hors du Palais royal, dans des demeures où (…) l'on traitait aussi bien du grand commerce avec les mêmes pays étrangers que d'affaires internes, sinon locales »[124]. Ainsi,

---

119. BORDREUIL, PARDEE & HAWLEY 2019.

120. VAN SOLDT 2013, p. 453-454.

121. BOUNNI *et al.* 1998, p. 97-98.

122. VITA 1999, p. 471.

123. MATOÏAN 2013b, p. 106 ; BORDREUIL 2013.

124. LACKENBACHER 1995, p. 74. La « Maison d'Ourtenou » a même fourni un fragment de traité (RS 34.179) avec les villes hittites d'Ura et de Kutupa : « Ce texte est un quasi-duplicat de celui publié par J. Nougayrol dans *PRU IV*, une lettre-édit [RS 17.130] de Hattusili III à Niqmepa portant sur le *modus vivendi* imposé aux marchands de la ville d'Ura lorsqu'ils cherchèrent à s'implanter en Ougarit en y acquérant des maisons et des terres » (MALBRAN-LABAT 1991, p. 15). L'interprétation d'Olivier Callot (communication personnelle de janvier 2020, pour laquelle nous lui sommes reconnaissants, avec référence à deux travaux sous presse) est légèrement différente : « La situation de l'administration royale à Ougarit à la fin du XIIIe s. et au début du XIIe s. est tout à fait particulière. La ville a été détruite par un séisme au XIIIe s. et sa lente reconstruction, en particulier celle du Palais Royal, fait que rien n'était achevé au moment de la destruction dite "définitive" au début du XIIe s. Des

les archives de la « Maison d'Ourtenou », par exemple, ont livré des lettres en provenance du monde hittite (Ḫatti – y compris des lettres de l'empereur hittite –, Karkemiš, Kizzuwatna, Tarḫuntašša, Alašiya), d'Égypte, de plusieurs royaumes de Syrie (Ušnatu, Amurru, Qadeš, Byblos, Beyrouth, Sidon, Tyr), ainsi que des lettres adressées au roi d'Ougarit, à la reine, au préfet, aussi bien qu'à d'autres autorités politiques et administratives [125]. En même temps, il serait parfois possible de déceler une sorte de complémentarité entre les archives palatiales et celles des demeures privées. Pour développer l'exemple précédent, Ourtenou, riche négociant et « chargé de mission » de la reine, participait à la gestion des équidés royaux [126] et sa maison « jouait un rôle de première importance dans l'organisation du commerce et, sans doute, plus particulièrement des exportations du royaume » [127]. Le résultat est que les documents de sa maison et ceux du palais sont « de nature et de forme dissemblables, semblent concerner des niveaux différents, peut-être complémentaires, de l'économie ougaritaine » [128].

À Ougarit, donc, paraît avoir fonctionné un système complexe de gestion économique et politique du royaume avec plusieurs niveaux superposés. En plus du Palais royal et du « quartier royal » de la capitale, avec son appareil administratif, il y avait d'autres palais hors de la capitale, comme ceux retrouvés à Ras Ibn Hani. Les textes découverts dans le Palais Nord de Ras Ibn Hani montrent la présence dans ce bâtiment d'une administration complémentaire de celle du Palais royal de la capitale ; une étude paléographique a même permis d'identifier deux textes – l'un découvert au Palais royal de Ras Shamra-Ougarit et l'autre au Palais Nord de Ras Ibn Hani – rédigés par la main d'un seul et même scribe [129]. Il s'agit donc de deux palais dont l'appareil administratif devait fonctionner de manière simultanée, et des déplacements saisonniers de la cour entre Ras Shamra et Ras Ibn Hani sont envisageables. La « Maison aux jarres » montre qu'il existait aussi des extensions directes de l'administration du palais dans la capitale (et peut être dans d'autres emplacements du royaume) dirigées directement par des fonctionnaires palatiaux. En même temps, plusieurs bâtiments avec des archives retrouvées à Ras Shamra montrent qu'ils fonctionnaient comme des sortes de

---

archives "royales" ont été retrouvées dans plusieurs maisons privées appartenant à des personnages proches du roi. Cela montre simplement que la reconstruction du Palais n'était pas achevée et que certains hauts fonctionnaires traitaient chez eux certaines affaires d'État. Mais il s'agissait certainement d'une situation provisoire. »

125. LACKENBACHER et MALBRAN-LABAT 2016.

126. MALBRAN-LABAT et ROCHE 2008.

127. LACKENBACHER et MALBRAN-LABAT 2016, p. 129.

128. MALBRAN-LABAT et ROCHE 2007, p. 79.

129. PARDEE 2008.

« ministères » qui co-administraient le royaume à côté du palais ; il est clair que ces bâtiments n'étaient pas destinés à abriter seulement la vie privée des habitants : ils représentaient aussi des lieux de travail. Mais il s'agit d'un système qui n'est pas entièrement compris et soulève encore bien des questions. D'après Fl. Malbran-Labat, par exemple, l'existence de ces bâtiments doit amener à repenser le concept même de « palais » à Ougarit : « Il n'y a pas nécessairement adéquation entre ce que les textes ougaritiques désignent comme 'la maison du roi' (bt mlk) et le 'Palais' (ekallu) des textes akkadiens. Ce dernier n'a pas été spécifiquement décrit, même si 'l'économie palatiale' ou 'l'administration palatiale' a fait l'objet de nombreuses études. Pas plus que n'a été abordée la délicate question des rapports et de la répartition des rôles administratifs et politiques entre le bâtiment du Palais royal et les 'Maisons' des grands notables, question qui se pose avec acuité particulière depuis l'abondante découverte des archives de la 'Maison d'Urtenu' »[130].

4. Confrontation du « modèle ougaritique » des mycénologues avec la situation à Ougarit

Une différence fondamentale et déjà bien connue existe entre les deux documentations épigraphiques mycénienne et ougaritique : les textes en linéaire B sont de type exclusivement administratif, économique, tandis que les textes d'Ougarit appartiennent à une grande variété de genres (littéraires, juridiques, économiques, etc.). Toutefois, à Ougarit la documentation économique est de loin la plus abondante. En tout cas, dans le tableau d'ensemble qu'on s'est efforcé de brosser, il est clair que les analogies entre documentation mycénienne et documentation ougaritaine l'emportent de très loin[131].

En effet, le recours au « modèle ougaritique », fondé sur la coexistence d'un palais royal principal à Ras Shamra et d'au moins un édifice palatial « secondaire », à Ras Ibn Hani, situé à faible distance du premier, a permis notamment à P. Darcque de formaliser l'idée d'une organisation de l'Argolide autour d'un centre politique et de plusieurs autres centres de nature et d'importance différentes[132]. Mais l'un des éléments-clé de cette comparaison, également signalé par Darcque, est fourni par l'existence à Mycènes, Tirynthe et Ougarit de bâtiments parfois qualifiés

---

130. MALBRAN-LABAT 2006, p. 61.

131. Dans les deux cas, par exemple, les textes administratifs/économiques ne sont pas datés ; mais les enregistrements d'offrandes mycéniens comportent des mois, et à Ougarit, on trouve aussi des noms de mois dans les textes enregistrant des rations et dans les bordereaux de livraison de vêtements.

132. DARCQUE 1998, p. 108-109, répertorie en Argolide 17 sites mycéniens, avec des vestiges d'habitat et/ou des tombes fouillés. À cette liste il faut à présent ajouter Kalamianos, cf. supra.

de « maisons » ou, pour certains, d'« édifices intermédiaires »[133] et qui ont livré des documents d'archive tout à fait semblables aux archives palatiales. En effet, il est plausible que dans le monde mycénien comme à Ougarit, il y ait eu des administrations centrales structurées autour d'un Palais royal principal, mais aussi de plusieurs palais secondaires et de plusieurs édifices intermédiaires. Ces ensembles architecturaux et l'existence d'archives à caractère « palatial » hors des palais principaux sont des éléments qui peuvent, effectivement, indiquer l'existence d'une administration décentralisée et dans le monde mycénien et dans le royaume ougaritain.

Néanmoins, il faut en même temps signaler l'existence d'au moins deux différences importantes entre ces deux domaines. Si l'on n'a pas trouvé de tablettes dans le palais de Mycènes proprement dit, ni dans celui de Tirynthe (mais seulement dans des bâtiments proches), c'est dû au hasard des trouvailles ; en revanche il y en a dans ceux d'Ougarit (Palais royal de Ras Shamra et Palais Nord de Ras Ibn Hani). Par ailleurs, les « édifices intermédiaires » de Mycènes et de Tirynthe n'ont fourni que des textes administratifs, tandis que dans ceux d'Ougarit les genres textuels représentés sont assez divers. Malgré plusieurs questions qui restent toujours sans réponse, l'état de la documentation fait qu'à Ougarit on peut connaître dans les grandes lignes la nature privée, administrative et politique de ces « grandes maisons », parfois même les noms de leurs propriétaires, ainsi que les rapports administratifs qu'elles entretenaient avec le Palais royal, éléments qui nous font entièrement défaut pour Mycènes et Tirynthe.

On peut donc se poser la question de savoir jusqu'à quel point il est possible et légitime de pousser l'analogie entre Ougarit et les centres de l'Argolide. En tout cas, la proposition d'un « modèle ougaritique » qui permettrait de mieux comprendre les données archéologiques et épigraphiques mycéniennes nous paraît tout à fait bien fondée et valide comme base de recherches ultérieures sur l'organisation politique de l'Argolide. Néanmoins il est très probable que pour le

---

133. DARCQUE 2005, p.362-363, note que la majeure partie de ces « édifices intermédiaires » est datée de l'HR III B ; quelques-uns datent de l'HR III A. Aucun ne peut être attribué à l'HR III C, autrement dit à la période postérieure à la chute des palais mycéniens. Ils sont identifiés à Mycènes, Tirynthe, Sparte, Pylos, Gla et Thèbes. Quatre des sites qui comportent des édifices intermédiaires ont aussi livré des tablettes [NB : DARCQUE 2005 est antérieur aux découvertes d'Haghios Vassilios en Laconie]. Trois de ces sites possèdent aussi un édifice appelé « palais ». L'auteur souligne que la fonction des édifices intermédiaires doit être envisagée différemment selon qu'ils appartiennent à un site ayant livré un palais ou non. Lorsque le site comporte aussi un palais, il faut poser la question du degré de dépendance de l'édifice intermédiaire vis à vis du palais. Enfin huit édifices intermédiaires ont livré des documents d'archives inscrits en linéaire B : cinq à Mycènes (Maison Ouest, Maison des Boucliers, Maison du Marchand d'Huile, Maison des Sphinx, Maison aux Colonnes) ; un à Tirynthe (Édifice VI) ; et deux à Pylos (Édifice Sud-Ouest et Édifice Nord-Est).

monde mycénien on doive penser plus en termes de « parallèle » avec Ougarit que de « modèle »[134].

Fr. ROUGEMONT
CNRS, UMR 7041 ArScAn, Nanterre
francoise.rougemont@cnrs.fr

J.P. VITA
CSIC, Madrid
jp.vita@csic.es

---

[134]. La nature et le nombre des analogies constatées entre les deux documentations incitent à poser des questions supplémentaires et à suggérer des pistes de recherche, cette fois-ci, pour le corpus d'Ougarit. C'est le cas, par exemple, de la « Maison aux jarres » d'Ougarit, dont certains traits, au moins, se rapprochent des caractéristiques des « maisons » de Mycènes. Cette comparaison sera développée de manière détaillée par les auteurs dans une étude spécifique. Du côté mycénien, d'abord, on connaît quatre types principaux de documents d'archives : les scellés/nodules, les tablettes de format « feuille de palmier » et de format « page » ; et les étiquettes ; en revanche, les formats des tablettes d'Ougarit n'ont jamais fait l'objet d'une étude spécifique. Si des étiquettes sont connues à Ougarit, leur morphologie est différente de celles des étiquettes et des scellés qui ont une fonction d'étiquetage dans le monde mycénien et mériterait une étude plus poussée. Pour les nodules, scellés, étiquettes attestés à Ougarit, il faudrait procéder à une étude typologique précise, incluant les dimensions, la présence (ou non) de systèmes d'attache, d'empreintes de sceau et d'inscription (en précisant le type d'inscription) ; il faudrait étudier le mobilier archéologique associé ainsi que les autres documents inscrits trouvés au même endroit, etc. Dans le monde mycénien, on possède des indices d'une transmission de certains types d'informations, rassemblées au niveau local, et enregistrées sur des nodules, à destination du centre palatial ; à Ougarit, en revanche, les rapports entre l'administration centrale et les administrations périphériques du royaume restent à étudier. Dans le monde mycénien, dans la plupart des cas, les documents écrits ont été rédigés pendant la dernière phase d'utilisation des bâtiments qui les abritaient, et cuits dans les incendies qui les ont détruits ; quelques dépôts plus anciens subsistent (par ex. la *Room of the Chariot Tablets* à Cnossos). C'est très probablement le cas aussi à Ougarit : les archives datent de la dernière phase d'occupation des bâtiments, mais on note aussi la présence de quelques textes beaucoup plus anciens ; en fait, la question de la chronologie des textes doit être reprise de manière détaillée. Dans le monde mycénien comme à Ougarit, il est généralement admis que les archives constituaient des archives vivantes à la date de la destruction par incendie qui nous les a conservées ; dans le cas de quelques archives qui ont livré plusieurs types de textes, à Ougarit, on pourrait toutefois en douter. Enfin il reste, à Ougarit, à étudier de manière systématique des questions comme la paléographie des scribes, et à identifier des unités administratives comme les bureaux, les départements ou les archives centrales, qui ont déjà fait l'objet d'études détaillées sur certains sites mycéniens (en particulier Pylos et Cnossos).

Bibliographie

ADRIMI-SISMANI V. et L. GODART 2005, « Les inscriptions en linéaire B de Dimini/Iolkos et leur contexte archéologique », *Annuario della Scuola Archeologica di Atene e delle Missioni Italiane in Oriente* 83, série 3/5, p. 47-70.

ARAVANTINOS V. et A. VASILOGAMVROU 2012, « The first Linear B documents from Ayios Vasileios (Laconia) », dans P. CARLIER, Ch. DE LAMBERTERIE, M. EGETMEYER, N. GUILLEUX, Fr. ROUGEMONT et J. ZURBACH (éds), *Études mycéniennes 2010. Actes du XIIIe colloque international sur les textes égéens. Sèvres, Paris, Nanterre, 20-23 septembre 2010*, Biblioteca di « Pasiphae » X, Pise, Rome, p. 41-54.

ANDREADAKI-VLASAKI M. et L. GODART 2014, « Three new Linear A and B tablets from Khania », *Pasiphae* 8, p. 11-18.

ANDRIKOU E., V. ARAVANTINOS, L. GODART, A. SACCONI, J. VROOM (éds) 2006, *Thèbes. Fouilles de la Cadmée, II.2. Les tablettes en linéaire B de la Odos Pelopidou. Le contexte archéologique. La céramique de la Odos Pelopidou et la chronologie du linéaire B*, Biblioteca di « Pasiphae », Pise, Rome.

ARAVANTINOS V., L. GODART, A. SACCONI 2001 [2002], *Thèbes. Fouilles de la Cadmée. I. Les tablettes en linéaire B de la odos Pelopidou. Édition et commentaire*, Biblioteca di « Pasiphae », Pise, Rome.

ARAVANTINOS V. 2008 [2010], « Τα τοπωνυμικά των αρχείων γραμμικής Β των Θηβών: συμβολή στη μυκηναϊκή γεωγραφία της Βοιωτίας », *Actes du IVe congrès de la société des études béotiennes, Livadeia, 9-13 septembre 2000*, Athènes, p. 123-180.

ARAVANTINOS V. 2015, « The Palatial Administration of Thebes Updated », dans J. WEILHARTNER, F. RUPPENSTEIN (éds), *Tradition and Innovation in the Mycenaean Palatial Polities. Proceedings of an International Symposium held at the Austrian Academy of Sciences, Institute for Oriental and European Archaeology, Aegean and Anatolia Department, Vienna, 1–2 March, 2013*, Mykenische Studien 34, Vienne, p. 19-50.

ARAVANTINOS V. et I. FAPPAS 2012, « Νέο μυκηναϊκό ανακτορικό κτήριο στην ακρόπολη των Θηβών (Καδμεία) », dans A. MAZARAKIS-AINIAN (éd.), *Στερεάς Ελλάδας 3, 2009. Πρακτικά επιστημονικής συνάντησης Βόλος 12.3-15.3.2009*, Volos, p. 929-943.

BINTLIFF J.L. 1977, *Natural Environment and Human Settlement in Prehistoric Greece*. BAR-IS 28. Oxford.

BORDREUIL P. 2013, « Domaine privé et domaine public dans les tablettes cunéiformes alphabétiques de la maison d'Ourtenou », *Ugarit-Forschungen* 44, p. 369-381.

BORDREUIL P., D. PARDEE et C. ROCHE-HAWLEY 2019, *Ras Ibn Hani II. Les textes en écritures cunéiformes de l'âge du Bronze récent (fouilles 1977 à 2002)*, BAH 214, Beyrouth.

BOUNNI A., É. LAGARCE et J. LAGARCE 1998, *Ras Ibn Hani I. Le Palais Nord du Bronze Récent. Fouilles 1979-1995, synthèse préliminaire*, BAH 151, Beyrouth.

CALLOT O. 1986, « La région nord du Palais royal d'Ugarit », *CRAI* 130, p. 735-755.

CALLOT O. 2016, « Réflexions sur le 'Palais Nord' d'Ougarit », dans J. PATRIER, Ph. QUENET et P. BUTTERLIN (éds), *Mille et une empreintes. Un Alsacien en Orient. Mélanges en l'honneur du 65e anniversaire de Dominique Beyer*, Subartu 36, Turnhout, p. 69-78.

CALLOT O. et J.-Cl. MARGUERON 2008, « La citadelle royale d'Ougarit », dans M. AL-MAQDISSI et V. MATOÏAN (éds), *« L'Orient des palais ». Le Palais royal d'Ougarit au Bronze récent*, Damas, p. 44-48.

Cosmopoulos M. 2006, «The Political Landscape of Mycenaean States: A-pu$_2$ and the Hither Province of Pylos», *AJA* 110, p. 205-228.

Cosmopoulos M. 2010, «Iklaina Archaeological Project: 2010 Internet Report». (http://www.umsl.edu/~cosmopoulosm/IKLAINA04/docs/2010report.pdf)

Courtois J.-Cl. 1979, «Archéologie», dans l'article «Ras Shamra», *Supplément au dictionnaire de la Bible,* tome IX, Paris, p. 1126-1295.

Courtois J.-Cl. 1990, «Yabninu et le palais sud d'Ougarit», *Syria* 67, p. 103-142.

Dakouri-Hild A. 2001, «The House of Kadmos in Mycenaean Thebes Reconsidered: Architecture, Chronology and Context», *Annual of the British School at Athens* 96, p. 81-122.

Dakouri-Hild A. 2005, «Something Old, Something New: Current Research on the 'Old Kadmeion' of Thebes», *Bulletin of the Institute of Classical Studies* 48, p. 173-186.

Darcque P. 1990, «Pour l'abandon du terme «Mégaron»», dans P. Darcque et R. Treuil (éds), *L'habitat égéen préhistorique. Actes de la Table Ronde internationale organisée par le Centre National de la Recherche Scientifique, l'Université de Paris I et l'École française d'Athènes (Athènes, 23-25 juin 1987),* BCH Suppl. 19, Paris, p. 21-31.

Darcque P. 1998, «Argos et la plaine argienne à l'époque mycénienne», dans A. Pariente et G. Touchais (éds), *Argos et l'Argolide: topographie et urbanisme. Actes de la Table Ronde internationale. Athènes-Argos 28/4-1/5/1990,* Recherches franco-helléniques 3, Paris, p. 103-112.

Darcque P. 2005, *L'habitat mycénien. Formes et fonctions de l'espace bâti en Grèce continentale à la fin du IIe millénaire av. J.-C,* BEFAR 319, Athènes.

Darcque P. et Fr. Rougemont 2015, «Palaces and "palaces": Mycenaean texts and contexts in the Argolid and neighbouring regions», dans A.-L. Schallin et I. Tournavitou (éds), *Mycenaeans up to date. The archaeology of the North-Eastern Peloponnese—current concepts and new directions,* Skrifter utgivna av Svenska institutet i Athen 4°, 56, Stockholm, p. 557-573.

Del Freo M. 2008, «Rapport 2001-2005 sur les textes en écriture hiéroglyphique crétoise, en linéaire A et en linéaire B», dans A. Sacconi, M. Del Freo, L. Godart, et M. Negri (éds), *Colloquium Romanum. Atti del XII Colloquio internazionale di micenologia, Roma, 20-25 febbraio 2006, Pasiphae* 1, Pise, Rome, p. 199-222.

Del Freo M. 2009, «The Geographical Names in the Linear B Texts from Thebes», *Pasiphae* 3, p. 41-68.

Del Freo M. 2012, «Rapport 2006-2010 sur les textes en écriture hiéroglyphique crétoise, en linéaire A et en linéaire B», dans P. Carlier, Ch. de Lamberterie, M. Egetmeyer, N. Guilleux, Fr. Rougemont et J. Zurbach (éds), *Études mycéniennes 2010. Actes du XIIIe colloque international sur les textes égéens. Sèvres, Paris, Nanterre, 20-23 septembre 2010,* Biblioteca di «Pasiphae» X, Pise, Rome, p. 3-22.

Del Freo M. 2014, «Observations on the Thebes Ug Series», *Kadmos* 53, p. 45-70.

Del Freo M. 2016, «La geografia dei regni micenei», dans M. Del Freo et M. Perna (éds), *Manuale di epigrafia micenea. Introduzione allo studio dei testi in lineare B.* Vol. 2, Padoue, p. 625-656.

Del Freo M. et Fr. Rougemont 2012, «Observations sur la série Of de Thèbes», *Studi Micenei ed Egeo-Anatolici* 54, p. 263-280.

DEL FREO M. et M. PERNA 2016, *Manuale di epigrafia micenea. Introduzione allo studio dei testi in lineare B*, 2 volumes, Padoue.

DRIESSEN J. 1990, *An Early Destruction in the Mycenaean Palace at Knossos: A New Interpretation of the Excavation Field-Notes of the South-East Area of the West Wing*, Louvain.

DRIESSEN J. 1996, «Architectural Context, Administration and Political Architecture in Mycenaean Greece», dans E. DE MIRO, L. GODART et A. SACCONI (éds), *Atti e Memorie del Secondo Congresso Internazionale di Micenologia, Roma-Napoli, 14-20 ottobre 1991*, Incunabula Graeca 98/3, Rome, p. 1013-1028.

DRIESSEN J. 1999, «The Northern Entrance Passage at Knossos. Some Preliminary Observations on its Potential Role as 'Central Archives'», dans S. DEGER-JALKOTZY, St HILLER et O. PANAGL (éds), *Floreant Studia Mycenaea. Akten des 10. Intern. Mykenologischen Kolloquiums in Salzburg vom 30. April-6. Mai 1995*, Veröffentlichungen der Mykenischen Kommission 18, Vienne, p. 205-226.

DRIESSEN J. 2000, *The Scribes of the Room of the Chariot Tablets at Knossos. Interdisciplinary Approach to the Study of a Linear B Deposit*, Minos Suplementos 15, Salamanque.

DRIESSEN J. 2012, «Excavations at Sissi 2011. Introduction», dans J. DRIESSEN, I. SCHOEP, M. ANASTASIADOU, F. CARPENTIER, I. CREVECOEUR, S. DÉDERIX, M. DEVOLDER, F. GAIGNEROT-DRIESSEN, S. JUSSERET, C. LANGOHR, Q. LETESSON, F. LIARD, A. SCHMITT, C. TSORAKI et R. VEROPOULIDOU (éds), *Excavations at Sissi III. Preliminary Report on the 2011 Campaign*, Aegis VI, Louvain, p. 17-26.

EDER B. 2009, «Überlegungen zur politischen Geographie der mykenischen Welt, oder: Argumente für die überregionale Bedeutung Mykenes in der spätbronzezeitlichen Ägäis» *Geographia Antiqua* XVIII, p. 5-46.

EVANS A. 1914, «The 'Tomb of the Double Axes' and Associated Group, and the Pillar Rooms and Ritual Vessels of the 'Little Palace' at Knossos», *Archaeologia* 65, p. 1-94.

FRENCH E. 2005, «The Role of Mycenae», dans R. LAFFINEUR et E. GRECO (éds), *EMPORIA. Aegeans in Central and Eastern Mediterranean. 10th International Aegean Conference, held at the Italian School of Archaeology in Athens, 14-18 April 2004*, Aegaeum 25/1, Liège, p. 125-128.

GODART L., J.T. KILLEN et J.-P. OLIVIER 1983, «Eighteen more fragments of Linear B tablet from Tiryns. Ausgrabungen in Tiryns 1981», *Archäologischer Anzeiger*, p. 413-426.

GOIRAN J.-Ph., N. MARRINER, B. GEYER, D. LAISNEY, V. MATOÏAN 2015, «Ras Ibn Hani: 'l'île' d'Ougarit», dans B. GEYER, V. MATOÏAN et M. AL-MAQDISSI (éds), *De l'île d'Aphrodite au paradis perdu, itinéraire d'un gentilhomme lyonnais. En Hommage à Yves Calvet*, Louvain, p. 51-62.

HATZAKI E. 1996, «Was the Little Palace at Knossos the "little palace" of Knossos?», dans D. EVELY, I.S. LEMOS, S. SHERRATT (éds), *Minotaur and Centaur: Studies in the Archaeology of Crete and Euboea Presented to Mervyn Popham*, BAR-IS 638, Oxford, p. 4-45.

HATZAKI E. 2005, *The Little Palace at Knossos*, British School at Athens Suppl. 38, Londres.

IAKOVIDIS S., L. GODART, A. SACCONI 2012, «Les inscriptions en linéaire B découvertes dans la 'Maison de Petsas' à Mycènes», *Pasiphae* 6, p. 47-57.

JUNG R. 2006, « Die mykenische Keramik von Tell Kazel (Syrien) », *Damaszener Mitteilungen* 15, p. 147-218.

KILIAN Kl. 1983, « Ausgrabungen in Tiryns 1981 », *Archäologischer Anzeiger*, p. 277-328.

KILIAN Kl. 1988, « The Emergence of *wanax* Ideology in the Mycenaean Palaces », *Oxford Journal of Archaeology* 7, p. 291-302.

KT6 = J.L. MELENA, *The Knossos Tablets, 6th Edition*, Philadelphie (2019).

LACKENBACHER S. 1995, « La correspondance internationale dans les archives d'Ugarit », *Revue d'Assyriologie* 89, p. 67-76.

LACKENBACHER S. 2001, « Les archives palatiales d'Ugarit », *Ktèma* 26, p. 79-86.

LACKENBACHER S. 2008a, « Quelques remarques à propos des archives du palais royal d'Ougarit », dans V. MATOÏAN (éd.), *Le mobilier du palais royal d'Ougarit*, RSO XVII, Lyon, p. 281-290.

LACKENBACHER S. 2008b, « Les archives du Palais royal d'Ougarit », dans M. AL-MAQDISSI et V. MATOÏAN (éds), *« L'Orient des palais ». Le Palais royal d'Ougarit au Bronze récent*, Damas, p. 122-126.

LACKENBACHER S. et Fl. MALBRAN-LABAT 2016, *Lettres en akkadien de la « Maison d'Urtēnu ». Fouilles de 1994*, RSO 23, Louvain.

MALBRAN-LABAT Fl. 1991, « Traité », dans P. BORDREUIL (éd.), *Une bibliothèque au sud de la ville. Les textes de la 34ᵉ campagne (1973)*, RSO VII, Paris, p. 15-16.

MALBRAN-LABAT Fl. 2006, « Où est le 'Palais'? », dans P. BUTTERLIN, M. LEBEAU, J.-Y. MONCHAMBERT, J. L. MONTERO FENOLLÓS et B. MULLER (éds), *Les espaces syro-mésopotamiens. Dimensions de l'expérience humaine au Proche-Orient ancien. Volume d'hommage offert à Jean-Claude Margueron*, Turnhout, p. 61-66.

MALBRAN-LABAT Fl. et C. ROCHE 2007, « Urtēnu Ur-Tešub », dans J.-M. MICHAUD (éd.), *Le royaume d'Ougarit de la Crète à l'Euphrate. Nouveaux axes de recherche*, Sherbrooke, p. 63-104.

MALBRAN-LABAT Fl. et C. ROCHE 2008, « Bordereaux de la 'Maison d'Ourtenou (*Urtēnu*)'. À propos de la gestion des équidés et de la place de cette maison dans l'économie palatiale », dans Y. CALVET et M. YON (éds), *Ougarit au Bronze moyen et au Bronze récent*, Travaux de la Maison de l'Orient 47, Lyon, p. 243-275.

MARAZZI M. 2008, « Il 'sistema' Argolide : l'organizzazione territoriale del golfo argolideo », dans A. SACCONI, M. DEL FREO, L. GODART, et M. NEGRI (éds), *Colloquium Romanum. Atti del XII Colloquio internazionale di micenologia, Roma, 20-25 febbraio 2006*, Pasiphae 1, Pise, Rome, p. 485-502.

MARGUERON J.-Cl. 1995, « Le palais royal d'Ougarit. Premiers résultats d'une analyse systématique », dans M. YON, M. SZNYCER et P. BORDREUIL (éds), *Le pays d'Ougarit autour de 1200 av. J.-C.*, RSO XI, Paris, p. 183-202.

MARGUERON J.-Cl. 2008a, « Ugarit: Gateway to the Mediterranean », dans J. ARUZ, K. BENZEL et J. M. EVANS (éds), *Beyond Babylon. Art, Trade, and Diplomacy in the Second Millennium B.C.*, New York, p. 236-233.

MARGUERON J.-Cl. 2008b, « Le palais d'Ougarit », dans M. AL-MAQDISSI et V. MATOÏAN (éds), *« L'Orient des palais ». Le Palais royal d'Ougarit au Bronze récent*, Damas, p. 49-53.

MATOÏAN V. (éd.) 2008, *Le mobilier du palais royal d'Ougarit*, RSO XVII, Lyon.

MATOÏAN V. 2013a, «La maison dite 'de Rashapabou': inventaire des objets découverts lors de la fouille de l'édifice et essai d'interprétation», dans V. MATOÏAN et M. AL-MAQDISSI (éds), *Études ougaritiques* III, RSO 21, Louvain, p. 157-202.

MATOÏAN V. 2013b, «Ougarit, porte méditerranéenne de l'Asie», dans P. BORDREUIL, Fr. ERNST-PRADAL, M. Gr. MASETTI-ROUAULT, H. ROUILLARD-BONRAISIN, M. ZINK (éds), *Les écritures mises au jour sur le site antique d'Ougarit (Syrie) et leur déchiffrement*, Paris, p. 93-132.

MATOÏAN V. 2014, «Une statuette ou un vase en forme de déesse-hippopotame dans le palais royal d'Ougarit», *Syria* 91, p. 221-245.

MATOÏAN V., M. AL-MAQDISSI, J. HAYDAR, Kh. AL-BAHLOUL, Ch. BENECH, J.-Cl. BESSAC, E. BORDREUIL, O. CALLOT, Y. CALVET, A. CARBILLET, E. DARDAILLON, B. GEYER, J.-Ph. GOIRAN, R. HAWLEY, L. HERVEUX, N. MARRINER, Fr. ONNIS, D. PARDEE, F. REJIBA, C. ROCHE-HAWLEY et C. SAUVAGE 2013, «La Maison dite 'de Yabninou'», dans «Rapport préliminaire sur les activités de la Mission archéologique syro-française de Ras Shamra – Ougarit en 2009 et 2010 (69ᵉ et 70ᵉ campagnes)», *Syria* 90, p. 448-451.

NIEMEIER W.-D. 1982, «Mycenaean Knossos and the Age of Linear B», *Studi Micenei ed Egeo-Anatolici* 23, p. 219-287 & pl. I-IX.

OKT = L.R. PALMER et J. BOARDMAN, *On the Knossos tablets: The Find-places of the Knossos Tablets. The Date of the Knossos Tablets*. Oxford (1963).

OLIVIER J.-P. 1967, *Les scribes de Cnossos. Essai de classement des archives d'un palais mycénien*, Incunabula Graeca 17, Rome.

PALAIMA Th.G. 1987, «Mycenaean Seals and Sealings in their Economic and Administrative Contexts», dans P.H. ILIEVSKI et L. CREPAJAC (éds), *Tractata Mycenaea. Proceedings of the Eighth International Colloquium on Mycenaean Studies, held in Ohrid, 15-20 September 1985*, Skopje, p. 249-266.

PALAIMA Th.G. 1988, *The Scribes of Pylos*, Incunabula Graeca 87, Rome.

PALAIMA Th.G. 1991, «Maritime Matters in the Linear B Tablets». dans R. LAFFINEUR et L. BASCH (éds), *Thalassa. L'Égée préhistorique et la mer. Actes de la troisième rencontre égéenne internationale de l'Université de Liège, Station de recherches sous-marines et océanographiques (StaReSo), Calvi, Corse, 23-25 avril 1990*, Aegaeum 7, Liège, p. 273-310.

PANAGIOTOPOULOS D. 2014, *Mykenische Siegelpraxis. Funktion, Kontext und administrative Verwendung mykenischer Tonplomben auf dem griechischen Festland und auf Kreta*, Athenaia 5, Münich.

PARDEE D. 2008, «Deux tablettes ougaritiques de la main d'un même scribe, trouvées sur deux sites distincts: RS 19.039 et RIH 98/02», *Semitica et Classica* 1, p. 9-38.

PITEROS Chr., J.-P. OLIVIER, J.L. MELENA 1990, «Les inscriptions en linéaire B des nodules de Thèbes (1982): la fouille, les documents, les possibilités d'interprétation», *BCH* 114, p. 103-184.

*PTT*² = J.-P. OLIVIER et M. DEL FREO (éds), *The Pylos Tablets Transcribed. Deuxième édition*, Padoue (2020).

REY S. 2009, «Le Palais Nord d'Ougarit», *Syria* 86, p. 203-220.

ROCHE-HAWLEY C. 2013, «Scribes, Houses and Neighborhoods at Ugarit», *Ugarit-Forschungen* 44, p. 413-444.

ROUGEMONT Fr. 2005, « Les noms des dieux dans les tablettes inscrites en linéaire B », dans N. BELAYCHE, P. BRULÉ, G. FREYBURGER, Y. LEHMANN, L. PERNOT, Fr. PROST (éds), *Nommer les dieux. Théonymes, épithètes, épiclèses dans l'Antiquité*, Recherches sur les rhétoriques religieuses 5, Turnhout, p. 325-388.

ROUGEMONT Fr. et J.P. VITA 2010, « Les enregistrements de chars à Ougarit et dans le monde mycénien: approche comparative sur l'administration au Bronze récent », dans W.H. VAN SOLDT (éd.), *Society and Administration at Ancient Ugarit. Papers Read at a Symposium in Leiden, 13-14 December 2007*, Publications de l'Institut historique-archéologique néerlandais de Stamboul CXIV, Leyde, p. 123-150.

SHELMERDINE C.W. 1981, « Nichoria in Context: A Major Town in the Pylos Kingdom », *AJA* 85, p. 319-325.

SHELMERDINE C.W. 2012, « Iklaina tablet IK X 1 », dans P. CARLIER, Ch. DE LAMBERTERIE, M. EGETMEYER, N. GUILLEUX, Fr. ROUGEMONT et J. ZURBACH (éds), *Études mycéniennes 2010. Actes du XIIIe colloque international sur les textes égéens. Sèvres, Paris, Nanterre, 20-23 septembre 2010*, Biblioteca di « Pasiphae » X, Pise, Rome, p. 75-78.

SHELTON K. 2002-2003, « A New Linear B Tablet from Petsas House, Mycenae », *Minos* 37-38, p. 387-396.

SKAFIDA E., A. KARNAVA et J.-P. OLIVIER 2012, « Two new Linear B tablets from the site of Kastro-Palaia in Volos », dans P. CARLIER, Ch. DE LAMBERTERIE, M. EGETMEYER, N. GUILLEUX, Fr. ROUGEMONT et J. ZURBACH (éds), *Études mycéniennes 2010. Actes du XIIIe colloque international sur les textes égéens. Sèvres, Paris, Nanterre, 20-23 septembre 2010*, Biblioteca di « Pasiphae » X, Pise, Rome, p. 55-74.

TARTARON T., D. PULLEN, R. K. DUNN, L. TZORTZOPOULOU-GREGORY, A. DILL, J. I. BOYCE 2011, « The Saronic Harbors Archaeological Research Project (SHARP): Investigations at Mycenaean Kalamianos, 2007-2009 », *Hesperia* 80/4, p. 559-634.

TT 1 = J. CHADWICK, « Linear B Tablets from Thebes », *Minos* 10 (1971), p. 115-137.

VAN SOLDT W.H. 2000, « Private Archives at Ugarit », dans A.C.V.M. BONGENAAR (éd.), *Interdependency of Institutions and Private Entrepreneurs*, Istanbul, p. 229-245.

VAN SOLDT W.H. 2005, *The Topography of the City-State of Ugarit*, AOAT 324, Munich.

VAN SOLDT W.H. 2006-2008, « Ra's Ibn Hāni », *Reallexikon der Assyriologie* 11, p. 256-259.

VAN SOLDT W.H. 2013, « The Queen's House in Ugarit », *Ugarit-Forschungen* 44, p. 445-459.

VARIAS GARCIA C. 1999, « The palace of Mycenae in LH III B2 according to the documents in Linear B: A general description », dans S. DEGER-JALKOTZY, St. HILLER, et O. PANAGL (éds), *Floreant Studia Mycenaea. Akten des 10. Internationalen Mykenologischen Kolloquiums in Salzburg vom 30. April-6. Mai 1995*, Veröffentlichungen der Mykenischen Kommission 18, Vienne, p. 595-600.

VARIAS GARCIA C. 2012, « Micenas y la Argólide: los textos micénicos en su contexto », dans C. VARIAS GARCÍA (éd.), *Actas del Simposio Internacional: 55 Años de Micenología (1952-2007), Bellaterra, 12-13 de abril de 2007*, Faventia supplementa 1, Bellaterra, p. 233-257.

VITA J.P. 1998, « Datation et genres littéraires à Ougarit », dans Fr. BRIQUEL-CHATONNET et H. LOZACHMEUR (éds), *Proche-Orient ancien: Temps vécu, temps pensé*, Paris, p. 39-52.

VITA J.P. 1999, « The Society of Ugarit », dans W.G.E. WATSON et N. WYATT (éds), *Handbook of Ugaritic Studies*, Leyde, p. 455-498.

VOUTSAKI S. 2010, « From the Kinship Economy to the Palatial Economy: The Argolid in the Second Millennium BC », dans D. PULLEN (éd.), *Political economies of the Aegean Bronze Age. Papers from the Langford Conference, Florida State University, Tallahassee, 22-24 February 2007*, Oxford et Oakville, p. 86-111.

YON M. 1995, « La maison d'Ourtenou dans le quartier sud d'Ougarit (fouilles 1994) », *CRAI*, p. 427-443.

YON M. 1997, *La cité d'Ougarit sur le tell de Ras Shamra*, Paris.

YON M. 2014, « Ugarit (Ougarit). D. Archäologisch », *Reallexikon der Assyriologie* 14, p. 291-295.

ZAMORA J.Á. 2004, « Uso documental y funcionamiento administrativo en Ugarit: la 'Casa de las grandes vasijas' », *ISIMU* 7, p. 203-221.

LE GRAND PALAIS ROYAL DE MARI
Dernières recherches au cœur du système palatial (2005)

La fouille du grand palais royal de Mari (de 1935 à 1939) a été l'une des étapes majeures de l'histoire de l'archéologie orientale et depuis lors, cet édifice est très largement présenté comme l'un des archétypes du système palatial, au moins au Proche-Orient ancien. L'état exceptionnel de conservation de l'édifice détruit par Hammu-rabi de Babylone en 1759 avant notre ère, l'abondant matériel recueilli dans le palais, et au premier chef les célèbres archives royales recueillies dans les décombres de l'édifice expliquent largement la place de choix qu'on lui réserve dans toute étude du Proche-Orient ancien. L'édifice a été publié en trois monographies par son découvreur, André Parrot[1]. Il en a tiré l'image classique du Grand palais qu'il a brossée dans une série de synthèses où archéologie et documents écrits venaient dresser l'image vivante du palais de Zimri-Lim[2], un palais dont l'histoire s'est développée dans la longue durée : Parrot lui-même établit que l'édifice avait été bâti à la fin du IIIe millénaire et les fouilles profondes entamées en 1961 sous le palais permirent d'établir que celui-ci était l'héritier d'une longue série d'édifices qui remontaient à l'époque dite présargonique, au milieu du IIIe millénaire.

Le Palais dit de Zimri Lim n'a depuis lors cessé d'alimenter la discussion sur le fonctionnement du système palatial au Proche-Orient ancien, en France ou à l'étranger. Un jalon majeur a assurément été le croisement des données philologiques et archéologiques par la génération des épigones de Parrot et Dossin, Jean Margueron et Jean-Marie Durand, qui publièrent dans les années 80 des synthèses qui ont fait date sur l'organisation de l'espace dans le palais de Mari et font état des dernières recherches sur la question[3]. Au moment où paraissaient ces publications, les recherches dirigées par Jean Margueron sur le terrain avaient

---

1. PARROT 1958a et b, 1959.

2. PARROT 1974, p. 112-141.

3. MARGUERON 1982, DURAND 1987.

Fig.1 – Grand palais royal de Mari, état en 2004, mission archéologique française de Mari.

Fig.2 – Grand palais royal de Mari, porte, AP 203, 1938, mission archéologique française de Mari.

repris dans la zone des palais : les fouilles menées dans divers secteurs du palais permettaient, avant d'atteindre les niveaux des palais de la ville II, de faire l'étude des infrastructures du Grand palais royal et d'étudier les édifices intermédiaires dont il ne reste que des lambeaux [4]. Il en a résulté une image beaucoup plus complexe de l'histoire de l'édifice et de son fonctionnement, présentée de manière synthétique en 2004 par Margueron dans son ouvrage sur Mari [5]. L'objet du présent article n'est pas de reprendre ou discuter en détail ces présentations, mais de présenter dans ce contexte quelques-uns des résultats des dernières recherches menées sur le monument entre 2005 et 2010, avant que la Syrie ne sombre dans le chaos [6]. Ces recherches n'ont pas livré «d'archives», mais elles ont permis de préciser des points majeurs sur l'histoire des transformations que l'édifice a connues au cours de ses deux siècles d'histoire. Il importe toutefois de rappeler quels sont les enjeux de telles recherches largement fondées sur les points restés en suspens et les questions soulevées par les recherches de mes prédécesseurs sur un site exceptionnel, objet d'un important programme de préservation et restauration de vestiges, malheureusement menacés.

1. Le Grand palais royal de Mari, quels enjeux ?

Au moment où je pris la direction de la mission archéologique française de Mari, en 2004-2005, les vestiges ruinés du Grand palais royal se dressaient informes dans un entrelacs de fouilles, de murs fondus et de déblais, pour l'essentiel au nord et à l'ouest de la toiture bâtie par Parrot pour protéger les vestiges du palais de la ville II, dans le secteur dit de l'enceinte sacrée (*Fig. 1*). Les vestiges restaient très impressionnants, même s'ils étaient pour le moins difficiles à comprendre pour le visiteur. Il fut décidé conjointement avec Jean Margueron que se développerait sous sa direction, en collaboration avec Mahmoud Bendakir, un programme de restauration des vestiges du Grand palais, au premier chef dans le bloc officiel de l'édifice (cour 106, salle 64, 65 et 66 et leurs abords) [7]. Avant d'en venir à ce travail qui avait abouti en 2010 à la restauration des murs de cette partie du palais, il faut rappeler où en était alors la recherche sur cet édifice et quelles questions on était fondé à se poser, en essayant d'obtenir des réponses sur le terrain.

L'édifice dégagé par André Parrot a souvent été décrit (*Fig. 2*) et il n'est guère besoin ici d'entrer dans le détail. Parrot a laissé des descriptions vivantes de l'ensemble de trois cents pièces environ, qui se développait sur plus de 200 m dans

---

4. MARGUERON 2004, p. 367-374.

5. MARGUERON 2004, chapitre 23, p. 458-500.

6. Sur les dernières fouilles à Mari, BUTTERLIN 2010a et b.

7. BENDAKIR 2009.

Fig.3 – Grand palais royal de Mari, dégagement de la salle 65 et de la tribune 66, AP 201 1378, mission archéologique française de Mari.

Fig.4 – Grand palais royal de Mari, vue aérienne du palais 1937, mission archéologique française de Mari.

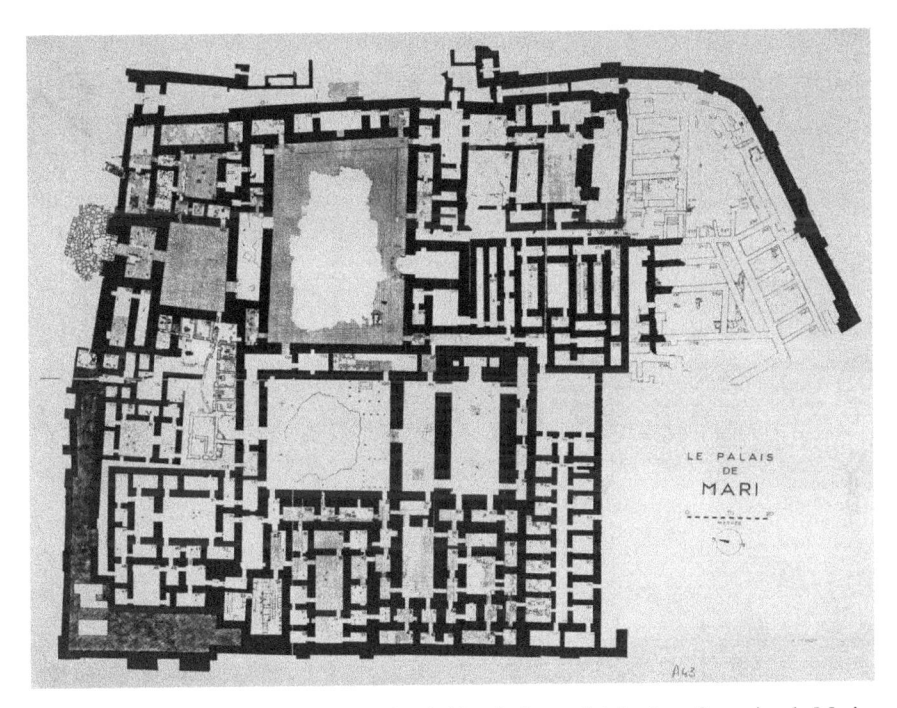

Fig.5 – Grand palais royal de Mari, plan A 43, mission archéologique française de Mari.

sa plus grande longueur et 120 m de large pour une superficie évaluée ordinairement à 24000 m². La fouille de cet énorme ensemble aux murs conservés sur plus de quatre mètres de hauteur dans le secteur de la salle dite du trône (salle 65) a été une opération de grande ampleur conduite en quatre campagnes seulement, avant la deuxième guerre mondiale (*Fig.3*)[8]. Les fameuses photos aériennes prises à l'issue de la cinquième campagne sur le terrain en 1939 étaient seules à même de rendre compte de l'ampleur de la découverte (*Fig.4*). Toutefois, l'édifice tel qu'il fut dégagé était le résultat d'une lente évolution à laquelle les troupes de Hammurabi mirent un terme dans des conditions discutées [9].

Il n'offrait pas un plan complet (*Fig.5*): les murs nord et ouest constituent assurément de claires limites. À l'est, un mur continu constitue une limite, mais un corps de bâtiment se développait au nord-est, au-delà du grand couloir nord-sud auquel on accédait par une seconde porte au nord, identifiée comme l'entrée des chariots, et désignée dans les textes comme la porte de Nergal. Les limites de ce corps de bâtiment, fouillé très partiellement au niveau de la porte et plus au sud, restent inconnues.

---

8. PARROT 1937, 1938, 1939, 1940.

9. MARGUERON 1990a.

MARI :
Grand Palais Royal,
les grands secteurs

A. Accueil
B. Cour 131
C. Le quartier de l'intendant
D. Le secteur sacré
E.
F. Secteur économique
G. Quartier des esclaves de la maison du Roi
H. Quartier des esclaves de la maison des femmes et appartement N°3
I. Maison des femmes, "Pavillon bleu", appartement N°1
J. Appartement secondaire
K Réserve de la maison des femmes.
L. Maison des femmes, appartement N°2
M. Bloc offficiel
N.
O. Unité des services alimentaires
P. Unité de la salle de l'administration
Q. Secteur aux salles de bain
R. Réserves générales
S. 2 e porte

Plan du GPR (Margueron 2004, figure 437, p. 460)

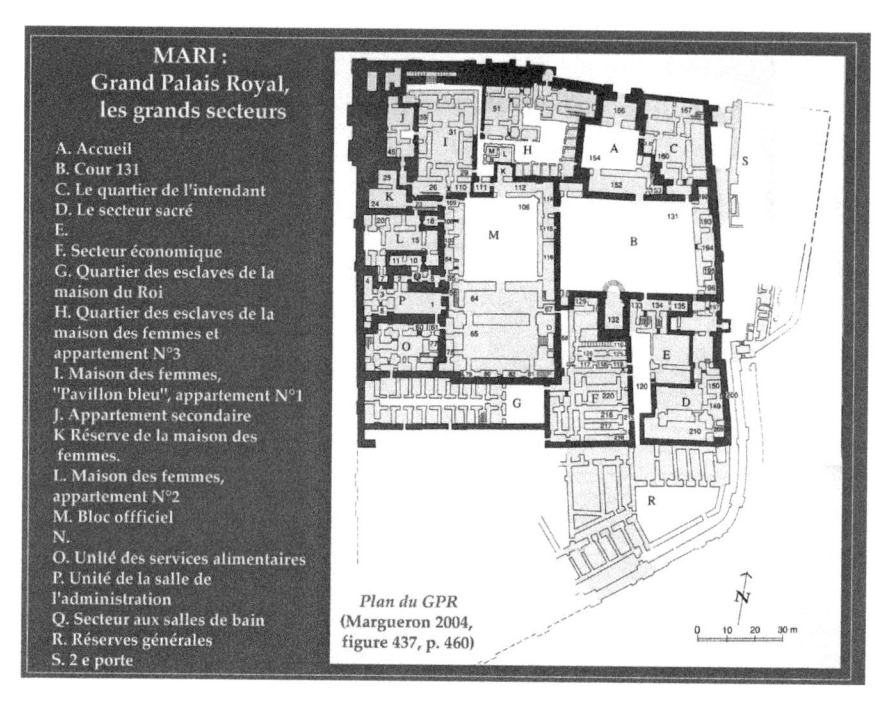

Fig. 6 – Grand palais royal de Mari, plan par secteurs d'après MARGUERON 2004, fig. 437, p. 460.

Au sud, les limites du palais n'ont été définies que partiellement. Un long mur d'enceinte nord sud dessine une courbure vers le sud-ouest, donnant une forme trapézoïdale à l'ensemble si l'on prolonge les murs sud et ouest. Dans le secteur sud-est du palais, Parrot découvrit des murs en fondation et estima que l'érosion avait fait disparaître le reste du palais dont le plan canonique repris depuis présente ainsi une lacune dans une large partie du sud-ouest de l'édifice. À partir de ce plan [10] et d'une axonométrie de l'édifice [11], Parrot proposa une analyse classique des divers secteurs : au nord-est l'entrée principale avec ses dépendances donnant sur la cour 131 et la salle 132, identifiée comme « salle d'audience ». Au sud se trouvaient les sanctuaires et la « voie processionnelle ». À l'ouest, il situait, du nord au sud, les appartements royaux, les « écoles », l'ensemble d'apparat dominé par la salle du trône et les bureaux et cuisines situés à l'ouest de ce bloc. Ainsi reconstitué, l'édifice se présentait comme la juxtaposition de blocs architecturaux édifiés pour les plus anciens par les Shakkanakkus.

---

10. PARROT 1958a, plan A 43.

11. PARROT 1958a, plan.

Cette conception du grand palais royal a été radicalement amendée par les études de Jean Margueron [12]. Il n'est guère possible ici d'entrer dans le détail d'une analyse inaugurée dans son ouvrage sur les palais mésopotamiens [13] et ajustée aux observations de terrain à la suite de la reprise des recherches dans la zone palatine en 1980, dans le secteur de la salle 116. L'analyse sectorielle du palais, réalisée à partir d'une réévaluation du plan de l'édifice au moment de sa destruction (*Fig.6*), a conduit à définir plus de 19 secteurs différents [14]. Les divergences majeures avec Parrot portent d'abord sur l'identification de la salle 132 non comme salle d'audience mais comme chapelle. Le secteur nord-ouest, considéré comme l'appartement du roi par Parrot, est devenu la maison des femmes (secteurs H, I, J, K et L). Les appartements royaux se trouvaient à l'étage, au-dessus du secteur F [15]. La reconstitution de cet étage et de son organisation est un deuxième apport majeur de l'analyse, résultat d'une étude combinée des circulations, de l'épaisseur des murs, du mode d'éclairage et, dans le cas des appartements royaux, des fragments de peintures recueillis dans les salles du secteur F, dans les débris [16]. La conception sur deux niveaux de l'édifice a radicalement modifié l'approche de l'ensemble, puisqu'il s'impose désormais de considérer non seulement les circulations au niveau du sol, mais aussi – quand c'est possible – au niveau de l'étage et des terrasses. Un plan de celui-ci a été proposé en 2004 et nous aurons l'occasion plus bas de revenir sur ce point [17]. Il en a résulté l'image classique de la restitution du palais présentée sous forme de maquette au Louvre (*Fig.7*), puis sous forme numérique en 3D à l'occasion d'une exposition qui s'est tenue au Louvre en 2014.

La possibilité de reconstruire ainsi le fonctionnement de l'édifice était d'autant plus tangible que la documentation philologique offrait à elle seule d'extraordinaires perspectives, surtout si on la croisait avec l'analyse de l'architecture, mais aussi du décor [18] et du matériel recueilli dans l'édifice, singulièrement les scellements et sceaux-cylindres [19], autant de chantiers entamés mais jamais achevés. Il n'existe toujours pas de synthèse intégrant données architecturales, iconographiques et philologiques dans une seule publication. Un tel travail fut amorcé avec la publication d'un article de Jean-Marie Durand qui a fait date sur l'organisation de

---

12. Sur la méthode suivie à Mari, BUTTERLIN 2014.

13. MARGUERON 1982, p. 209-380.

14. MARGUERON 1982, fig. 149.

15. MARGUERON *et al.* 1997.

16. MULLER 1990.

17. MARGUERON 2004, fig. 448 a et b, p. 470.

18. MULLER 1987, 1990 et 1993.

19. BEYER 1985.

Fig. 7 – Grand palais royal de Mari, restitution maquette, photo mission archéologique de Mari.

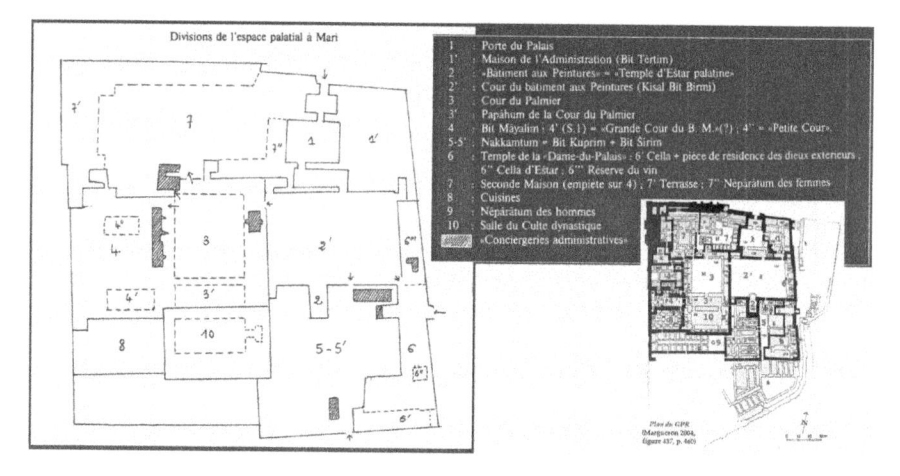

Fig. 8 – Grand palais royal de Mari, division de l'espace d'après DURAND 1987, montage de l'auteur.

l'espace dans le palais royal (*Fig. 8*)[20]. Cette publication qui s'inspire de l'analyse architecturale s'en écarte toutefois sur certains points, le plus notable étant la

---

20. DURAND 1987.

question controversée du rôle de la salle 65, interprétée comme salle du culte dynastique par Durand et comme salle du trône par Margueron[21].

Il faut ici rappeler au demeurant que cette interprétation est aussi contestée par d'autres archéologues qui situent le trône dans la salle 64[22]. Les fouilles entreprises sous la salle 65 ont en tout cas montré qu'il n'existait pas de tombeau sous celle-ci, et le rôle de cette salle dans le rituel du *kispum* reste donc discuté d'autant plus que les tombeaux royaux se trouvaient au petit palais oriental, qui peut donc avoir joué un rôle dans ces rituels[23]. Durand a contesté récemment l'idée que le Grand palais lui-même ait été la résidence principale du roi, considérant qu'il était d'abord un monument religieux, investi par la cour[24]. Il s'agirait d'un « temple en voie de désacralisation avancée »[25].

Ce n'est assurément pas la position de Margueron qui a souligné l'importance de l'ensemble officiel de Mari dans l'histoire de la salle du trône, d'Uruk à Babylone[26]. Le travail amorcé sur le bloc officiel amorrite de Mari a en tout cas permis à Margueron de faire des observations majeures : d'une part, il a montré un lien entre la fameuse peinture de l'investiture et la tripartition du bloc officiel[27], un bloc officiel dont la cour 106 était un élément majeur avec en son centre une installation permettant de caler un palmier artificiel[28], qui valut au palais d'être désigné, dans la documentation textuelle, comme le « palais du Palmier »[29]. Parrot voyait dans la cour 131 un jardin luxuriant[30], mais rien n'indique que l'édifice abrita de tels jardins autre que sous forme de plantes en pot ou éventuellement de plantes sur les terrasses.

La découverte de ces installations au moment des fouilles dans la cour 106[31] est venue montrer toute l'importance des nouvelles recherches sur le terrain, non

---

21. Durand 1987, Margueron 2004, p. 478-479.

22. Conception avancée par Frankfort au sujet du palais de Tell Asmar puis par le R.P. de Vaux (de Vaux 1960), discutée par Margueron, Margueron 1982, p. 357.

23. Durand et Guichard 1997, Durand 2008.

24. Durand 2008, p. 321-325.

25. Durand 2008, p. 321.

26. Margueron 2007.

27. Margueron 1990a et 1992.

28. Margueron 1987, p. 464-468.

29. Durand 2000, n° 1010, A 2548, p. 174-175.

30. Parrot 1974, p. 115 et restitution, fig. 63.

31. Margueron 1987.

seulement pour comprendre le Grand palais royal mais aussi ses précurseurs immédiats. L'histoire même du grand palais royal a été réévaluée, depuis sa construction que l'on situe ordinairement au XXIe siècle et sa destruction, en 1759 avant notre ère. Il a surtout été possible d'étudier en détail l'infrastructure de l'édifice, en particulier le système de canalisations qui circulaient sous les sols et servaient à recueillir les eaux de pluie dans les citernes de l'édifice (cour 106)[32].

Margueron en a tiré l'image canonique de l'évolution de l'ensemble, depuis la destruction de la ville II. Il a défini au fil des fouilles profondes réalisées notamment dans les salles 64 et 65, la cour 106 et la cour 131 du Grand palais royal un palais intermédiaire dit palais fantôme[33], qui intègre des éléments de reprise de l'enceinte sacrée, et surtout un portique dont trois bases de poteaux ont été repérées sous le niveau de sol de la salle 65. Le deuxième jalon est la reconstitution de ce que put être le palais construit par les Shakkanakkus et attribué à Hanun-Dagan[34]. Cet édifice reste mal connu car il est largement occulté par les réaménagements postérieurs. Quelques fondations ont été repérées et une extension minimale proposée[35].

Une des questions majeures est l'histoire de la salle du trône et de la mise en place du bloc officiel attribué aux travaux de Samsi-Addu sur le secteur[36]. La salle du trône elle-même paraît avoir été définie d'emblée par les Shakkanakkus dont les beaux sols de plâtre ont été dégagés en salles 65 et 64 (en 2004). C'est là un problème sur lequel nous reviendrons plus bas. Une des caractéristiques majeures de ces constructions des Shakkanakkus est la présence de tranchées de fondations très profondes, remplies de terre argileuse litée très compacte, puis d'une couche de galets et enfin des briques des murs eux-mêmes (*Fig. 9*)[37].

Les étapes de construction du Grand palais royal et les travaux qui y ont été conduits au cours de la période amorrite sont mieux connus. Les aménagements majeurs sont intervenus avec la mise en place du bloc officiel et très probablement la construction des appartements royaux au-dessus du secteur F[38]. D'autres secteurs posent des problèmes de datation et de compréhension : c'est tout d'abord l'excroissance S à l'est, déjà mentionnée, tout comme le secteur R situé au sud

---

32. MARGUERON 1987, p. 21-24, fig. 21, p. 25, pour le plan de l'iggum-citerne du palais.

33. MARGUERON 2004, fig. 353, p. 368, p. 357-360.

34. MARGUERON 2004, p. 372.

35. MARGUERON 2004, fig. 353, p. 368.

36. Sur l'histoire de la salle du trône à Mari et son importance pour l'histoire des salles du trône au Proche-Orient ancien, voir MARGUERON 2007.

37. MARGUERON 2004, p. 373-374.

38. MARGUERON *et al.* 1990.

Fig. 9 – Grand palais royal de Mari, salle 116, coupe, photo de l'auteur.

du palais, dit secteur des réserves [39]. Dans le cas du secteur S, certains murs n'ont été conservés qu'en fondation, imposant la plus grande prudence sur l'évaluation de l'histoire du secteur et sa datation, rien ne prouvant que tous les murs aient été édifiés au même moment.

Telle est brossée très rapidement l'image qui s'est imposée au fil des recherches nouvelles de cet édifice unique, expression particulièrement achevée de l'architecture mésopotamienne et excellent cas d'école pour l'étude de cette architecture et de ses principes.

2. Au cœur du système palatial, la question de la tribune 66

En 2004-2005, il restait donc encore de nombreuses interrogations, mais surtout un potentiel intact ou à évaluer sur le terrain. Il était impératif, au regard de l'état de dégradation du monument exposé aux éléments depuis 1939, de combiner ces travaux scientifiques avec le programme de sauvegarde et de restauration du

---

39. MARGUERON 2004, p. 463-464.

Fig. 10 – Mari, centre monumental, situation des chantiers 2005-2010, montage de l'auteur.

monument, dirigé par Jean Margueron et Mahmoud Bendakir[40]. Entre 2004 et 2010, quatre opérations majeures ont été entreprises dans et autour de la zone des palais (*Fig. 10*). Il n'est pas possible ici de considérer dans le détail chacune de ces opérations, restées pour une part inachevées en raison de la guerre.

Il faut en préambule souligner à quel point elles ont été des fouilles de sauvetage puisqu'elles se sont accompagnées d'aménagements qui étaient destinés à faciliter la visite de la zone palatine et des parties restaurées ou en cours de restauration, respectivement l'enceinte sacrée de la ville II et le bloc officiel du palais de la ville III. Sur ces quatre opérations, une seule s'est déroulée au cœur du bloc officiel, sur la tribune 66. Deux autres se sont déroulées dans le secteur sud du palais, Palais sud 1 et 2. La quatrième opération, engagée brièvement en 2010 au Palais nord, a porté sur la porte située au nord-est du palais et n'a pas été achevée. Nous nous concentrerons ici sur les résultats des fouilles dans le bloc officiel, au premier chef, la tribune 66.

En substance, la fouille de la tribune 66 était destinée à éclaircir un point délicat de l'histoire du bloc officiel. Il faut rappeler que Parrot avait dégagé un ensemble de trois pièces (66, 66bis et 66ter), situées à l'est de la salle 65 (*Fig. 11*). La pièce 66 était surélevée et accessible depuis la salle 65 par un escalier d'honneur de 11 marches. Ces marches étaient faites de deux carreaux cuits superposés et de

---

40. Sur ce programme, voir BENDAKIR 2009, p. 143-160.

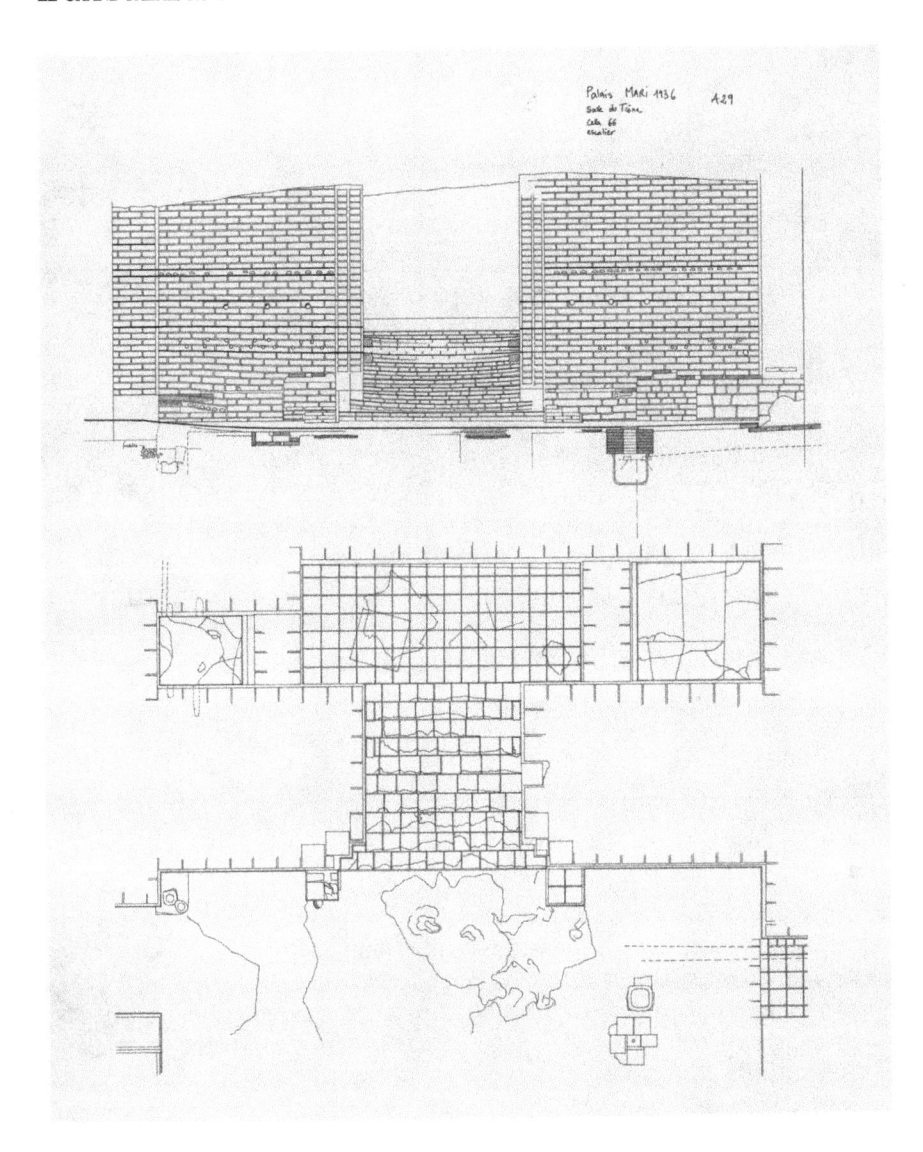

Fig. 11 – Grand palais royal de Mari, tribune 66, plan et élévation,
AP 050-029, mission archéologique française de Mari.

hauteur variable. Cet escalier se développait dans un portail majestueux à double redans, sur une largeur de 3,98 m. Il débouchait par une grande baie sur la tribune située 1,68 m plus haut que la salle 65 (*Fig. 12*). Dans son état final, la tribune 66 mesurait 5,40 m sur 2,25 m. Le sol bitumé reposait sur un sol de dalles de terre cuite. Parrot observa les traces de nombreux remaniements de la tribune : les murs

Fig. 12 – Grand palais royal de Mari, tribune 66 porche monumental et escalier, AP 201-1386, mission archéologique française de Mari.

nord et sud de la pièce sont des ajouts qui ont séparé deux petites pièces – 66bis au nord et 66ter au sud – de la pièce 66 qui dans son état final est donc réduite[41].

La fouille profonde de ces pièces permit de découvrir un sol de plâtre, situé 45 cm plus haut que celui de la salle 65. Il apparaît donc qu'il existait au départ une salle unique aussi large que la salle 65 et compartimentée au moment de l'exhaussement de la tribune, qui restait donc à comprendre[42]. On peut estimer les dimensions de cette pièce initiale: 2,25 m de largeur et une longueur de 11,60 m, qui correspond à la largeur de la salle 65. Ces deux pièces 66bis et 66ter ne communiquaient pas avec la tribune 66, leur sol plâtré passait sous les murs de cloison et Parrot en a conclu qu'il existait une tribune initiale surélevée de 50 cm au-dessus de la salle du trône[43]. Parrot mentionne que des centaines de prismes et des cônes en terre cuite furent recueillies en 66bis et en moindre quantité dans 66ter[44]. La fonction de ces objets comme leur présence dans ces pièces reste une énigme.

---

41. PARROT 1958a, p. 137-138.

42. PARROT 1958a, MARGUERON 1982, p. 228, p. 354, MARGUERON 2004, p. 465.

43. PARROT 1958a, p. 142.

44. PARROT 1958a, fig. 153, p. 141.

Fig. 13 – Grand palais royal de Mari, salle 65, socles de statues, AP 201-1353, mission archéologique française de Mari.

De surcroît, une porte bouchée fut repérée dans le mur 68-66, porte qui semblait indiquer qu'il exista un état ancien de l'ensemble dans lequel une porte donnait depuis le couloir 66 sur l'ensemble 66-65[45]. On aurait là, d'après Margueron, les indices d'un dispositif radicalement différent de ce qu'il devint par la suite et un jalon essentiel de l'histoire des salles du trône mésopotamiennes. La tribune était donc le résultat d'une longue histoire et aurait été destinée à abriter les statues des ancêtres royaux, dont notamment celle d'Ishtup-Ilum découverte au pied de la tribune par Parrot, avec trois bases de pierre, probablement des socles de statues (*Fig. 13*)[46]. Cette observation explique l'interprétation par Durand de la salle 65 comme salle des ancêtres, une interprétation sur laquelle il est revenu plus tard[47].

En prévision de la restauration de l'ensemble du bloc, programmée en 2004, on entama une fouille de sauvetage, en octobre 2005[48]. L'ensemble fut déblayé et on retrouva les restes bien conservés de l'escalier et du sol de la tribune 66

---

45. MARGUERON 1982, p. 228-229.

46. PARROT 1958a, p. 145-146.

47. DURAND 2008, p. 321.

48. Rapport préliminaire dans BUTTERLIN 2015, p. 209-213.

Fig. 14 – Grand palais royal de Mari, tribune 66, après dégagement en 2004, mission archéologique française de Mari.

(*Fig. 14*)[49]. Les pièces 66bis et ter ont été déblayées et le sol de plâtre découvert par Parrot a été retrouvé. Situé à une cote de 181,10 environ, il était à la même altitude que le sol final du palais et il n'y a donc pas d'écart comme l'écrit Parrot entre le sol de la pièce 66 initiale et celui de la salle 65.

La fouille a laissé intact l'escalier. Elle s'est développée en profondeur dans les salles 66 et 66bis au sud renommées respectivement A et C (A: 173x132 cm, C: 240 x 531 cm). Elle a permis d'établir qu'il existait plusieurs états de la tribune (*Fig. 15*): un état final bien connu avec sol de dalles de terre cuite et bitume

---

49. Sur les problèmes très particuliers posés par la tribune, PARROT 1958a, p. 132-143, fig. 151-152, pièces 66, 66bis et ter. Sur l'interprétation de l'évolution de l'ensemble, voir MARGUERON 1982, p. 228-229, fig. 161, pour la restitution d'une porte axiale d'accès au groupe des pièces 66, et MARGUERON 2004, p. 372-373 et p. 465, dont l'interprétation a évolué au vu en particulier de la fouille du palais de Tell Bi'a. La tribune, d'abord considérée comme un rajout, est interprétée comme un élément d'origine.

[Fig. 15 labels:
1/ sous oeuvre galets, brique et porte de chantier
2° Sol de plâtre, niveau initial GPR
3° massif de briques tribune
4° Premier podium de plâtre
5/ deuxième podium de plâtre
6/ dalles de terre cuite et bitume
0   2 m]

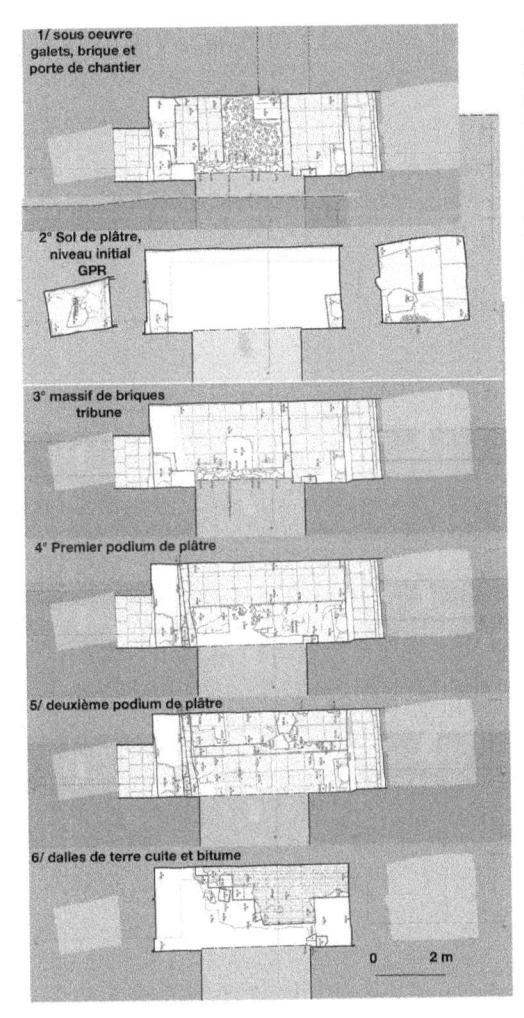

Fig.15 – Grand palais royal de Mari, tribune 66, les différents états dégagés en 2005, mission archéologique française de Mari.

(phase 4). Sous cet état final, les restes de deux tribunes plâtrées successives ont été identifiés. Une première tribune (phase 2) large de 1,50 m et longue de 4 m présentait deux degrés, seul le premier étant bien conservé, et haut de 23 cm. Une limite nette est-ouest avec un départ de deuxième degré a été définie au sud. On en a déduit que c'était la base d'un deuxième degré qui a été arasé au moment de la construction de l'état final Ce podium fut élargi (phase 3) sans que l'on puisse savoir s'il était étagé, sa largeur étant portée à 2 m. On peut ainsi restituer les deux états de ces podiums bas (*Fig.16*). Dans l'angle sud-ouest de la pièce 66 Parrot a dégagé ce qu'il qualifie de «coffre de fondation», une cavité réservée dans la masse de briques, et enduite de plâtre. Elle présentait un ressaut au sud. Il s'est avéré que ce ressaut correspond au sol plâtré de la phase 3 et 2 : la cavité a donc été aménagée au moment de l'exhaussement de l'ensemble.

Par dessous ces états successifs de la tribune, se trouvait un massif de briques crues qui a été démonté afin d'étudier la structure profonde de la tribune. Entre les 8 lits de briques de ce massif avaient été déposées des perles en pierre semi-précieuses, pour l'essentiel de cornaline mais aussi lapis (*Fig.17*). Il s'agit là, à mon sens, d'un dépôt rituel et cet indice laisse supposer qu'on est en présence d'un lieu sacralisé tout comme le podium bas de l'état le plus ancien de la tribune. On a atteint un sol de terre avec des restes de plâtre. La cote de 181,10 correspond à celle des sols plâtrés des salles 66bis et ter. C'est la cote du sol final de la salle du trône, non du sol initial et un problème de synchronisation avec la séquence de la salle du trône va se poser.

CHANTIER P66
Croquis du podium initial

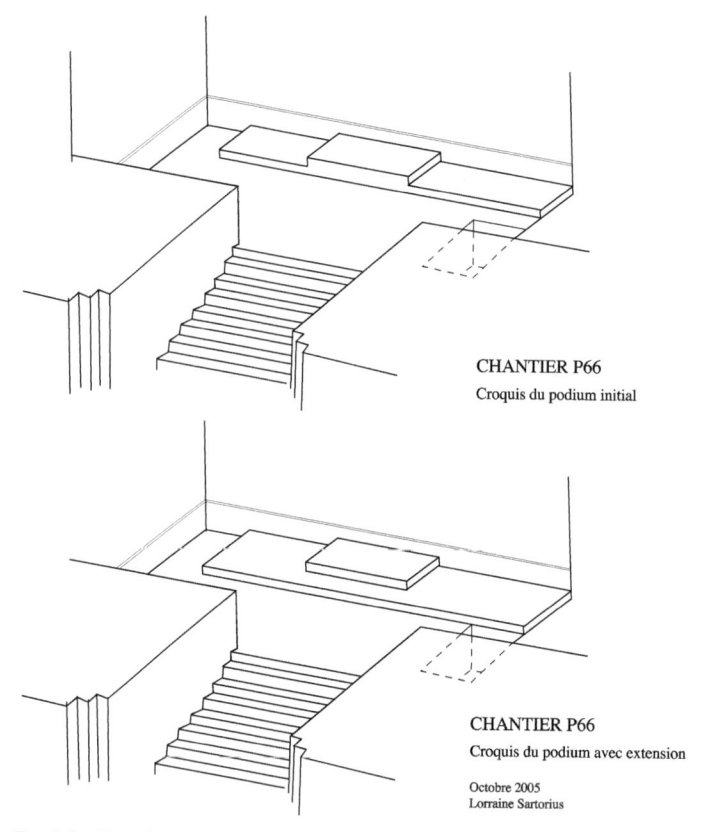

CHANTIER P66
Croquis du podium avec extension

Octobre 2005
Lorraine Sartorius

Fig.16 – Grand palais royal de Mari, tribune 66, podium des phases 2 et 3, mission archéologique française de Mari.

On a surtout observé tout au long de la descente que le mur est de la salle était enduit. Il a donc existé de fait un état initial de l'ensemble de plain-pied avec la salle du trône. En revanche, aucun indice de l'état intermédiaire décrit par Parrot n'a été relevé, en tout cas au niveau indiqué sur les coupes. La porte bouchée observée dans le couloir 68 et donnant sur 66 a en revanche été repérée, une fois l'enduit enlevé (*Fig.18*). Cette porte large de 1,40 m était désaxée par rapport au passage 66-65 et a été rebouchée dès l'état initial de la pièce 66. Il s'agit donc probablement d'une porte de chantier. L'information est d'importance puisqu'il faut donc renoncer à l'idée d'un système axial d'accès à la salle 65. Le bloc 66-65 a fonctionné au départ de plain-pied, la pièce 66 étant le prolongement de la grande salle 65. À une date qu'il n'est pas possible d'estimer, une toute autre scénographie a été mise en place avec l'escalier et les divers états de la tribune.

La présence d'un podium indique très clairement que cet espace était dévolu à une mise en scène, et pourquoi pas à la présentation de statues royales. Les remaniements sont difficiles à expliquer, en revanche. La présence d'un revêtement bitumé dans l'état final, aussi bien dans la tribune 66 qu'au pied de celle-ci dans

Fig. 17 – Grand palais royal de Mari, tribune, perles de lapis, cornaline déposées entre les lits de briques de la tribune, mission archéologique française de Mari.

Fig. 18 – Grand palais royal de Mari, salle 66, porte bouchée, mission archéologique française de Mari.

la salle 65, a laissé supposer qu'on y faisait usage de liquides, éventuellement à l'occasion de rituels de libation, à moins qu'il ne s'agisse de sacrifices. Il est en revanche patent que les mutations observées dans la phase finale doivent correspondre si ce n'est à un usage différent de la tribune, au moins à des rituels et à une scénographie différents.

Reste que les rituels en question demeurent énigmatiques. Il est d'usage de lier la tribune au rituel du *kispum* à Mari, au sujet duquel il existe une très abondante littérature scientifique[50]. Il n'est guère question ici de discuter un problème qui dépasse largement le propos de cet article, mais de s'interroger sur l'apport des fouilles récentes à cette question. La tribune fut interprétée au départ par Parrot comme une *cella*, tant la solennité du lieu frappait d'emblée. La découverte de la statue d'Ishtup-Ilum au pied de la tribune a incité à considérer que celle-ci accueillait les statues des ancêtres royaux, la salle 65 devenant la salle du culte dynastique, et donc du fameux rituel bien connu grâce au texte décrivant le *kispum*, retrouvé dans le palais[51]. S'il est clair que le rituel qui concernait l'ensemble du royaume se déroulait dans le palais, le lieu même de rédaction du texte pose un problème. Il paraît en effet être une importation, datant de l'époque du royaume de Haute Mésopotamie et il importe dès lors de se demander jusqu'à quel point il décrit une situation locale.

Le problème s'est surtout posé dès lors qu'il est apparu que le complexe 65-66 du palais ne présentait pas de tombeau. Nos propres recherches sur la tribune 66 ont définitivement écarté cette éventualité, qui restait une option surtout après les découvertes de Qatna. Là, l'entrée du couloir menant au caveau royal se trouve précisément dans un des petits côtés de la grande salle du trône[52]. Pas de tombeau donc, et Durand en a déduit que le rituel devait plutôt se dérouler dans ce qu'il considère comme la résidence royale, le petit palais oriental[53]. Le rôle que jouait la tribune du grand palais reste donc à définir. Le rituel mariote est le reflet d'une construction idéologique propre au souverain d'Ekallatum, à la reconstruction d'une généalogie qui lie origines tribales et dynastie d'Akkad. Rien n'y fait référence à Mari, et certainement pas aux Shakkanakkus de Mari, dont au moins une représentation est restée au pied de la tribune.

Les deux plates-formes plâtrées sont de bons candidats pour accueillir des statues d'ancêtres royaux assurément, c'est moins le cas pour le dernier état de la tribune, au sol de dalles de terre cuite bitumées. Les seuls indices découverts dans cet ensemble sont les réceptacles situés sur les escaliers, aucune autre installation

---

50. Jacquet 2002, Durand et Guichard 1997, Durand 2008, Jacquet 2012, synthèse récente dans Ristvet 2015.

51. Durand et Guichard 1997, p. 28.

52. Pfälzner 2007.

53. Durand 2008, p. 321.

n'est visible[54]. On peut s'interroger sur les fosses ou aménagements intervenus, mais aucun artefact n'a été recueilli dans des fosses qui auraient pu accueillir des restes de sacrifices par exemple. Tout indique donc la sacralité du lieu, renforcée par les dépôts de perles observés. Il est bien plus difficile de se prononcer sur la fonction de la grande pièce 66 dans son état initial.

Les quatre états identifiés ne peuvent pas être datés en l'état, mais il importe évidemment de poser la question de leur lien éventuel avec les états de la salle 65, dite salle du ou des trône(s). Il faut en effet s'interroger sur la longévité d'une installation qui a répondu aux besoins dans la durée de souverains issus de milieux extrêmement différents les uns des autres, qu'il s'agisse des différentes lignées de Shakkanakkus d'abord, puis des souverains «Lim» et entre temps de Samsi-Addu et Yasmah-Addu.

3. Le bloc officiel du Grand palais royal dans tous ses états

L'évolution du bloc officiel du Grand palais royal de Mari a été étudiée en détail par Margueron. L'apparente unité de l'ensemble cache en fait d'importants remaniements d'un ensemble qui n'a pas été conçu en bloc d'emblée, mais constitue le résultat d'une évolution, dont les étapes et la chronologie restent débattues. Les recherches menées dans la cour 106, la salle 65, puis la salle 64 ont permis de définir la genèse d'un ensemble emblématique de l'évolution de ce type de dispositif depuis la fin du IIIe millénaire jusqu'à l'époque amorrite.

Dans la salle 65, Parrot a observé toute une série de niveaux de sol, étudiés en coupe[55] : du plus récent au plus ancien, un sol de terre battue avec enduit de bitume, deux sols en plâtre a et b et par dessous un troisième sol fait cette fois de dalles de plâtre. Cette séquence a été réétudiée à l'occasion des fouilles profondes dans la salle 65 en 1987, puis 1990[56]. La succession sol de terre, sol de plâtre a été confirmée, mais le sol de plâtre a connu une longue durée d'utilisation, des traces d'usure et de réfection ayant été observées. Rien n'est dit sur les sols inférieurs observés par Parrot. Une étude ultérieure pour préciser ces données a été annoncée, mais il faudra attendre la publication finale de ces fouilles pour en savoir plus.

Il est tentant de comparer la séquence établie par Parrot avec celle que nous avons obtenue dans la salle 66 : le sol le plus récent est comparable au sol de terre battue, les deux états du podium en plâtre aux sols de plâtre de la salle du trône et le sol le plus ancien à l'état le plus ancien identifié dans la salle 66, avec un troisième sol de plâtre. Une évolution en quatre temps se dessine ainsi, toute la question étant de savoir quel laps de temps sépare ces divers états.

---

54. PARROT 1958a, p. 151.

55. PARROT 1958a, fig. 132.

56. MARGUERON *et al.* 1993, p. 60-61, fig. 57, p. 62.

Fig. 19 – Grand palais royal de Mari, salle 64, après dégagement en octobre 2004, photo de l'auteur.

Il importe surtout de faire la comparaison avec les recherches conduites en 2004 dans la salle 64, le *papahum* des textes, c'est-à-dire le «vestibule». Ces recherches avaient été décidées comme pour la salle 66 dans le cadre du programme de restauration du bloc officiel. Elles ont permis de définir plusieurs états bien distincts de la salle 64, publiés récemment par Margueron[57]. L'état final fouillé par Parrot a été dégagé (*Fig. 19*), notamment la fameuse tribune portant un décor de faux marbre dont quelques éléments subsistaient encore *in situ*. Margueron a distingué une phase *papahum* récent 1 et 2[58], en fonction des diverses réfections observées dans les murs de la pièce, sans qu'il soit facile de les lier à des sols bien définis. Par dessous, ont été dégagés les murs d'une phase dite *papahum* ancien 1 et 2, la phase 1 étant la plus ancienne.

Dans les deux cas, l'organisation de l'espace est radicalement différente : la phase 2 présente en effet une organisation tripartite orientée nord-sud de la pièce, avec deux sols plâtrés bien identifiés, le plus ancien étant fait de dalles de plâtre comme dans la salle 65 (*Fig. 20*). La phase 1 a livré un long mur est-ouest qui coupe

---

57. MARGUERON *et al.* 2015

58. MARGUERON *et al.* 2015, fig. 17, p. 200.

Fig. 20 – Grand palais royal de Mari, salle 64, superposition des sols plâtrés du papahum, photo de l'auteur.

la pièce en deux enfilades de pièces allongées[59]. Cet état initial qui correspondrait à la phase de construction du bloc officiel par les bâtisseurs du Grand palais offre un système tripartite identifié dans d'autres palais de la fin du IIIe millénaire[60]. L'existence d'une telle phase initiale avait été suggérée par Margueron dans son ouvrage sur les palais. Les fouilles de 2004 en ont donc donné confirmation, non sans reposer dès lors le problème de l'accès par l'est à la salle du trône.

La phase 2 est originale et constitue une première étape vers l'élargissement substantiel de l'aile nord du bloc de la salle du trône avant que la grande salle 64 ne soit conçue. Voilà résumées, brièvement, les conclusions issues de cette fouille qui a livré des informations majeures sur l'histoire du bloc officiel. Il est alors impératif de croiser ces données avec nos observations dans la salle 66.

Margueron lui-même a proposé qu'à l'état initial, la chambre 66 soit présente dans sa forme étendue, mais dotée d'une porte axiale donnant sur le couloir 68[61]. Cette porte n'a jamais existé et il faut donc s'interroger sur le mode de circulation

---

59. MARGUERON *et al.* 2015, fig. 20, p. 203.

60. MARGUERON 2007.

61. MARGUERON *et al.* 2015, fig. 17, p. 200.

et d'accès à la salle 65 au moment de la fondation du Grand palais. En effet, le mur dégagé en salle 64 datant de cette époque est continu et il ne semble donc pas y avoir à l'époque de communication directe vers la cour 106, la salle du trône n'étant accessible que depuis le sud ou l'ouest.

La restitution d'une porte vers le couloir 68 est tentante, mais nous venons de voir que la seule porte identifiée n'est pas située dans l'axe et qu'elle a été occultée au moment où fonctionnait l'état ancien de la salle 66. Cet état ancien est l'état d'origine du bloc officiel et on peut donc aisément la lier à la phase *papahum* ancien 1. La question majeure est dès lors de savoir quand fut créée la tribune : Margueron suggère sur les plans publiés que l'état final avec les trois pièces 66, 66bis et ter n'a existé qu'en phase finale du bâtiment (*papahum* récent 2). Il me semble difficile de trancher en l'état sur la durée de cet usage, il me paraît assez légitime d'estimer que les deux phases de la tribune présentant des sols plâtrés avec ou sans podium pourraient correspondre respectivement aux phases *papahum* ancien 2 et *papahum* récent 1, à moins qu'elles correspondent à la phase *papahum* récent 1. Cela reviendrait à dire que la tribune a été édifiée au moment des travaux entrepris par Samsi-Addu (*papahum* récent 1) : en somme vestibule et tribune auraient été créés en même temps, ce qui paraît plausible. Il reste difficile de coordonner ces divers secteurs, rien ne prouvant que les rythmes des réfections aient été totalement synchrones, en dehors probablement des travaux de Samsi-Addu dans le secteur qui ont été de toute évidence substantiels. Ces travaux, même s'ils ont été limités, ont en tout cas permis d'affiner considérablement notre connaissance d'un des secteurs majeurs du Grand palais royal de Mari.

Assurément ce type de tribunes a constitué un procédé, somme toute peu usité : à Mari même, un parti identique a été repéré au petit palais oriental et un seul autre exemple est connu au palais de Tuttul/Tell Bi'a, où il ne s'agit pas d'une tribune mais d'une salle allongée située à l'est de la salle du trône[62]. Dans le premier cas, il s'agit d'une construction des Shakkanakkus au XXIe siècle ; dans le cas de Tell Bi'a, c'est un édifice bâti par Samsi-Addu, au moins dans son état final. Margueron a souligné toutefois que cet édifice est à bien des égards comparable au petit palais oriental de Mari et se demande s'il n'a pas été construit plus tôt, au XXIe siècle.

Il est intéressant de comparer ces diverses installations, reportées sur un seul plan, à la même échelle (*Fig.21*). La pièce R du palais de Tuttul est une pièce rectangulaire de 10,57 m sur 2,17 m, située à l'est de la pièce Q[63]. Sa longueur correspond à la largeur de la grande pièce Q. Elle donnait à l'ouest sur la grande salle Q par un porche axial de 3,04 m de large et une porte d'1,15 m de large, au nord, donnait sur la pièce P. Quatre niveaux d'usage ont été identifiés, un premier avec un sol de terre battue, un second, avec des dalles de pierre, et les deux autres

---

62. MIGLUS et STROMMENGER 2007, Beilage 3.

63. MIGLUS et STROMMENGER 2007, p.63-65.

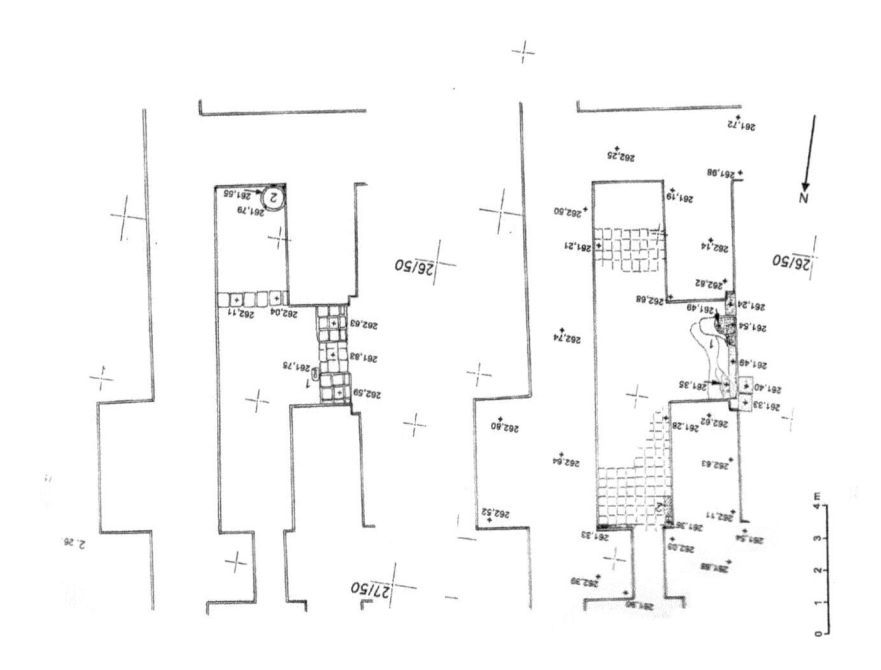

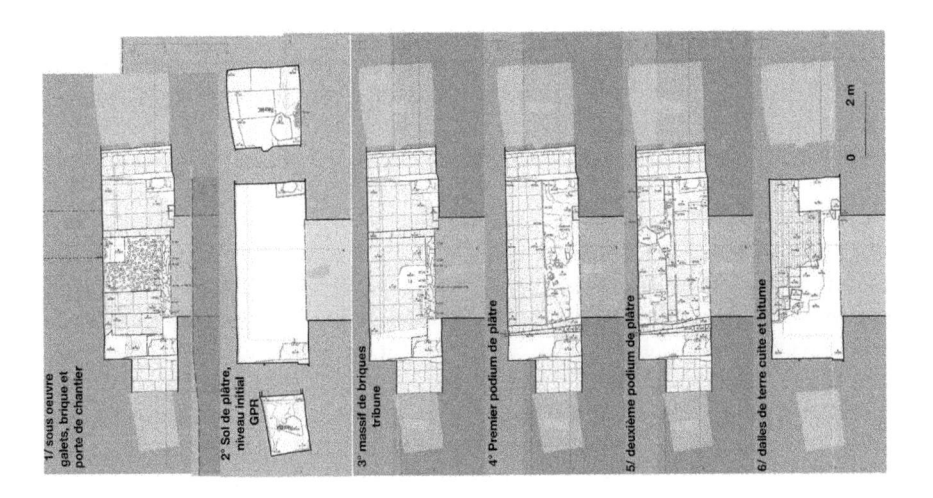

Fig.21 – Mari et Tuttul, palais, salles allongées et tribune, comparaison, montage de l'auteur.

à nouveau en terre battue[64]. Le niveau 2 présentait d'intéressantes installations, notamment un podium plâtré haut de 20 cm situé dans la moitié nord du porche. La fonction de ce podium curieusement placé est inconnue. Au niveau 3, le porche est rétréci, deux murs au nord et au sud ramènent le passage à une largeur de 1 m, et la salle est cloisonnée : un mur est-ouest, fait d'une seule rangée de briques, sépare la pièce en deux sur un axe situé dans le prolongement du montant sud du porche[65]. Seul un seuil surélevé séparait la pièce Q de la pièce R, l'installation avec un podium retient l'attention. Sa situation est très différente de ce que nous avons observé à Mari assurément où les deux états de podium étaient adossés au mur est de la pièce 66. Retenons aussi que dans la phase 3 un cloisonnement est intervenu comme à Mari. Le rétrécissement du porche est en revanche spécifique à Tuttul. La datation de ces divers états a fait débat, en fonction des artefacts utilisés, tablettes ou scellements[66] : les deux niveaux anciens datent de l'époque de Yahdun-Lim ou des souverains qui l'ont précédé à Tuttul (niveaux 1 et 2), le niveau 3 de l'époque du royaume de Haute Mésopotamie et le niveau 4 serait de l'époque de Zimri Lim, ou de la fin de l'époque précédente.

Il est bien entendu difficile de faire le lien avec l'évolution observée à Mari dans le Grand Palais, elle aussi quadripartite. On n'a pas ressenti le besoin en tout cas d'exhausser la salle R et on peut s'interroger sur les mutations intervenues, notamment à l'époque de Yasmah-Addu. Les dimensions de l'ensemble (10,57 sur 2,17 m contre 2,25 m sur 11,60 m) sont légèrement plus réduites que dans le grand palais de Mari. On ne peut qu'être frappé cependant par l'évidente ressemblance, tout au moins si on considère l'état initial du Grand palais royal à Mari. En revanche, si on en reste aux données chronologiques classiques, au moment où le palais de Tuttul est en activité, la tribune du Grand palais royal a été totalement remaniée, exhaussée et réduite, comme on l'a vu plus haut.

La seule installation comparable a été repérée à Mari même au petit palais oriental qui a été bâti au XXIe siècle et peu remanié. Là, à l'est de la salle du trône, une tribune, salle XXVII, a été aménagée (*Fig. 22*)[67]. Elle est accessible depuis la salle du trône par un escalier de dalles de terre cuite de 6 marches. Le passage n'est pas situé dans l'axe de la salle du trône et la pièce est large de 3,50 m pour une longueur de 5,10 m. La pièce ne se présente donc pas tout à fait comme la pièce 66 du Grand palais ou l'espace R de Tuttul. Sa longueur ne correspond pas à la largeur de la grande salle et elle est proportionnellement plus large. Aucune installation n'a été retrouvée dans cette pièce. En revanche, il faut souligner que

---

64. MIGLUS et STROMMENGER 2007, pl. 83-84.

65. MIGLUS et STROMMENGER 2007, pl. 84.

66. MIGLUS et STROMMENGER 2007, p. 14-15, pour une présentation synthétique des discussions.

67. MARGUERON 2004, p. 352-353.

Palais oriental : plan schématique

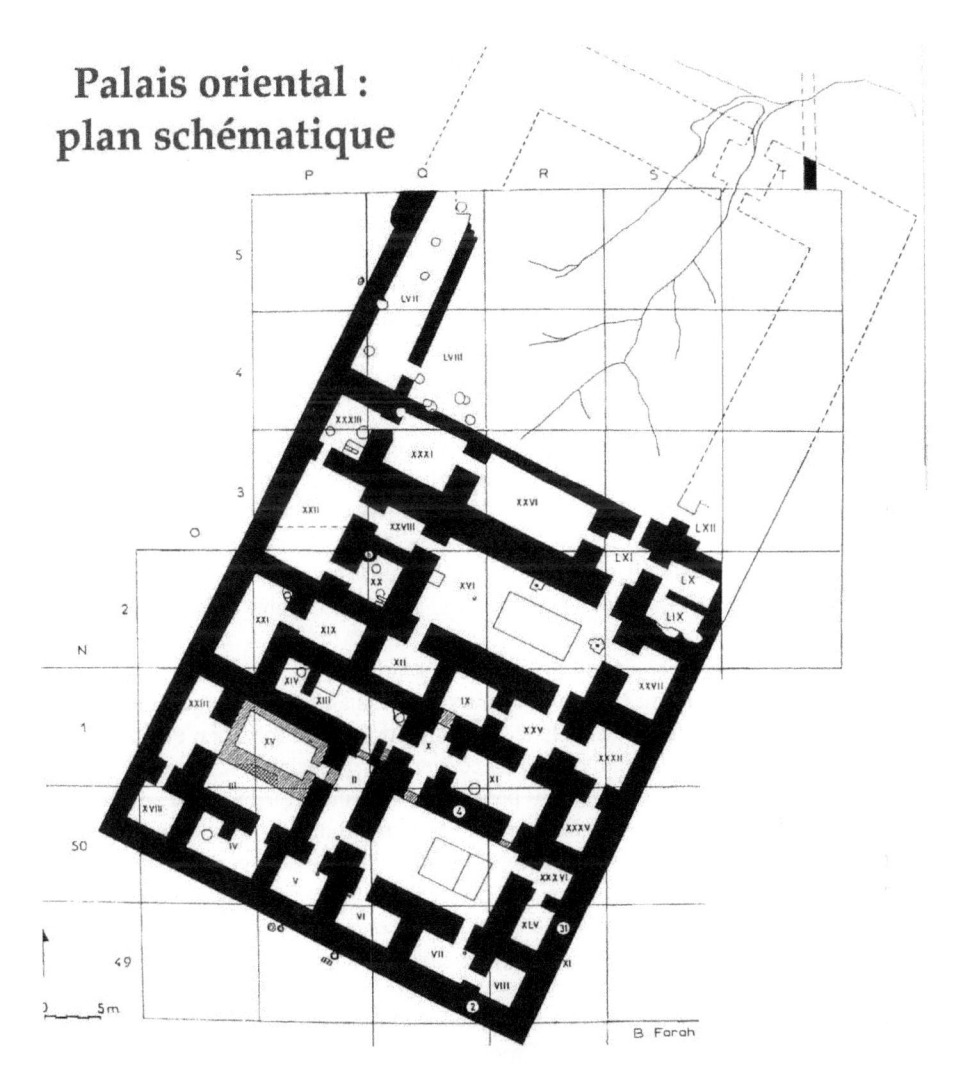

Fig. 22 – Mari, petit palais oriental, plan, mission archéologique française de Mari.

le petit palais oriental et le palais A de Tuttul ont en commun d'avoir accueilli un caveau dans la grande salle de réception. Celui du palais A n'a jamais été achevé et rempli de victimes du conflit qui mit un terme à l'histoire du palais[68]. Dans le petit palais oriental, les tombeaux ont été pillés dans l'Antiquité et la voûte de la tombe de la salle du trône a été retrouvée effondrée.

---

68. MIGLUS et STROMMENGER 2007, p. 58-63.

On n'est donc pas en présence d'une série homogène et de considérables questions de chronologie restent en suspens. Des trois bâtiments que nous venons d'évoquer, le petit palais oriental est considéré comme le plus ancien : il a été construit sous les Shakkanakkus au XXIe siècle, une phase d'occupation sous Hitlal-Erra étant bien attestée par des scellements découverts à son nom. Le Grand palais aurait été bâti à la fin du XXIe siècle, après le règne de ce souverain sous Hanun Dagan. L'identité du bâtisseur du Grand Palais royal reste encore inconnue, en fait. Il est aujourd'hui admis qu'il ne saurait être Hanun Dagan, dont le nom figure sur une crapaudine découverte dans le palais. Il s'agit probablement du réemploi comme crapaudine d'un bloc portant une inscription royale inachevée. En revanche, on a recensé dans le grand palais royal toute une série de briques inscrites au nom du Shakkanakkû Ilum-Ishar[69].

Ces inscriptions me poussent à penser que le véritable bâtisseur du palais fut ce roi qui a régné au début du XXIe siècle. Cela correspondrait bien aux mutations que l'on entrevoit dans l'histoire des Shakkanakkus de Mari, depuis l'arrivée au pouvoir du prédécesseur d'Ilum-Ishar, Apil-Kin[70]. Les nouvelles ambitions de la dynastie alliée aux rois d'Ur étaient particulièrement à même de s'exprimer dans un programme de constructions palatines, qui est survenu après la restauration du massif rouge.

Dès lors, il faut considérer que le grand palais a été bâti avant le petit palais oriental. Celui-ci, n'ayant pas subi de rénovation majeure de son organisation, en dehors de l'exhaussement des sols et des réparations bien mises en évidence au moment de la fouille, présente un état de conception des palais antérieur à celui de l'état final du grand palais royal. Au petit palais oriental, la tribune est aménagée d'emblée ce qui n'a été le cas ni au grand palais royal ni à Tuttul, où une tribune exhaussée n'a jamais été mise en place. Il est bien difficile de tirer des conclusions de ces données en partie divergentes, si ce n'est pour noter qu'une évolution sensible se produit dans la conception de cet espace annexe de la « salle du trône ».

Quant au rôle de cet espace, il reste encore à définir : nous ignorons tout des rituels royaux sous les Shakkanakkus et on a vu à quel point l'usage des données textuelles est limité pour comprendre le fonctionnement d'un ensemble exceptionnel dans l'archéologie du Proche-Orient ancien, un « palais où les dieux étaient puissants », pour reprendre les mots du roi Yarîm-Lim d'Alep[71]. Si comme cela a été proposé par Charpin, la divinité vénérée dans le palais de la ville II était Ama Ushumgal (Dumuzi), je noterai pour conclure que c'est là l'incarnation de Dumuzi comme force du palmier. Il n'est pas indifférent de noter que le nom du Grand palais royal était « palais du palmier », peut-être en référence au héros royal

---

69. THUREAU-DANGIN 1936.

70. BUTTERLIN 2007.

71. DURAND 1988, ARM XXVI 13, l. 8-9, p. 110-111.

par excellence, qui occupait une place notable dans le calendrier religieux de la cité amorrite, en particulier au moment du solstice d'été[72].

Pascal BUTTERLIN
Université Paris 1 Panthéon-Sorbonne, ARSCAN-VEPMO
Directeur de la mission archéologique française de Tell Hariri-Mari
pascal.butterlin@univ-paris1.fr

Bibliographie

BENDAKIR M. 2009, *Les vestiges de Mari, la préservation d'une architecture millénaire en terre*, Paris.

BEYER D. 1985, « Scellements des portes du palais de Mari », *M.A.R.I.* 4, p. 375-384.

BUTTERLIN P. 2007, « Mari, les shakkanakkû et la crise de la fin du IIIe millénaire », dans C. KUZUCUOĞLU et C. MARRO (dir.), *Sociétés humaines et changement climatique à la fin du IIIe millénaire : une crise a t-elle eu lieu en Haute Mésopotamie ? Actes du colloque de Lyon, 5-8 décembre 2005*, Varia Anatolica 19, Istanbul, p. 227-247.

BUTTERLIN P. 2008, « André Parrot et la fouille de Mari : questions de stratigraphie », dans M. MAQDISSI (dir.), *Pionniers et protagonistes de l'archéologie syrienne 1860-1960, d'Ernest Renan à Sélim Abdulhak*, Documents d'archéologie syrienne 14, Damas, p. 273-276.

BUTTERLIN P. 2010a, « D'Uruk à Mari, recherches récentes sur la première révolution urbaine en Mésopotamie méridionale et centrale », *Actes de la journée d'études de la SOPHAU, 31 mai 2008, Revue d'Histoire urbaine* 29, p. 133-161.

BUTTERLIN P. 2010b, « Cinq campagnes à Mari : nouvelles perspectives sur l'histoire de la métropole du Moyen Euphrate », *CRAI*, p. 171-229.

BUTTERLIN P. 2014, « Les recherches de Jean Margueron à Mari et leurs enjeux », dans J. L. MONTERO FENOLLOS (dir.), *Redonner vie aux Mésopotamiens, mélanges offerts à Jean Margueron à l'occasion de son 80e anniversaire*, Cuadernos Mesopotámicos 4, Ferrol, p. 31-46.

BUTTERLIN P. (dir.) 2015, « Mission archéologique française de Tell Hariri Mari : rapport préliminaire à l'issue de la 42e campagne (septembre-octobre 2005) », *Akh Purattim* 3, p. 209-225.

DURAND J.-M. 1987, « L'organisation de l'espace dans le palais de Mari », dans E. LÉVY (éd.), *Le système palatial en Orient, en Grèce et à Rome. Actes du colloque de Strasbourg 19-22 juin 1985*, Strasbourg, p. 39-110.

DURAND J.-M. 1988, *Archives épistolaires de Mari* I/1, ARM XXVI/1, Paris.

DURAND J.-M. 2000, *Documents épistolaires du palais de Mari, Tome III*, LAPO 18, Paris.

DURAND J.-M. 2008, « La religion amorrite en Syrie à l'époque des archives de Mari », dans G. DEL OLMO LETE (éd.), *Mythologie et religion des Sémites occidentaux* 1, Orientalia Lovaniensia Analecta 162, Louvain, p. 161-716.

---

72. JACQUET 2012.

Durand J.-M. et M. Guichard 1997, « Les rituels de Mari », dans D. Charpin et J.-M. Durand (éds), *Florilegium marianum* III, *Recueil d'études à la mémoire de Marie-Thérèse Barrelet*, Mémoires de NABU 4, Paris, p. 63-70.

Jacquet A. 2002, « Lugal-mesh et Maliku : nouvel examen du *kispum* à Mari », dans D. Charpin et J.-M. Durand (éds), *Florilegium marianum* VI, *Recueil d'études à la mémoire d'André Parrot*, Mémoires de NABU 7, Paris, p. 51-68.

Jacquet A. 2012, « Funerary Rites and cult of the ancestors during the Amorrite Period, the Evidence of the Royal Archives of Mari », dans P. Pfälzner, H. Niehr, E. Pernicka, A. Wissing (éds.), *(Re-)Constructing Funerary Rituals in the Ancient Near East. Proceedings of the First International Symposium of the Tübingen Post-Graduate School "Symbols of the Dead" in May 2009*, Qatna Studien Supplementa 1, Wiesbaden, p. 123-136.

Margueron J.-Cl. 1982, *Recherches sur les palais mésopotamiens de l'âge du Bronze*, BAH 107, Paris.

Margueron J.-Cl. 1987, « Du nouveau sur la cour du palmier », *M.A.R.I.* 5, p. 463-483.

Margueron J.-Cl. 1990a, « La ruine du palais de Mari », *M.A.R.I.* 6, p. 423-432.

Margueron J.-Cl. 1990b, « La peinture de l'investiture et l'histoire de la cour 106 », dans Ö. Tunca (éd.), *De la Babylonie à la Syrie en passant par Mari. Mélanges offerts à J.-R. Kupper à l'occasion de son 70e anniversaire*, Liège, p. 115-125.

Margueron J.-Cl. 1992, « La peinture de l'investiture, rythme, mesures et composition », dans B. Hrouda, St. Kroll, P.Z. Spanos (éds), *Von Uruk nach Tuttul, Festschrift für Eva Strommenger, Studien und Aufsätze von Kollegen und Freunden*, Münchener Vorderasiatische Studien 12, Munich, p. 103-110.

Margueron J.-Cl. 2004, *Mari, Métropole de l'Euphrate au IIIe et au début du IIe millénaire*, Paris.

Margueron J.-Cl. 2007, « Notes d'archéologie et d'architecture orientales 14 : la salle du trône, d'Uruk à Babylone, genèse, fonctionnement, signification », *Syria* 84, p. 69-106.

Margueron J.-Cl., B. Pierre-Muller et M. Renisio 1990, « Les appartements royaux du premier étage dans le Palais de Zimri-Lim », *M.A.R.I.* 6, p. 433-451.

Margueron J.-Cl., D. Beyer, C. Breniquet, P. Butterlin, A. Liegey, B. Muller et I. Weygand 1997, « Mari : rapport préliminaire sur les campagnes de 1990 et 1991 », *M.A.R.I.* 8, p. 9-70.

Margueron J.-Cl., D. Beyer, P. Butterlin, J.O. Gransard-Desmond, B. Muller, M. Schneider 2015, « Mari : rapport préliminaire sur la 41e campagne », *Akh Purattim* 3, p. 181-207.

Miglus P. et E. Strommenger 2007, *Tell Bi'a/Tuttul VII, Der Palast A*, Wiesbaden.

Muller B. 1987, « Décor peint à Mari et au Proche-Orient : II. Chronologie, contexte, significations », *M.A.R.I.* 5, p. 551-576.

Muller B. 1990, « Une grande peinture des appartements royaux du Palais de Mari (salles 219-20) », *M.A.R.I.* 6, p. 463-558.

Muller B. 1993, « Des peintures fragmentaires de la cour 106 du Palais de Mari restaurées par le Musée du Louvre », *M.A.R.I.* 7, p. 355-359.

Parrot A. 1937, « Les fouilles de Mari, troisième campagne (hiver 1935-1936) », *Syria* XVIII, p. 54-84.

Parrot A. 1938, «Les fouilles de Mari, quatrième campagne (hiver 1936-1937)», *Syria* XIX, p. 1-29.

Parrot A. 1939, «Les fouilles de Mari, cinquième campagne (automne 1937)», *Syria* XX, p. 1-22.

Parrot A. 1940, «Les fouilles de Mari, sixième campagne (automne 1938)», *Syria* XXI, p. 1-28.

Parrot A. 1958a, *Mission archéologique de Mari*, volume II, *Le Palais*, tome I, *Architecture*, BAH LXVIII, Paris.

Parrot A. 1958b, *Mission archéologique de Mari*, volume II, *Le Palais*, tome II, *Peintures murales*, BAH LXIX, Paris.

Parrot A. 1959, *Mission archéologique de Mari*, volume II, *Le Palais*, tome III, *Documents et monuments, avec des contributions de M.-Th. Barrelet-Clementel, G. Dossin et de P. Ducos et J. Bouchus*, BAH LXX, Paris.

Parrot A. 1974, *Mari, capitale fabuleuse*, Paris.

Ristvet L. 2015, *Ritual, Performance and Politics in the ancient Near East*, Cambridge.

Thureau-Dangin Fr. 1936, «Textes de Mari», *Revue d'Assyriologie* XXXIII, p. 169-179.

Vaux R. de 1960, «Recension de A. Parrot, 1958», *Revue biblique* LXVIII, p. 416-423.

LE SITE DE YINXU À ANYANG
(env. 1400-1050 av. n. è.)
Un palais sans archives ?

Le site de Yinxu se trouve à Anyang, dans le centre de la Chine, au nord du Fleuve Jaune, à environ 450 km de Pékin. Au début du XXe siècle, il a été identifié comme le lieu de la dernière capitale de la dynastie des Shang (env. 1600-1050 avant notre ère)[1]. Depuis 1928 et jusqu'à aujourd'hui, il a fait l'objet de nombreuses campagnes de fouilles archéologiques. Elles ont permis de mettre au jour des milliers de tombes, de nombreux vestiges d'ateliers et de bâtiments de prestige, certains étant identifiés à des palais[2]. On y a aussi découvert les premiers témoignages incontestables d'usage de l'écriture chinoise, que l'on date des environs du milieu du XIIIe siècle avant notre ère, ces témoignages constituant les plus anciennes traces d'écriture dans toute l'Asie orientale.

Si les activités rituelles et religieuses sont particulièrement bien représentées dans l'ensemble des inscriptions provenant de ce site, on peine à identifier des usages de l'écrit liés à une administration et à la constitution d'archives dans ces lieux. Cette observation révèle-t-elle une spécificité des premiers usages de l'écrit en Chine, par rapport à ce que l'on connaît en Mésopotamie ou en Méditerranée ou doit-on plutôt envisager que les traces qu'auraient dû laisser ces activités nécessaires à la gestion d'une importante cité ont simplement disparu avec le temps ? C'est à ce type de questions que je tenterai d'apporter des éléments de réflexion dans les pages suivantes.

---

1. En 1908, le savant Luo Zhenyu (1866-1940) identifia Xiaotun, un petit village dans le nord-ouest d'Anyang, comme le lieu d'origine des inscriptions Shang apparues sur le marché des antiquités depuis 1899.

2. Pour une synthèse de ces découvertes, cf. THORP 2006. Les références bibliographiques proposées dans les notes qui suivent visent principalement à compléter cette synthèse.

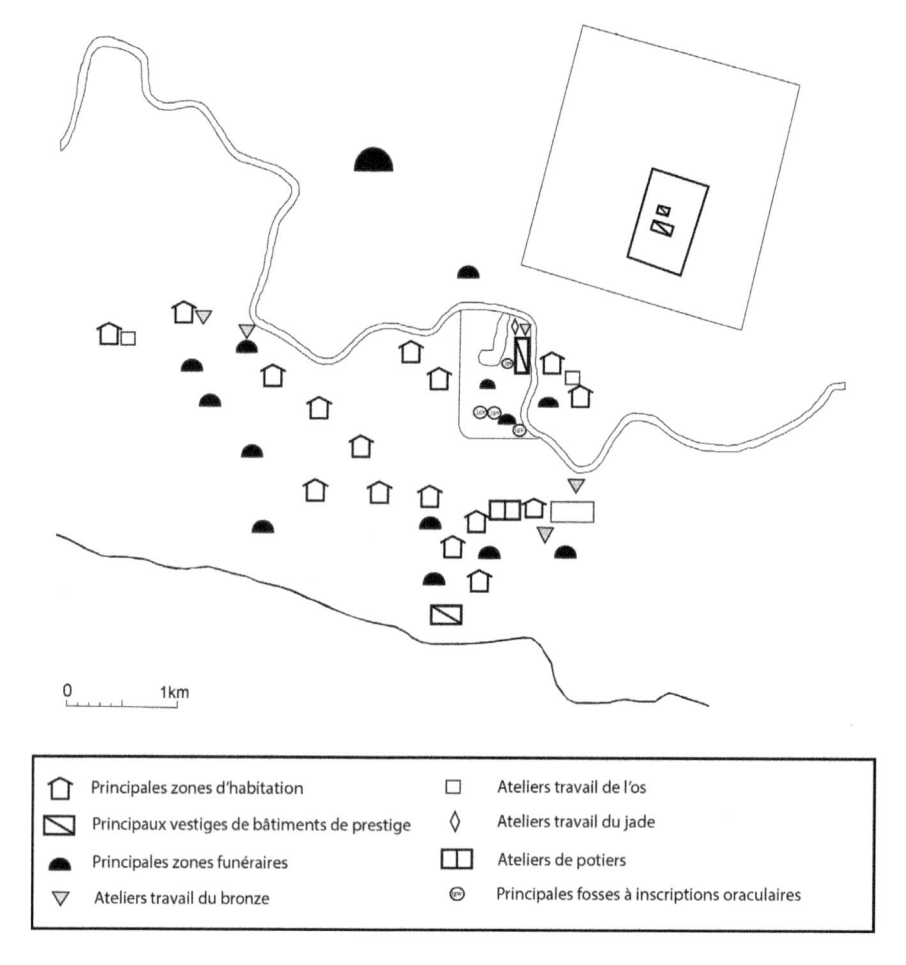

Fig.1 – Plan du site de Yinxu.

1. Le site de Yinxu

Le site de Yinxu (*Fig.1*), tel qu'il a été délimité en zone protégée par les autorités chinoises en 1961, mesure environ 24 km². Les zones concernées par le classement de ce site en 2006 sur la liste du patrimoine mondial de l'UNESCO s'étendent elles sur plus de 11 km², qui recouvrent en partie la zone protégée. Mais des découvertes plus récentes montrent que les constructions des Shang d'Anyang s'étendent au-delà de ces limites. Étant donné la richesse exceptionnelle du mobilier des grandes tombes aristocratiques, les archéologues ont longtemps eu tendance à concentrer leurs efforts sur la fouille des sépultures. Mais ces dernières années, les équipes de l'Institut d'archéologie de l'Académie des sciences sociales de Chine ont développé différents programmes visant à mieux comprendre les autres types de vestiges (palais, ateliers, habitat…), accordant une importance toute particulière à l'organisation du site et à ses infrastructures (routes, canaux, puits…).

Les Tombes

D'après les travaux de Tang Jigen, plus de 10 000 sépultures Shang auraient été découvertes à Anyang jusqu'en 2003[3]. Parmi celles-ci, on compte un grand nombre de sépultures aristocratiques (plusieurs milliers) renfermant en particulier des vases rituels en bronze caractéristiques de la culture Shang. Ce sont avant tout ces vases, ainsi que les objets en jade placés dans les sépultures, qui ont suscité depuis l'antiquité et jusqu'à aujourd'hui la convoitise des pillards, expliquant la forte proportion de tombes pillées sur ce site. La plupart des tombes sont ici regroupées au sein de cimetières de taille variable. Certaines sont relativement modestes, ne comportant qu'un cercueil et un mobilier limité à quelques vases en terre cuite. D'autres sont plus importantes[4]. C'est par exemple le cas de la tombe 303 de Dasikong, qui a été fouillée en 2004[5]. La fosse funéraire présentait une ouverture d'environ 4 m de long sur 2 m de large, pour une profondeur de 6,6 m. Quatre hommes et quatre chiens avaient été ensevelis dans cette tombe pour accompagner le défunt principal. La sépulture se composait d'un cercueil placé dans une sorte de « chambre funéraire » en bois qui contenait l'essentiel du mobilier. Ce dernier comptait 20 vases en terre cuite et 14 amulettes et autres petits objets en jade. Parmi les pièces en bronze, on trouve 37 vases rituels, 16 cloches, 10 pièces de char, 68 fers de lance et de hallebarde et une centaine de flèches. Sur 32 vases en bronze figurait un emblème, vraisemblablement celui du défunt qui devait être un membre de la haute aristocratie occupant des fonctions militaires importantes. La tombe intacte la plus riche jamais découverte à Anyang est celle de Fu Hao, une des épouses du roi Wu Ding des Shang qui fut inhumée vers 1200 avant notre ère. La sépulture, fouillée en 1976, contenait 755 objets en jades et de très nombreuses pièces en bronze : 200 vases rituels, dont 180 portaient une courte inscription, 5 cloches, 91 lames de hallebarde, 4 haches, etc. La plupart des inscriptions consistaient en un emblème fondé sur les caractères d'écriture composant le nom de la défunte.

Des sépultures identifiées comme des tombes royales se trouvaient un peu à l'écart, dans le nord du site. Ces tombes se distinguent des autres à la fois par leurs dimensions exceptionnelles et par leur plan cruciforme (*Fig. 2*). Une des plus importantes, la tombe 1001, mesurait plus de 100 m de long d'une extrémité à l'autre de ses rampes, le fond de la fosse funéraire étant situé à plus de 10 m de

---

3. Cf. Tang 2004.
4. À propos des sépultures des Shang, cf. Thote 2009, p. 47-76.
5. Rapport de fouilles : Zhongguo shehui kexueyuan Kaogu yanjiusuo 2014.

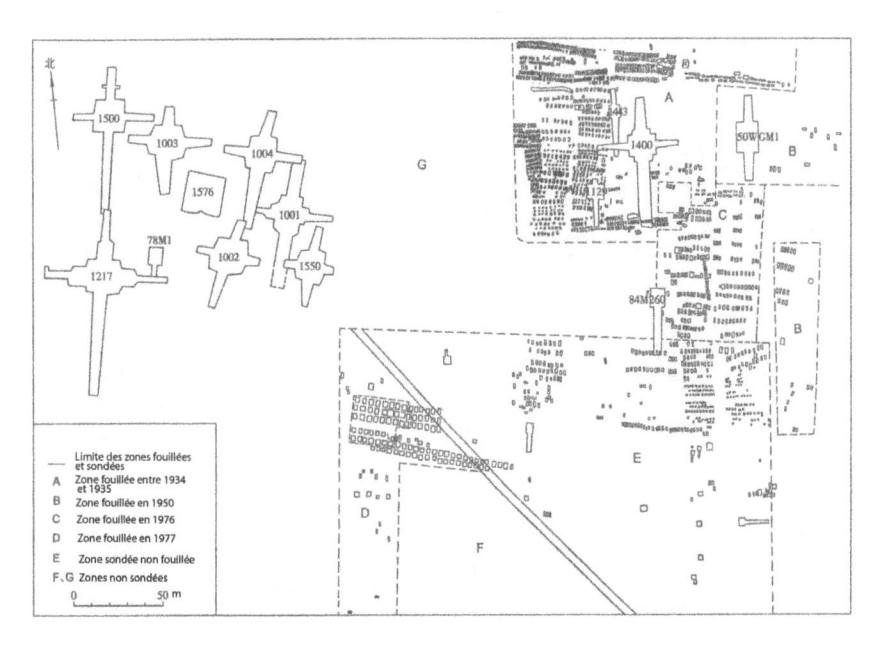

Fig.2 – Plan du cimetière royal de Yinxu.
D'après ZHONGGUO SHEHUI KEXUEYUAN KAOGU YANJIUSUO 2003, p.301.

profondeur. Toutes ces tombes avaient été pillées dans l'antiquité, peut-être même dès la chute de la dynastie, mais les quelques objets qui n'ont pas été emportés par les pillards permettent néanmoins d'imaginer la richesse du mobilier qui se trouvait là à l'origine. On peut par exemple mentionner un vase en bronze, ayant pour décor une tête de bovidé de plus de 73 cm de haut et pesant 110 kg, ou encore une sorte de plateau zoomorphe en marbre de plus de 84 cm de long et pesant près de 100 kg [6]. Ces tombes contenaient également les corps de nombreux morts d'accompagnement et victimes sacrificielles. Des fosses sacrificielles et des sépultures plus modestes ont également été exhumées en grand nombre autour de ces tombes royales.

Les ateliers

Les vestiges d'ateliers de Yinxu ont essentiellement été identifiés grâce à des fosses contenant généralement les rebuts des productions concernées, ou parfois des matières premières ou des produits semi-finis. On distingue des ateliers de potier, de travail du jade, du bronze et de l'os (*Fig. 1*). Une zone spécialisée dans la production de vases en terre cuite a été fouillée entre 2008 et 2011 au nord du

---

6. Ces objets sont conservés au Musée de l'Institut d'histoire et de philologie de l'Academia Sinica, à Taipei.

village de Liujiazhuang [7]. Elle s'étendrait sur plus de 6 hectares. Les 31 fours mis au jour ont été mis en relation avec les dizaines de milliers de vases en céramique exhumés sur le site de Yinxu. La production de bronzes, avant tout destinée à l'aristocratie, était assurée par plusieurs zones artisanales spécialisées. Celle de Miaopu-Nord s'étendait sur environ 1 hectare, alors que celle de Xiaomintun occupait environ 5 hectares [8]. C'est dans ces ateliers qu'étaient produits la plupart des objets en bronze déposés dans les sépultures des élites. On pense que cette production était, à Anyang, probablement placée sous le contrôle direct de la maison royale des Shang. Produisant également pour l'aristocratie, mais pas seulement, plusieurs ateliers de travail de l'os ont été localisés sur le site de la dernière capitale des Shang. Le plus important d'entre eux, Tiesanlu, s'étendait sur 1,76 hectare et a livré la plus grande quantité de matériaux de ce type jamais découverte en contexte archéologique : 36 tonnes d'os entiers (matière première) ou sous forme de pièces semi-finies [9]. Ces ateliers fabriquaient en très grandes séries des épingles à cheveux et des pointes de flèches, ainsi que, en moindres quantités, des spatules, des tubes, des plaquettes et des bêches.

Les bâtiments

De nombreux vestiges de bâtiments ont été mis au jour sur le site de Yinxu, mais dans la région de la Plaine centrale, où se situe Anyang, l'architecture ancienne est avant tout une architecture de bois et de terre. Pour les structures les plus simples (habitat populaire, ateliers…), les seules traces laissées par ce type de constructions consistent presque uniquement en des trous de poteaux, ce qui limite notre compréhension de ces structures. La situation est plus favorable pour l'étude des bâtiments de prestige qui ont bénéficié de techniques plus élaborées laissant dans le sol des traces plus lisibles.

Les bâtiments de prestige

Dans cette catégorie sont rangés des bâtiments, de taille généralement imposante, construits sur des terrasses en terre damée, le plus souvent organisés autour de cours intérieures. Les plus importants sont généralement identifiés à des palais ou à des temples. Le principal ensemble de ce type se situe à l'intérieur du coude que dessine la rivière Huan à Yinxu. Celui-ci avait été mis au jour

---

7. Concernant les fouilles effectuées entre 2008 et 2010, voir le rapport de fouilles préliminaire : Zhongguo shehui kexueyuan Kaogu yanjiusuo Anyang gongzuodui 2012, p. 43-58.

8. Rapport de fouilles préliminaire du site de Xiaomintun : Yinxu Xiaotun kaogudui 2007, p. 14-25.

9. Pour une des premières études de ces matériaux, cf. Campbell *et al*. 2011, p. 1279-1297. Rapport de fouilles préliminaire : Zhongguo shehui kexueyuan Kaogu yanjiusuo Anyang gongzuodui 2015, p. 37-62.

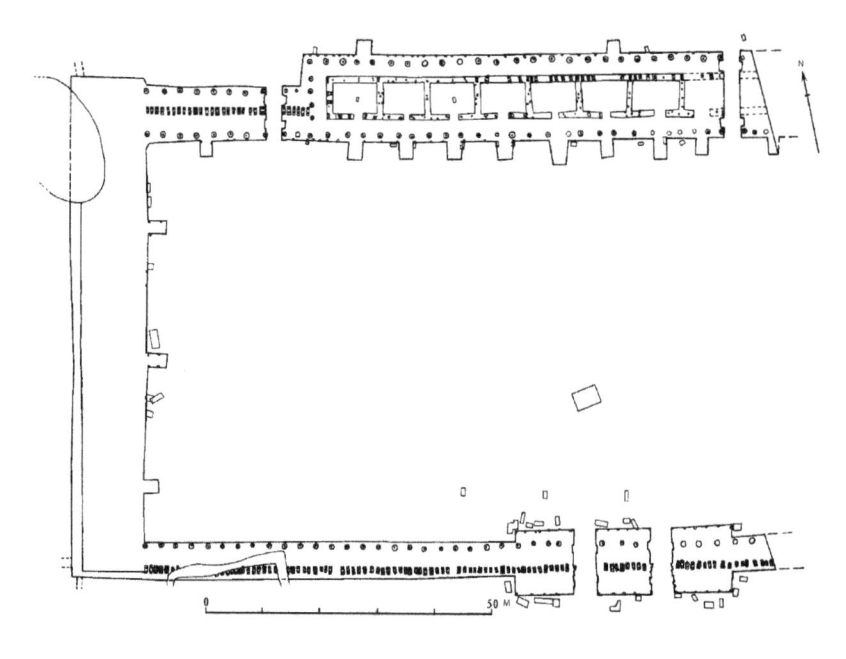

Fig. 3 – Vestiges du palais n° 1 de la ville cité Shang du nord de la Huan.
La partie est n'a pas pu être fouillée.
D'après ZHONGGUO SHEHUI KEXUEYUAN KAOGU YANJIUSUO ANYANG GONGZUODUI 2003, p. 20.

dans les années 1930, mais son organisation, assez complexe, n'avait pas été bien comprise par les archéologues de l'époque. Des sondages et de nouvelles fouilles effectués entre 2004 et 2005 permirent de réinterpréter les données des premières campagnes et de comprendre les différentes phases de réaménagement du site [10]. Cette « zone de palais et de temples », comme elle est souvent nommée, se compose de plusieurs groupes de bâtiments sur terrasse construits selon un alignement nord-sud sur environ 3,5 hectares. Un deuxième ensemble a été mis en évidence entre 1999 et 2008 au nord de la rivière Huan. Celui-ci s'insère à l'intérieur d'un modèle bien attesté à l'âge du Bronze en Chine ; il s'agit d'un large site fortifié, au centre duquel on trouve une zone palatiale, elle-même protégée par une fortification secondaire. Ce grand site fortifié, appelé « cité Shang du nord de la Huan » (ou *Huan bei Shang cheng*), présente une enceinte carrée, d'environ deux kilomètres de côté. En son centre se dressait la zone palatiale composée de deux groupes de bâtiments, organisés autour de cours intérieures, qui ont été baptisés par les archéologues « palais n° 1 » et « palais n° 2 », le premier occupant à lui seul 1,6 hectare (*Fig. 3*). On considère aujourd'hui que cette « cité » du nord

---

10. Rapport sur ces nouveaux sondages et fouilles : ZHONGGUO SHEHUI KEXUEYUAN KAOGU YANJIUSUO ANYANG GONGZUODUI 2009, p. 217-246.

fut abandonnée au XIIIe siècle, suite à un incendie, juste avant que commence à se développer la « zone de palais et de temples » sur la rive sud.

Entre ces différentes infrastructures, les Shang avaient aménagé un réseau de routes et de canaux que les archéologues de l'Académie des sciences étudient désormais de manière plus systématique [11]. Les canaux permettaient entre autres d'alimenter les zones palatiales et les ateliers qui avaient des besoins en eau importants.

Certes, beaucoup reste encore à faire pour comprendre l'organisation exacte du site de Yinxu et son évolution durant toute la période pendant laquelle les Shang l'ont occupé. Toutefois, il est clair que, entre le XIVe et le XIe siècle avant notre ère, se trouvait là le plus important centre de pouvoir de toute la Chine. Les rois Shang, depuis leurs palais, contrôlaient de manière plus ou moins directe une grande partie de la plaine centrale, autour du cours moyen du Fleuve Jaune. Ils pouvaient mobiliser plusieurs milliers d'hommes pour partir au combat. Le contrôle de ce territoire s'appuyait en partie sur un réseau de cités fortifiées de moindre importance. Les limites du territoire Shang restent difficiles à préciser, les découvertes archéologiques permettant malgré tout d'apprécier la très grande diffusion de la culture aristocratique Shang à cette époque [12].

2. Les témoignages écrits

Comme cela a été évoqué au début de cet article, c'est à Anyang qu'apparaissent les premiers témoignages écrits de Chine vers 1250 avant notre ère. Ceux-ci consistent uniquement en inscriptions sur matériaux pérennes comme la terre cuite, le bronze, la pierre ou l'os. Or, la quasi-totalité de ces inscriptions sont liées à des pratiques rituelles particulières, comme la divination ou le culte des ancêtres [13].

Le corpus le plus important est celui des inscriptions sur os et carapaces, on en dénombre plus de 100 000 (dont beaucoup de fragments). Les inscriptions en question sont principalement des comptes rendus de divination gravés sur les os et carapaces ayant servi pour procéder à la divination. On trouve généralement dans ces textes la date, le nom du devin et le sujet de la demande d'oracle, avec, dans quelques cas seulement, une indication sur la prédiction et sur son exactitude. Une fois inscrits, certains de ces supports de divination ont manifestement été conservés ensemble avant d'être enterrés. C'est par exemple le cas des 16 000 pièces environ (principalement des fragments) découvertes en 1936 dans la fosse YH127 qui

---

11. Cf. Tang et al. 2016, p. 319-342.

12. Une carte établie par Li Feng représente une zone de culture Shang s'étendant sur plus de 370 000 km². Cf. Li 2014, carte 4.1, p. 84.

13. Cf. Venture 2002.

Fig.4 – Inscription oraculaire. Reproduction estampage, d'après Guo 1982, n° 203.

auraient été «versées» en une seule fois dans cette fosse. Il s'agit de la plus importante découverte d'inscriptions oraculaires jamais réalisées. Cet ensemble de textes est parfois qualifié d'«archive divinatoire», mais pour différentes raisons ce terme ne semble pas approprié. Tout d'abord, le grand nombre de supports anépigraphes retrouvés au milieu des supports inscrits montre que c'est avant tout en tant que supports de divination que ces objets avaient été conservés et non pour leur texte. De plus, les informations, généralement très lacunaires, données par les inscriptions se prêtent également assez mal à une exploitation archivistique des pièces inscrites. On peut citer par exemple cette paire d'inscriptions se rattachant à une même demande d'oracle et datant de la seconde moitié du XIIIe siècle avant notre ère (*Fig.4*)[14].

Craquelure du jour *yisi* (42/60), le devin Bin soumet à l'oracle: Wei (?) capturera des Qiang. Premier mois.

Craquelure du jour *yisi* (42/60), le devin Bin soumet à l'oracle: Wei (?) ne capturera pas de Qiang

---

14. Inscription n° 203 du corpus de référence: Guo 1982.

Il faut noter que ce que nous appelons « la date », dans l'introduction du rapport, consiste presque toujours en une mention faisant référence à la place du jour de la demande d'oracle à l'intérieur d'un cycle de soixante jours, ici 42ᵉ jour du cycle. Sans mention complémentaire, il est impossible de replacer ce jour dans un temps plus linéaire ou même dans un cycle plus long, comme celui des mois et des ans qui est pourtant attesté dans plusieurs inscriptions dès cette époque. L'exemple ci-dessus témoigne de l'ajout, peu fréquent, d'une référence au mois (mais pas à l'année) en fin de rapport. Certaines inscriptions, comme celles réalisées pour un Prince, découvertes sur le site de Huanyuazhuang-Est, à Yinxu, contenaient des « dates » faisant essentiellement référence à un cycle encore plus court, de dix jours seulement, qui avait alors une importance particulière dans le cadre des rituels pratiqués par les élites Shang[15].

Ainsi, dans l'ensemble des témoignages écrits de l'époque des Shang, on n'observe aucune trace d'archive véritable. Cependant, de nombreux chercheurs, en particulier occidentaux, considèrent que des archives devaient exister, mais qu'elles étaient rédigées sur des supports périssables aujourd'hui disparus. On pense en effet que les chinois devaient dès cette époque utiliser le bois et le bambou pour la pratique courante de l'écriture, or ce type de matériaux ne s'est pas conservé dans les vestiges archéologiques Shang de Yinxu. On a aussi avancé l'idée que les réalisations architecturales et la production colossale des ateliers de la capitale n'étaient possibles que grâce à une organisation sans faille qui devait nécessairement s'appuyer sur un important usage administratif de l'écriture[16], celui-ci pouvant aboutir à la constitution d'archives. L'exemple de la Mésopotamie est alors souvent invoqué.

Mais on notera que dès la fin du Néolithique, on trouve dans différentes régions de Chine d'importants sites fortifiés avec de puissantes murailles ayant nécessité une abondante main d'œuvre[17]. Au début de l'âge du Bronze, dans la première moitié du IIᵉ millénaire avant notre ère, des sites comme ceux de Erlitou, Zengzhou et Yanshi sont également d'importants centres de pouvoir se caractérisant, entre autres, par une forte présence d'une architecture de prestige et une production de biens à grande échelle. Or, l'usage de l'écriture n'est pour l'instant pas avéré sur ces différents sites. L'écriture n'est donc pas une condition nécessaire au développement d'une politique de grands travaux ou à une production de masse.

Le problème se pose sur le site de Yinxu où l'écriture est bien attestée par les inscriptions. Il est de plus certain que l'usage de l'écrit ne se limitait pas à la pratique épigraphique et qu'en conséquence, on doit reconnaître qu'une partie sans doute très importante de la production écrite de l'époque était fixée sur des

---

15. À propos des relations entre ces cycles et le calendrier, cf. Sмітн 2010, p. 1-37.

16. Cf. Postgate *et al.* 1995, p. 459-480, et Keightley 2001, p. 11.

17. Pour une présentation de ces sites fortifiés, voir Yang 2004, p. 99-143.

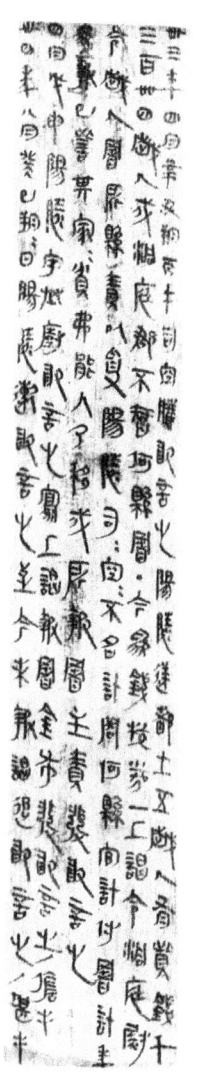

supports aujourd'hui disparus et que cette production nous reste donc aujourd'hui inaccessible. Mais de quelle nature étaient ces matériaux disparus ? Le seul fait que l'écriture ait été inventée signifie-t-il pour autant que l'écriture était alors employée dans tous les différents domaines attestés aux époques postérieures ? Je ne le pense pas.

C'est seulement pour la seconde moitié du Ier millénaire avant notre ère que les archéologues ont mis au jour plusieurs ensembles de documents provenant manifestement d'archives administratives : c'est-à-dire des écrits conservés par l'administration pour pouvoir être consultés et servir éventuellement de preuve si la situation l'exigeait. Il s'agit pour l'essentiel de documents sur des supports en bois ou en bambou qui, considérés à un moment donné comme inutiles, étaient jetés dans des puits pour s'en débarrasser [18]. Certains fonctionnaires se sont également fait inhumer avec ce même type de documents [19]. Ces textes produits par l'administration, qui étaient très standardisés et contenaient des dates très précises, pouvaient être facilement consultés et archivés (*Fig.5*).

Voilà sans doute le type de documents que beaucoup imaginent avoir existé dès l'époque des Shang. Il est certes difficile de se prononcer sur la nature exacte d'objets aujourd'hui disparus, mais il me semble qu'il y a là un danger d'anachronisme.

La société chinoise a connu entre le XIIIe et le IIIe siècle avant notre ère de très grands bouleversements [20]. Ces changements se manifestent en particulier par la montée en puissance d'une administration centralisée qui se caractérise, entre autres, par un important usage de l'écrit. Or, ces changements s'observent aussi dans les matériaux épigraphiques. Entre le Ve et le Ier siècle avant notre ère on trouve, à côté de ces documents d'archives sur bois ou sur

Fig.5 – Document administratif sur bois de Liye.
214 av. n. ère. D'après Hunan sheng wenwu kaogu yanjiusuo et al. 2003, p.25 : J1⑨8.

---

18. Pour une présentation de quelques documents de ce type datant de la Dynastie des Qin (221-207 av. n. è.), cf. Venture 2013, p.506-511.

19. Voir par exemple le cas étudié par M. Loewe dans le chapitre 2 de Loewe 2004, p.38-88.

20. Cf. Hsu 1965.

bambou, de nombreuses inscriptions sur supports pérennes qui attestent elles aussi cette transformation de la société. On observe ainsi, sur certains biens manufacturés (armes en bronze, vases en terre cuite, vaisselle laquée…), des inscriptions se rapportant à la fabrication de ces objets : lieux de production, personnes en charge des différentes étapes, etc. On voit aussi apparaître des inscriptions à caractère public sur des rochers, puis, à partir du premier siècle de notre ère, sur des stèles. D'un point de vue technique, les Shang étaient parfaitement capables de produire ce type de textes gravés, imprimés ou peints, qui témoignent entre autres d'une volonté manifeste d'un contrôle de l'État sur un grand nombre d'activités, or aucune inscription de ce type n'a été découverte à Yinxu. Compte tenu du grand nombre d'inscriptions sur objets rituels qui ont été mises au jour pour cette période, cette absence ne peut se justifier par un problème de conservation des matériaux (surtout en ce qui concerne les supports en pierre ou en métal), elle doit donc nécessairement refléter une évolution de la société et en particulier des usages de l'écriture.

Conclusions

Si des supports de divination portant des inscriptions ont effectivement été conservés dans les palais ou les temples de la dernière capitale des Shang, je ne pense pas que ces pièces puissent être considérées comme de véritables archives. Par ailleurs, je ne suis pas non plus convaincu que les palais Shang contenaient de véritables archives administratives rédigées sur bois ou sur bambou qui auraient disparu sans laisser aucune trace. Il me semble plus probable que la pratique de l'archive, du moins telle que je la comprends, a dû se développer progressivement, au cours du Ier millénaire avant notre ère, en lien avec le développement d'une administration centralisée et la diversification des usages de l'écrit. Toutefois, il ne s'agit là que d'hypothèses qui ne pourront être confirmées ou infirmées à l'avenir que grâce à la découverte, sur le site de Yinxu, de documents ordinaires de l'époque des Shang probablement rédigés sur des supports en bois ou en bambou.

O. Venture
École Pratique des Hautes Études
Section des Sciences Historiques et Philologiques
Olivier.Venture@ephe.psl.eu

Bibliographie

Campbell R., Z. Li, Y. He, J. Yuan 2011, « Consumption, exchange and production at the Great Settlement Shang: bone-working at Tiesanlu, Anyang », *Antiquity* 85/330, p. 1279-1297.

Guo M. (éd.) 1982, *Jiaguwen heji* 甲骨文合集, Pékin.

Hsu C.-Y. 1965, *Ancient China in Transition: An Analysis of Social Mobility, 722-222 B.C.*, Stanford.

Hunan sheng wenwu kaogu yanjiusuo 湖南省文物考古研究所, Xiangxi tujiazu miaozu zizhizhou wenwuchu 湘西土家族苗族自治州文物處 et Longshan xian wenwu guanlisuo 龍山縣文物管理所 2003, « Hunan Longshan Liye Zhanguo–Qin dai gucheng yi hao jing fajue jianbao 湖南龍山里耶戰國—秦代古城一號井發掘簡報 », *Wenwu*, 2003, 1, p. 4-35.

Keightley D. 2001, « The diviners' notebooks: Shang oracle-bone inscriptions as secondary sources », *Actes du colloque international commémorant le centenaire de la découverte des inscriptions sur os et carapaces*, Paris, p. 11.

Li F. 2014, *Early China: A Social and Cultural History*, Cambridge.

Loewe M. 2004, *The Men Who Governed Han China. Companion to A Biographical Dictionary of the Qin, Former Han and Xin Periods*, Leyde et Boston.

Postgate N., T. Wang et T. Wilkinson 1995, « The evidence for early writing: Utilitarian or ceremonial? », *Antiquity* 69/264, p. 459-480.

Smith A. 2010, « The Chinese Sexagenary Cycle and the Ritual Origins of the Calendar », dans J. Steele (éd.), *Calendars and Years II: Astronomy and Time in the Ancient and Medieval World*, Oxford, p. 1-37.

Tang J. 2004, *The Social Organization of Late Shang China: A Mortuary Perspective*, Thèse de doctorat de l'Université de Londres.

Tang J., Z. Jing, H. Yue, Y. He, S. Niu et Z. Yue 2016, « Huanbei Shang cheng yu Yinxu de luwang yu shuiwang 洹北商城與殷墟的路網與水網 », *Kaogu xuebao*, 2016, 3, p. 319-342.

Thorp R. 2006, *China in the Early Bronze Age – Shang Civilization*, Philadelphie.

Thote A. 2009, « Les pratiques funéraires Shang et Zhou : interprétation des vestiges matériels », dans J. Lagerwey (éd.), *Religion et société en Chine ancienne et médiévale*, Paris, p. 47-76.

Venture O. 2002, *Étude d'un emploi rituel de l'écrit dans la Chine archaïque (XIIIe-VIIIe s. av. notre ère) – réflexion sur les matériaux épigraphiques des Shang et des Zhou occidentaux*, thèse de doctorat de l'Université Paris 7.

Venture O. 2013, « Nouvelles sources écrites pour l'histoire des Qin », *Journal Asiatique* 301/2, p. 506-511.

Yang X. 2004, « Urban Revolution in Late Prehistoric China », dans X. Yang (éd.), *New Perspectives on China Past*, New Haven-Londres-Kansas City, p. 99-143.

Yinxu Xiaotun kaogudui 殷墟小屯考古隊 2007, « Henan Anyang shi Xiaomintun Shang dai zhutong yizhi 2003-2004 nian de fajue 河南安陽市孝民屯商代鑄銅遺址2003-2004年的發掘 », *Kaogu*, 2007, 1, p. 14-25.

Zhongguo shehui kexueyuan Kaogu yanjiusuo 中國社會科學院考古研究所 2014, *Anyang Dasikong 2004 nian fajue baogao* 安陽大司空2004年發掘報告, Pékin.

Zhongguo shehui kexueyuan Kaogu yanjiusuo 2003, *Zhongguo kaoguxue – Xia Shang juan* 中國考古學-夏商卷, Pékin, p. 301.

Zhongguo shehui kexueyuan Kaogu yanjiusuo Anyang gongzuodui 中國社會科學院考古研究所安陽工作隊 2012, « Henan Anyang shi Liujiazhuang beidi zhitao zuofang yizhi de fajue 河南安陽市劉家莊北地制陶作坊遺址的發掘 », *Kaogu*, 2012, 12, p.43-58.

Zhongguo shehui kexueyuan Kaogu yanjiusuo Anyang gongzuodui 2015, « Henan Anyang shi Tiesanlu Yinxu wenhua shiqi zhigu zuofang yizhi 河南安陽市鐵三路殷墟文化時期制骨作坊遺址 », *Kaogu*, 2015, 8, p.37-62.

Zhongguo shehui kexueyuan Kaogu yanjiusuo Anyang gongzuodui 2009, « 2004-2005 nian Yinxu Xiaotun gongdian-zongmiao qu de kantan he fajue 2004-2005年殷墟小屯宮殿宗廟區的勘探和發掘 », *Kaogu xuebao*, 2009, 2, p.217-246.

Zhongguo shehui kexueyuan Kaogu yanjiusuo Anyang gongzuodui 2003, « Henan Anyang shi Huan bei Shang cheng gongdian qu 1 hao jizhi fajue jianbao 河南安陽市洹北商城宮殿區1號基址發掘簡報 », *Kaogu*, 2003, 5, p.17-23.

L'OCCUPATION DES PALAIS DE BABYLONE
d'après la répartition de la documentation textuelle
(vi^e-ve siècles av. J.-C.)

Au premier millénaire, Babylone est considérée comme la plus grande ville de Mésopotamie. Ses ruines s'étendent sur environ 850 hectares, la capitale est composée de dix quartiers ; elle est traversée par l'Euphrate et protégée par une double muraille. Babylone se distingue surtout par son statut de ville des dieux et de capitale religieuse de la Babylonie. Elle présente ainsi la particularité d'abriter d'une part le sanctuaire du dieu Marduk, la divinité principale du panthéon babylonien au premier millénaire, et d'autre part le complexe palatial du souverain (*Fig.1*).

L'emplacement de Babylone n'a jamais été perdu, Benjamin de Tudèle et Petahia de Ratisbonne ont d'ailleurs été parmi les premiers voyageurs à s'y rendre, respectivement en 1173 et 1187. Les premières véritables fouilles furent l'œuvre de la Deutsche Orient Gesellschaft, qui confia une mission archéologique à l'architecte R. Koldewey, qui explora le site de manière continue entre 1899 et 1917. La zone étant immense, et les tells très éloignés les uns des autres, R. Koldewey choisit de se concentrer sur le Tell Kasr (où se trouve le complexe palatial) et le Tell Amran ibn-Ali (où se trouve le complexe cultuel). Babylone fut ensuite fouillée par des équipes italiennes de 1974 à 1989[1], puis irakiennes dans les années 1979-1980[2].

Un catalogue des tablettes retrouvées sur le site de Babylone pendant les fouilles de R. Koldewey a été édité en 2005 par O. Pedersén[3]. Les documents y sont tous répertoriés ; cependant les datations des tablettes ne sont pas

---

1. BERGAMINI 1977.

2. Voir les revues *Sumer* 35, 37, 41 et 45.

3. PEDERSÉN 2005a.

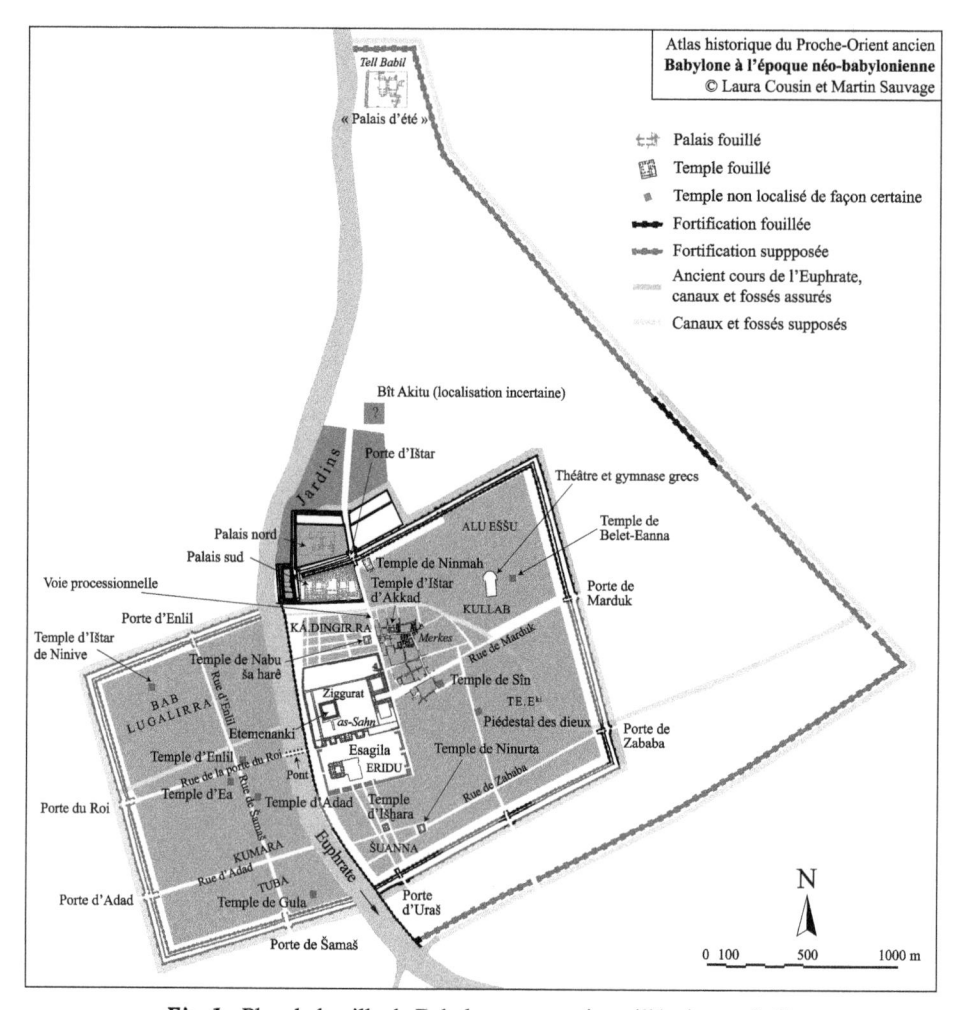

Fig. 1 – Plan de la ville de Babylone au premier millénaire av. J.-C.
(SAUVAGE [dir.] à paraître)

systématiquement précisées [4]. Les éditions des archives palatiales de Babylone sont toujours attendues [5], même si un petit nombre de documents a déjà été publié [6].

---

4. O. Pedersén n'a, en effet, pas signalé les tablettes se rattachant aux règnes de Nériglissar, Nabonide, Cyrus et Cambyse, préférant laisser pour de nombreux textes l'indication générique d'«époque néo-babylonienne».

5. Voir BEAULIEU 2005 et PEDERSÉN 2005b.

6. WEIDNER 1939.

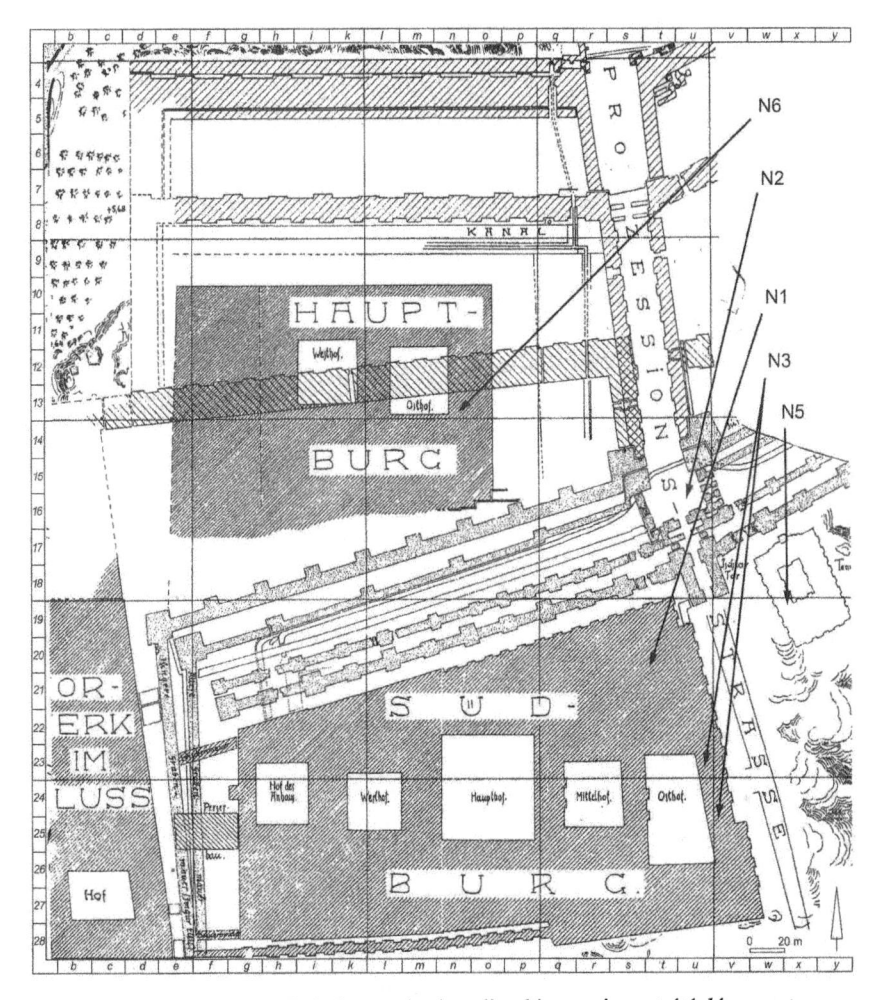

Fig. 2 – Les palais de Babylone et les lots d'archives qui y ont été découverts (PEDERSÉN 2005a, p. 110).

1. La documentation textuelle du Palais Sud

1.1. Historique du Palais Sud

Au premier millénaire, le complexe palatial (*Fig. 2*) se situe au nord de la ville dans le quartier appelé KÁ.DINGIR.RA (« la porte des dieux ») sur l'actuel tell Kasr, tandis que le complexe cultuel, composé du temple de l'Esagil (« Temple au sommet élevé ») dédié au dieu Marduk, et de la ziggurat Etemenanki (« Temple qui relie le ciel et la terre »), se trouve au centre de la ville. Le complexe palatial est un ensemble grandiose, s'appuyant sur l'Euphrate, et se trouve à cheval sur la double muraille encerclant Babylone. Le palais se présente *de facto* comme une unité indépendante du reste de la ville, formée de deux bâtiments appelés Palais

Nord et Palais Sud. Les noms cérémoniels de ces deux édifices ne sont pas connus, à l'inverse de ceux des palais assyriens, c'est pourquoi on les désignera ci-après par les dénominations utilisées par R. Koldewey dans ses ouvrages[7].

Le Palais Sud est le palais originel de Babylone. Son emplacement à l'intérieur des murailles a sûrement été fixé au plus tard au XIIe siècle, au moment de la composition des tablettes topographiques *Tintir*[8]. C'est donc à la fin de la période kassite, et plus particulièrement sous le règne de Nabuchodonosor Ier (1126-1105 av. J.-C.), que la topographie interne de Babylone se stabilise à l'intérieur de ses fortifications.

Le Palais Sud de l'époque de Nabopolassar (626-605 av. J.-C.) se concentrerait dans les parties les plus à l'ouest du bâtiment, soit les cours *Anbauhof* et *Westhof*, puis il fut vraisemblablement agrandi de trois cours supplémentaires par Nabuchodonosor II (604-562 av. J.-C.) pendant ou avant sa 7e année de règne (598/597), selon les données du document appelé *Hofkalendar*[9].

1.2. Les lots de tablettes retrouvés dans le Palais Sud

Les fonctions du Palais Sud sont multiples, mais sa plus immédiate raison d'être est d'abriter la résidence du roi, ainsi que de la reine et de leurs enfants. De plus, par la salle du trône qu'il accueille en son sein, au sud de la troisième cour (*Haupthof*), le Palais Sud apparaît comme une matérialisation de la fonction du souverain. Enfin, l'une de ses autres fonctions est d'être un important pôle administratif (*Fig.3*).

Dans le Palais Sud, les deux premières cours, *Osthof* et *Mittelhof*, auraient été conçues pour accueillir l'administration, ce que l'on peut également déduire de leur emplacement, à l'est de l'édifice près de la porte principale. Les secteurs administratifs des palais se doivent d'être tournés vers l'extérieur, comme en témoigne l'organisation du palais de Mari par exemple[10]. La première cour donne accès au nord à une suite de quatorze salles voûtées, dotées de puits et de conduites d'eau, faisant office d'entrepôt, élément architectural que R. Koldewey avait pris pour les structures souterraines des Jardins Suspendus, et qu'il qualifiait de *Gewölbebau* (« structure voûtée »)[11].

Le rôle administratif du Palais Sud s'exprime par la découverte de trois lots d'archives d'époque néo-babylonienne (N1, N3 et N4 selon la terminologie

---

7. KOLDEWEY 1931 et 1932.

8. GEORGE 1992.

9. Pour le *Hofkalendar*, voir DA RIVA 2013, p. 211. Plus généralement, sur la réalisation du Palais Sud, voir MIGLUS 2004, p. 236-240, et MARGUERON 2013, p. 111.

10. DURAND 1987, p. 103.

11. KOLDEWEY 1931, p. 38-64.

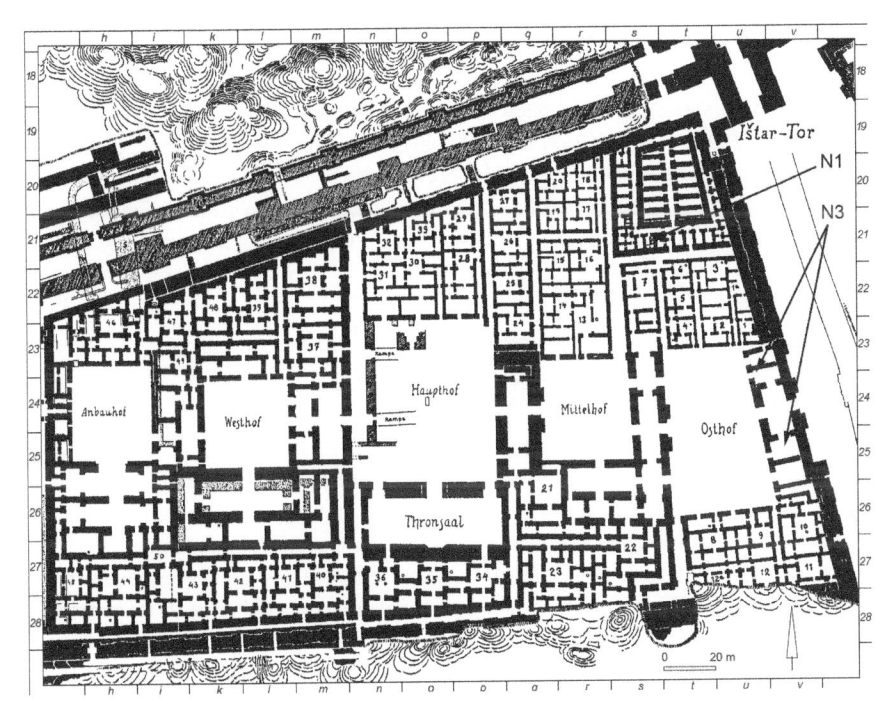

Fig. 3 – Les lots d'archives découverts dans le Palais Sud (Pedersén 2005a, p. 111).

adoptée par O. Pedersén [12]). Si, pour l'instant, aucune tablette, voire archive paléo-babylonienne, n'a pu être découverte dans les palais royaux à cause du niveau trop élevé de la nappe phréatique [13], trois tablettes kassites (lot M12) furent exhumées du Palais Sud, l'une au nord de la salle du trône (Bab 12072 = n° 1, datée de l'an 5 d'un roi appelé Kadašman-Enlil), la deuxième *a priori* dans la *Haupthof* (Bab 12109 = n° 2, datée du règne d'un roi portant le nom de Kaštiliašu), et la dernière dans le sud-ouest du palais, trouvée en surface (Bab 45870 = n° 3 que l'on ne peut pas rattacher à un souverain en particulier). Ces tablettes anciennes, et dispersées aux alentours de la salle du trône, faisaient sûrement partie d'une archive morte, et ont alors pu être réutilisées à des fins de construction, peut-être en guise de remblai, afin de remplir le sol du palais [14].

Le lot d'archive N1 fut exhumé dans l'espace appelé *Gewölbebau*, dans le coin nord-est du Palais Sud, et a offert 303 tablettes. Elles ne furent pas découvertes

---

12. Pedersén 2005a.

13. Sur les palais royaux de Babylone à l'époque paléo-babylonienne, voir Charpin 1991.

14. Voir Faivre 1995 pour Tell Beidar, Ur, Terqa et Mari, notamment p. 63.

ensemble, mais en plusieurs groupes distincts, tous à l'intérieur de la structure voûtée.

Dans le *Gewölbebau* à l'ouest de l'entrée : un premier groupe rassemble 277 tablettes (10-240 et 242-287) exhumées avec des restes de paniers en roseaux, rappelant la manière de conserver les documents en milieu privé[15]. Toutefois, il n'est à aucun moment mentionné l'existence d'étiquettes de paniers à tablettes, comme cela fut découvert dans le palais de Mari[16]. On ne peut, bien sûr, pas exclure que ces tablettes servant à l'étiquetage existaient et aient disparu, ou n'aient pas encore été dégagées.

Les tablettes 288 à 301, parmi lesquelles se trouve une tablette (n° 295 = Bab 28395) de l'époque de Šamaš-šum-ukīn (667-648 av. J.-C.), furent mises au jour au sud de la structure voûtée[17].

Enfin, la dernière tablette (n° 241 = Bab 28331) fut retrouvée dans une pièce à l'est de l'entrée. Elle est surtout la seule tablette brûlée, et la seule à présenter des marques d'empreinte de sceau[18]. C'est, de plus, la tablette la plus récente, datant de l'an 34 de Nabuchodonosor II (571/570), correspondant chronologiquement à ce que l'on trouve plus tard dans le Palais Nord. Serait-il possible que cette tablette fasse à l'origine partie du lot retrouvé dans le Palais Nord et qui présente les mêmes marques de brûlures par le feu ? Cette tablette est isolée et on pourrait peut-être penser qu'elle serait tombée après que l'on a voulu la transporter[19], mais on ne peut en dire plus étant donné que ce texte n'a pas encore été édité.

Une dernière question se pose à propos des tablettes 1 à 9 du lot N1 : en effet, le journal de fouilles de R. Koldewey et son journal personnel sont imprécis et contradictoires[20]. Enfin, le contexte archéologique des tablettes 302 et 303 reste à établir : elles ont été répertoriées dans le journal de fouilles de R. Koldewey

---

15. Pour la question du stockage des archives, voir VEENHOF 1986. En contexte privé, K. R. Veenhof rappelle que les tablettes pouvaient être conservées dans le coin d'une pièce, enveloppées dans une pièce de textile ou dans une natte de roseau, ou bien entreposées dans une jarre, une boîte, tandis que pour les archives plus importantes, on recourait à d'autres dispositions : soit un système d'étagères, soit un système de conteneurs.

16. À ce sujet THUREAU-DANGIN 1939 et CHARPIN 1995.

17. PEDERSÉN 2005a, p. 112.

18. PEDERSÉN 2005a, p. 113.

19. Voir SAUVAGE 1995, p. 51, pour un phénomène similaire à Sippar Amnânum, dans la maison d'Ur-Utu.

20. PEDERSÉN 2005a, p. 112 : « Da die Angabe so allgemein ist, ohne Planquadrat usw., handelt es sich hier vielleicht nur um eine (falsche) Vermutung der Ausgräber ».

de Mars-Avril 1907 sous l'étiquette « Merkes » (« centre-ville »), mais on peut en douter[21].

Le statut des tablettes du lot N1 reste à définir : même si leur contexte archéologique n'est pas clairement établi[22], elles ne furent manifestement pas mises au rebut et ne servirent pas à des fins de construction, donc il ne s'agit vraisemblablement pas d'une ou de plusieurs archives mortes. Cependant, ces tablettes sont déjà datées, et ne sont sûrement plus utiles lorsque l'administration perse se met en place à Babylone. En outre, on ne connaît que très peu d'éléments sur l'espace appelé *Gewölbebau*. Il a été proposé que, de par sa construction et sa bonne isolation, il pouvait servir de grenier, et qu'ainsi les tablettes découvertes dans cet espace qui mentionnent du grain et de l'huile, n'y seraient pas stockées par hasard, mais auraient été entreposées dans l'endroit qu'elles évoquent. M. Sauvage a d'ailleurs clairement montré que les pièces de stockage pouvaient à la fois conserver des provisions, et dans le même temps des tablettes[23]. Néanmoins, les tablettes mentionnent également des greniers qui ne sont pas situés dans le palais, mais plutôt dans des espaces « à côté du palais », ou « à côté de la porte d'Ištar » pour ne citer que ces deux exemples[24].

Seuls 82 textes du lot N1 comportent une datation précise, et parmi eux, 74 proviennent du règne de Nabuchodonosor II[25]. Parmi les autres tablettes qu'il fut possible de dater, la plus ancienne remonte à l'an 15 de Šamaš-šum-ukīn, en 652[26], sans que l'on puisse déterminer pourquoi cette tablette, *a priori* isolée et ne présentant aucune spécificité particulière, s'est retrouvée au sein d'un lot néo-babylonien. Les plus célèbres documents, bien connus depuis l'étude de E.F. Weidner[27], sont les textes mentionnant les rations d'huile reçues par le roi de Juda Joiakin et sa famille, emmenés en exil depuis Jérusalem, après que

---

21. PEDERSÉN 2005a, p. 112.

22. GEORGE 2001/2002, p. 38 : « So far the most significant detail that has emerged concerning tablets found in the southern palace is the discovery of an archive of 290 administrative tablets preserved in rubbish accumulated on the floor of the room housing the staircase leading down into the vaulted building ».

23. SAUVAGE 1995.

24. GEORGE 2001/2002, p. 39.

25. Elles sont datées entre l'an 10 et l'an 28 de Nabuchodonosor II, entre 595 et 577. Dix-sept tablettes sont de la 20e année de Nabuchodonosor II, quinze de la 10e année, dix de la 12e année et sept de la 11e année (pour ces chiffres, voir PEDERSÉN 2005a, p. 113).

26. Cette tablette (n° 295 selon la classification de l'archive N1 par O. Pedersén) porte le numéro Bab 28395, et fut mise au jour dans la cage d'escalier du *Gewölbebau*. Cette tablette fut étudiée par WEIDNER 1952/1953, p. 36, puis p. 45-46.

27. WEIDNER 1939.

Nabuchodonosor II eut pris la ville en 597. Le texte Bab 28122 de l'archive N1 est remarquable en plusieurs points. Cette tablette serait datée de l'an 13 de Nabuchodonosor II, en 593/592[28], et énumère la quantité d'huile de sésame attribuée par mois, individuellement ou collectivement, aux Judéens. Cette huile peut être utilisée de façon alimentaire, et peut-être également pour s'en oindre. Le roi de Juda Joiakin reçoit une ration d'huile d'un demi *pānu* (± 15,156 l.) qu'il partage manifestement avec sa famille. Dans ce texte, sont également cités les princes et huit autres personnes originaires du royaume de Juda.

Les Judéens ne sont pas les seuls étrangers mentionnés parmi les textes de l'archive N1 : sont également représentées des personnes originaires de l'est (de l'Élam, de Parsu, de Médie, de Dilmun), et de l'ouest du Proche-Orient (de Tyr, d'Égypte, d'Ionie, de Lydie), qui exercent les professions de scribes du palais, serviteurs, jardiniers, messagers, charpentiers, gardes. Ces individus se trouvent dans la sphère d'influence du *bīt qīpūti*, c'est-à-dire l'aile administrative[29] du palais, autour de la *Osthof*. De surcroît, les personnes rattachées au *bīt qīpūti* seraient des artisans spécialisés travaillant pour le palais, et les étrangers apparaissant au gré des textes sont sûrement amenés à exercer une tâche pour le roi de Babylone en leur qualité d'expert dans leur domaine de compétence[30].

Le lot N3 fut mis au jour dans deux salles sur le côté de la *Osthof*, à proximité immédiate de la porte d'entrée du Palais Sud. Ces deux salles, au nord et au sud de la pièce qui servait vraisemblablement de sas d'entrée[31], ont livré 41 tablettes. Seules six d'entre elles ont pu être datées avec précision et proviennent du règne de Nabuchodonosor II, entre 602 et 592 (deux de sa 3e année, deux de la 6e, une de la 8e et une dernière de la 13e). On trouve surtout des listes et des notices, notamment des listes d'huile de sésame. Deux tablettes scolaires présentant des listes lexicales ont aussi pu être identifiées. Concernant ces deux derniers textes, O. Pedersén donne l'information suivante quant à leur lieu d'exhumation : « sur le mur en briques crues, au nord de la porte de la cour, sur le haut du revêtement »[32]. D'après la liste descriptive qu'il a établie, la façon dont ces tablettes sont réalisées n'est pas précisée, ni quelles sont leurs caractéristiques, mais il serait possible qu'elles aient été réutilisées comme matériaux de construction[33]. Une interrogation demeure quant à la provenance de ces documents, et si l'on peut envisager que le palais accueillait des apprentis-scribes.

---

28. PEDERSÉN 2005b, p. 268.

29. JURSA 2010, p. 71-72.

30. Voir également à ce sujet COUSIN 2016.

31. PEDERSÉN 2005a, p. 130.

32. PEDERSÉN 2005a, p. 131 (nos 18 et 21).

33. FAIVRE 1995, p. 61, et SCHEIL 1902, p. 33-34, pour l'époque de Hammurabi.

Enfin, l'archive N4 fut exhumée du Palais Sud, mais de façon éparse, ne permettant pas de la reconstituer de façon homogène[34]. On a ainsi mis au jour 92 tablettes peu datées et quelques empreintes de sceaux. Parmi les tablettes identifiées, deux proviennent du règne de Šamaš-šum-ukīn – les tablettes Bab 8055 (n°6) et Bab 27196 (n°26) pour sa 19ᵉ année de règne – au moins trois de celui de Nabuchodonosor II – Bab 7447 de son année d'accession (n°1), Bab 27353 de l'an 8 de Nabuchodonosor II (n°30), Bab 31114 de l'an 36 (n°71) – et enfin, probablement une de l'époque de Darius Iᵉʳ – Bab 12092 (n°14). Au sein de cette documentation, les textes forment des lots très épars : O. Pedersén a pu identifier douze contrats, cinq notices, trois lettres, deux listes et huit tablettes d'apprentissage (listes de signes, listes lexicales, texte littéraire et présages)[35].

1.3. Le Hofkalendar

Le *Hofkalendar*, document présenté pour la première fois par E. Unger[36], repris depuis par M. Jursa[37], et plus récemment par R. Da Riva[38], se présente sous la forme d'un prisme, aujourd'hui conservé à Istanbul. Il fut mis au jour dans le bastion ouest du Palais Sud[39], et offre des éléments précieux quant à la cour qui entourait Nabuchodonosor II et à la vie à l'intérieur de l'édifice : commandants militaires, surintendants, majordomes, échansons, chanteurs, musiciens, bateliers, marchands et esclaves apparaissent au gré du texte. Si le Palais Sud est la résidence du roi, on y apprend ainsi qu'un quartier devait être dédié aux femmes (*bīt sekrēti*). Les évocations d'« Ardiya, grand administrateur de la maison des femmes du palais, Bēl-uballiṭ, scribe de la maison des femmes du palais […], Eribšu, chef de la domesticité féminine, Nabû-bēl-uṣur, chef de la domesticité féminine »[40], montrent qu'il existe dans le palais royal de Babylone une structure et une administration parallèles dédiées à sa population féminine, comme c'était

---

34. Pedersén 2005a, p. 132. Tout d'abord, on peut remarquer qu'O. Pedersén a intitulé ce groupement : « Sonstige Archivreste in der Südburg (Kasr) », et que ces restes n'apparaissent pas sur le plan du Palais Sud. Il ajoute enfin : « Die hier erfaßten Tontafeln bilden kein Archiv, sondern sich nur einzelne Tafeln oder Tafelgruppen, die höchstens kleine Reste sonst nicht länger existierender Archive sind. »

35. Pedersén 2005a, p. 132.

36. Unger 1931, p. 282-294.

37. Jursa 2010.

38. Da Riva 2013.

39. Unger 1931, p. 282, et Da Riva 2013, p. 196.

40. Da Riva 2013, p. 203.

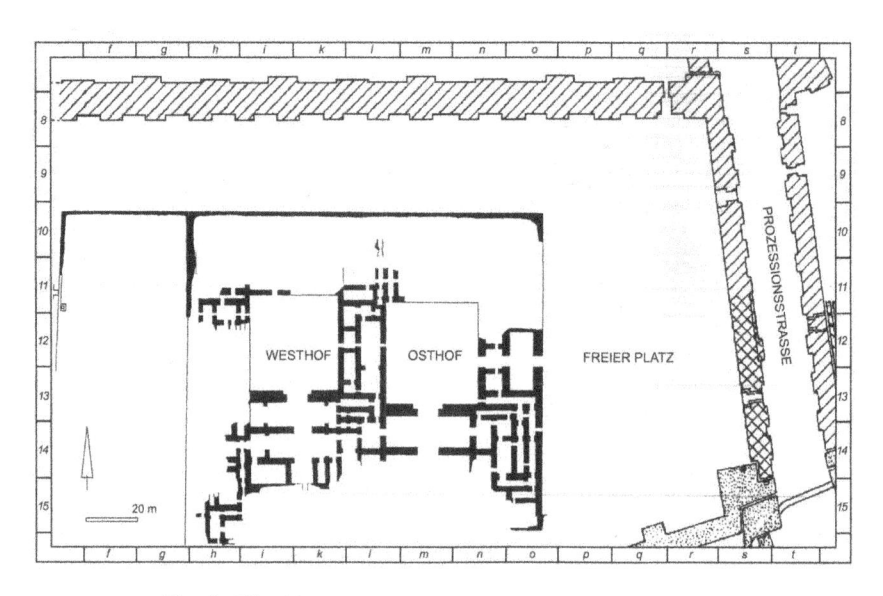

Fig. 4 – L'intérieur du Palais Nord (PEDERSÉN 2005a, p. 144).

par exemple le cas dans les palais assyriens[41]. Un espace dédié à la résidence du prince héritier pourrait par ailleurs être évoqué dans deux documents: Bab 28325 (N1, n° 148), daté de l'an 19 de Nabuchodonosor II (586/585) présente un brasseur rattaché au *bīt rēdûti* («maison de succession»), et le *Hofkalendar* mentionne «Arad-Nabû, le secrétaire-*sepīru* du fils du roi» (*sepīru ša mār šarri*) parmi les fonctionnaires attachés au palais[42].

2. La documentation textuelle du Palais Nord

2.1. Historique du Palais Nord

Nabuchodonosor II s'est construit au nord du Palais Sud un autre palais, plus vaste encore, appelé Palais Nord (ou *Hauptburg* par R. Koldewey). Ce nouvel édifice n'ayant été que partiellement fouillé, les informations à son propos demeurent très incomplètes (*Fig. 4*). La construction du Palais Nord est entreprise entre l'an 16 et l'an 19 de Nabuchodonosor II (589-586) et dure au moins jusqu'à sa 29ᵉ année de règne (576)[43]. Les documents du temple de l'Eanna d'Uruk

---

41. Voir MACGREGOR 2012, p. 55-58, et SVÄRD 2015.

42. DA RIVA 2013, p. 203 et p. 213.

43. KLEBER 2008, p. 159-161.

attestent de l'implication du sanctuaire dans cette construction et s'étalent, quant à eux, de l'an 19 à l'an 29 de Nabuchodonosor II (586-576)[44]. Le Palais Nord fait partie de ces monuments nouveaux de Babylone qui n'ont pas été édifiés à partir de constructions préexistantes, ce qui pose la question de sa réalisation et plus particulièrement de l'espace choisi pour l'accueillir, une aire située en dehors de l'enceinte de la ville. Construit à l'époque néo-babylonienne, il est toujours en activité sous les Perses, et abrite notamment l'archive du gouverneur Bēlšunu.

2.2. Les tablettes retrouvées dans le Palais Nord

Si nos connaissances sont assez partielles sur le Palais Sud, elles sont encore plus maigres sur le Palais Nord: seules deux cours – *Westhof* et *Osthof* – furent mises au jour et leurs fonctions restent indéterminées. Aucune donnée n'atteste, par exemple, que le Palais Nord contenait des espaces dévolus à l'habitation, voire s'il abritait une autre salle du trône. En outre, une étude de sa circulation interne ne donne aucun résultat, car un trop faible nombre de cloisons et de couloirs fut exhumé. Palais Nord et Palais Sud partagent néanmoins un trait commun: une pièce barlongue précède l'entrée des cours, faisant office de salle d'attente et de contrôle.

Cependant, il est manifeste que le Palais Nord exerçait un rôle administratif conséquent en abritant les archives du Kasr (la totalité de ces documents est également référencée par O. Pedersén, sous l'appellation de lot N6[45]). En 1913, des centaines de fragments de tablettes endommagées par le feu furent exhumées du Kasr. O. Pedersén estime que les fouilles de la Deutsche Orient Gesellschaft ont permis de dégager environ 950 textes, et une cinquantaine de documents fut retrouvée par des fouilles postérieures. Leur contexte archéologique reste flou[46]: les textes semblent avoir été dispersés sur 10 000 m^2. Selon O. Pedersén des tablettes étaient conservées dans une pièce de la partie sud-est du Palais Nord, voire à l'étage du bâtiment[47], bien qu'un tel élément architectural soit difficile à établir fermement. Les tablettes auraient alors subi un feu violent, imprévu, mais tout à fait localisé. L'incendie aurait alors pu être attisé par les poutres en bois d'un toit et par les étagères comportant les archives. Enfin, le feu aurait pu grossir à cause des documents rédigés sur papyrus[48].

---

44. BEAULIEU 2005, p. 49.

45. PEDERSÉN 2005a.

46. STOLPER 1999, p. 368.

47. PEDERSÉN 2005a, p. 145.

48. STOLPER 1999, p. 368, et PEDERSÉN 2005a, p. 145.

La collection du Musée de Berlin comprend 630 textes du Kasr[49], et en 1999, après étude de 425 textes, M.W. Stolper en a proposé la répartition suivante :

– 115 sont des contrats de ventes de champs et de maisons dans la ville et le voisinage de Borsippa, des héritages ou des règlements de conflits, et sont donc des documents ayant une longue validité[50].

– 145 textes appartiennent à l'archive de Bēlšunu.

– Les autres documents sont surtout des textes à caractère juridique, semblables à ceux de l'archive de Bēlšunu.

La majorité des archives du Kasr provient des règnes d'Artaxerxès Ier (465-424 av. J.-C.), Darius II (423-404) et des premières années d'Artaxerxès II (405-359), mais la plus ancienne tablette date *a priori* de la neuvième année de règne de Nabuchodonosor II (596-595)[51].

2.3. Les archives du gouverneur Bēlšunu

Bēlšunu, fils de Bēl-uṣuršu, est une figure bien connue depuis les études de M.W. Stolper[52]. Bēlšunu se lança dans les affaires vers 430-425, et devint peut-être gouverneur de Babylone sous Artaxerxès Ier à partir de 429, et ce jusqu'en 415, et résida vraisemblablement dans le Palais Nord. Il porte le titre de *pīhāt Bābili*, « gouverneur de Babylone », et est placé sous les ordres de Gubaru sous Darius II et d'Artareme sous Artaxerxès Ier, les gouverneurs de la province[53]. Il devint ensuite gouverneur d'*Ebir nārī* (Transeuphratène) en 407-401. Lorsqu'il obtint cette dernière charge, c'est son fils Marduk-eriba qui devint gouverneur de Babylone[54].

Les archives de Bēlšunu documentent les activités privées de ce personnage, qui a fait carrière au sein de l'administration perse, et ne présentent aucun texte en lien avec l'administration du royaume sous les Achéménides. Elles sont en effet constituées de contrats de vente, de location, de reconnaissances de dettes, de reçus, établis à Babylone, Borsippa, Kutha, Dilbat et dans de petites localités autour de ces grandes villes[55]. Par conséquent, ce personnage public a laissé une

---

49. STOLPER 1999, p. 368.

50. STOLPER 1999, p. 369.

51. Il s'agit de Bab 54716 (lot N6 n° 106 selon la classification d'O. Pedersén). D'après la notice, cette tablette est fragmentaire et comporterait un contrat d'achat.

52. Notamment STOLPER 1987 et 1989.

53. STOLPER 1990, p. 199-200.

54. STOLPER 1999, p. 372.

55. STOLPER 1990, p. 205.

archive privée dans laquelle n'affleurent qu'à de très rares occasions ses rapports avec le roi perse.

La répartition de la documentation textuelle dans les Palais Nord et Sud amène à s'interroger sur l'évolution de l'occupation de ces deux palais. On constate, en premier lieu, que les tablettes retrouvées dans le Palais Sud sont largement d'époque néo-babylonienne, et les textes que l'on peut dater proviennent majoritairement du règne de Nabuchodonosor II. D'autre part, c'est dans le Palais Sud que l'on trouve des témoignages antérieurs à l'époque néo-babylonienne, notamment de la documentation de l'époque de Šamaš-šum-ukīn. Cet aspect tend à démontrer que le palais royal se trouvait déjà dans cette partie de Babylone sous la tutelle néo-assyrienne, même si aucun texte n'est apparemment daté du règne de Kandalānu (647-627 av. J.-C.). En deuxième lieu, à l'époque néo-babylonienne, les deux palais semblent autant utilisés l'un que l'autre d'un point de vue administratif. En troisième lieu, le Palais Nord présente quelques tablettes datant du règne de Nabuchodonosor II, mais surtout des documents des règnes d'Artaxerxès Ier, de Darius II et d'Artaxerxès II, ce qui amènerait à déduire qu'il aurait une activité plus importante pendant l'époque achéménide, voire qu'il aurait pris l'ascendant sur le Palais Sud en terme administratif, ce dernier demeurant plutôt le lieu de résidence du souverain. Cette répartition des fonctions entre les deux monuments pourrait être renforcée par la construction appelée *Perserbau*, petit édifice situé à l'extrême ouest du Palais Sud, sûrement commandé par Artaxerxès II[56], mais aussi par les travaux entrepris par les souverains perses et hellénistiques sur les sols du Palais Sud[57], ainsi que dans les cours les plus à l'ouest de l'édifice[58].

Laura COUSIN
UMR 7041 ArScAn, Nanterre
laura.cousin7@gmail.com

Bibliographie

BEAULIEU P.-A. 2005, «Eanna's contribution to the construction of the North Palace at Babylon», dans H.D. BAKER et M. JURSA (éds), *Approaching the Babylonian Economy. Proceedings of the START Project Symposium Held in Vienna, 1-3 July 2004*, Alter Orient und Altes Testament 330, Münster, p. 45-73.

BERGAMINI G. 1977, «Levels of Babylon Reconsidered», *Mesopotamia* 12, p. 111-152.

CHARPIN D. 1991, «Les deux palais de Babylone», *NABU* 1991/59.

---

56. Sur l'identité du bâtisseur du *Perserbau*: VALLAT 1989 et GASCHE 2010.

57. MARGUERON 2013, p. 97-99.

58. GASCHE 2010 et 2013, p. 115.

CHARPIN D. 1995, « La fin des archives dans le palais de Mari », *Revue d'Assyriologie* 89, p. 29-40.

COUSIN L. 2016, « Beauty Experts: The female perfume-makers in the first millenium BC », dans Br. LION et C. MICHEL (éds), *The Role of Women in Work and Society in the Ancient Near East*, Studies in Ancient Near Eastern Records 13, Boston-Berlin, p. 512-525.

DA RIVA R. 2013, « Nebuchadnezzar II's Prism (EŞ 7834): A New Edition », *Zeitschrift für Assyriologie und verwandte Gebiete* 103/2, p. 196-229.

DURAND J.-M. 1987, « L'organisation de l'espace dans le palais de Mari : le témoignage des textes », dans E. LÉVY (éd.), *Le système palatial en Orient, en Grèce et à Rome. Actes du colloque de Strasbourg 19-22 juin 1985*, Strasbourg, p. 39-110.

FAIVRE X. 1995, « Le recyclage des tablettes cunéiformes », *Revue d'Assyriologie* 89, p. 57-66.

GASCHE H. 2010, « Les palais perses achéménides de Babylone », dans J. PERROT (éd.), *Le Palais de Darius à Suse : une résidence royale sur la route de Persépolis à Babylone*, Paris, p. 446-465.

GASCHE H. 2013, « Le Südburg de Babylone : une autre visite », dans B. ANDRÉ-SALVINI (éd.), *La Tour de Babylone. Études et recherches sur les monuments de Babylone. Actes du colloque du 19 avril 2008 au Musée du Louvre, Paris,* Documenta Asiana 10, Rome, p. 115-125.

GEORGE A.R. 1992, *Babylonian Topographical Texts*, Orientalia Lovaniensia Analecta 40, Louvain.

GEORGE A.R. 2001/2002, « Palace names and Epithets, and the Vaulted Building », *Sumer* 51, p. 38-42.

JURSA M. 2010, « Der neubabylonische Hof », dans B. JACOBS et R. ROLLINGER (éds), *Der Achämenidenhof*, Wiesbaden, p. 67-106.

KLEBER K. 2008, *Tempel und Palast. Die Beziehungen zwischen dem König und dem Eanna-Tempel im spätbabylonischen Uruk*, Alter Orient und Altes Testament 358, Münster.

KOLDEWEY R. 1931, *Die Königsburgen von Babylon. 1. Teil : die Südburg*, Wissenschaftliche Veröffentlichungen der DOG 54, Leipzig.

KOLDEWEY R. 1932, *Die Königsburgen von Babylon. 2. Teil: die Hauptburg und der Sommerpalast Nebukadnezars im Hügel Babil*, WVDOG 55, Leipzig.

MACGREGOR S.L. 2012, *Beyond Hearth and Home: Women in the Public Sphere in Neo-Assyrian Society*, State Archives of Assyria Studies 21, Helsinki.

MARGUERON J.-Cl. 2013, « Le palais de "Nabuchodonosor" à Babylone : un réexamen », dans B. ANDRÉ-SALVINI (éd.), *La Tour de Babylone. Études et recherches sur les monuments de Babylone. Actes du colloque du 19 Avril 2008 au Musée du Louvre, Paris,* Documenta Asiana 10, Rome, p. 77-114.

MIGLUS P.A. 2004, « Palast B. Archäologisch », *Reallexikon der Assyriologie und Vorderasiatische Archäologie* 10, p. 233b-273b.

PEDERSÉN O. 2005a, *Archive und Bibliotheken in Babylon*, Abhandlungen der DOG 25, Berlin.

PEDERSÉN O. 2005b, « Foreign Professionals in Babylon: Evidence from the Archive in the Palace of Nebuchadnezzar II », dans W. H. VAN SOLDT (éd.), *Ethnicity in Ancient*

Mesopotamia. Papers Read at the 48th Rencontre Assyriologique Internationale, Leiden 1-4 July 2002, Publications de l'Institut Historique-Archéologique Néerlandais de Stamboul 102, Leyde, p. 267-272.

SAUVAGE M. 1995, « Le contexte archéologique et la fin des archives à Khirbet ed-Diniyé-Harâdum », *Revue d'Assyriologie* 89, p. 41-55.

SAUVAGE M. (dir.) à paraître, *Atlas historique du Proche-Orient ancien*, Paris.

SCHEIL V. 1902, *Une saison de fouilles à Sippar*, Mémoires publiés par les membres de l'Institut Français d'Archéologie Orientale 1/I, Le Caire.

STOLPER M.W. 1987, « Bēlšunu the Satrap », dans F. ROCHBERG-HALTON (éd.), *Language, Literature, and History: Philological and Historical Studies Presented to Erica Reiner*, American Oriental Series 67, New Haven, p. 389-402.

STOLPER M.W. 1989, « The Governor of Babylon and Across-the-River in 486 B.C. », *Journal of Near Eastern Studies* 48, p. 283-305.

STOLPER M.W. 1990, « The Kasr Archive », dans H. SANCISI-WEERDENBURG et A. KUHRT (éds), *Centre and Periphery*, Achaemenid History 4, Leyde, p. 195-205.

STOLPER M.W. 1999, « Achaemenid Legal Texts from the Kasr: Interim Observations », dans J. RENGER (éd.), *Babylon: Focus mesopotamischer Geschichte, Wiege früher Gelehrsamkeit, Mythos in der Moderne*, Colloquien der DOG 2, Sarrebrucke, p. 365-375.

SVÄRD S. 2015, *Women and Power in the Neo-Assyrian Palaces*, State Archives of Assyria Studies 23, Helsinki.

THUREAU-DANGIN Fr. 1939, « Sur des étiquettes de paniers à tablettes provenant de Mari », *Symbolae ad Iura Orientis Antiqui pertinentes Paulo Koschaker dedicatae*, Leyde, p. 119-120.

UNGER E. 1931, *Babylon, die heilige Stadt*, Berlin-Leipzig.

VALLAT Fr. 1989, « Le palais d'Artaxerxès II à Babylone », *Northern Akkad Project Reports* 2, p. 3-6.

VEENHOF K.R. 1986, « Cuneiform Archives. An Introduction », dans K.R. VEENHOF (éd.), *Cuneiform Archives and Libraries*, Publications de l'Institut Historique-Archéologique Néerlandais de Stamboul 57, Leyde, p. 1-36.

WEIDNER E.F. 1939, « Jojachin, König von Juda, in babylonischen Keilschrifttexten », *Mélanges offerts à Monsieur René Dussaud* 2, BAH 30, Paris, p. 923-935.

WEIDNER E.F. 1952/1953, « Keilschrifttexte nach Kopien von T. G. Pinches. Aus dem Nachlass veröffentlicht und bearbeitet. 1. Babylonische Privaturkunden aus dem 7. Jahrhundert v. Chr. », *Archiv für Orientforschung* 16, p. 35-46.

PALAIS, RÉSIDENCES ET ARCHIVES
Le maillage des territoires en Crète à l'époque minoenne

Les trois grands palais minoens de Cnossos, Phaistos et Malia ont joué un rôle fondamental dans les études sur l'époque minoenne, au point que la périodisation établie et encore largement employée avec de petits changements se fonde sur les subdivisions suivantes : prépalatiale, protopalatiale, néopalatiale, du troisième palais ou monopalatiale et enfin post-palatiale[1]. Cette périodisation semble sous-entendre l'existence d'un palais minoen unique qui dominait les événements dans toute l'île de Crète pendant le 2e millénaire. En effet, cette périodisation a été développée sur la base de la stratigraphie archéologique du site de Cnossos, et c'est souvent Cnossos qui est sous-entendu lorsqu'on utilise cette terminologie. En réalité, la situation est beaucoup plus complexe. Non seulement d'autres types d'édifices et d'agglomérations ont participé d'une manière significative à l'histoire de la Crète minoenne, mais, outre ces trois palais, qui sont connus depuis le début du xxe siècle, plusieurs édifices à caractère palatial existent dans d'autres régions de l'île (*Fig. 1*). En Crète de l'Est, le palais de Zakros a été découvert pendant les années 1960[2], tandis qu'un palais a été fouillé à Pétras (Siteia) dans les années 1990[3]; dans la cité de Gournia les anciens fouilleurs avaient voulu identifier un édifice central[4]; l'idée a été réaffirmée par des fouilleurs contemporains[5]. En

---

*   Les deux autrices ont contribué de la même façon aux parties initiale et finale, tandis que les pages 175, 179-181 sont surtout attribuables à M.E. Alberti, et les pages 176-178, 181-184 à A. Karnava.

1.   Platon 1961-1962.

2.   Platon 1971.

3.   Tsipopoulou 2002 ; 2012.

4.   Hawes *et al.* 1908, p. 24-26 : « the small palace of the local governor ».

5.   Watrous *et al.* 2015.

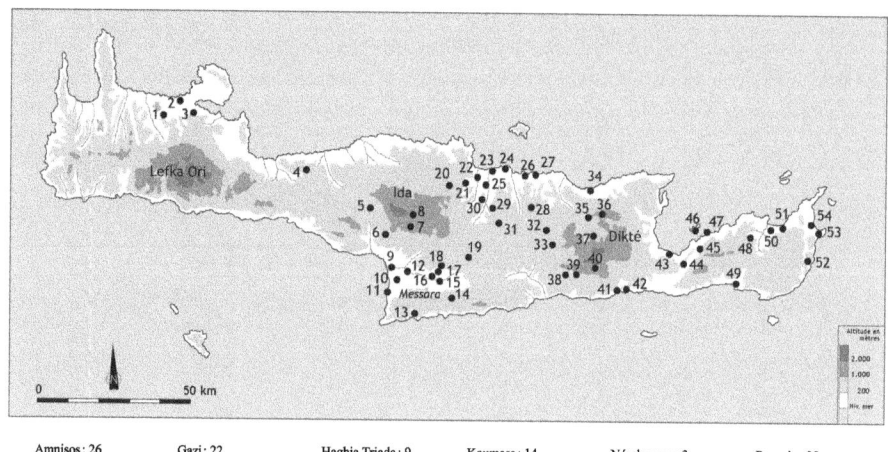

Amnisos : 26	Gazi : 22	Haghia Triada : 9	Koumasa : 14	Nérokourou : 3	Roussès : 38
Apésokari : 15	Gortyne : 18	Kamilari : 10	Kydônia : 2	Nirou Chani : 27	Sklavokambos : 20
Apodoulou : 6	Gournès : 28	Kannia : 17	Lébéna : 13	Palaikastro : 54	Tylissos : 21
Archanès : 29	Gournia : 43	Karphi : 35	Makryghialos : 49	Petsofas : 53	Vassiliki : 44
Arméni : 4	Grotte d'Arkalochori : 33	Katô Symi : 40	Malia : 34	Phaistos : 12	Vathypétro : 31
Chamaizi : 48	Grotte de Camarès : 7	Katsambas : 24	Mochlos : 47	Platanos : 16	Vorou : 19
Cnossos : 25	Grotte de l'Ida : 8	Kavousi : 45	Monastiraki : 5	Poros : 23	Zakros : 52
Débla : 1	Grotte de Psychro : 37	Képhala Chondrou : 39	Mont Iouktas : 30	Pseira : 46	
Galatas : 32	Grotte de Trapéza : 36	Kommos : 11	Myrtos : 42	Pyrgos : 41	

Fig. 1 – La Crète à l'Âge du Bronze (carte P. Darcque, Treuil *et al.* 2008, carte VII).

Crète centrale, un palais a été découvert à Galatas Pediados [6], un édifice construit en pierre de taille a été fouillé à Damantri dans la Messara orientale [7], et un édifice à cour centrale (« court-centered building ») a été découvert à Sissi près de Malia pendant ces dernières années [8]. En Crète de l'Ouest, on pense depuis longtemps qu'il y avait un centre palatial, probablement à La Canée, même si aucun édifice à caractère palatial n'a jamais été découvert [9]. Les « palais » sont donc beaucoup plus nombreux qu'on ne le pensait auparavant [10].

Les études menées pendant les dernières décennies ont montré [11] :
– que les palais étaient des constructions qui subissaient des transformations plus ou moins continues, dont on ne connaît que les grandes phases de destruction ;
– que cette transformation continue avait une influence considérable sur le réseau urbain environnant, qu'il est donc nécessaire d'examiner en parallèle ;

---

6. Rethemiotakis 1997.

7. Antonakaki à paraître.

8. Driessen *et al.* 2018.

9. Andreadaki-Vlasaki 2002.

10. Cf. le titre caractéristique d'un workshop tenu en 2001 : « Crete of the hundred palaces ? » (Driessen *et al.* 2002).

11. Driessen *et al.* 2002 ; Shaw 2010 ; Schoep *et al.* 2012.

– et que les palais connaissent des phases d'occupation très différentes les uns des autres, ce qui a pu être mis en rapport avec l'évolution des équilibres politiques dans l'île ;
– en outre, les méthodes administratives, attestées par une série de documents écrits et de scellés, mis au jour dans ces palais mais aussi dans d'autres types de bâtiments, montrent des changements politiques et économiques à travers le changement des systèmes d'écriture et de scellement.

La question de savoir ce qui constitue un palais s'est posée avec force depuis les découvertes des trente dernières années. En premier lieu, l'usage même du terme « palais » a été mis en cause en raison de ses connotations modernes, et le terme descriptif et donc plus neutre « court compounds », « bâtiments construits autour d'une cour centrale » a été préféré [12]. La cour, espace ouvert autour duquel se développe le bâtiment, constitue la caractéristique qui distingue, en Crète, les palais des autres bâtiments de grandes dimensions [13]. C'est à cause de l'existence d'une cour, mais aussi de la présence d'indices de gestion administrative, c'est-à-dire de documents inscrits et de scellés, comme à Pétras, que des bâtiments d'échelle réduite ont été identifiés à leur tour comme des palais.

Le débat sur la fonction des palais minoens a fait couler beaucoup d'encre [14] ; chaque palais a livré des indicateurs de stockage, des indices relatifs à un artisanat de luxe, à des fonctions administratives, cérémonielles, et même cultuelles ; mais quelle était la fonction principale, et quelle était la fonction originelle ? Les recherches les plus récentes à Phaistos et Cnossos soulignent la présence, dès les premières phases de construction, de restes de banquets (« feasting events ») [15], ainsi qu'une connexion importante, au moins à Phaistos, avec des activités artisanales [16]. L'évolution du caractère et donc aussi de l'édifice du « palais » au fil du temps ne peut pas être exclue non plus.

Il est aussi clair désormais que, pendant l'époque néopalatiale, à côté des palais, un certain nombre d'édifices de « prestige » (« villas urbaines », « grandes résidences ») sont présents dans les villes : les dimensions imposantes, le soin architectural, l'existence de pièces d'apparat luxueuses et de stockages bien organisés soulignent l'importance économique et sociale de ces établissements,

---

12. DRIESSEN 2003.

13. PALYVOU 2002.

14. Cf. un résumé dans ORGEOLET et POMADÈRE 2011. Voir aussi les discussions dans TSIPOPOULOU et SOUTH 2012 ; HATZIMICHAEL et WHITLEY 2012 ; HÄGG et MARINATOS 1987 ; DRIESSEN et al. 2002 ; SCHOEP 2010 ; SCHOEP et al. 2012.

15. DAY et WILSON 2002 ; BORGNA 2004, p. 256-260 ; WILSON 2008 ; MACDONALD 2012 ; MILITELLO 2012a ; TOMKINS 2012 ; TODARO 2012.

16. MILITELLO 2012a ; TODARO 2012.

qui ont parfois aussi livré des documents administratifs[17]. Quel était leur rôle dans le cadre urbain et administratif? Quels étaient leurs liens avec le palais? C'est aussi une question qui reste ouverte.

Aussi la discussion sur les caractéristiques des sociétés palatiales minoennes se poursuit-elle : dans quelle mesure les différents groupes sociaux partageaient-ils la vie des palais ou y participaient-ils? Les palais étaient-ils l'expression du pouvoir d'un groupe restreint ou bien une arène pour les compétitions de l'aristocratie ou d'autres types de « factions » ou de groupes[18]? Était-ce le même groupe à toutes les époques et dans toutes les régions de l'île, ou faut-il admettre des différences géographiques et chronologiques? Comment peut-on interpréter au niveau social la persistance à travers les siècles de grands complexes d'habitation et de véritables « quartiers » dans les villes les mieux connues, comme Malia, Palaikastro et Zakros[19]? Et quel était le rapport entre habitat urbain et habitat rural[20]?

Avec les progrès des fouilles et des prospections, le débat a surtout porté sur le caractère du pouvoir politique, particulièrement à l'époque néopalatiale, qui est considérée comme l'apogée de la civilisation minoenne. En admettant que l'histoire de chaque région est différente et que les dynamiques sociopolitiques et économiques doivent être replacées dans leur cadre régional, quel était donc le rôle des palais et, en particulier, celui de Cnossos, site qui est considéré par les archéologues, de manière implicite, comme la « capitale » de l'île pendant l'époque minoenne?

L'étude du territoire a souligné l'importance de l'habitat rural, des travaux d'irrigation et des champs, du système de routes, de la gestion des ressources naturelles et agricoles[21]. Cela ne semble pas être un hasard si les trois palais les plus grands ont été bâtis dans les trois grandes plaines agricoles de l'île [22]. Le maillage du territoire est donc une clé importante pour la compréhension historique du phénomène palatial en Crète.

---

17. Voir plusieurs contributions dans Hägg 1997, Branigan 2001, Glowacki et Vogeikoff-Brogan 2011 ; voir aussi Buell 2015.

18. Hamilakis 2002 ; Schoep et Knappett 2004. Discussion récente dans Hatzimichael et Whitley 2012 et Driessen 2015 et 2018.

19. Driessen 2010, 2015 et 2018 ; Sarpaki 2019.

20. Par exemple, pour Malia : Pomadère et Zurbach 2007 ; Müller-Celka et al. 2014 ; voir aussi Moody 2012 ; Touchais et al. 2014 ; Alberti et al. 2019.

21. Cunningham et Driessen 1994 ; Driessen 2001 ; Watrous et al. 2004, 2012 et 2017 ; Haggis 2005 et 2018 ; Touchais et al. 2014.

22. Whitelaw 2004, 2012, 2018 (avec réexamen général de la question) ; Todd et Warren 2012.

L'époque protopalatiale (env. 1900 – 1700 av. J.-C.)

Essor démographique et première administration

L'époque protopalatiale est une période de grand essor économique et démographique : l'habitat rural se développe d'une façon importante dans beaucoup de régions de la Crète avec une colonisation des zones marginales vallonnées. Ce phénomène a été mis en rapport avec une économie très vraisemblablement agricole mixte de petite échelle, fondée sur les cellules familiales et le travail intensif des terrains situés sur les collines, avec des cultures semi-arides[23]. Un des exemples bien documentés est celui de la zone de Zakros, à l'extrême est de l'île : les prospections ont mis en évidence l'existence d'un système de petits établissements parsemés dans le paysage aride et surtout rocheux, et reliés par un réseau routier qui arrive jusqu'à la ville principale. Tout le territoire est aménagé au moyen de murs et de terrasses en pierre pour délimiter les espaces agricoles et les pâturages, et de systèmes de contrôle des eaux et des ruisseaux[24].

Il s'agit donc d'un exemple très clair d'adaptation des formes d'habitation au paysage et de colonisation de zones marginales à cause de la pression démographique. Cette augmentation démographique n'est pas sans rapport avec ce qui se passe en milieu urbain : les villes de Cnossos, Phaistos et Malia s'agrandissent, avec la construction d'édifices importants, et on édifie un palais dans chaque ville. On peut ici ajouter le « palais » de dimensions plus modestes situé à Pétras près de Siteia. Zakros même était habité, mais on ne sait pas avec certitude si les bâtiments fouillés sous le palais de la phase néopalatiale appartenaient à un palais proprement dit[25].

La question de la gestion administrative s'est avérée très importante pour la discussion sur l'organisation politique des premiers palais[26]. Le caractère régional des pratiques administratives est illustré par deux exemples.

Documents administratifs au palais et en ville

D'un côté, une partie importante du palais de Phaistos, qui est le mieux conservé pour la fin de l'époque protopalatiale, a été scellé sous une coulée d'une sorte de ciment (italien *cemento*) ou *astraki* au moment de la reconstruction au

---

23. Voir notes 20 et 21 (prospections); WATROUS et BLITZER 1982; DRIESSEN et FRANKEL 2012.

24. TZEDAKIS *et al.* 1990; CHRYSSOULAKI 1999; VOKOTOPOULOS 2011; VOKOTOPOULOS *et al.* 2014.

25. Le premier fouilleur a toujours suggéré l'existence d'un palais à l'époque protopalatiale : N. PLATON 1971, p. 226-232; l'auteur des études plus récentes n'est pas tellement convaincu : L. PLATON 1999, 680.

26. Discussion dans HATZIMICHAEL et WHITLEY 2012.

début de l'époque néopalatiale, ce qui a permis la conservation d'une bonne partie du plan original et d'un dépôt de documents administratifs[27]. Il s'agit de milliers des scellés, qualifiés de «directs», c'est à-dire que l'argile porte l'empreinte de l'objet scellé (boutons de portes; boîtes; paniers; textiles)[28]. Les scellés ont été trouvés avec quelques tablettes d'argile inscrites en linéaire A[29], écriture très vraisemblablement utilisée exclusivement à Phaistos à cette époque[30]. On ignore si les scellés ont été conservés intentionnellement ou bien s'ils avaient été mis au rebut, après avoir rempli leur fonction, qui était d'accompagner des produits entrant au palais[31]. On ne sait pas non plus si leur nombre imposant constitue un indice de l'échelle des activités administratives palatiales à cette époque, parce qu'on ignore sur quelle durée ils s'étalent[32]. De plus, deux «collections» comparables de scellés ont été trouvées dans un site non-palatial, Monastiraki, non loin de Phaistos[33].

À cette époque, la ville de Malia, au contraire, se caractérise par la présence contemporaine, à côté du palais, de plusieurs quartiers, dont chacun est doté d'un édifice de prestige, de réserves et abrite des activités artisanales (*Fig. 2*). Les bâtiments A et B du Quartier Mu, en particulier, qui est le quartier le mieux conservé, ont des réserves importantes, des pièces de réception et peut-être de culte, et conservent des traces d'une production textile à grande échelle. Tout autour se groupaient des maisons-ateliers d'artisans, comme l'Atelier de Sceaux, du Potier, du Fondeur[34]. En outre, le Quartier Mu a livré plusieurs documents administratifs, tous rédigés exclusivement en écriture hiéroglyphique crétoise

---

27. Levi 1957-1958.

28. CMS II, 5.

29. 18 tablettes (*GORILA* I: PH 7-24, 26-28), 6 rondelles (*GORILA* II: PH Wc 41-46), 1 boule d'argile (*GORILA* II: PH Wb 36). Les lieux de trouvaille corrects sont indiqués dans Militello 1991, p. 329.

30. La carte de la répartition des documents en linéaire A la plus récente est dans Perna 2016, p. 95, fig. 8.

31. Fiandra 1968.

32. Le cadre historique est expliqué dans Weingarten 1990.

33. Kanta et Tzigounaki 2000, mais cette fois-ci sans tablettes d'argile; les complexités d'interprétation du matériel protopalatial sont décrits dans Krzyszkowska 2005, p. 98-118.

34. *Mu* I, *Mu* II, *Mu* III, *Mu* IV et *Mu* V; Pelon 2005; Pomadère et Zurbach 2007; Poursat 2010 et 2012; Devolder 2016; Alberti *et al.* 2019.

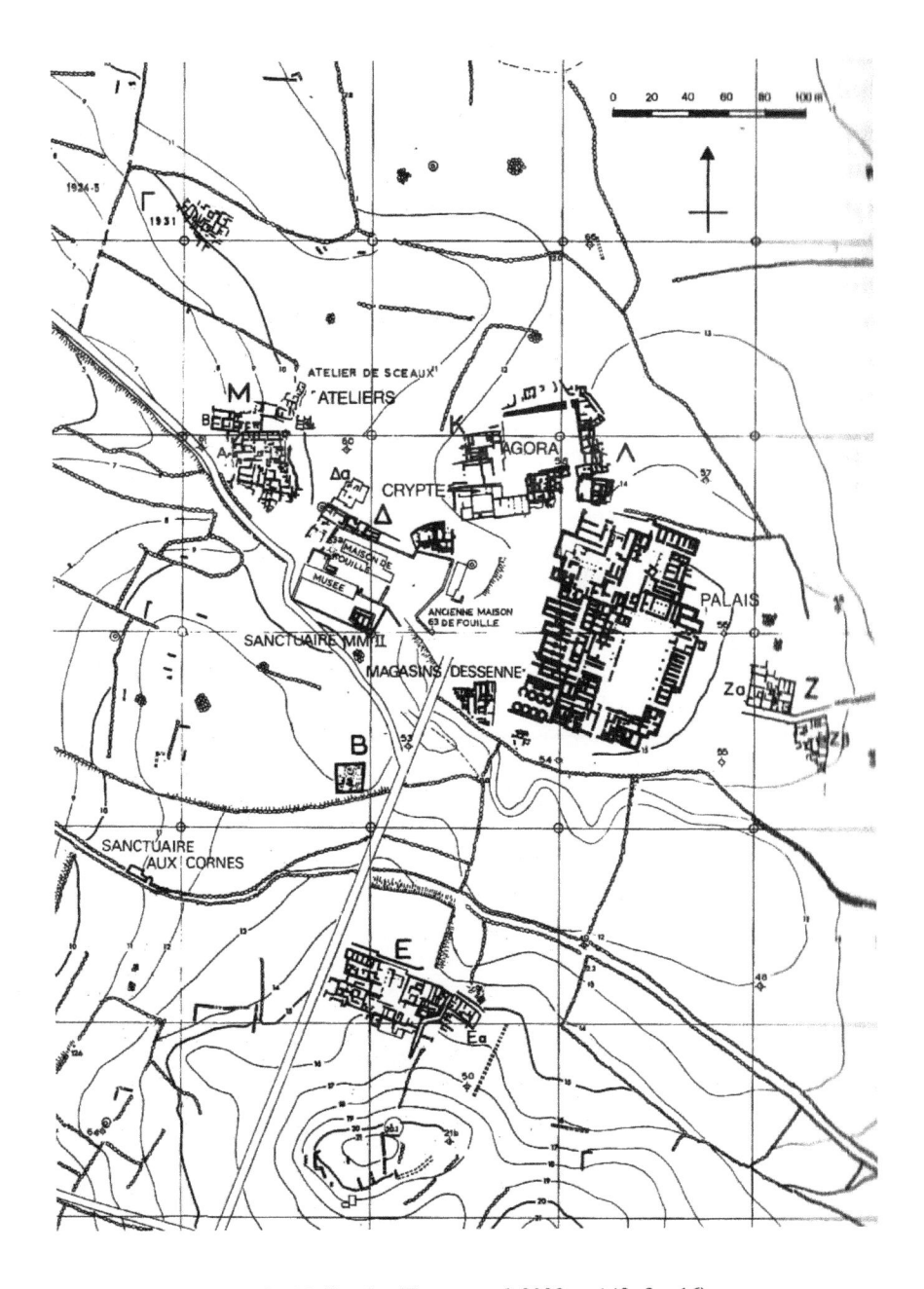

Fig. 2 – Malia, site (Treuil *et al.* 2008, p. 142, fig. 16).

et scellés principalement par des sceaux inscrits aussi en hiéroglyphique[35]. Il ne s'agit donc pas, dans ce cas, d'une administration de niveau palatial, mais plus probablement relative aux activités d'une grande entreprise familiale, avec des liens possibles non seulement avec les artisans de la ville mais aussi avec la campagne, d'où provenaient la laine à tisser, les denrées agricoles stockées et la viande consommée. C'est pour cette raison que, pour ce qui concerne le rapport entre palais et ville, une vision moins hiérarchique et plus « hétérarchique » a été proposée pour la région de Malia à l'époque protopalatiale[36].

L'écriture hiéroglyphique n'étant pas déchiffrée, le sujet de ces enregistrements nous échappe ; mais les chiffres présents sur ces documents sont parfois énormes (de l'ordre des centaines et des milliers), et indiquent donc une activité à grande échelle[37]. L'attestation du chiffre '7000' sur une lame à deux faces du Quartier Mu a été interprétée comme un enregistrement de bétail et comme une preuve de l'importance de l'élevage dans l'économie maliote[38]. Mais si, en effet, les grands chiffres « ronds » du Quartier Mu (comme '270[' et '890[') rappellent les enregistrements de bovins et de moutons dans les tablettes en linéaire B et indiquent l'importance de produits comme la laine et, par conséquent, du tissage, les documents hiéroglyphiques provenant de plusieurs sites crétois, qui présentent aussi des chiffres « non-ronds » (comme '32', '703', '243', '441', '634', toujours en quantités considérables), font penser à des enregistrements bien diversifiés[39].

Les rapports du Quartier Mu avec le palais de Malia, qui n'a pas livré de documents pour cette époque, mais pour une période légèrement plus récente, ne sont pas clairs. Mais, outre le Quartier Mu de Malia, les documents hiéroglyphiques protopalatiaux qui ont été trouvés à Pétras portent aussi des enregistrements dont les indications chiffrées sont comparables à celles attestées sur les documents des deux palais de Cnossos et de Malia[40]. En conclusion, si on prend en considération les quantités et les nombres enregistrés, les documents hiéroglyphiques datés du MM II et du MM III provenant d'édifices palatiaux (quelle que soit la dimension du palais considéré) et ceux provenant de lieux de trouvaille/ d'édifices non palatiaux, comme le quartier Mu, montrent une grande homogénéité.

---

35. *Mu* I, p. 29-217 ; *Mu* III p. 157-199 ; CHIC : #70-#96, #126-#132, #148-#150, #171-#173, #316-#322.

36. SCHOEP 2002.

37. OLIVIER 1990.

38. GODART 1980.

39. KARNAVA 2017.

40. La carte de la répartition des documents en hiéroglyphique crétois la plus récente est dans KARNAVA 2016, p. 65, fig. 1.

L'époque néopalatiale (env. 1700 – 1500 av. J.-C.)

Une hiérarchie s'impose, mais le cadre reste complexe

À l'époque néopalatiale le maillage du territoire semble changer dans plusieurs régions de Crète: la myriade de petits établissements ruraux fait place à une concentration majeure de l'habitat, avec un relatif abandon des collines au profit des zones de plaine [41].

Cela a parfois été mis en rapport avec des changements dans plusieurs domaines:
– les systèmes d'exploitation agricoles, qui passeraient de l'intensif semi-aride à l'extensif irrigué;
– l'organisation sociopolitique deviendrait plus hiérarchique, chaque centre régional contrôlant plus et mieux son territoire (voir ci-dessous);
– les équilibres politiques entre les différentes régions seraient troublés par des luttes intestines et par l'extension progressive (?) de l'influence ou bien même du contrôle direct de Cnossos sur l'ensemble de l'île.

Aucun tableau définitif ne peut être esquissé, car les données disponibles, même si elles sont plus nombreuses qu'elles ne l'étaient à l'époque précédente, ne nous permettent pas de préciser la sériation chronologique des changements des différentes régions dans les différentes sous-phases chronologiques, et donc de les mettre en rapport d'une façon cohérente.

Ce qui semble plutôt clair est que, dans une phase avancée de l'époque néopalatiale, chaque région présente une hiérarchie d'habitat plus développée qu'à l'époque protopalatiale, avec un édifice de prestige (un «palais» ou assimilé) dans chaque centre principal, et des édifices importants (les «grandes résidences» ou «villas») parsemés dans les villages du territoire (*Fig. 3*). Des structures de stockage et de pressage sont présentes à tous les niveaux. L'organisation socio-économique du territoire semble donc plus structurée, les «grandes résidences» pouvant en principe agir comme des «agents collecteurs» des centres principaux [42]. Mais en réalité les véritables rapports sociaux, économiques et politiques nous échappent complètement et une éventuelle «verticalisation» économique doit être démontrée au cas par cas.

Les sites palatiaux majeurs connaissent au cours du temps des transformations importantes, mais leurs histoires sont différentes. Le site de Cnossos continue à s'étendre et le palais est restructuré, reconstruit et étendu; il fonde probablement aussi un «palais – dépendance» au milieu de la zone agricole de Pediada à Galatas. Le palais de Phaistos est abandonné au cours de la période au profit de la «Villa Royale» de Haghia Triada, située à 3 km de distance; le palais fut ensuite rebâti dans une phase tardive de la période. Mais des établissements d'une certaine taille,

---

41. Voir notes 20 et 21 (prospections).
42. HÄGG et MARINATOS 1987; HÄGG 1997; BRANIGAN 2001; DRIESSEN *et al.* 2002; GLOWACKI et VOGEIKOFF-BROGAN 2011; voir aussi les notes 20 et 21 (prospections).

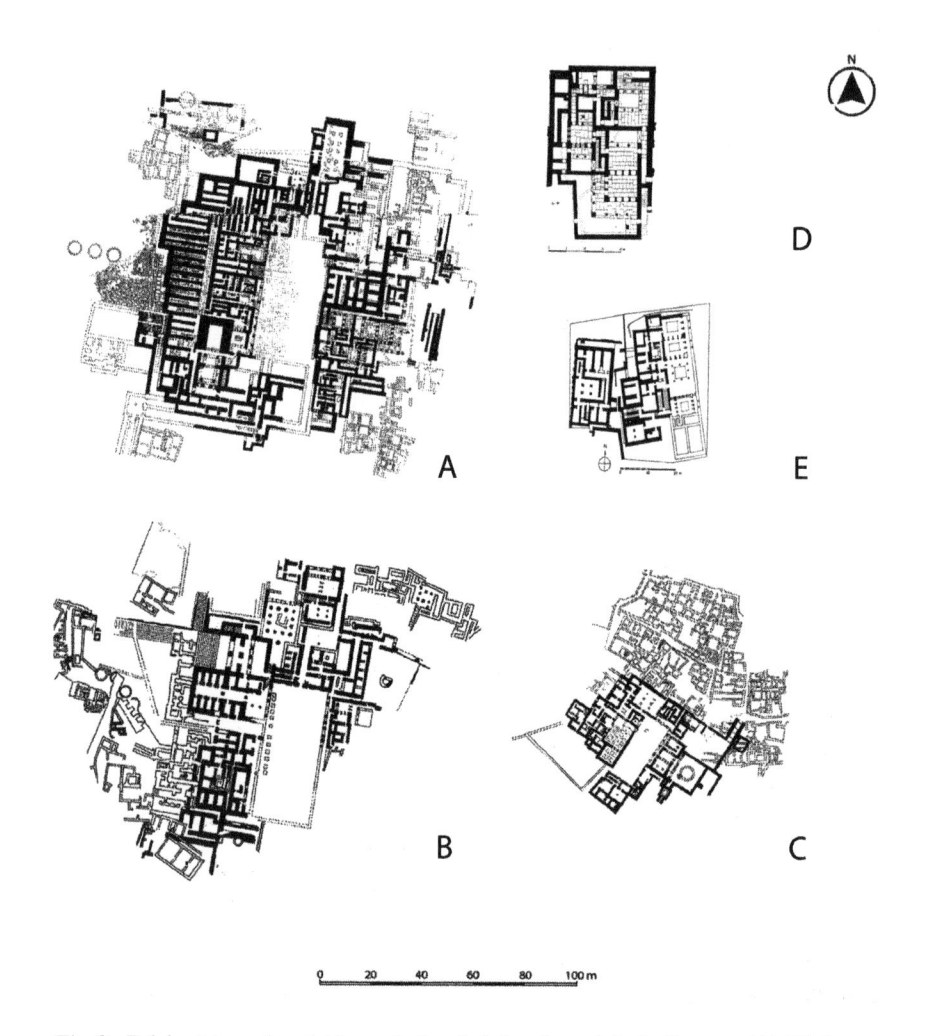

Fig.3– Palais et 'grandes résidences' néopalatiales: les palais de Cnossos (A), Phaistos (B) et Kato Zakros (C) (tous à la même échelle 1 : 2000), la 'villa' A de Tylissos (D) et l' 'Unexplored Mansion' avec le 'Petit Palais' à Cnossos (E) (composé et modifié à partir de SHELMERDINE 2008, p.145, fig. 6.4, et de R. TREUIL *et al*. 2008, p.224, fig. 29).

comme Ayia Photini et Chalara, sont toujours habités et continuent à fonctionner. À Malia, la densité urbaine de l'époque protopalatiale laisse place à un habitat à maillage élargi, avec un certain nombre de grandes et petites maisons urbaines, et le palais est modifié plusieurs fois[43].

---

43. Il est impossible de donner ici une bibliographie exhaustive sur les trois sites. Voir DRIESSEN *et al*. 2002 ; CADOGAN *et al*. 2004 ; PELON 2005 ; CADOGAN *et al*. 2012 ;

Dans les autres régions, les « édifices centraux » des différents sites partagent avec les palais proprement dits plusieurs caractéristiques et sont, dans quelques cas, appelés eux aussi « palais ». Mais ils s'éloignent du modèle à cause de leurs dimensions qui sont réduites, comme les palais de Zakros et de Pétras : en plus, quelques-uns n'ont pas de cour centrale, comme celui de Gournia, ou bien sont encore en train d'être fouillés, comme celui de Sissi. Il y a aussi des cas où l'on soupçonne la présence d'un « édifice central », mais soit il se trouve sous une ville moderne (c'est le cas de La Canée), soit il n'est pas du tout publié (c'est le cas de Damantri). Un autre problème est posé par l'existence d'agglomérations à caractère urbain, où l'absence d'un « édifice central » est remarquable (c'est le cas de Palaikastro). Le débat continue donc pour identifier les ressemblances et les différences entre les véritables « palais » et ces « édifices centraux » et pour définir la notion de « palais » minoen et son rapport avec les « grandes résidences »[44].

Le cas de Zakros est caractéristique de la complexité de la situation néopalatiale. Le système de petits établissements ruraux, dont on a parlé auparavant, continue et se développe, au moins dans la première partie de la période néopalatiale. Plus tard, en revanche, au cours de la période, beaucoup de ces petits établissements sont abandonnés, des constructions plus grandes (« villas ») apparaissent à certains endroits et la ville de Kato Zakros s'agrandit. Les deux séries de phénomènes sont sûrement liées, dans le cadre d'une concentration de l'habitat et d'une restructuration des rapports socio-économiques. La mieux connue de ces « villas », celle d'Epano Zakros, hébergeait une réserve, un complexe avec un pressoir à vin et peut-être d'autres aménagements agricoles. Cela rappelle ce qui se passe dans la ville principale, le port de Kato Zakros : beaucoup de grandes maisons, avec des pièces d'apparat et d'autres caractéristiques architecturales de « prestige », ont aussi une partie dédiée aux pressoirs à vin et peut-être à huile. Le rapport entre ville et campagne semble donc plutôt clair[45].

Documents administratifs au palais et en ville : les cas d'Akrotiri, Zakros et Haghia Triada

Dans ce cadre complexe, où l'administration minoenne utilisait l'écriture et les sceaux comme ses instruments, il arrive souvent que les tablettes d'argile et les scellés, c'est-à-dire les documents administratifs, soient trouvés ensemble dans les mêmes endroits. De plus, les documents sont présents, sur un même site, aussi bien dans le palais que dans les « grandes résidences », sans qu'on puisse établir

---

Poursat 2010 et 2012 ; Glowacki et Vogeikoff-Brogan 2011 ; Apostolaki 2015 ; Buell 2015 ; Alberti *et al.* 2019.

44. Voir ci-dessus, notes 2-17.

45. Platon 1971 ; Chryssoulaki et Platon 1987 ; Mantzourani et Vavouranakis 2005 ; Platon 2011a ; Vokotopoulos 2011 ; Salichou 2012 ; Vokotopoulos *et al.* 2014.

avec certitude la nature des relations entre les types de documents attestés ou bien entre les dépôts issus de plusieurs lieux de trouvaille différents.

En ce qui concerne les transactions enregistrées sur les tablettes et celles certifiées par les empreintes de sceaux, il est fort probable que les enregistrements sur les tablettes d'argiles représentent la gestion administrative *in situ*, tandis que les scellés sont pour la plupart à considérer comme des documents importés de l'extérieur. Le cas d'Akrotiri, situé en dehors de la Crète, où presque toutes les variétés de scellés néopalatiaux sont présents, importés d'un ou plusieurs sites crétois, est représentatif de cette situation[46]. C'est en combinant les informations d'Akrotiri avec celles dont on dispose sur l'histoire de l'usage des scellés depuis l'époque protopalatiale que nous proposons l'idée que les scellés accompagnaient les produits qui venaient d'autres sites et arrivaient dans les bâtiments où ils ont été trouvés, tandis que les tablettes enregistraient les transactions pour le compte des autorités locales. Akrotiri est aussi utile pour une meilleure compréhension du rôle des tablettes : les quelques tablettes qu'on y a retrouvées sont faites d'argile locale, tandis que les scellés sont évidemment importés de la Crète. Cette proposition n'enlève rien au caractère archivistique de ces documents : parce que nous les trouvons toujours dans des dépôts petits ou grands, on tend à penser que ces dépôts constituaient des archives.

En ce qui concerne la pluralité des lieux de trouvaille, qu'ils soient des «palais» ou des «résidences», le site de Kato Zakros fournit aussi un bon exemple. Une des grandes maisons dans la ville, appelée «House A», a livré environ 700 scellés avec une seule tablette en linéaire A[47]. En revanche, le petit palais qui est au cœur de la ville a livré 13 tablettes[48], mais seulement 5 scellés[49], ainsi que des produits exotiques et d'artisanat de luxe comme des lingots de cuivre, des défenses d'éléphant, des vases en pierre et en métal, etc. Une des questions qui se posent concerne le type de rapport entre ces deux dépôts de documents, ainsi qu'entre ville et palais. S'agit-il de deux sphères séparées, ou bien en contact ? Si la ville fonde (au moins une partie de) son économie sur la transformation et, probablement, le commerce des produits agricoles (voir ci-dessus), quel était le rôle du palais dans ce domaine ? Ou bien son rôle était-il surtout celui d'une ouverture de l'autorité sur les commerces vers la partie orientale de l'Égée et de la Méditerranée et de production/stockage d'objets de prestige ? On a même pu

---

46. Karnava 2018. Les types de scellés présents à Akrotiri sont : les pastilles (*flat-based/document sealings*); les pendules (*single-hole and two-hole hanging nodules*); les boules (*nodulus*); les scellés d'objet (*direct sealing*) (pour les différents types de scellés, cf. Hallager 1996, p. 31-38). De tous les types de scellés minoens néopalatiaux, seules les rondelles sont absentes à Akrotiri.

47. Hogarth 1902; Hallager 1996, p. 73-74.

48. *GORILA* III, XIV.

49. Un fait qui est dû aux conditions taphonomiques, Hallager 1996, p. 74-77.

PALAIS, RÉSIDENCES ET ARCHIVES   183

Ayia Triada (*CMS* II.6 no. 43)
    3 flat-based: 1 impression (HMs 497-499)
Gournia (*CMS* II.6 no. 161)
    1 nodulus (HMs 101)
Sklavokambos (*CMS* II.6 no. 259)
    2 flat-based: 1 impression (HMs 628-629)
Zakros Palace (*CMS* II.7 no. 39)
    1 *nodulus* (HMs 1051)

Ayia Triada (*CMS* II.6 no. 44)
    1 flat-based: 1 impression (RMP 71974)
Gournia (*CMS* II.6 no. 162)
    1 flat-based: 1 impression (HMs 102)
Sklavokambos (*CMS* II.6 no. 255)
    1 flat-based: 1 impression (HMs 612)

Akrotiri (*CMS* V Suppl. 3 no. 391)
    3 flat-based: 1 impression
Ayia Triada (*CMS* II.6 no. 19)
    1 flat-based: 1 impression (HMs 591)
    1 flat-based: 2 impressions (HMs 516)
        (combined with II.6 no. 41)
Sklavokambos (*CMS* II.6 no. 260)
    4 flat-based: 1 impression (HMs 632-635)

Ayia Triada (*CMS* II.6 no. 15)
    3 flat-based: 1 impression (HMs 526/1-3)
    2 flat-based: 2 impressions (HMs 595-596;
        combined with II.6 no. 4, here **245**)
Knossos (*CMS* II.8 no. 279)
    2 single-hole hanging (HMs 369, 1275)

Fig. 4 – Les empreintes de quatre anneaux d'or et leur répartition en Crète (KRZYSZKOWSKA 2005, p. 190).

supposer que la fondation de ce palais, qui recouvre au moins un autre grand bâtiment d'orientation différente daté d'une phase précédente, est un signe de l'influence cnossienne dans les dernières phases de l'époque néopalatiale[50].

Un point très important en ce qui concerne l'administration néopalatiale est la présence sur plusieurs scellés de différents sites de la Crète (Haghia Triada, Sklavokambos, Gournia, Zakros et Cnossos, tous dans les niveaux MR IB) et, maintenant aussi sur les scellés retrouvés à Thera (Akrotiri, dont la totalité est datée du MR IA), des empreintes d'anneaux en or de grandes dimensions avec un répertoire iconographique restreint. Le terme plus fréquemment utilisé (mais erroné[51]) pour désigner ce phénomène est celui de « replica rings ». En effet, après

---

50. CHRYSSOULAKI et PLATON 1987 ; PLATON 2011b.

51. Le terme a été appliqué de manière erronée à ces anneaux, parce que le chaton de certains d'entre eux porte des représentations similaires, où les motifs sont arrangés de manière analogue, par exemple, le motif de taurokatapsie. Lorsque l'étude de

les dernières publications du CMS (le corpus de sceaux minoens et mycéniens et de leurs empreintes) on a établi que quatre anneaux, tous probablement en or, ont produit les empreintes observées sur les scellés qui ont été trouvés dans ces différents sites (*Fig. 4*). La diffusion de ces empreintes indique l'existence d'un lien administratif entre les sites concernés, sans qu'il soit possible d'en préciser la nature, dans l'état actuel des connaissances. Mais il faut noter qu'à Kato Zakros, parmi les centaines de documents trouvés dans la « House A » il n'y a pas d'empreintes produites par ces anneaux, tandis que, parmi les quelques scellés du palais qui ont survécu, une empreinte figure sur un *nodulus*. Ce fait pourrait signifier que l'administration du palais correspond à un niveau administratif tout à fait différent de celui de la « House A ».

Une situation qui pose des problèmes supplémentaires est celle de Haghia Triada. De nombreux documents administratifs ont été retrouvés dans la « Villa Royale », le bâtiment principal du site, à plusieurs endroits : non seulement dans des zones qui peuvent être identifiées comme des « bureaux » (tablettes, rondelles et des centaines de scellés), mais aussi dans d'autres qui seraient plutôt des magasins (tablettes, scellés). En dehors de la « Villa Royale », un lot de tablettes vient d'un autre édifice, la « Casa del Lebete », une des structures les plus importantes de la ville. Les études paléographiques ont montré que la même main de scribe serait attestée aux deux endroits, « Villa » et « Casa del Lebete »[52]. La diffusion d'activités artisanales spécialisées et d'aires de stockage, encore une fois aussi bien dans la « Villa » que dans la ville[53], contribue à esquisser un tableau où « édifice central » (« Villa ») et réseau urbain sont plus liés que ce qu'on aurait pensé. Les différents niveaux administratifs et artisanaux semblent s'intégrer dans une même perspective, et peut-être sous un contrôle centralisé.

À Haghia Triada, parmi les environ 1200 scellés trouvés sur le site, figuraient des empreintes produites par chacun des quatre anneaux d'or mentionnés ci-dessus. Mais la « villa » de Sklavokambos, l'édifice principal d'une agglomération rurale, a livré seulement 39 scellés, qui portent les empreintes de trois des anneaux ci-dessus. Des impressions d'un de ces anneaux ont été aussi retrouvées à Akrotiri, un fait qui a renouvelé la discussion sur la « minoïsation » des sites en dehors de la Crète.

---

leurs empreintes n'était pas bien avancée, il était impossible de déterminer si le même anneau ou des copies, produites en masse dans des moules, avaient produit des empreintes multiples, trouvées sur différents sites. Nous savons maintenant que les anneaux d'or minoens n'étaient pas fabriqués dans des moules, mais que chacun d'eux était unique et fabriqué à la main. Un terme plus approprié pour certains de ces anneaux qui portent des motifs semblables est le terme « look-alike », qui n'interprète pas la situation, mais au moins décrit le phénomène. Voir aussi : BECKER 2018, p. 228-237 ; KARNAVA 2018, p. 186-194 ; WEINGARTEN 2018, p. 330-331.

52. MILITELLO 2012b.

53. MILITELLO 2012c.

Nos problèmes de compréhension sont donc dus à des variables multiples. La séquence de ces empreintes n'est pas la même sur tous les sites ni sur un même site, ce qui pourrait indiquer un degré différent de connexion avec ce niveau « unitaire » ou « commun » d'administration.

Discussion : rapports complexes et unification progressive ?

L'image que nous avons acquise au terme de ce bref récit des deux phases minoennes montre le caractère localisé et régional des formes d'organisation de l'habitat et de l'économie, le tout dans un cadre où les formes d'expression culturelle, artistique et artisanale circulaient activement. Ce caractère localisé et régional est plus évident pendant la période des premiers palais et devient moins clair pendant l'époque néopalatiale, quand un élément « crétois » traverse toutes ces pratiques et ces liens. Les interdépendances entre régions sont quand même plus qu'évidentes dans toutes les périodes minoennes.

À toutes les époques, la complexité de la structure sociale et administrative est soulignée par la présence de différents types de « grandes résidences » au cœur des villes et par la diffusion des documents administratifs dans certains de ces édifices. Les « palais », là où ils sont attestés, représentent probablement le centre de la vie sociale, économique et administrative, mais on ne peut pas du tout éclaircir leurs rapports avec le réseau urbain et le territoire.

Le niveau plus strictement politique est encore bien plus difficile à saisir et le débat est ouvert. Surtout pour l'époque néopalatiale, les opinions des spécialistes se divisent entre un caractère encore fragmenté et régional de l'organisation politique et une situation plus unifiée sous le contrôle d'un seul centre, c'est-à-dire Cnossos. En effet, seul le palais de Cnossos est le siège d'une administration plus ou moins continue au long de l'époque proto- et néopalatiale : le site a livré tous les types de documents administratifs crétois de toutes les époques. Une hypothèse très probable est que la situation change au cours même de l'époque néopalatiale, le contrôle de Cnossos s'étendant de façon progressive dans les différentes régions de l'île, ce qui explique la variété des situations mais aussi des traits homogènes observés pendant la période finale (MR IB). C'est dans ce cadre d'unification progressive qu'il faudrait replacer la diffusion des scellés avec des empreintes produites par les mêmes anneaux et la probable existence de différents niveaux administratifs.

Maria Emanuela ALBERTI
Dipartimento SAGAS. Storia, Archeologia, Geografia, Arte e Spettacolo
Università degli Studi di Firenze
mariaemanuela.alberti@unifi.it

Artemis KARNAVA
Department of History and Archaeology, School of Philosophy
University of Crete
karnava@uoc.gr

Bibliographie

Alberti M.E., S. Müller et M. Pomadère 2019, «The management of agricultural resources in the Minoan town of Malia (Crete) from the Middle Bronze Age to the Early Late Bronze Age», dans D. Garcia, R. Orgeolet, M. Pomadère et J. Zurbach (éds), *Country in the City: Agricultural Functions of Protohistoric Urban Settlements (Aegean and Western Mediterranean)*, Oxford, p. 51-71.

Andreadaki-Vlasaki M. 2002, «Are we approaching the Minoan palace of Khania?», dans J. Driessen, I. Schoep et R. Laffineur (éds), *Monuments of Minos. Rethinking the Minoan Palaces. Proceedings of the International Workshop "Crete of the hundred Palaces?" held at the Université Catholique de Louvain, Louvain-la-Neuve, 14-15 December 2001*, Aegaeum 23, Liège, p. 157-166, pl. 49-55.

Antonakaki E. à paraître, «Damantri: ena minoiko kentro sten anatolike Messara», *Proceedings of the 11th International Cretological Congress 2011*, à paraître.

Apostolaki E. 2015, «On the household structure of Neopalatial society», dans S. Cappel, U. Günkel-Maschek et D. Panagiotopoulos (éds), *Minoan Archaeology. Perspectives for the 21st century. Proceedings of the International PhD and Post-Doc Conference at Heidelberg, 23-27 March 2011*, Aegis 08, Louvain–la–Neuve, p. 223-240.

Becker N. 2018, *Die goldenen Siegelringe der ägäischen Bronzezeit*, Heidelberg.

Borgna E. 2004, «Aegean feasting. A Minoan perspective», *Hesperia* 73, p. 247-279.

Branigan K. (éd.) 2001, *Urbanism in the Aegean Bronze Age*, Sheffield Studies in Aegean Archaeology 4, Sheffield.

Buell D.M. 2015, «Minoan cityscapes: Urban planning in Neopalatial Crete», dans S. Cappel, U. Günkel-Maschek et D. Panagiotopoulos (éds), *Minoan Archaeology. Perspectives for the 21st century. Proceedings of the International PhD and Post-Doc Conference at Heidelberg, 23-27 March 2011*, Aegis 08, Louvain–la–Neuve, p. 77-90.

Cadogan G., E. Hatzaki et A. Vasilakis (éds) 2004, *Knossos: Palace, City, State. Proceedings of the Conference in Herakleion organised by the British School at Athens and the 23rd Ephoreia of Prehistoric and Classical Antiquities of Herakleion, in November 2000, for the Centenary of Sir Arthur Evans's Excavations at Knossos*, British School at Athens Studies 12, Londres.

Cadogan G., M. Iacovou, K. Kopaka et J. Whitley (éds) 2012, *Parallel Lives. Ancient island societies in Crete and Cyprus. Papers arising from the conference in Nicosia organised by the British School at Athens, the University of Crete and the University of Cyprus, in November-December 2006*, British School at Athens Studies 20, Londres.

Cappel S., U. Günkel-Maschek et D. Panagiotopoulos (éds) 2015, *Minoan Archaeology. Perspectives for the 21st century. Proceedings of the International PhD and Post-Doc Conference at Heidelberg, 23-27 March 2011*, Aegis 08, Louvain–la–Neuve.

CHIC = J.-P. Olivier et L. Godart (avec la collaboration de J.-Cl. Poursat), *Corpus Hieroglyphicarum Inscriptionum Cretae*, Études Crétoises 31, Paris (1996).

Chryssoulaki S. 1999, «Minoan roads and guard-houses. War regained», dans R. Laffineur (éd.), *Polemos. Le contexte guerrier en Égée à l'Âge du Bronze*, Aegaeum 19, Liège, p. 75-86.

CHRYSSOULAKI S. et L. PLATON 1987, « Relations between the town and palace of Zakros », dans R. HÄGG et N. MARINATOS (éds), *The Function of the Minoan Palaces. Proceedings of the Fourth International Symposium at the Swedish Institute in Athens, 10-16 June, 1984*, Swedish Institute in Athens Series in 4°, 35, Stockholm, p. 77-84.

CMS II, 5 = I. PINI (éd.), *Iraklion, Archäologisches Museum. Teil 5. Die Siegelabdrücke von Phästos*, Berlin (1970).

CUNNINGHAM T. et J. DRIESSEN 2004, « Site by site: Combining survey and excavation data to chart patterns of socio-political change in Bronze Age Crete », dans S.E. ALCOCK et J.F. CHERRY (éds), *Side-by-Side Survey. Comparative Regional Studies in the Mediterranean World*, Oxford, p. 101-113.

DAY P.M. et D.E. WILSON 2002, « Landscapes of memory, craft and power in pre-palatial and proto-palatial Knossos », dans Y. HAMILAKIS (éd.), *Labyrinth revisited. Rethinking 'Minoan' archaeology*, Oxford, p. 143-166.

DEVOLDER M. 2016, « The Protopalatial state of the Western Magazines of the Palace at Malia (Crete) », *Oxford Journal of Archaeology* 35/2, p. 141-159.

DRIESSEN J. 2001, « History and hierarchy. Preliminary observations on the settlement pattern in Minoan Crete », dans K. BRANIGAN (éd.), *Urbanism in the Aegean Bronze Age*, Sheffield Studies in Aegean Archaeology, Sheffield, p. 51-71.

DRIESSEN J. 2003, « The court compounds of Minoan Crete: Royal palaces or ceremonial centers ? », *Athena Review* 3/3, p. 57-61.

DRIESSEN J. 2010, « Spirit of place: Minoan *houses* as major actors », dans D.J. PULLEN (éd.), *Political Economies of the Aegean Bronze Age. Papers from the Langford Conference, Florida State University, Tallahassee, 22-24 February 2007*, Oxford, p. 35-65.

DRIESSEN J. 2015, « For an archaeology of Minoan society. Identifying the principles of social structure », dans S. CAPPEL, U. GÜNKEL-MASCHEK et D. PANAGIOTOPOULOS (éds), *Minoan Archaeology. Perspectives for the 21st century. Proceedings of the International PhD and Post-Doc Conference at Heidelberg, 23-27 March 2011*, Aegis 08, Louvain–la–Neuve, p. 149-166.

DRIESSEN J. 2018, « Beyond the collective... The Minoan palace in action », dans M. RELAKI et Y. PAPADATOS (éds), *From the Foundations to the Legacy of Minoan Archaeology: Studies in honour of Professor Keith Branigan*, Sheffield Studies in Aegean Archaeology 12, Oxford et Philadelphie, p. 291-313.

DRIESSEN J. et D. FRANKEL 2012, « Minds and mines: Settlement networks and the diachronic use of space on Cyprus and Crete », dans G. CADOGAN, M. IACOVOU, K. KOPAKA et J. WHITLEY (éds), *Parallel Lives. Ancient island societies in Crete and Cyprus. Papers arising from the Conference in Nicosia organised by the British School at Athens, the University of Crete and the University of Cyprus, in November-December 2006*, British School at Athens Studies 20, Londres, p. 61-84.

DRIESSEN J., I. SCHOEP et R. LAFFINEUR (éds) 2002, *Monuments of Minos. Rethinking the Minoan Palaces. Proceedings of the International Workshop "Crete of the hundred Palaces?" held at the Université Catholique de Louvain, Louvain-la-Neuve, 14-15 December 2001*, Aegaeum 23, Liège.

DRIESSEN J., M. ANASTASIADOU, I. CALOI, T. CLAEYS, S. DÉDERIX, M. DEVOLDER, S. JUSSERET, C. LANGOHR, Q. LETESSON, I. MATHIOUDAKI, O. MOUTHUY et A. SCHMITT 2018

Excavations at Sissi IV. Preliminary Report on the 2015-2016 Campaigns, Aegis 13, Louvain.

FIANDRA E. 1968, «A che cosa servivano le cretule di Festòs», *Proceedings of the 2nd International Cretological Congress*, Athènes, p. 383-397.

GLOWACKI K. et N. VOGEIKOFF-BROGAN (éds) 2011, *ΣΤΕΓA. The Archaeology of Houses and Households in ancient Crete*, Hesperia Supplement 44, Princeton, NJ.

GODART L. 1980, «Écritures et comptabilités», dans H. VAN EFFENTERRE (éd.), *Le palais de Mallia et la cité minoenne*, Incunabula Graeca 76, Rome, p. 579-584.

GORILA I-V = L. GODART et J.-P. OLIVIER, *Recueil des inscriptions en linéaire A*, Études crétoises 21, Paris (1976-1985).

HÄGG R. (éd.) 1997, *The Function of the 'Minoan Villa'*, Skrifter utgivna av Svenska institutet i Athen 4°, 46, Stockholm.

HÄGG R. et N. MARINATOS (éds) 1987, *The Function of the 'Minoan Palace', Proceedings of the Fourth International Symposium at the Swedish Institute in Athens, 10–16 June, 1984*, Skrifter utgivna av Svenska institutet i Athen 4°, 35, Stockholm.

HAGGIS D.C. 2005, *Kavousi I. The Archaeological Survey of the Kavousi Region*, Philadelphie.

HAGGIS D.C. 2018, «The relevance of survey data as evidence for settlement structure in Prepalatial Crete», dans M. RELAKI et Y. PAPADATOS (éds), *From the Foundations to the Legacy of Minoan Archaeology: Studies in honour of Professor Keith Branigan*, Sheffield Studies in Aegean Archaeology 12, Oxford et Philadelphie, p. 256-274.

HALLAGER E. 1996, *The Minoan roundel and other sealed documents in the Neopalatial Linear A administration*, Aegaeum 14, vol. I-II, Liège et Austin.

HAMILAKIS Y. 2002, «Too many chiefs? Factional competition in Neopalatial Crete», dans J. DRIESSEN, I. SCHOEP et R. LAFFINEUR (éds), *Monuments of Minos. Rethinking the Minoan Palaces. Proceedings of the International Workshop "Crete of the hundred Palaces?" held at the Université Catholique de Louvain, Louvain-la-Neuve, 14-15 December 2001*, Aegaeum 23, Liège, p. 179-199.

HATZIMICHAEL Chr. et J. WHITLEY 2012, «Differential complexities: political evolution, devolution and re-evolution in Crete 3000-300 BC», dans G. CADOGAN, M. IACOVOU, K. KOPAKA et J. WHITLEY (éds), *Parallel Lives. Ancient Island societies in Crete and Cyprus. Papers arising from the Conference in Nicosia organised by the British School at Athens, the University of Crete and the University of Cyprus, in November-December 2006*, British School at Athens Studies 20, Londres, p. 331-344.

HAWES H.B., B.E. WILLIAMS, R.B. SEAGER et E.H. HALL 1908, *Gournia, Vasiliki and other prehistoric sites on the Isthmus of Hierapetra, Crete. Excavations of the Wells-Houston-Cramp expeditions, 1901, 1903, 1904*, Philadelphie.

HOGARTH D.G. 1902, «The Zakro sealings», *JHS* 22, p. 76-93, pl. VI-X.

KANTA A. et A. TZIGOUNAKI 2000, «The Protopalatial multiple sealing system. New evidence from Monastiraki», dans M. PERNA (éd.), *Administrative documents in the Aegean and their Near Eastern counterparts. Proceedings of the International Colloquium, Naples, February 29-March 2, 1996*, Turin, p. 193-210.

Karnava A. 2016, « La scrittura 'geroglifica' cretese », dans M. del Freo et M. Perna (éds), *Manuale di epigrafia micenea. Introduzione allo studio dei testi in lineare B*, Padoue, p. 63-86.

Karnava A. 2017, « Protopalatial Crete: One or more economies? », dans P. Carlier†, Fr. Joannès, Fr. Rougemont & J. Zurbach (éds), *Palatial Economy in the ancient Near East and in the Aegean: first steps towards a comprehensive study and analysis, Actes of the ESF exploratory workshop held in Sèvres, 16-19 Sept. 2010*, Pasiphae 11, Pise, Rome, p. 23-42.

Karnava A. 2018, *Seals, sealings and seal impressions from Akrotiri in Thera*, CMS Beiheft 10, Heidelberg.

Krzyszkowska O. 2005, *Aegean seals. An introduction*, Londres.

Levi D. 1957-1958, « L'archivio di cretule a Festòs », *Annuario della Scuola archeologica di Atene e delle missioni italiane in Oriente* 35-36, p. 7-192.

Macdonald C.F. 2012, « Palatial Knossos: The early years », dans I. Schoep, P. Tomkins et J. Driessen (éds), *Back to the Beginning. Reassessing Social and Political Complexity on Crete during the Early and Middle Bronze Age*, Oxford et Oakville, p. 81-113.

Mantzourani E. et G. Vavouranakis 2005, « Achladia and Epano Zakros: A re-examination of the architecture and topography of two possible Minoan villas in east Crete », *Opuscula Atheniensia* 30, p. 99-125.

Militello P. 1991, « Per una classificazione degli archivi nel mondo Egeo », *Sileno* 17, p. 327-347.

Militello P. 2012a, « Emerging authority: A functional analysis of the MMII settlement at Phaistos », dans I. Schoep, P. Tomkins et J. Driessen (éds), *Back to the Beginning. Reassessing Social and Political Complexity on Crete during the Early and Middle Bronze Age*, Oxford et Oakville, p. 236-272.

Militello P. 2012b, « Ayia Triada tablets, findspots and scribes. A reappraisal », dans E. Kyriakidis (éd.), *Proceedings of the international colloquium "The inner workings of Mycenaean bureaucracy", University of Kent, Canterbury, 19-21 September 2008*, Pasiphae 5-2011, Pise et Rome, p. 59-69.

Militello P. 2012c, « Impianti di lavorazione a Festòs ed Haghia Triada in età palaziale: per una rassegna delle evidenze », *Creta Antica* 13, p. 109-138.

Moody J. 2012, « Hinterlands and hinterseas: Resources and production zones in BA and IA Crete », dans G. Cadogan, M. Iacovou, K. Kopaka et J. Whitley (éds), *Parallel Lives. Ancient island societies in Crete and Cyprus. Papers arising from the Conference in Nicosia organised by the British School at Athens, the University of Crete and the University of Cyprus, in November-December 2006*, British School at Athens Studies 20, Londres, p. 233-271.

Mu I = J.-Cl. Poursat, L. Godart et J.-P. Olivier, *Fouilles exécutées à Mallia, le Quartier Mu* I, Études crétoises 23, Athènes et Paris (1978).

Mu II = B. Detournay, J.-Cl. Poursat et Fr. Vandenabeele, *Fouilles exécutées à Mallia. Le Quartier Mu II. Vases de pierre et de métal, vannerie, figurines et reliefs d'applique, éléments de parure et de décoration, armes, sceaux et empreintes*, Études crétoises 26, Athènes et Paris (1980).

Mu III = J.-Cl. Poursat, *Fouilles exécutées à Mallia: Le Quartier Mu III. Artisans minoens: Les maisons-ateliers du quartier Mu*, Études crétoises 32, Athènes (1996).

Mu IV = J.-Cl. POURSAT et C. KNAPPETT, *Fouilles exécutées à Malia : Le Quartier Mu IV. La poterie du Minoen Moyen II : production et utilisation*, Études crétoises 33, Athènes (2005).

Mu V = J.-Cl. POURSAT, *Fouilles exécutées à Malia. Le Quartier Mu V. Vie quotidienne et techniques au Minoen Moyen II. Outils lithiques, poids de tissage, lampes, divers. Faune marine et terrestre*, Études crétoises 34, Paris (2013).

MÜLLER CELKA S., D. PUGLISI et F. BENDALI 2014, « Settlement pattern dynamics and natural resources in MM-LMI Crete: The case of Malia », dans G. TOUCHAIS, R. LAFFINEUR et Fr. ROUGEMONT (éds), *Physis. L'environnement naturel et la relation homme-milieu dans le monde égéen protohistorique. Actes de la 14ᵉ Rencontre égéenne internationale, Paris, Institut National d'Histoire de l'Art (INHA), 11-14 décembre 2012*, Aegaeum 37, Louvain–Liège, p. 431-440.

OLIVIER J.-P. 1990, « Les grands nombres dans les archives crétoises du deuxième millénaire », *Proceedings of the 6th International Cretological Conference*, La Canée, p. 69-76.

ORGEOLET R. et M. POMADÈRE 2011, « La nature des premiers États en Crète : réactions à l'historiographie récente », dans D. GARCIA (éd.), *L'Âge du Bronze en Méditerranée. Recherches récentes*, Paris, p. 27-42.

PALYVOU C. 2002, « Central courts: The supremacy of the void », dans J. DRIESSEN, I. SCHOEP et R. LAFFINEUR (éds), *Monuments of Minos. Rethinking the Minoan Palaces. Proceedings of the International Workshop "Crete of the hundred Palaces?" held at the Université Catholique de Louvain, Louvain-la-Neuve, 14-15 December 2001*, Aegaeum 23, Liège, p. 167-177, pl. LVI-LIX.

PELON O. 2005, « Les deux destructions du palais de Malia », dans I. BRADFER-BURDET, B. DETOURNAY et R. LAFFINEUR (éds), *ΚΡΗΣ ΤΕΧΝΙΤΗΣ. L'artisan crétois. Recueil d'articles en l'honneur de Jean-Claude Poursat, publié à l'occasion des 40 ans de la découverte du Quartier Mu*, Aegaeum 26, Liège et Austin, p. 185-197.

PERNA M. 2016, « La scrittura lineare A », dans M. DEL FREO et M. PERNA (éds), *Manuale di epigrafia micenea. Introduzione allo studio dei testi in lineare B*, Padoue, p. 87-114.

PLATON L. 1999, « New evidence for the occupation at Zakros before the LM I palace », dans Ph.P. BETANCOURT, V. KARAGEORGHIS, R. LAFFINEUR et W.-D. NIEMEIER (éds), *Meletemata. Studies in Aegean Archaeology presented to Malcolm H. Wiener as he enters his 65th year*, vol. III, Liège, p. 671-681, pl. CXLIII-CXLIV.

PLATON L. 2011a, « Studying the character of the minoan 'household' within the limits of the Neopalatial settlement of Zakros », dans K. GLOWACKI et N. VOGEIKOFF-BROGAN (éds), *ΣΤΕΓΑ. The Archaeology of Houses and Households in ancient Crete*, Hesperia Supplement 44, Princeton, NJ, p. 151-162.

PLATON L. 2011b, « Zakros: One or two destructions around the end of the LMIB period? », dans T.M. BROGAN et E. HALLAGER (éds), *LM IB Pottery: Relative Chronology and Regional Differences, Acts of a Workshop held at the Danish Institute at Athens in collaboration with the INSTAP Study Center for East Crete, 27-29 June 2007*, Monographs of the Danish Institute at Athens 11, Athènes, p. 595-612.

PLATON N. 1961-1962, « Syngritike chronoloyia ton trion minoikon anaktoron », *Proceedings of the first International Cretological Congress*, Cretika Chronika 15-16, p. 127-136.

PLATON N. 1971, *Zakros. The Discovery of a Lost Palace of Ancient Crete*, New York.

POMADÈRE M. et J. ZURBACH 2007, «Malia, ville et territoire: organisation des espaces et exploitations des ressources. Colloque organisé à l'École française d'Athènes les 2 et 3 novembre 2007», *BCH* 131, p. 822-887.

POURSAT J.-Cl. 2010, «Malia: Palace, state, city», dans O. KRZYSZKOWSKA (éd.), *Cretan Offerings. Studies in Honour of Peter Warren*, BSA Studies 18, Londres, p. 259-267.

POURSAT J.-Cl. 2012, «The emergence of elite groups at Protopalatial Malia. A biography of Quartier Mu», dans I. SCHOEP, P. TOMKINS, et J. DRIESSEN (éds), *Back to the Beginning: Reassessing Social and Political Complexity on Crete during the Early and Middle Bronze Age*, Oxford et Oakville, p. 177-183.

RETHEMIOTAKIS G. 1997, «To minoiko kentriko ktirio sto Kastelli Pediadas», *Archaiologikon Deltion-Meletes 1992-1993*, 47-48, p. 29-64.

SALICHOU A. 2012, *Endokinotikì orgànosi ke ikonomìa ton astikòn thèseon tis Krìtis katà tin neoanaktorikì perìodo. To paràdigma tis enkatastàsis tis Kàto Zàkrou. Prosèngisi toy thèmatos sti bàsi ton ylikòn katalipòn*. Thèse Doctorale, Université d'Athènes, Athènes.

SARPAKI A. 2019, «Akrotiri, Thera: Glimpses of the countryside as seen trough the archaeological and bioarchaeological data. Whispers of a dialogue», dans D. GARCIA, R. ORGEOLET, M. POMADÈRE et J. ZURBACH (éds), *Country in the City: Agricultural Functions of Protohistoric Urban Settlements (Aegean and Western Mediterranean)*, Oxford, p. 72-87.

SCHOEP I. 2002, «Social and political organization on Crete in the Proto-palatial period: The case of MM II Malia», *Journal of Mediterranean Archaeology* 15, p. 101-132.

SCHOEP I. 2010, «The Minoan 'palace-temple' reconsidered: A critical assessment of the spatial concentration of political, religious, and economic power in Bronze Age Crete», *Journal of Mediterranean Archaeology* 23/2, p. 219-244.

SCHOEP I. et C. KNAPPETT 2004, «Dual emergence: Evolving heterarchy, exploding hierarchy», dans J.C. BARRETT et P. HALSTEAD (éds), *The Emergence of Civilisation Revisited*, Sheffield Studies in Aegean Archaeology 6, Sheffield, p. 21-37.

SCHOEP I., P. TOMKINS et J. DRIESSEN (éds) 2012, *Back to the Beginning. Reassessing Social and Political Complexity on Crete during the Early and Middle Bronze Age*, Oxford et Oakville.

SHAW J. 2010, «Setting in the palaces of Minoan Crete: A review of how and when», dans O. KRZYSZKOWSKA (éd.), *Cretan Offerings. Studies in Honour of Peter Warren*, BSA Studies 18, Londres, p. 303-314.

SHELMERDINE C.W. (éd.) 2008, *The Cambridge Companion to the Aegean Bronze Age*, Cambridge.

TODARO S. 2012, «Craft production and social practices at Prepalatial Phaistos: The background to the first 'palace'», dans I. SCHOEP, P. TOMKINS et J. DRIESSEN (éds), *Back to the Beginning: Reassessing Social and Political Complexity on Crete during the Early and Middle Bronze Age*, Oxford et Oakville, p. 195-235.

TODD I.A. et P. WARREN 2012, «Islandscapes and the built environments: The placing of settlements from village to city state (third to first millennia BC) in Cyprus and Crete», dans G. CADOGAN, M. IACOVOU, K. KOPAKA et J. WHITLEY (éds), *Parallel Lives. Ancient island societies in Crete and Cyprus. Papers arising from the Conference in Nicosia organised by the British School at Athens, the University of Crete and the*

University of Cyprus, in November-December 2006, British School at Athens Studies 20, Londres, p. 47-60.

TOMKINS P. 2012, «Behind the horizon: Reconsidering the genesis and function of the 'first palace' at Knossos (Final Neolithic IV – Middle Minoan IB)», dans I. SCHOEP, P. TOMKINS et J. DRIESSEN (éds), *Back to the Beginning: Reassessing Social and Political Complexity on Crete during the Early and Middle Bronze Age*, Oxford et Oakville, p. 32-80.

TOUCHAIS G., R. LAFFINEUR et Fr. ROUGEMONT (éds) 2014, *Physis. L'environnement naturel et la relation homme-milieu dans le monde égéen protohistorique. Actes de la 14e Rencontre égéenne internationale, Paris, Institut National d'Histoire de l'Art (INHA), 11-14 décembre 2012*, Aegaeum 37, Louvain–Liège.

TREUIL R., P. DARCQUE, J.-Cl. POURSAT et G. TOUCHAIS 2008, *Les civilisations égéennes du Néolithique et de l'Age du Bronze*, Paris.

TSIPOPOULOU M. 2002, «Petras, Sitia: The palace, the town, the hinterland and the Protopalatial background», dans J. DRIESSEN, I. SCHOEP et R. LAFFINEUR (éds), *Monuments of Minos. Rethinking the Minoan Palaces. Proceedings of the International Workshop "Crete of the hundred Palaces?" held at the Université Catholique de Louvain, Louvain-la-Neuve, 14-15 December 2001*, Aegaeum 23, Liège, p. 133-144.

TSIPOPOULOU M. (éd.) 2012, *Petras, Siteia – 25 years of excavations and studies. Acts of a two-day conference held at the Danish Institute at Athens, 9-10 October 2010*, Monographs of the Danish Institute at Athens 16, Athènes.

TSIPOPOULOU M. et A. SOUTH 2012, «The economics of monumental buildings», *dans* G. CADOGAN, M. IACOVOU, K. KOPAKA et J. WHITLEY (éds), *Parallel Lives. Ancient island societies in Crete and Cyprus. Papers arising from the Conference in Nicosia organised by the British School at Athens, the University of Crete and the University of Cyprus, in November-December 2006*, British School at Athens Studies 20, Londres, p. 209-232.

TZEDAKIS Y., St. CHRYSSOULAKI, Y. VENIERI et M. AVGOULI 1990, «Les routes minoennes. Le poste de Χοιρόμανδρες et le contrôle des communications», *BCH* 114, p. 43-65.

VOKOTOPOULOS L. 2011, «A view of the Neopalatial countryside: Settlement and social organization at Karoumes, Eastern Crete», dans K. GLOWACKI et N. VOGEIKOFF-BROGAN (éds), *ΣΤΕΓΑ. The Archaeology of Houses and Households in Ancient Crete*, Hesperia Supplement 44, Princeton, NJ, p. 137-150.

VOKOTOPOULOS L., G. PLATH et F.W. McCOY 2014, «The yield of the land: Soil conservation and the exploitation of arable land at Choiromandres, Zakros in the New Palace period», dans G. TOUCHAIS, R. LAFFINEUR et Fr. ROUGEMONT (éds), *Physis. L'environnement naturel et la relation homme-milieu dans le monde égéen protohistorique. Actes de la 14e Rencontre égéenne internationale, Paris, Institut Natiaonal d'Histoire de l'Art (INHA), 11-14 décembre 2012*, Aegaeum 37, Louvain–Liège, p. 251-263.

WATROUS L.W. et H. BLITZER 1982, *Lasithi: a history of settlement on a highland plain in Crete*, Hesperia Supplement 18, Princeton, NJ.

WATROUS L.V., D. HADZI-VALLIANOU et H. BLITZER 2004, *The Plain of Phaistos. Cycles of social complexity in the Mesara region of Crete*, Monumenta Archaeologica 23, Los Angeles.

WATROUS L.V., D. HAGGIS, K. NOWICKI, N. VOGEIKOFF-BROGAN et M. SCHULTZ 2012, *An archaeological survey of the Gournia landscape. A regional history of the Mirabello Bay, Crete, in Antiquity*, Prehistory Monographs 37, Philadelphie.

WATROUS L.V., D.M. BUELL, J.C. MCENROE, J.G. YOUNGER, L.A. TURNER, B.S. KUNKEL, K. GLOWACKI, S. GALLIMORE, A. SMITH, P.A. PANTOU, A. CHAPIN et E. MARGARITIS 2015, « Excavations at Gournia, 2010-2012 », *Hesperia* 84, p. 397-465.

WATROUS L.V. WATROUS, D.M. BUELL, E. KOKINOU, P. SOUPIOS, A. SARRIS, S. BECKMANN, G. RETHEMIOTAKIS, L.A. TURNER, S. GALLIMORE et M.D. HAMMOND 2017, *The Galatas Survey: Socio-Economic and Political Development of a Contested Territory in Central Crete during the Neolithic to Ottoman Periods*, Prehistory Monographs 55, Philadelphie.

WEINGARTEN J. 1990, « Three upheavals in Minoan sealing administration: Evidence for radical change », dans Th.G. PALAIMA (éd.), *Aegean seals, sealings and administration. Proceedings of the NEH-Dickson Conference of the Program in Aegean scripts and Prehistory of the Department of Classics, University of Texas at Austin, January 11-13, 1989,* Aegaeum 5, Liège, p. 105-120, pl. XVI-XX.

WEINGARTEN J. 2018, « Introductory remarks, Aegean », dans M. AMERI, S. KIELT COSTELLO, G. JAMISON, S. JARMER SCOTT (éds), *Seals and Sealing in the Ancient World*, Cambridge, p. 327-333.

WHITELAW T. 2004, « Alternative pathways to complexity in the Southern Aegean », dans J.C. BARRETT et P. HALSTEAD (éds), *The Emergence of Civilisation Revisited*, Sheffield Studies in Aegean Archaeology 6, Sheffield, p. 232-256.

WHITELAW T. 2012, « The urbanisation of prehistoric Crete: Settlement perspectives on Minoan state formation », dans I. SCHOEP, P. TOMKINS et J. DRIESSEN (éds), *Back to the Beginning: Reassessing Social and Political Complexity on Crete during the Early and Middle Bronze Age*, Oxford et Oakville, p. 114-176.

WHITELAW T. 2018, « Recognising polities in prehistoric Crete », dans M. RELAKI, Y. PAPADATOS (éds), *From the Foundations to the Legacy of Minoan Archaeology: Studies in honour of Professor Keith Branigan*, Sheffield Studies in Aegean Archaeology 12, Oxford et Philadelphie, p. 201-255.

WHITELAW T. 2019, « Feeding Knossos: Exploring economic and logisitical implications of urbanism on prehistoric Crete », dans D. GARCIA, R. ORGEOLET, M. POMADÈRE et J. ZURBACH (éds), *Country in the City: Agricultural Functions of Protohistoric Urban Settlements (Aegean and Western Mediterranean)*, Oxford, p. 88-121.

WILSON D. 2008, « Early Prepalatial Crete », dans C.W. SHELMERDINE (éd.), *The Cambridge Companion to the Aegean Bronze Age,* Cambridge, p. 77-104.

ARCHIVES ET PALAIS DANS LE MONDE MYCÉNIEN
Quelques observations

Le sujet des rapports entre centres administratifs, archives et territoire est certainement l'un des plus stimulants pour qui s'occupe du monde palatial mycénien. Dans ma contribution je me propose de faire le point sur les archives mycéniennes et de mettre en évidence certains aspects, liés aux mécanismes de récolte, d'élaboration et d'archivage des informations, afin de fournir des éléments de réflexion sur leur nature et une base de comparaison avec les archives minoennes et proche-orientales qui sont traitées par d'autres auteurs dans les actes de ce colloque.

Données de nature qualitative et quantitative

Pour faire le point sur les archives mycéniennes, je partirai de quelques données de nature qualitative et quantitative [1]. Il convient de souligner avant tout que les archives mycéniennes sont, sans exception, des archives palatiales de type économique et administratif [2]. Les documents qui les composent sont des enregistrements anonymes et provisoires sur argile, relatifs aux activités économiques développées au plus pendant un cycle administratif d'une année. En raison de cette caractéristique, toutes les archives mycéniennes sont de type courant et se réfèrent à des activités qui précèdent, au maximum, de quelques mois la destruction des édifices dans lesquels on les a trouvées.

---

1. Sur les aspects généraux des archives mycéniennes, voir spécialement BENNET 2001 (Pylos), DRIESSEN 2001 (Cnossos), PALAIMA 2003 et 2004 (avec bibliographie).

2. Dans les archives mycéniennes manquent totalement aussi bien les textes de type légal, comme les contrats, les actes de propriété, les actes de vente, ou les testaments, que les documents économiques de type privé, comme les lettres d'affaires ou les notes de débit.

Regular string nodule   Irregular string nodule   *Nodulus*

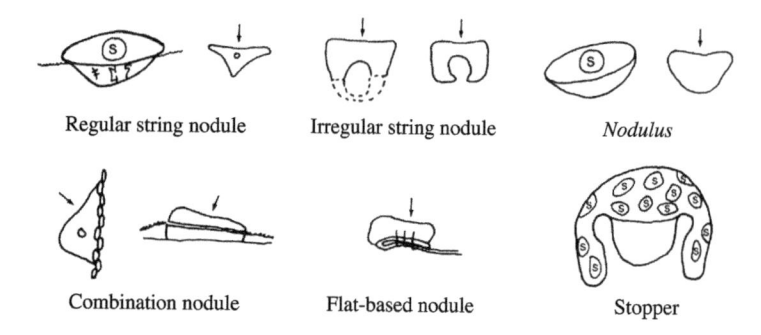

Combination nodule   Flat-based nodule   Stopper

Fig. 1 – Types de scellés mycéniens; Ⓢ = empreinte de sceau
(d'après Hallager 2005, p. 247, fig. 2).

La typologie des documents d'archive mycéniens est assez simple : en définitive on distingue deux catégories de documents, ceux qui portent des inscriptions en linéaire B (environ 5 800) et ceux qui présentent des empreintes de sceaux (environ un millier)[3]. À la première catégorie appartiennent les tablettes, de format « page » ou « feuille de palmier », les étiquettes et certains types rares de nodules[4]; à la seconde appartiennent tous les autres nodules et scellés (*Fig. 1*)[5].

---

3. Pour les textes en linéaire B le calcul se fonde sur les éditions courantes, complétées par les données des rapports publiés dans les colloques de mycénologie : Cnossos environ 4150; Mycènes presque 90; Pylos à peu près 1000; Thèbes environ 360; autres sites (La Canée, Iklaina, Midéa, Sissi, Tirynthe, Volos) environ 40. À ces chiffres il faut ajouter au moins une centaine de textes encore inédits de H. Vasileios. Les données de *PTT* relatifs à Pylos ont été sensiblement modifiées par un nombre important de raccords et par l'ajout d'un certain nombre de fragments (cf. les concordances de *PTT*²). Pour le nombre total des nodules et des scellés, cf. Hallager 2005, p. 262, tab. 1, Panagiotopoulos 2010, p. 300, fig. 2, et Panagiotopoulos 2014, p. 111, tab. 2. La différence entre les totaux calculés par Hallager (environ 1 150) et Panagiotopoulos (environ 1 050) est due essentiellement aux incertitudes sur la datation du matériel de Cnossos.

4. Les deux nodules qui constituent la série Wo de Pylos (1199 et 1247) et huit nodules de la série Wm de Cnossos (1714, 1816, 1817, 5822, 5824, 5860, 8207 [?] et 8490), qui avaient probablement une fonction similaire à celle des étiquettes (cf. Olivier 1997a, p. 80-81 et Killen 2002-2003). Les trois nodules Wm 1707, 8493 et 8499, vu leur ressemblance avec les *regular string nodules* (voir ci-dessous), devaient avoir une fonction différente (cf. Killen 2002-2003, p. 106, et ci-dessous n. 59) et pour cette raison ont été reclassés dans *KT6* comme Ws(1).

5. Pour la typologie des nodules et des scellés mycéniens, voir Pini *et al.* 1997, p. 53-66 (Pylos), *CMS II.8* (Cnossos), p. 24-93, Krzyszkowska 2005, p. 217-222, 280-284, Hallager 2005, Panagiotopoulos 2010 et 2014 (avec bibliographie). Pour les descriptions qui suivent je me fonde sur la synthèse de Hallager 2005; les pourcentages sont calculés d'après Panagiotopoulos 2014 (voir spécialement p. 111, Tab. 2 et 184-186).

Un type particulier de nodule, traversé par une cordelette et fixé sur un nœud fait à l'extrémité de celle-ci, appelé en anglais *regular string nodule*, se trouve à l'intersection des deux catégories, car dans bien des cas il présente aussi bien une inscription en linéaire B qu'une empreinte de sceau [6]. Un phénomène de ce type se rencontre aussi –exceptionnellement– dans deux autres types de nodules : l'un traversé par une cordelette plus épaisse, dit en anglais *irregular string nodule*, et l'autre caractérisé par le fait qu'il n'est fixé ni à une ficelle ni à un objet, et que l'on appelle conventionnellement *nodulus*[7]. Au total les nodules qui présentent une inscription en linéaire B sont un peu plus d'une centaine [8].

Essentiellement, les tablettes de format page, qui représentent un peu moins de 10 % du total des inscriptions, enregistrent des comptes définitifs, des rôles d'impôts et des bilans. Celles en forme de feuille de palmier, qui représentent presque 90 % du total, sont utilisées le plus souvent pour des textes provisoires ou pour la gestion des activités ou des transactions en cours. Les étiquettes, qui constituent environ 1 % de toutes les inscriptions, étaient appliquées sur des paniers d'osier ou des boîtes en bois. Les inscriptions brèves sur le *recto* faisaient référence aux enregistrements et aux transactions qui, évidemment, constituaient l'objet des tablettes conservées dans les conteneurs. La répartition des étiquettes dans le palais de Pylos suggère que les conteneurs servaient aussi bien à déplacer les tablettes d'un édifice à l'autre qu'à les archiver de manière ordonnée [9].

Pour la plupart, les nodules utilisés par les administrations mycéniennes sont typologiquement différents de ceux des administrations minoennes [10].

Des types minoens, seuls le *nodulus*, déjà mentionné, et le *flat-based nodule* survivent. Ce dernier était apparemment utilisé pour sceller des plis en parchemin. Les deux types, toutefois, sont rares : en particulier, le *flat-based nodule*, dont on ne connaît que quatre ou cinq exemplaires, est attesté seulement dans la *Room of*

---

6. Séries Ws de Cnossos, Wr de Pylos, Wu de Thèbes, Wt de Mycènes et Wv de Midéa. Un certain nombre d'exemplaires est maintenant attesté aussi à H. Vasileios.

7. Il s'agit de deux nodules de la série Wr de Pylos (1327 et 1415) et des deux *noduli* de la série Wn de Cnossos. Pour les nodules 1327 et 1415, J.L. Melena a suggéré le nouveau préfixe Wp (*The Pylos of Nestor at Pylos in Western Messenia. Volume IV. The Inscribed Documents, Draft Version, November 2013* [academia.edu]; proposition adoptée par Shelmerdine 2012b et *PTT*²).

8. Il s'agit de 128 exemplaires (abstraction faite des nodules de H. Vasileios) : 31 à Cnossos (8 Wm + 2 Wn + 21 Ws [dans *CoMIK IV* le nodule Ws 9232 de *KT6* est classé comme fragment de tablette : X 9232 + *frr*.]) ; 24 à Pylos (2 Wo + 2 Wp + 20 Wr) ; 59 à Thèbes (Wu) ; 10 à Mycènes (Wt) ; 4 à Midéa (Wv). Données tirées de *KT6* (KN), Pini *et al.* 1997 et *PTT*² (PY), *FDC IV* (TH), Müller *et al.* 1998 et Del Freo 2012, p. 20 (MY), *CMS V Suppl. 3* (MI).

9. Cf. Palaima 1988, p. 182-186.

10. Cf. Hallager 2005, 2011 et 2015.

the Chariot Tablets de Cnossos (*RCT*), c'est-à-dire dans le dépôt le plus ancien de textes en linéaire B [11]. Le *direct sealing* est aussi commun aux deux administrations. Dans le monde mycénien, il est attesté surtout sous forme de *stopper*, un type de scellé utilisé pour fermer les embouchures des amphores. Dans l'ensemble, ces types correspondent à environ 8 % de tous les scellés mycéniens.

Les types restants, c'est-à-dire les deux *string nodules* mentionnés ci-dessus et le *combination nodule*, constituent des innovations et représentent à peu près 85 % du total. Tandis que les *regular string nodules*, comme on l'a dit, étaient fixés à un nœud fait à l'extrémité d'une cordelette, les *irregular string nodules* étaient souvent traversés par les deux bouts d'une cordelette plus épaisse, parfois tressée. En général, dans les fouilles, les premiers sont trouvés intacts, tandis que les seconds semblent avoir été brisés intentionnellement, signe que les premiers pendaient librement au bout des cordelettes comme des étiquettes, tandis que les seconds scellaient des objets ficelés [12]. Les *combination nodules* scellaient aussi des objets ficelés, mais, en plus d'être traversés par une cordelette, ils adhéraient aux objets de la même façon que les *direct sealings*. Grosso modo, les *irregular string nodules* et les *regular string nodules* correspondent à 80 % de tous les scellés mycéniens. Les *combination nodules*, qui sont assez rares, représentent 5 % du total.

Quant à l'écriture, si on exclut les deux *noduli* Wn de Cnossos et les deux *irregular string nodules* Wr de Pylos, elle est attestée seulement sur une centaine de *regular string nodules*. En termes de proportions, les nodules inscrits constituent environ 50 % des *regular string nodules*, à peu près 10 % de tous les scellés mycéniens et environ 2 % de toutes les inscriptions en linéaire B.

Pour compléter le tableau, il convient d'ajouter que l'écriture linéaire B est attestée aussi sur d'autres objets. On possède en fait à peu près 200 inscriptions sur des vases (pour la plupart des vases à étrier d'argile grossière utilisés pour le transport des produits liquides), plus un « sceau » et un objet en pierre [13]. Même si les inscriptions peintes sur les vases à étrier avaient, au moins à l'origine,

---

11. Il faut pourtant souligner que les *flat-based nodules* de la *RCT* sont différents des exemplaires minoens aussi bien pour la forme des plis que pour l'épaisseur des liens (cf. *CMS II.8*, p. 42-43, KRZYSZKOWSKA 2005, p. 217-218).

12. On pense donc que les *regular string nodules* avaient une fonction d'identification et d'information, tandis que les *irregular string nodules* avaient une fonction de fermeture (cf. PANAGIOTOPOULOS 2014, p. 250-253).

13. Sur les vases inscrits, voir ZURBACH 2006 et KILLEN 2011 ; sur le sceau, *CMS V*, n° 415 (Médéon) ; sur l'objet en pierre (un poids ?), ADRIMI-SISMANI et GODART 2005, p. 60-61 (Dimini). Deux autres exceptions possibles sont un galet trouvé à Kafkania en Élide (ARAPOJANNI *et al.* 2002, p. 213-240) et un « sceau » en ambre de Bernstorf, localité proche de Munich (GEBHARD et RIEDER 2002). Sur l'authenticité de ces deux inscriptions subsistent toutefois beaucoup de doutes (sur le galet, cf. PALAIMA 2002-2003, *contra* MANIATIS *et al.* 2010 ; sur le sceau, cf. les avis prudents de L. Godart et J.-P. Olivier dans GEBHARD et RIEDER 2002, p. 126-131).

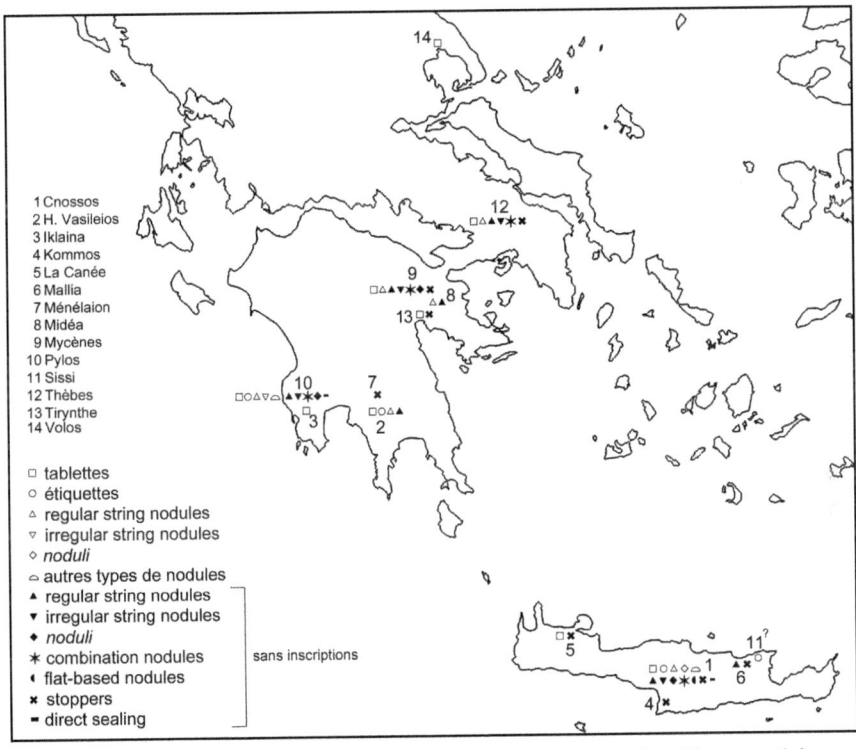

Fig. 2 – Répartition géographique et typologique des documents d'archives mycéniens.

une fonction économique et administrative, aucune d'entre elles ne constitue évidemment un document d'archive.

Répartition géographique des documents d'archives mycéniens

Dans le monde égéen, les documents d'archives mycéniens sont répartis dans deux grandes régions : l'île de Crète et le continent grec. Aucun document d'archive ne provient des îles, ni de la côte d'Asie mineure. En Crète, à côté des deux sites principaux de Cnossos et La Canée, on compte d'autres sites mineurs, dont un seul, Sissi, près de Malia, a livré ce qui semble être un document en linéaire B [14]. Sur le continent grec, les sites qui ont livré des documents d'archive, inscrits ou non, se concentrent principalement dans trois régions du Péloponnèse : la Messénie, la Laconie et l'Argolide. Le phénomène, toutefois, concerne aussi la Béotie, en Grèce centrale, et la Thessalie, en Grèce du Nord.

Comme on peut le voir sur la carte (*Fig. 2*), les sites qui présentent la plus grande variété typologique de documents, aussi bien inscrits que scellés, sont

---

14. Cf. Driessen 2012, p. 24, fig. 1.5.

Cnossos, Pylos, Thèbes, et Mycènes. Ces sites ont aussi livré le plus grand nombre de documents : sur environ 5 800 documents inscrits, à peu près 4 150 proviennent de Cnossos, plus ou moins 1 000 de Pylos, à peu près 360 de Thèbes, et presque 90 de Mycènes. Sur les *ca* 1 000 scellés attestés, Cnossos a livré plus de 750 exemplaires, Pylos plus de 150, Thèbes 70 et Mycènes plus de 40. En termes de pourcentages, cela correspond à environ 98 % de tous les documents d'archive. Cela explique pourquoi les hypothèses sur le fonctionnement des archives mycéniennes se fondent essentiellement sur les données de ces quatre sites [15].

Chronologie des documents d'archives mycéniens

La chronologie des documents d'archives mycéniens présente certaines incertitudes, surtout en relation avec le site de Cnossos. L'hypothèse adoptée *Fig. 3* est actuellement la plus courante : elle date le dépôt de la *RCT* du début du XIVe siècle et le reste des archives vers 1370 av. J.-C. [16].

La présence de tablettes à La Canée a soulevé des questions sur les rapports entre ce site et le palais de Cnossos, dans les archives duquel elle est mentionnée avec le nom antique de *ku-do-ni-ja* /Kudōniā/ (gr. Κυδωνία). Actuellement, on a tendance à supposer que cela est dû à l'existence d'un royaume mycénien indépendant à La Canée, né vers la moitié du XIVe siècle, après la fin de celui de Cnossos [17]. Mais, évidemment, si on date la destruction finale du palais de Cnossos au XIIIe siècle, le tableau qui émerge est celui d'un centre principal et d'un centre secondaire avec sa propre administration et ses propres archives. La découverte récente d'un fragment d'inscription à Sissi pose à nouveau ce type de questions à une échelle plus large et géographiquement plus articulée.

Un problème analogue se pose aussi pour l'Argolide : les documents de Mycènes, Midéa et Tirynthe, en fait, sont au moins en partie contemporains, raison pour laquelle on tend à admettre l'existence d'un centre principal (Mycènes) et de

---

15. La découverte récente d'un palais à H. Vasileios au cœur de la Laconie est certainement destinée à modifier ce tableau, surtout si les découvertes de documents d'archive continuent à se succéder au rythme de la campagne de fouille de 2015 (presque 100 nouveaux documents).

16. Pour la *RCT*, cf. Driessen 1990, p. 108, 112-116, 129-130, et Driessen 2000 ; pour l'hypothèse qui date le reste des archives vers 1370 av. J.-C., cf. la discussion dans Popham 1988 ; pour l'hypothèse d'une destruction finale au XIIIe siècle, cf. p. ex. Hallager 1978 et Niemeier 1982. Discussion récente de tous les dépôts dans Firth 2000-2001, p. 260-281.

17. Cf. Godart et Tzedakis 1991.

		H. Vasileios	Iklaina	Ménélaion	Mycènes	Midéa	Pylos	Thèbes	Tirynthe	Volos	Cnossos	Kommos	La Canée	Mallia	Sissi	
1450-1400	HR II B										□△S					MR II
1400-1370	HR III A1					□										MR III A1
1370-1330	HR III A2	□○△S	□		□S						□○△◇S					MR III A2
1330-1250	HR III B1				□△S		△S		□			□S			○?	MR III B1
												S	S			
1250-1200	HR III B2		S	□△S	△S	□○△▽S	□△S									MR III B2

Fig. 3 – Chronologie des documents d'archives mycéniens
(pour les symboles voir la légende de la *Fig. 2* ; s = scellés sans inscriptions).

plusieurs centres secondaires, chacun avec sa propre administration et ses propres archives[18].

La découverte récente d'une tablette en linéaire B dans le centre secondaire d'Iklaina (Traghanes), enfin, a posé le problème aussi pour la Messénie. La tablette d'Iklaina est de date incertaine, même si on a raison de croire qu'elle remonte au XIVe siècle[19], tandis que les textes de Pylos sont de la fin du XIIIe siècle, sauf quelques-uns qui proviennent de strates antérieures d'environ 150-200 ans[20]. En se fondant sur ces rares éléments, il est difficile de dire si, au milieu du XIVe siècle, l'administration d'Iklaina était ou non indépendante de celle de Pylos[21]. L'unique autre centre secondaire du royaume de Pylos fouillé de manière systématique, Nichoria, présente, comme celui d'Iklaina, des édifices relativement grands et complexes, peut-être sièges d'autorités locales, et des traces d'activités artisanales. Or, d'après les rapports de fouilles, aussi bien à Nichoria qu'à Iklaina – qui correspondent vraisemblablement à deux des 17 chefs-lieux de districts mentionnés dans l'archive de Pylos (*ti-mi-to-a-ke-e* et *a-pu₂-we*) – les changements les plus importants semblent se vérifier dans la première moitié du XIVe siècle. À Nichoria, le mégaron de la zone IV est détruit et on érige une tombe à tholos ; à Iklaina, un édifice de grandes dimensions, décoré de fresques, est détruit, et un

---

18. Cf. MARAZZI 2008 et DARCQUE et ROUGEMONT 2015.

19. La tablette, qui provient d'un contexte HR II B – HR III A2, est hypothétiquement attribuée par SHELMERDINE (2012a) au HR III A2.

20. Il s'agit de quatre tablettes trouvées dans la *South-West Area* et dans les Pièces 55-57 (?) du palais dans des contextes HR III A (cf. PALAIMA 1988, p. 111-113, 133, 165). Le fragment Xn 1449, dont le lieu de trouvaille est inconnu et que Palaima associe aux textes précédents pour la paléographie (*ibid.*, p. 113), a été raccordé à une tablette provenant de la Pièce 99 (cf. MELENA 1996-1997, p. 165-167) et donc ne peut pas remonter au HR III A.

21. Sur la question, cf. SHELMERDINE 2015, p. 249-251.

nouvel édifice en forme de mégaron est construit plus au nord, avec une orientation différente de celle du précédent [22]. Comme on l'a supposé, il est possible que ces changements radicaux reflètent, au moins en partie, des changements de pouvoir dus à l'expansion progressive du royaume de Pylos [23]. Il convient d'observer, toutefois, qu'à Nichoria on n'a pas trouvé de documents d'archives.

Abstraction faite de ces problèmes, il vaut la peine de souligner qu'à l'exception de la RCT, la typologie des documents d'archives mycéniens est identique partout [24], aussi bien en Crète que sur le continent, et qu'au cours de deux siècles, aucun changement significatif ne se produit. Cela indique l'existence d'une tradition forte dans le domaine des pratiques archivistiques et entre dans la liste des phénomènes de standardisation typiques de la société palatiale mycénienne.

Lieux de trouvaille (*find-spots*) des documents d'archives mycéniens

Les documents proviennent presque exclusivement de l'intérieur des palais ou d'édifices situés à proximité des palais. Ces derniers, par leurs dimensions, leurs techniques de construction et leurs aspects fonctionnels, ont un caractère intermédiaire entre les palais et les maisons de type ordinaire, et sont destinés au stockage et à la distribution de denrées et de matières premières, ainsi qu'à la gestion de la main d'œuvre liée à des activités artisanales [25]. De façon sporadique,

---

22. Pour une comparaison entre les sites de Nichoria et Iklaina, voir Shelmerdine 2015 (avec bibliographie).

23. Sur l'expansion territoriale progressive du royaume de Pylos entre HR III A et HR III B, voir Bennet 1995, Bennet 1999 et Shelmerdine 2015.

24. En plus des *flat-based nodules* mentionnés ci-dessus, la RCT présente aussi des petites tablettes rectangulaires obtenues par segmentation de tablettes plus longues (cf. Driessen 1987 et Duhoux 2012). Ces «anomalies» sont très probablement à mettre en rapport avec la chronologie du dépôt.

25. Sur les formes et les fonctions de ces édifices, voir Darcque 2005, p. 339-340, 357-366. Dans cette catégorie on peut inclure l'Arsenal, le Petit Palais et la Maison inexplorée de Cnossos, l'Édifice Nord-Est et l'Édifice Sud-Ouest de Pylos, les Maisons Ouest et la Maison aux Colonnes de Mycènes, et l'Édifice VI de la citadelle basse (*Unterburg*) de Tirynthe. D'autres édifices un peu plus petits, comme le Magasin à vin de Pylos, la Maison de Petsas à Mycènes ou l'Édifice N de Midéa, ont des caractéristiques similaires aux précédents. La situation à Thèbes est moins claire, mais il se peut qu'un certain nombre de bâtiments de la Cadmée, où on a trouvé des documents d'archives en linéaire B, aient aussi appartenu à des édifices de type intermédiaire.

on a trouvé des documents d'archive aussi dans des maisons de type plus ordinaire, comme à Mycènes et à Tirynthe[26].

Par leur forme et leur contenu, les documents d'archives trouvés dans les édifices intermédiaires et dans les maisons sont identiques à ceux des palais et l'hypothèse d'une comptabilité privée, formulée dans les années 1950 juste après la découverte des Maisons Ouest de Mycènes[27], a été bientôt abandonnée[28].

Si la tendance des documents d'archive à se concentrer dans les palais est commune à tous les sites, leur répartition à l'intérieur des palais varie. Cela ressort clairement en particulier de la comparaison entre les palais de Cnossos et de Pylos[29]. À Cnossos des groupes de documents traitant de sujets similaires se concentrent dans des zones qui semblent correspondre à des bureaux ou à des départements spécialisés. Il est vrai que deux zones (correspondant à l'entrée Nord du palais et à la *RCT*) semblent abriter des bureaux non spécialisés, mais il est difficile de dire s'il s'agissait d'archives centrales[30]. À Pylos environ 75% des tablettes sont conservées dans deux pièces situées à l'entrée du palais, dont une est utilisée comme bureau et l'autre comme archive. Les autres textes ont été trouvés en petits groupes dans des magasins, dont ils servaient à gérer le contenu, ou dans des édifices intermédiaires, liés à des activités de type artisanal[31]. À Pylos, donc, le schéma est celui d'une gestion centralisée, avec une archive qui constitue le point d'aboutissement de toutes les activités administratives ; à Cnossos, au contraire, la structure administrative est plus complexe et de type ramifié. Il est possible que cela ait dépendu, au moins en partie, des dimensions respectives des deux palais et des économies concernées.

---

26. À Mycènes, les Maisons de la Panagia ; à Tirynthe, certaines des Maisons de la ville basse (*Unterstadt*).

27. Cf. A.J.B. Wace dans *MT I*, p. 422-426, et dans *MT II*, p. 3-5, 9, 11, 14 ; *Docs¹*, p. 38, 110, 218, 225 (avec des doutes).

28. Cf. J. Chadwick dans *MT III*, p. 54. Discussion dans Darcque 2005, p. 362-364.

29. Pour les textes, voir le plan de Cnossos dans Olivier 1967, p. 21 (révision des lieux de trouvaille dans Firth 2000-2001), et celui de Pylos dans Del Freo 2016, p. 188, fig. 4, et *PTT²*, fig. 1 ; pour les scellés et les nodules, voir Hallager 2005, fig. 6 (Cnossos) et 7 (Pylos), et Panagiotopoulos 2014, fig. 6 (Pylos) et 27 (Cnossos) (pour les nodules de Cnossos, voir aussi *CMS II.8*, p. 101-128, Pl. 1-2, pour ceux de l'édifice Nord-Est de Pylos, voir Shelmerdine 2012b).

30. Cf. Olivier 1967, p. 101-131.

31. Cf. Palaima 1988, p. 171-189.

Les scribes mycéniens

Les documents n'enregistrent jamais les noms des scribes, ni celui de leur profession. Leur identification repose donc sur l'analyse de la forme des signes; le résultat final de ces analyses consiste dans l'identification d'un certain nombre de «mains de scribes», correspondant, avec différents degrés de probabilité, à des individus différents. Probablement, les responsables de la rédaction des textes en linéaire B ne constituaient pas une catégorie professionnelle indépendante, mais étaient des fonctionnaires qui, dans le domaine de leurs compétences, pouvaient faire usage de l'écriture[32]. À Cnossos on distingue environ 75 scribes[33]. Si on considère que 25% ou 30% de textes ne sont pas classés du point de vue paléographique, il est possible qu'au total il y ait eu environ 100 individus, qui n'étaient pas nécessairement tous contemporains[34]. À Pylos, en revanche, environ 30 scribes semblent avoir été actifs au même moment dans le palais[35].

Si on recoupe les données sur les mains des scribes avec les sujets des enregistrements et les lieux de trouvaille des documents, il est possible de reconstruire les rapports hiérarchiques entre les différents fonctionnaires, leur degré respectif de spécialisation, et leur éventuelle appartenance à des bureaux et à des départements. De ce type d'analyses ressort le fait qu'à Cnossos le degré de spécialisation des scribes était très élevé[36]. Presque tous les scribes, en fait, s'occupaient d'un seul secteur de production. À Pylos, au contraire, les scribes spécialisés sont rares. En revanche, le scribe appelé «Hand 1», qui rédige des récapitulatifs, fabrique des étiquettes et se sert du travail des autres scribes, semble exercer un rôle de responsable à l'intérieur de l'archive centrale[37]. Ces aspects renforcent l'image de deux administrations différentes: l'une organisée de manière plus centralisée, et l'autre de manière plus ramifiée[38].

---

32. Cf. OLIVIER 1967, p. 135.

33. Cf. OLIVIER 1967, p. 42-97.

34. Cf. OLIVIER 1967, p. 101-102.

35. Cf. PALAIMA 1988, p. 35-134 (avec l'exception de la Hand 91 à laquelle sont attribuées certaines des tablettes datables du HR III A). Le nouveau classement paléographique proposé par Jean-Pierre Olivier dans *PTT*² porte le nombre des scribes de Pylos actifs au même moment à 40.

36. Cf. OLIVIER 1967, p. 131-135.

37. Cf. PALAIMA 1988, p. 187-189.

38. Pour une comparaison des deux administrations, voir OLIVIER 1984, SHELMERDINE 1988 et SHELMERDINE 1999 (cf. aussi BENNET 1985, BENNET 2001 et DRIESSEN 2001).

La récolte, l'élaboration et l'archivage des informations économiques

L'étude interne et comparée des archives mycéniennes a permis de distinguer quelques-uns des rapports fonctionnels qui existent entre les différents types de documents inscrits et de formuler des hypothèses concernant les mécanismes de récolte, d'élaboration et d'archivage des informations économiques [39].

Ces mécanismes sont faciles à reconnaître surtout dans les transferts de biens, d'animaux et de denrées à destination des palais. En particulier, la confrontation entre un groupe de *regular string nodules* de Thèbes (série Wu) et une tablette de Pylos (Un 138), qui enregistrent le même nombre et le même type d'animaux, a conduit à formuler l'hypothèse que les nodules, scellés et inscrits dans des localités périphériques, étaient envoyés aux centres administratifs, où les informations étaient ensuite transcrites de manière synthétique sur des tablettes. Le mouvement centripète des biens est démontré par l'expression *te-qa-de* /$T^h\bar{e}g^w\bar{a}ns$-*de*/ « en direction de Thèbes » (gr. Θῆβαι), enregistrée sur un certain nombre de nodules, par la présence de toponymes eubéens (*a-ma-ru-to* /$Amarunt^hos$/ et *ka-ru-to* /*Karustos*/) sur d'autres nodules, par l'emploi du terme *a-pu-do-si* /*apudosis*/ 'fourniture, livraison', qui dans les tablettes se réfère toujours à l'envoi de denrées aux palais, et par le fait que sur les 60 nodules thébains sont présentes les empreintes de 23 sceaux, selon un schéma de type non intensif typique des flux de biens entrants [40].

Selon cette reconstruction, les empreintes sur les nodules, souvent apposées au moyen d'anneaux en or ou de sceaux en pierre dure – et donc, par des personnages de rang élevé – authentifiaient et certifiaient les envois, tandis que les inscriptions indiquaient les objets des transactions, les individus impliqués et la nature des obligations. Ce mécanisme a trouvé différents types de confirmation, directe et indirecte, dans les archives de Cnossos, Mycènes et Pylos [41], et on considère désormais qu'il était un trait commun à toutes les administrations mycéniennes [42].

---

39. À ce sujet, voir surtout Palaima 1996 et Olivier 1997b (cf. aussi Palaima 2003 et 2004).

40. Cf. Piteros *et al.* 1990 (pour un schéma similaire de type non intensif à Pylos, voir Krzyskowska 2005, p. 295).

41. Pour Cnossos, cf. Killen 1994 et 1996 (*set* C[2] = série Cf dans *KT6*); pour Mycènes, cf. Müller *et al.* 1998, p. 13-16 (nodules Wt); pour Pylos, cf. Flouda 2000, Palaima 2000a, p. 269-271, Palaima 2003, p. 182-187 (nodules Wr 1328, 1329, 1480 et tablettes An 1282, Va 1323, 1324, Vn 10, 1339 et 1341).

42. Selon l'hypothèse courante, une fois transcrits sur les tablettes, les nodules étaient éliminés. Cela expliquerait par exemple pourquoi à Cnossos et à Pylos ont été trouvées les tablettes C(2) (= Cf dans *KT6*) et Un 138, mais pas les nodules correspondants. Un mécanisme similaire semble également envisageable pour les *irregular string nodules* (cf. Panagiotopoulos 2010, p. 302, Flouda 2010, p. 74-78, Shelmerdine 2012b, Panagiotopoulos 2014, p. 250).

Les biens enregistrés sur les nodules et soumis à ce type de gestion concernent tous les secteurs de l'économie. Sur les nodules sont en fait attestés de nombreux produits agricoles, presque tous les animaux d'élevage, la laine, différents produits artisanaux et certains types d'armes. Il est probable que l'absence de certains produits attestés sur les tablettes est le fruit d'un pur hasard. Il n'est toutefois pas exclu que dans le cas des matières premières, comme le bronze, cela soit dû à des modalités de production particulières.

Les termes du vocabulaire économique enregistrés sur les nodules décrivent essentiellement des obligations fiscales et de travail[43]. On peut noter que dans la liste manque, entre autres, *ta-ra-si-ja* /*talansiā*/, un terme qui désignait un circuit de production dans lequel les matières premières étaient fournies aux artisans, qui les travaillaient et les restituaient aux palais sous la forme de produits finis[44]. Ceci, toutefois, n'implique pas nécessairement que le système de la *ta-ra-si-ja* n'ait pas été géré au moyen de nodules. Clairement, si les matières premières sortant des magasins palatiaux étaient accompagnées de nodules – chose que nous ignorons – il est logique que ces derniers n'aient jamais été trouvés dans les palais. Cela peut expliquer pourquoi le bronze, qui était précisément travaillé dans le système de la *ta-ra-si-ja*, ne figure jamais sur les nodules[45]. À la limite, on peut formuler l'hypothèse – avec tous les risques de l'archéologie prédictive – qu'un jour des nodules similaires émergeront de la fouille d'un centre secondaire. Il faut toutefois considérer aussi la phase de la *ta-ra-si-ja* qui consistait en la livraison des produits finis. Or, si on peut douter – mais seulement jusqu'à un certain point, vu le témoignage de la série Jn de Pylos – que les produits manufacturés en bronze enregistrés sur certains nodules[46] étaient fabriqués dans le système de la *ta-ra-si-ja*, ce doute semble exclu pour les tissus *te-pa* enregistrés sur le nodule de Cnossos Ws 8153. Nous savons en fait par les tablettes que ces tissus étaient produits dans le cadre de la *ta-ra-si-ja*[47]. Il est possible donc que même le circuit de la *ta-ra-si-ja* ait été, au moins en partie, géré au moyen de nodules[48].

---

43. Comme *a-pu-do-si* (ou *a-pu-do-ke*), *o-pa*, *po-ro-e-ko-to* et *qe-te-o* (liste dans Palaima 1996, p. 65, Palaima 2000a, p. 261 ; voir aussi Panagiotopoulos 2014, p. 174-179).

44. Sur le système de la *ta-ra-si-ja*, voir Duhoux 1976, p. 69-115, Nosch 1997-2000, Nosch 2000, Killen 2001 et Nosch 2006. Sur les autres termes du vocabulaire économique mycénien absents dans les nodules, voir Palaima 1996 et Palaima 2000a.

45. Cf. Palaima 1996, p. 43-44, Palaima 2000a, p. 262.

46. Pointes de javelines (KN Ws 1704, 1705, 8495), bassins et baignoires (KN Ws 8497).

47. Cf. Nosch 1997-2000.

48. Pour une possible *ta-ra-si-ja* du plomb à Cnossos gérée peut-être au moyen de nodules, voir Del Freo 2014 (Og 1527 et Ws 1703).

Les individus impliqués dans le processus de scellement et de rédaction des nodules

Un dernier point qui mérite d'être considéré est celui des individus impliqués dans le processus de scellement et de rédaction des nodules. Comme on l'a noté, la position relative des axes des empreintes et des inscriptions et la comparaison entre les données sphragistiques et paléographiques peuvent donner des indications utiles pour identifier ces individus. En particulier, on a formulé l'hypothèse que, si sur les nodules avec la même empreinte l'axe vertical de l'empreinte et celle de l'inscription coïncident, il est probable que les nodules aient été scellés et inscrits par une seule et même personne. Inversement, quand les axes sont perpendiculaires et ne coïncident pas, ou quand on note des différences paléographiques entre des nodules avec la même empreinte, ou entre les inscriptions notées sur les différentes faces du même nodule, deux personnes (ou plus) ont probablement collaboré à la préparation du document [49].

L'identification des scribes des nodules est une tâche difficile et risquée [50]. Cependant, on peut noter qu'à Thèbes et à Pylos à une même empreinte de sceau peuvent correspondre plusieurs «scribes» [51]. Cela suggère qu'au niveau local étaient présents plusieurs individus capables d'utiliser l'écriture, phénomène qui

---

49. Pour Thèbes, cf. PITEROS *et al.* 1990, p. 166-169; pour Pylos, PALMER 1994, p. 161-162 et KRZYSKOWSKA 2005, p. 294-295 (voir aussi SHELMERDINE 2012b, p. 389, et PANAGIOTOPOULOS 2014, p. 122). Selon l'opinion courante, les utilisateurs des sceaux n'étaient pas des particuliers, mais des fonctionnaires palatiaux: cf. FLOUDA 2010 et PANAGIOTOPOULOS 2014, p. 259-261.

50. Cf. OLIVIER 1997a, p. 71: «Wir denken, daß lediglich ein einziger Siegelabdruck sicher mit einer bekannten Hand in den übrigen Archiven verbunden werden kann, während es sich bei allen anderen um Hypothesen handelt, die auf zu schwachen Faktoren fußen und vor allem zu selten belegt sind, um ernsthaft erwogen zu werden (ein Zeichen, das selbst außergewöhnlich ist, macht noch keinen Schreiber!). Die Möglichkeiten einer Neuordnung der Tonplomben – nach 'Händen' bzw., wenn man so will, nach '*stylus*' – bleiben selbst bei nicht allzu skeptischer Einstellung begrenzt» (cf. déjà *PTT I*, p. 266: «Evidence for the identity of the hands is multiplied by the presence of generally clear finger-prints, and of distinctive seal-impressions, but it is reduced by the shortness of the texts, and by the difficulty of writing and reading on the uneven surface of the nuggets»).

51. Pour Thèbes, cf. PITEROS *et al.* 1990, p. 166-171 (pour les nodules de Thèbes on parle de «groupements paléographiques»: cf. *ibid.*, p. 137-147 et *FDC IV*, p. 210-222, 251-260); pour Pylos, cf. SHELMERDINE 2012b, p. 388-389. Le phénomène contraire (plusieurs empreintes de sceaux correspondant à un seul scribe), absent à Thèbes (cf. PITEROS *et al.* 1990, p. 146 n. 116), est attesté à Pylos: cf. les nodules Wr 1325, 1330, 1331, 1332, 1333 et 1334 de Pylos, qui sont attribués au stylus S1331-Ci (PALAIMA 1988, p. 115-117, 218, cf. aussi OLIVIER 1997a, p. 73, 75; scribe 29 dans *PTT²*) et portent les empreintes 39 (Wr 1331-1334), 40 (Wr 1330) et 42 (Wr 1325) (PINI *et al.* 1997, p. 22-24, 29). Sur ces nodules, voir aussi FLOUDA 2010, p. 68-70.

semble concorder aussi bien avec les trouvailles de documents administratifs dans des centres de niveau secondaire qu'avec l'hypothèse de l'existence en Messénie d'une seconde capitale administrative à Leuktron, dans la province dite «lointaine» du royaume de Pylos[52]. De ce point de vue, il est intéressant que les nodules montrent souvent un *ductus* différent de celui des tablettes, signe de l'existence d'une tradition scribale «périphérique» par rapport à celle des palais[53].

Dans les éditions et dans les études paléographiques, certains des *regular string nodules* sont attribués à des scribes qui, étant des auteurs de tablettes, étaient actifs dans les palais. À Cnossos, un des 16 nodules inscrits est assigné avec une certitude raisonnable au scribe 103[54].

Ws 8152   ASHM   (F14, 103)

.α LANA *supra sigillum*

.β ne-ki-

.γ -ri-de

À Pylos, quatre des 22 nodules inscrits sont assignés à quatre scribes distincts[55].

Wr 1326   (Room 98, scribe 20)

.α *sigillum*

.β *deest*

.γ de-mi-ni-jo

Wr 1359   (Room 105, scribe 13?)

.α VIN *supra sigillum*

.β e-ti-wa-j[

.γ *vacat*

---

52. Sur *re-u-ko-to-ro*, voir BENNET 1998-1999.

53. Cf. PALAIMA 2000b.

54. Cf. OLIVIER 1967, p. 45 et *CoMIK IV*.

55. Cf. les attributions de *PTT II*, p. 65 (Wr 1326: Ciii; Wr 1359: S622-Cii; Wr 1360: Ciii; Wr 1457: S90-H2), modifiées dans PALAIMA 1988, p. 218 (Wr 1326: Ciii [*ibid.*, p. 130-131 et 156: S1272-Ciii]; Wr 1359: S622-H13; Wr 1360: S628-Ciii; Wr 1457: S90-H2) et dans *PTT²* (Wr 1326: scribe 20; Wr 1359: scribe 13?; Wr 1360: –; Wr 1457: scribe 2). Dans *PTT²* au scribe 20 sont attribuées les tablettes de la série Ac; au scribe 13 sont assignées les tablettes La 622, 623, 624, 626, 627, 630, 631, 633 et 1393?; au scribe 2, enfin, sont attribuées les tablettes de la série Ma et plusieurs autres tablettes (cf. *PTT²*, p. 371-372).

Wr 1360 (Room 105, –)

.α VIN *supra sigillum*

.β me-ri-ti-

.γ   -jo

Wr 1457 (AC, Room 8, scribe 2)

.α *152 *supra sigillum*

.β a-pu-do-si

.γ *vacat*

Dans le passé, trois de ces attributions (Wr 1326, 1359 et 1360) avaient été mises en doute par J.-P. Olivier, qui les avait jugées erronées ou fondées sur des témoignages discutables[56]. Dans *PTT*² Olivier garde ces doutes pour 1360 et, partiellement, pour 1359. En tout cas, même si on exclut ces trois nodules, il reste toujours deux *regular string nodules* écrits par des scribes qui étaient actifs dans les palais[57]. Ce phénomène est difficile à interpréter. S'il est possible que le nodule Wr 1457, qui est lié à la série Ma et enregistre le mot *a-pu-do-si*, ait été scellé et écrit dans une localité périphérique du royaume de Pylos, dans le cas du nodule Ws 8152 il est impossible de savoir s'il provenait de l'extérieur ou s'il avait été scellé et inscrit dans le palais de Cnossos. S'il est donc possible que les scribes des palais aient exercé une partie de leur activité à l'extérieur des palais[58], y envoyant de temps en temps des denrées et des nodules, il n'est pas exclu qu'ils aient fabriqué aussi des nodules pour des denrées qui devaient sortir des magasins soumis à leur autorité. Dans ce dernier cas, on aurait un indice en faveur d'un usage bidirectionnel des *regular string nodules*, pour les biens entrants et sortants,

---

56. Cf. OLIVIER 1997a, p. 71 n. 6 (Wr 1359: « die Übereinstimmung zwischen Wr 1359 und dem >stylus< 622 erscheint uns momentan zu wenig fundiert »), 73 n. 28 (Wr 1326: « Unserer Meinung nach ist diese Zuweisung ... an den Schreiber der Serie Ac [*scil*. S1272]... ziemlich gefährlich »), 76 (Wr 1359 et 1360: « die beiden 'identifizierten' Hände ('Hand 13' für Wr 1359 und 'S628-Ciii' für Wr 1360) ... ihre Identifikationen ... nur auf sehr schwache paläographische Gründe stützt »). Pour le contenu, s'il existe une relation possible entre les hommes enregistrés dans la série Ac et le mot *de-mi-ni-jo* du nodule 1326 (en admettant l'interprétation /demnion/ 'lit': cf. SHELMERDINE 2012b, p. 387), il est difficile de trouver une relation satisfaisante entre les tissus de la série La et le vin des nodules 1359 et 1360.

57. Même s'il faut observer que le *si* du mot *a-pu-do-si* du nodule PY Wr 1457 présente deux traits horizontaux, ce qui constitue une anomalie par rapport à la forme typique du *si* du scribe 2 (un seul trait horizontal); cf. OLIVIER 2012, p. 120, fig. 12.

58. Sur le scribe 2 et le témoignage de PY Wr 1457, cf. les observations de FLOUDA 2010, p. 66-67, 80-81.

et nous devrions cette information au fait que le nodule Ws 8152 de Cnossos serait par hasard resté pris dans la destruction finale du palais [59].

Conclusion

En conclusion, on peut dire que, grâce à l'effet combiné des découvertes archéologiques et des analyses philologiques et sphragistiques, nous sommes aujourd'hui en mesure de comprendre mieux que par le passé les mécanismes de fonctionnement des archives mycéniennes. Le tableau qui émerge est celui d'une organisation bureaucratique ramifiée, dans laquelle le palais contrôlait les ressources économiques du territoire grâce à des agents locaux, qui devaient être au moins en partie des fonctionnaires. Le contrôle bureaucratique tendait à s'arrêter au niveau de ces individus, qui, comme le montrent les empreintes de sceaux sur les nodules, étaient responsables de la récolte des ressources et de leur envoi au palais. Du point de vue bureaucratique, les empreintes, outre qu'elles permettaient l'identification et la certification des expéditions, représentaient l'interface entre les deux sphères de contrôle : la sphère centrale et la sphère locale. Il est difficile de dire si ces individus géraient des archives locales d'un type ou d'un autre. Toutefois, certains indices permettent de le penser.

Il faut admettre aussi que bien des aspects restent obscurs. La fonction exacte de certains scellés de même que celle des nodules inscrits mais non scellés demeure incertaine. Reste problématique, ensuite, le fait que sur les scellés soient présentes presque uniquement des empreintes de sceaux anciens, datables stylistiquement

---

59. Le scribe 103 de Cnossos et peut-être l'un des individus que l'on attribue génériquement à la classe paléographique "124" sont respectivement responsables des textes des nodules Ws(1) 8499 (F21 = *West Magazine XVIII*) et Ws(1) 8493 (C = *Room of the Chariot Tablets*). Il s'agit de deux des trois nodules, écrits mais non scellés, que KILLEN (2002-2003, p. 106) avait proposé de dissocier des nodules de la série Wm à cause de leur ressemblance avec les *regular string nodules*. Le troisième exemplaire, Ws(1) 1707, n'est pas classé paléographiquement et provient de l'*Area of Bull Relief* (I3). Comme le souligne Killen, il est difficile de savoir quelle était la fonction de ces nodules (s'ils avaient bien la même fonction), mais elle était évidemment différente de celle des nodules Wm. Cette fonction, d'autre part, devait être différente de celle des *regular string nodules*, car les trois nodules en question n'étaient pas scellés. Dans deux cas (1707 et 8493) les textes se réfèrent à des livraisons (*do-ke* /*dōke*/); dans un cas (8493) la livraison concerne de la laine provenant de *se-to-i-ja* et destinée à la localité de *ki-ri-ta* (all. *ki-ri-ta-de*). Dans le cas de 8499, le scribe 103 enregistre une pièce de tissu (*pa-wo* /*pʰarwos*/) associée à deux anthroponymes, dont le premier, *pi-mo-no*, est le chef d'un atelier (cf. Od(1) 692.1b : *o-pi pi-mo-no*) situé probablement dans le voisinage du palais. L'impression générale est que ces nodules étaient liés au mouvement de matières premières et produits manufacturés, qui pour quelque raison n'avaient pas besoin d'être authentifiés ou certifiés, mais il est impossible de dire s'ils avaient été fabriqués et écrits au dehors ou à l'intérieur des palais.

du XIVe ou du XVe siècle, donc souvent plus anciens d'un ou deux siècles que les documents sur lesquels ils sont attestés[60]. Enfin, on ignore totalement les mécanismes de transmission des informations des palais à destination des centres périphériques. Comment étaient transmis les ordres relatifs aux obligations fiscales et aux obligations de travail ? Oralement, ou par écrit ? Et, dans le second cas, sur quel type de support ? Sur des tablettes en argile, en bois, ou sur d'autres supports périssables ? Sur tous ces points, on ne peut pour l'instant que spéculer. Mais il est possible d'espérer que des réponses viendront, à l'avenir, de la fouille de centres secondaires, comme celui d'Iklaina, ou de nouveaux complexes palatiaux comme celui de H. Vasileios.

Maurizio DEL FREO
CNR-ISPC
Area della Ricerca RM 1
Via Salaria km 29,300
C.P. 10 - 00015 Monterotondo Stazione (RM)
maurizio.delfreo@cnr.it

Bibliographie

ADRIMI-SISMANI V. et L. GODART 2005, « Les inscriptions en linéaire B de Dimini/Iolkos et leur contexte archéologique », *Annuario della Scuola Archeologica di Atene e delle Missioni Italiane in Oriente* 83, série 3/5, p. 47-70.

ARAPOJANNI X., J. RAMBACH et L. GODART 2002, *Kavkania I. Die Ergebnisse der Ausgrabung von 1994 auf dem Hügel von Agrilitses*, Mayence.

BENNET J. 1985, « The Structure of the Linear B Administration at Knossos », *AJA* 89, p. 231-249.

BENNET J. 1995, « Space Through Time: Diachronic Perspectives on the Spatial Organization of the Pylian State », dans R. LAFFINEUR et W.-D. NIEMEIER (éds), *POLITEIA. Society and State in the Aegean Bronze Age. Proceedings of the 5th International Aegean Conference, University of Heidelberg, Archäologisches Institut, 10-13 April 1994*, Liège-Austin, p. 587-602.

BENNET J. 1998-1999, « *Re-u-ko-to-ro za-we-te*: Leuktron as a Secondary Capital in the Pylos Kingdom? », dans J. BENNET et J. DRIESSEN (éds), *A-NA-QO-TA. Studies Presented to J.T. Killen*, Minos 33-34, Salamanque, p. 11-30.

BENNET J. 1999, « The Mycenaean Conceptualization of Space or Pylian Geography (... yet again !) », dans S. DEGER-JALKOTZY, St. HILLER, O. PANAGL (éds), *Floreant Studia Mycenaea. Akten des X. Internationalen Mykenologischen Colloquiums in Salzburg vom 1.-5. Mai 1995*, Österreichische Akademie der Wissenschaften, Philosophisch-historische Klasse, Denkschriften, 274. Band, Mykenische Studien 18, vol. I, Vienne, p. 131-157.

---

60. Sur cet aspect, voir en particulier les opinions de KRZYSZKOWSKA 2005, p. 275, et PANAGIOTOPOULOS 2014, p. 158-160.

BENNET J. 2001, «Agency and Bureaucracy: Thoughts on the Nature and Extent of Administration in Bronze Age Pylos», dans S. VOUTSAKI et J.T. KILLEN (éds), *Economy and Politics in Mycenaean Palace States*, Transactions of the Cambridge Philological Society Suppl. 27, Cambridge, p. 25-37.

CMS II.8 = *Corpus der Minoischen und Mykenischen Siegel. Iraklion Archäologisches Museum, Band II Teil 8, 1-2, Die Siegelabdrücke von Knossos, unter Einbeziehung von Funden aus anderen Museen* (éd. M.A.V. GILL, W. MÜLLER et I. PINI), Mayence (2002).

CoMIK IV = *Corpus of Mycenaean Inscriptions from Knossos. Volume IV (8000-9947) and Index to Volumes I-IV* (éd. J. CHADWICK, L. GODART, J.T. KILLEN, J.-P. OLIVIER, A. SACCONI, I.A. SAKELLARAKIS), Incunabula Graeca LXXXVIII:4, Cambridge-Pise-Rome (1998).

DARCQUE P. et Fr. ROUGEMONT 2015, «Palaces and "palaces": Mycenaean texts and contexts in the Argolid and neighbouring regions», dans A.-L. SCHALLIN et I. TOURNAVITOU (éds), *Mycenaeans up to date. The archaeology of the North-Eastern Peloponnese – current concepts and new directions*, Skrifter utgivna av Svenska institutet i Athen 4°, 56, Stockholm, p. 557-573.

DEL FREO M. 2012, «Rapport 2006-2010 sur les textes en écriture hiéroglyphique crétoise, en linéaire A et en linéaire B», dans P. CARLIER, Ch. de LAMBERTERIE, M. EGETMEYER, N. GUILLEUX, Fr. ROUGEMONT, J. ZURBACH (éds), *Études mycéniennes 2010. Actes du XIIIe colloque international sur les textes égéens, Sèvres, Paris, Nanterre, 20-23 septembre 2010*, Biblioteca di «Pasiphae» X, Pise-Rome, p. 3-21.

DEL FREO M. 2014, «Observations on the Knossos tablet Og 1527», dans A. BERNABÉ et E. LUJÁN (éds), *Donum Mycenologicum. Mycenaean Studies in Honour of Francisco Aura Jorro*, Bibliothèque des Cahiers de l'Institut de Linguistique de Louvain 131, Louvain-La-Neuve – Walpole, MA, p. 21-29.

DEL FREO M. 2016, «I find-spot e la cronologia dei documenti in lineare B», dans M. DEL FREO et M. PERNA (éds), *Manuale di epigrafia micenea. Introduzione allo studio dei testi in lineare B*, Padoue, p. 185-197.

Docs¹ = M. VENTRIS et J. CHADWICK, *Documents in Mycenaean Greek*, Cambridge (1956).

DRIESSEN J.M. 1987, «Observations on 'Simili-Joins' in the Room of the Chariot Tablets at Knossos», dans J.T. KILLEN, J.L. MELENA et J.-P. OLIVIER (éds), *Studies in Mycenaean and Classical Greek presented to John Chadwick*, Minos 20-22, Salamanque, p. 151-162.

DRIESSEN J. 1990, *An Early Destruction in the Mycenaean Palace at Knossos: A New Interpretation of the Excavation Field-Notes of the South-East Area of the West Wing*, Acta Archaeologica Lovaniensia Monographiae 2, Louvain.

DRIESSEN J. 2000, *The Scribes of the Room of the Chariot Tablets at Knossos. Interdisciplinary Approach to the Study of a Linear B Deposit*, Minos Suplementos 15, Salamanque.

DRIESSEN J. 2001, «Centre and Periphery: Some Observations on the Administration of the Kingdom of Knossos», dans S. VOUTSAKI et J.T. KILLEN (éds), *Economy and Politics in Mycenaean Palace States*, Transactions of the Cambridge Philological Society Suppl. 27, Cambridge, p. 96-112.

DRIESSEN J. 2012, «Excavations at Sissi 2011. Introduction», dans J. DRIESSEN, I. SCHOEP, M. ANASTASIADOU, F. CARPENTIER, I. CREVECOEUR, S. DÉDERIX, M. DEVOLDER, Fl. GAIGNEROT-

DRIESSEN, S. JUSSERET, Ch. LANGOHR, Q. LETESSON, Fl. LIARD, A. SCHMITT, Chr. TSORAKI et R. VEROPOULIDOU (éds), *Excavations at Sissi III. Preliminary Report on the 2011 Campaign*, Aegis VI, Louvain, p. 17-26.

DUHOUX Y. 1976, *Aspects du vocabulaire économique mycénien (cadastre – artisanat – fiscalité)*, Amsterdam.

DUHOUX Y. 2012, « Les mini-tablettes linéaire B », dans P. CARLIER, Ch. de LAMBERTERIE, M. EGETMEYER, N. GUILLEUX, Fr. ROUGEMONT, J. ZURBACH (éds), *Études mycéniennes 2010. Actes du XIIIe colloque international sur les textes égéens, Sèvres, Paris, Nanterre, 20-23 septembre 2010*, Biblioteca di « Pasiphae » X, Pise-Rome, p. 207-226.

FDC IV = Thèbes. Fouilles de la Cadmée. IV. Les textes de Thèbes (1-433). Translitération et tableaux des scribes (éd. V.L. ARAVANTINOS, M. DEL FREO, L. GODART et A. SACCONI), Biblioteca di « Pasiphae » IV, Pise-Rome (2005).

FIRTH R.J. 2000-2001, « A Review of the Find-Places of the Linear B Tablets from the Palace of Knossos », *Minos* 35-36, p. 63-290.

FLOUDA G. 2000, « Inscribed Pylian Nodules: Their Use in the Administration of the Storerooms of the Pylian Palace », *Studi Micenei ed Egeo-Anatolici* 42, p. 213-245.

FLOUDA G. 2010, « Agency Matters: Seal-Users in Pylian Administration », *Oxford Journal of Archaeology* 29, p. 57-88.

GEBHARD R. et K.H. RIEDER 2002, « Zwei bronzezeitliche Bernsteinobjekte mit Bild- und Schriftzeichen aus Bernstorf (Lkr. Freising) », *Germania* 80, p. 115-133.

GODART L. et Y. TZEDAKIS 1991, « Les nouveaux textes en linéaire B de La Canée », *Rivista di filologia e di istruzione classica* 119, p. 129-149.

HALLAGER E. 1978, « The History of the Palace at Knossos in the Late Minoan Period », *Studi Micenei ed Egeo-Anatolici* 19, p. 17-33.

HALLAGER E. 2005, « The Uniformity in Seal Use and Sealing Practice during the LH/LM III Period », dans A.L. D'AGATA et J. MOODY (éds), *Ariadne's Threads. Connections between Crete and the Greek Mainland in Late Minoan III (LM IIIA2 to LM IIIC), Proceedings of the International Workshop held at Athens, Scuola Archeologica Italiana, 5-6 April 2003*, Athènes, p. 243-275.

HALLAGER E. 2011, « On the origin of Linear B administration », dans Ανδρεαδάκη-Βλαζάκη, Μαρία et Ελένη Παπαδοπούλου (éds), *Πεπραγμένα Ι' Διεθνούς Κρητολογικού Συνεδρίου, Χανιά, 1-8 Οκτωβρίου 2006*, Τόμος Α1, Χανιά, p. 317-329.

HALLAGER E. 2015, « Mycenaean Administrative Sealing Practice: A World of its Own? », dans J. WEILHARTNER et Fl. RUPPENSTEIN (éds), *Tradition and Innovation in the Mycenaean Palatial Polities. Proceedings of an International Symposium held at the Austrian Academy of Sciences, Institute for Oriental and European Archaeology, Aegean and Anatolia Department, Vienna, 1-2 March, 2013*, Österreichische Akademie der Wissenschaften, Philosophisch-historische Klasse, Denkschriften, 487. Band, Mykenische Studien 34, Vienne, p. 141-153.

KILLEN J.T. 1994, « Thebes Sealings, Knossos Tablets and Mycenaean State Banquets », *Bulletin of the Institute of Classical Studies* 39, p. 67-84.

KILLEN J.T. 1996, « Thebes Sealings and Knossos Tablets », dans E. DE MIRO, L. GODART, A. SACCONI (éds), *Atti e Memorie del Secondo Congresso Internazionale di*

Micenologia, Roma-Napoli, 14-20 ottobre 1991, Incunabula Graeca XCVIII, vol. I, Rome, p. 71-82.

KILLEN J.T. 2001, «Some Thoughts on *ta-ra-si-ja*», dans S. VOUTSAKI et J.T. KILLEN (éds), *Economy and Politics in Mycenaean Palace States*, Transactions of the Cambridge Philological Society Suppl. 27, Cambridge, p. 161-180.

KILLEN J.T. 2002-2003, «The Wm Nodules from Knossos», *Minos* 37-38, p. 101-106.

KILLEN J.T. 2011, «The Linear B Inscriptions», dans H.W. HASKELL, R.E. JONES, P.M. DAY, J.T. KILLEN (éds), *Transport Stirrup Jars of the Bronze Age Aegean and East Mediterranean*, Prehistory Monographs 33, Philadelphie, p. 91-107.

KRZYSZKOWSKA O. 2005, *Aegean Seals: An Introduction*, Bulletin of the Institute of Classical Studies Suppl. 85, Londres.

KT6 = J.L. MELENA (éd.), in collaboration with R.J. FIRTH, *The Knossos Tablets. Sixth Edition*, Philadelphie (2019).

MANIATIS Y., X. ARAPOJANNI et L. GODART 2005, «Kavkania: le mot de la fin», *Pasiphae* 4, p. 117-134.

MARAZZI M. 2008, «Il "sistema" Argolide: l'organizzazione territoriale del golfo argolideo», dans A. SACCONI, M. DEL FREO, L. GODART et M. NEGRI (éds), *Colloquium Romanum. Atti del XII Colloquio internazionale di micenologia, Roma, 20-25 febbraio 2006, Pasiphae* 2, vol. II, Pise-Rome, p. 485-501.

MELENA J.L. 1996-1997, «40 Joins and Quasi-joins of Fragments in the Linear B Tablets from Pylos», *Minos* 31-32, p. 159-170.

MT I = *The Mycenae Tablets. A Transcription by E.L. Bennett, Jr.. With an Introduction by Alan J.B. Wace*, PAPhS 97 (1953), p. 422-470.

MT II = E.L. BENNETT, Jr., *The Mycenae Tablets II (with an introduction by A.J.B. Wace & E.B. Wace; translation and commentary by J. Chadwick)*, TAPhS 48:1, Philadelphie (1958).

MT III = J. CHADWICK, *The Mycenae Tablets III (with contributions from E.L. Bennett, Jr., E.B. French, W. Taylour, N.M. Verdelis & Ch.K. Williams)*, TAPhS 52:7, Philadelphie (1962).

MÜLLER W., J.-P. OLIVIER et I. PINI 1998, «Die Tonplomben aus Mykene», *Archäologischer Anzeiger*, p. 5-55.

NIEMEIER W.-D. 1997, «Mycenaean Knossos and the Age of Linear B», *Studi Micenei ed Egeo-Anatolici* 23, p. 219-287.

NOSCH M.-L. 1997-2000, «The Geography of the *ta-ra-si-ja*», *Aegean Archaeology* 4, p. 27-44.

NOSCH M.-L. 2000, «Acquisition and Distribution: *ta-ra-si-ja* in the Mycenaean Textile Industry», dans C. GILLIS, Chr. RISBERG, B. SJÖBERG (éds), *Trade and Production in Premonetary Greece: Acquisition and Distribution, Proceedings of the 6th International Workshop, Athens 1996*, SIMA-PB 154, Jonsered, p. 43-61.

NOSCH M.-L. 2006, «More Thoughts on the Mycenaean *ta-ra-si-ja* System», dans M. PERNA (éd.), *Fiscality in Mycenaean and Near Eastern Archives, Proceedings of the Conference held at Soprintendenza Archivistica per la Campania, Naples 21-23 October 2004*, Studi egei e vicinorientali 3, Naples, p. 161-182.

OLIVIER J.-P. 1967, *Les scribes de Cnossos. Essai de classement des archives d'un palais mycénien*, Incunabula Graeca XVII, Rome.

OLIVIER J.-P. 1984, «Administrations at Knossos and Pylos: What Differences», dans C.W. SHELMERDINE et Th.G. PALAIMA (éds), *Pylos Comes Alive. Industry + Administration in a Mycenaean Palace*, New York, p. 11-18.

OLIVIER J.-P. 1997a, «Die beschrifteten Tonplomben», dans I. PINI (éd.), *Die Tonplomben aus dem Nestorpalast von Pylos*, Mayence, p. 70-81.

OLIVIER J.-P. 1997b, «La collecte et la circulation de l'information économique dans la Crète mycénienne», dans J.M. DRIESSEN et A. FARNOUX (éds), *La Crète mycénienne, Actes de la table ronde organisée par l'École Française d'Athènes (26-28 Mars 1991)*, BCH Supplément 30, Paris, p. 313-317.

OLIVIER J.-P. 2012, «Πυλιακά παραφερνάλια», dans P. CARLIER, Ch. de LAMBERTERIE, M. EGETMEYER, N. GUILLEUX, Fr. ROUGEMONT, J. ZURBACH (éds), *Études mycéniennes 2010. Actes du XIIIe colloque international sur les textes égéens, Sèvres, Paris, Nanterre, 20-23 septembre 2010*, Biblioteca di «Pasiphae» X, Pise-Rome, p. 107-121.

PALAIMA Th.G. 1988, *The Scribes of Pylos*, Incunabula Graeca LXXXVII, Rome.

PALAIMA Th.G. 1996, «Sealings as Links in an Administrative Chain», dans P. FERIOLI, E. FIANDRA et G.G. FISSORE (éds), *Administration in Ancient Societies, Proceedings of Session 218 of the 13th International Congress of Anthropological and Ethnological Sciences, Mexico City, July 29 – August 5, 1993*, Rome, p. 37-66.

PALAIMA Th.G. 2000a, «The Transactional Vocabulary of Mycenaean Sealings and the Mycenaean Administrative Process», dans M. PERNA (éd.), *Administrative Documents in the Aegean and their Near Eastern Counterparts, Proceedings of the International Colloquium, Naples, February 29 – March 2, 1996*, Rome, p. 261-273.

PALAIMA Th.G. 2000b, «The Palaeography of Mycenaean Inscribed Sealings from Thebes and Pylos, Their Place Within the Mycenaean Administrative System and Their Links with Extra-Palatial Sphere», dans W. MÜLLER (éd.), *Minoisch-Mykenische Glyptik: Stil, Ikonographie, Funktion, V. Internationales Siegel-Symposium, Marburg, 23-25 September 1999*, CMS Beiheft 6, Berlin, p. 219-238.

PALAIMA Th.G. 2002-2003, «OL Zh 1: quousque tandem?», *Minos* 37-38, p. 373-386.

PALAIMA Th.G. 2003, «'Archives' and 'Scribes' and Information Hierarchy in Mycenaean Greek Linear B Records», dans M. BROSIUS (éd.), *Ancient Archives and Archival Traditions. Concepts of Record-Keeping in the Ancient World*, Oxford, p. 153-194.

PALAIMA Th.G. 2004, «Mycenaean Accounting Methods and Systems and Their Place within Mycenaean Palatial Civilization», dans M. HUDSON et C. WUNSCH (éds), *Creating Economic Order. Record-keeping, Standardization, and the Development of Accounting in the Ancient Near East*, Bethesda, p. 269-301.

PALMER R. 1994, *Wine in the Mycenaean Palace Economy*, Aegaeum 10, Liège-Austin.

PANAGIOTOPOULOS D. 2010, «A Systemic Approach to Mycenaean Sealing Practices», dans W. MÜLLER (éd.), *Die Bedeutung der minoischen und mykenischen Glyptik. VI. Internationales Siegel-Symposium an Anlass des 50 jährigen Bestehens des CMS, Marburg, 9.-12. Oktober 2008*, CMS Beiheft 8, Mayence, p. 297-307.

PANAGIOTOPOULOS D. 2014, *Mykenische Siegelpraxis. Funktion, Kontext und administrative Verwendung mykenischer Tonplomben auf dem griechischen Festland und auf Kreta*, Athenaia 5, Munich.

Pini I. (éd.) 1997, *Die Tonplomben aus dem Nestorpalast von Pylos*, bearbeitet von W. Müller, J.-P. Olivier, I. Pini, A. Sakellariou (†), Mayence.

Piteros Chr., J.-P. Olivier et J.L. Melena 1990, «Les inscriptions en linéaire B des nodules de Thèbes (1982): la fouille, les documents, les possibilités d'interprétation», *BCH* 114, p. 103-184.

Popham M. 1988, «The Historical Implications of the Linear B Archive at Knossos Dating to either c. 1400 B.C. or 1200 B.C.», *Cretan Studies* 1, p. 217-227.

PTT I = *The Pylos Tablets Transcribed. Part I. Text and Notes* (éd. E.L. Bennett, Jr. et J.-P. Olivier), Incunabula Graeca LI, Rome (1973).

PTT II = *The Pylos Tablets Transcribed. Part II. Hands, Concordances, Indices* (éd. E.L. Bennett, Jr. et J.-P. Olivier), Incunabula Graeca LIX, Rome (1976).

*PTT*² = J.-P. Olivier et M. Del Freo (éds), *The Pylos Tablets Transcribed. Deuxième édition*, Padoue (2020).

Shelmerdine C.W. 1988, «Scribal Organization and Administrative Procedures», dans J.-P. Olivier et Th.G. Palaima (éds), *Texts, Tablets and Scribes. Studies in Mycenaean Epigraphy and Economy, offered to Emmett L. Bennett, Jr.*, Minos Supl. 10, Salamanque, p. 343-384.

Shelmerdine C.W. 1999, «A Comparative Look at Mycenaean Administration(s)», dans S. Deger-Jalkotzy, St. Hiller, O. Panagl (éds), *Floreant Studia Mycenaea. Akten des X. Internationalen Mykenologischen Colloquiums in Salzburg vom 1.-5. Mai 1995*, Österreichische Akademie der Wissenschaften, Philosophisch-historische Klasse, Denkschriften, 274. Band, Mykenische Studien 18, vol. I, Vienne, p. 555-577.

Shelmerdine C.W. 2012a, «Iklaina tablet IK X 1», dans P. Carlier, Ch. de Lamberterie, M. Egetmeyer, N. Guilleux, Fr. Rougemont, J. Zurbach (éds), *Études mycéniennes 2010. Actes du XIIIᵉ colloque international sur les textes égéens, Sèvres, Paris, Nanterre, 20-23 septembre 2010*, Biblioteca di «Pasiphae» X, Pise-Rome, p. 75-78.

Shelmerdine C.W. 2012b, «Pylos sealings and sealers», dans P. Carlier, Ch. de Lamberterie, M. Egetmeyer, N. Guilleux, Fr. Rougemont, J. Zurbach (éds), *Études mycéniennes 2010. Actes du XIIIᵉ colloque international sur les textes égéens, Sèvres, Paris, Nanterre, 20-23 septembre 2010*, Biblioteca di «Pasiphae» X, Pise-Rome, p. 383-402.

Shelmerdine C.W. 2015, «Administrative Developments at Iklaina», dans J. Weilhartner et Fl. Ruppenstein (éds), *Tradition and Innovation in the Mycenaean Palatial Polities. Proceedings of an International Symposium held at the Austrian Academy of Sciences, Institute for Oriental and European Archaeology, Aegean and Anatolia Department, Vienna, 1-2 March, 2013*, Österreichische Akademie der Wissenschaften, Philosophisch-historische Klasse, Denkschriften, 487. Band, Mykenische Studien 34, Vienne, p. 243-253.

Zurbach J. 2006, «Les vases inscrits en linéaire B: essai d'interprétation globale», *Athenische Mitteilungen* 121, p. 13-71.

LE CONTEXTE ARCHÉOLOGIQUE
DES ARCHIVES MEDIO-ASSYRIENNES

Dans la deuxième moitié du IIe millénaire av. J.-C., l'Assyrie devint un puissant État territorial qui couvrit la Mésopotamie du Nord. Il était centré sur une ville très anciennement occupée, Aššur, située sur la rive droite du Tigre. Ce cœur historique du pouvoir assyrien fut fouillé au tout début du XXe siècle par une équipe allemande dirigée par W. Andrae. Quelques campagnes s'y déroulèrent ensuite à partir de la fin des années 1970. En 2000 et 2001, P. Miglus y dirigea deux saisons de fouilles, mais l'essentiel de nos connaissances sur Aššur viennent des travaux de W. Andrae qui remontent maintenant à plus de cent ans.

Au fur et à mesure que l'Assyrie accroissait son territoire, elle fut amenée à structurer les espaces nouvellement conquis selon des modalités et un rythme sans doute variés, mais dont l'unité de base semble avoir été la province. À sa tête se trouvaient un gouverneur, nommé par le roi, et un palais, *ekallu*, terme qui désigne tout à la fois le bâtiment lui-même et l'administration qui en dépendait[1].

L'administration provinciale assyrienne est connue par des textes découverts principalement à Aššur et dans une moindre mesure à Kar-Tukulti-Ninurta, qui pendant un bref moment au cours du règne de son fondateur Tukulti-Ninurta Ier (1233-1197 av. J.-C.) remplaça peut-être Aššur comme capitale de l'empire. Cet important corpus est complété par des tablettes provenant d'autres sites médio-assyriens fouillés dans le reste de l'empire. Les textes sont encore très inégalement publiés, parfois uniquement sous forme de copies cunéiformes, mais trois ouvrages ont inventorié les différents fonds en donnant de précieuses indications sur les contextes de leur découverte et sur leur contenu. Ils ne poursuivent cependant pas le même objectif et sont ainsi complémentaires. Les volumes édités par O. Pedersén[2] cherchent à dresser un inventaire le plus précis possible des lots d'archives à partir

---

1. Voir sur ces questions, MACHINIST 1982, sur la date de création des provinces assyriennes, LLOP 2011. Sur le titre et les fonctions des gouverneurs voir JAKOB 2003, p. 111-147.

2. PEDERSÉN 1986 et 1988.

des catalogues de fouille et de musée, celui publié par J.N. Postgate (2014) présente quant à lui le fonctionnement de l'administration et de la bureaucratie à partir de quelques exemples plus détaillés. Aucun inventaire exhaustif des tablettes médio-assyriennes n'a, à ce jour, été réalisé, mais ce sont plusieurs milliers de tablettes qui ont été retrouvées. Le propos de cette brève contribution est de présenter quatre cas d'étude qui permettent d'aborder la question posée dans cette table-ronde de la relation entre palais, archives[3] et territoires.

La capitale de l'Empire, Aššur

Deux palais royaux furent occupés à Aššur pendant la période médio-assyrienne. Le Vieux Palais, d'abord, édifié au début du IIe millénaire fut considérablement remanié par Adad-nirari Ier (1295-1264 av. J.-C.) au début du XIIIe siècle. Le second fut bâti au sommet d'une terrasse de 4 ha par le roi Tukulti-Ninurta Ier (1233-1197 av. J.-C.). Il ne reste malheureusement presque rien de ce « palais du roi, seigneur de tous les pays » détruit par les constructions postérieures. Aucun lot d'archive n'a été découvert en relation avec ces deux palais[4]. Des textes traitant des affaires de l'État et du roi ont, en revanche, été découverts dans d'autres bâtiments. L'un d'eux (e7:40) a en particulier livré un très important ensemble de tablettes, « l'archive de l'intendant du palais », dans un secteur fouillé en 1908 puis en 1913 à l'est du temple d'Ištar et au sud du temple de Sin-Šamaš. Seul l'angle sud-ouest en a été exploré. Il était apparemment organisé autour d'une vaste cour de 10,5 m de large sur au moins 19 m de long et soigneusement pavée de briques cuites. La cour était bordée à l'ouest par une rangée de pièces dont le mur extérieur donnant sur la rue atteignait 2,5 m d'épaisseur et plus de 40 m de long. Au sud de la cour ouvraient une pièce barlongue de près de 50 m^2 et un couloir qui conduisait à une autre cour de moindres dimensions[5]. Au moins 410 tablettes non cuites et deux cuites ont été mises au jour dans ce bâtiment[6]. Les tablettes provenaient à la fois du pavement des pièces et en particulier de la grande cour

---

3. J'entends le terme « archive » dans son acception la plus large, à savoir l'ensemble de la documentation de la pratique à l'exclusion des tablettes littéraires et savantes.

4. Un petit lot de cinq ou six tablettes a été mis au jour sur le pavage entre les pièces 42 et 43 du Vieux Palais. Il s'agit d'incantations qui pourraient avoir appartenu à la bibliothèque de l'exorciste d'un roi (PEDERSÉN 1985, p. 30).

5. MIGLUS 1996, p. 148.

6. 200 textes et fragments de tablettes supplémentaires furent découverts entre le temple de Sin-Šamaš et le temple d'Ištar lors des fouilles conduites en 2001 par une équipe dirigée par P. Miglus (voir POSTGATE 2014, p. 148). Les textes n'ont été que très partiellement publiés. Pour une présentation de leur contenu et des premières éditions, voir PEDERSÉN 1985, p. 72-81, et plus récemment POSTGATE 2014, p. 147-176, et surtout p. 152-156.

et du remplissage de près d'un mètre d'épaisseur au-dessus[7]. Différents numéros d'inventaire ont été attribués à des groupes de textes qu'O. Pedersén a cherché à identifier[8] et à regrouper en lots cohérents. Une tablette en albâtre mentionnant les travaux entrepris dans un palais par Salmanazar Ier (1263-1234 av. J.-C.)[9] fut découverte dans le même remplissage au-dessus du pavement de la cour[10]. Dans les mêmes contextes, les archéologues mirent au jour, outre des tessons, des objets en plomb, en cuivre, en bronze (dont des pointes de flèche), un petit objet en or, des petites plaquettes en ivoire incisées, des coquillages marins, du lapis-lazuli «synthétique», des perles en verre et différents types de pigment[11]. L'inventaire donne l'impression que, pour l'essentiel, il s'agissait de produits non finis.

Les textes sont datés, grâce au nom des éponymes qui y sont mentionnés, entre les règnes de Salmanazar Ier (1263-1234 av. J.-C.) et d'Aššur-bel-kala (1073-1056 av. J.-C.)[12]. Ils enregistrent l'entrée et la sortie de différents produits, souvent qualifiés d'«appartenant au palais, sous la responsabilité de X, intendant du palais». Au moins dix ou onze noms de ces intendants sont connus. Jusqu'à présent aucun des textes publiés ne traite des affaires ou des transactions privées de ces fonctionnaires. J.N. Postgate suppose donc que ces derniers conservaient ailleurs à Aššur leurs documents personnels et que les tablettes mises au jour dans ce bâtiment constituaient les archives du bureau de l'intendant[13].

Dans ces textes, le lien avec le palais est évident. Les biens appartiennent au palais, sont reçus par l'intendant pour le palais ou envoyés au palais. Dans plusieurs textes, le palais n'apparaît pas seulement comme le lieu du pouvoir, mais aussi comme celui de la résidence du souverain qui donnait des ordres directs. Un texte enregistrait ainsi le don de bijoux du roi Ninurta-apil-Ekur (1181-1169 av. J.-C.) à sa fille Muballitat-Šerua. L'intendant avait ainsi peut-être également en charge la garde des biens précieux[14]. C'est également l'intendant qui semble avoir eu la responsabilité des biens diplomatiques offerts ou reçus

---

7. MIGLUS 1996, p. 149.

8. PEDERSÉN 1985, p. 69-70. Les numéros de fouilles sont donnés dans l'inventaire des découvertes publié par P. Miglus (1996, p. 150-151).

9. GRAYSON 1987, p. 199-200.

10. ANDRAE 1938, p. 23.

11. PEDERSÉN 1985, p. 70, et MIGLUS 1996, p. 150-151.

12. PEDERSÉN 1985, p. 71.

13. POSTGATE 2014, p. 151.

14. POSTGATE 2014, p. 169.

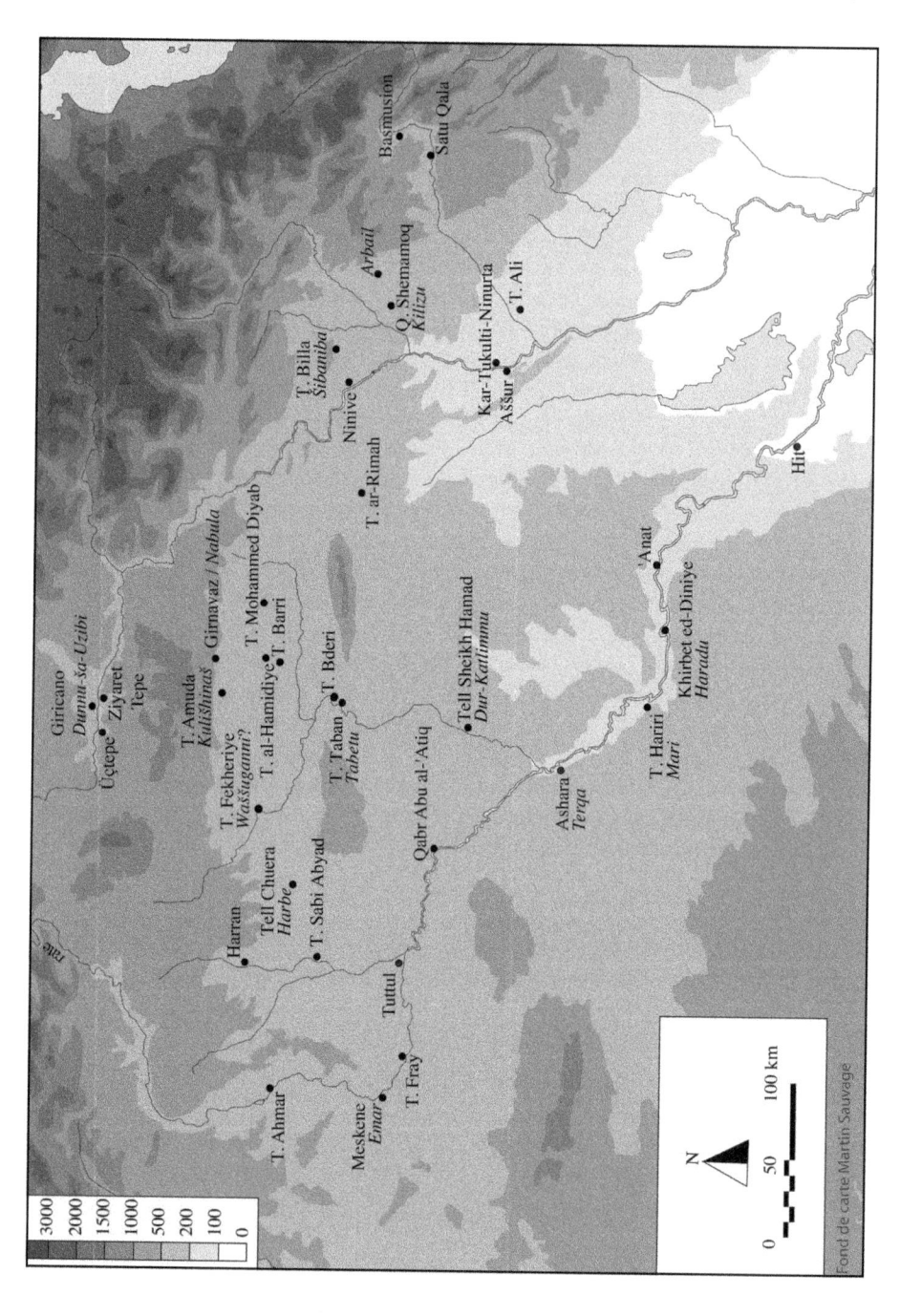

Fig. 1 – La haute Mésopotamie à l'époque médio-assyrienne
(carte A. Tenu, fond de carte M. Sauvage).

par la Couronne assyrienne[15]. L'intendant entretenait donc des liens très étroits avec le palais, mais le bâtiment dans lequel les textes étaient conservés en était clairement séparé et sa fonction a soulevé de nombreuses interrogations. La découverte de produits bruts prêts à être donnés à des artisans a incité plusieurs chercheurs à y voir le lieu de stockage des biens enregistrés dans les textes[16]. La présence de bâtiments dans la proximité immédiate du quartier public de la ville d'Aššur où temples et palais étaient regroupés signale pour P. Miglus[17] un édifice en lien avec le palais, ne pouvant être une simple maison ordinaire. Le plan du bâtiment est par ailleurs singulier : il s'agit d'une vaste construction, organisée autour d'une grande cour centrale et qui, au moins au nord et à l'ouest, n'était pas mitoyenne. Cette configuration ne convient pas à un habitat domestique, mais se prête bien à l'installation d'ateliers et à la stabulation du bétail qui nécessitent de disposer d'espace. Cette construction rappelle d'ailleurs à P. Miglus un bâtiment plus récent interprété par C. Preusser comme un caravansérail[18]. Lui aussi était composé de petites pièces autour d'un grand espace central et il avait livré de nombreux restes de chevaux. Les artisans auxquels étaient confiés ces matières premières travaillaient-ils directement dans ce bâtiment ? J.N. Postgate[19] n'en est pas convaincu et il rappelle d'abord qu'aucune structure artisanale, ni aucun outil n'y a été mis au jour et il lui paraît par ailleurs peu vraisemblable que des activités par nature bruyantes et malodorantes aient pu se tenir dans ce quartier réservé à l'élite de la capitale.

L'exemple fourni par cette archive des intendants du palais et son lieu de découverte est particulièrement éclairant car, quelle que soit la fonction précise du bâtiment dans laquelle elle a été mise au jour, il ne fait guère de doute qu'elle ne fut pas retrouvée dans le palais. On peut supposer que c'est dans ce bâtiment à l'écart du palais royal que les intendants travaillaient au jour le jour et conservaient leurs tablettes.

Des tablettes et du matériel médio-assyrien inscrit furent découverts sur de nombreux sites de l'empire (*Fig. 1*). Plusieurs d'entre eux ont livré des documents appartenant à des archives palatiales de province, mais, dans un certain nombre de cas, le contexte archéologique n'est pas ou peu connu, comme c'est le cas

---

15. POSTGATE 2014, p. 169.

16. MIGLUS 1996, p. 149, PEDERSÉN 1985, p. 70 et p. 75, POSTGATE 2014, p. 168.

17. MIGLUS 1996, p. 149.

18. PREUSSER 1954, p. 59-60.

19. POSTGATE 2014, p. 168.

à Tell Billa[20], Tell Basmusion[21] ou Tell Ali[22] par exemple. Il s'agit à n'en pas douter d'archives publiques, mais du fait qu'elles furent collectées lors de fouilles anciennes, illicites ou non publiées, nous ne disposons pas d'information fiable sur le lieu d'origine de leur découverte. Sur le site de Satu Qatu, fouillé par une équipe dirigée par W.H. van Soldt, des briques inscrites mentionnant le palais de la ville d'Idu ont été trouvées, mais malheureusement non *in situ*[23].

Trois sites syriens offrent des exemples qui illustrent bien la diversité des situations et qui montrent les difficultés méthodologiques auxquelles nous sommes confrontés pour étudier et identifier les palais provinciaux d'un point de vue archéologique.

Dur-Katlimmu, capitale de l'Ouest[24]

La ville de l'ancienne Dur-Katlimmu (moderne Tell Sheikh Hamad) couvrait à l'époque médio-assyrienne 17 ha[25], voire 25 ha[26]. Elle comprenait alors une ville haute, ainsi qu'une ville basse qui s'étendait vers le sud et vers l'est. Les niveaux médio-assyriens ne furent dégagés que sur un chantier ouvert dans la pente ouest de la ville haute. Des vestiges appartenant à un seul bâtiment y furent découverts : le bâtiment (ou palais) P, qui fut fouillé entre 1978 et 1984. Il a livré, sur 648 m² (36 x 18 m)[27], une double rangée de pièces dont la partie ouest avait en grande partie été emportée dans la pente. Trois phases de construction appartenant toutes à une même couche (*Schicht* 28) ont été mises en évidence. Certains murs étaient encore exceptionnellement bien conservés sur une hauteur de près de 4,5 m[28]. Le bâtiment comportait ainsi un étage. Les sept pièces oblongues qui restent de la rangée est sont de taille et d'orientation similaires. Elles donnaient accès aux pièces de la rangée est non accessible par ailleurs[29].

---

20. FINKELSTEIN 1953.

21. LÆSSØE 1959.

22. ISMAIL et POSTGATE 2008.

23. VAN SOLDT *et al.* 2013, p. 209.

24. Voir KÜHNE 2016 que je n'ai pas pu consulter avant l'écriture de cet article.

25. KÜHNE 1990, p. 156.

26. http://www.schechhamad.de (ausgrabung/topographie).

27. KÜHNE 1984, p. 177.

28. PFÄLZNER 1995, p. 106.

29. PFÄLZNER 1995, p. 106.

Les 668 tablettes et fragments [30] proviennent de la pièce A, phase 2, datable grâce aux textes des règnes des rois assyriens Salmanazar Ier (1263-1234) et Tukulti-Ninurta Ier (1233-1197). Cette pièce fut violemment détruite par un incendie et ne fut jamais reconstruite. Le bâtiment fut abandonné à la fin de la phase 3, qui correspondrait aux règnes de Ninurta-apil-Ekur (1181-1169 av. J.-C.) ou d'Aššur-dan Ier (1168-1133 av. J.-C.)[31]. La ville, et le palais P, ne cessèrent cependant pas d'être occupés[32]. La pièce A est de petites dimensions : elle mesure à peine 2,70 m sur 3 m. Son sol de briques crues était probablement à l'origine recouvert de lattes de bois, complètement disparues. Environ 665 kg d'orge, probablement conservés dans des sacs, y furent collectés[33]. Deux niveaux étaient clairement visibles, séparés par la couche d'effondrement du plafond de l'étage sur le rez-de-chaussée. Les tablettes étaient conservées à l'étage, mais contrairement à Aššur elles n'étaient pas contenues dans des jarres. Associées aux tablettes fut découvert un important matériel céramique et faunique composé d'ossements de chèvres, de chiens et de cerfs[34]. Les tablettes couvrent une période d'au moins 47 ans[35] et sont progressivement publiées. E. Cancik-Kirshbaum a édité en 1996 les lettres et, en 2008, W. Röllig a publié 106 tablettes documentant l'agriculture et l'élevage conduits dans le cadre des activités palatiales[36]. Surtout, les tablettes ont montré que la ville était alors le siège du grand vizir, roi du Hanigalbat, le plus haut dignitaire de l'empire après le souverain auquel il était apparenté. Dur-Katlimmu fut donc une sorte de capitale de l'ouest, servant de relais au pouvoir royal dans des territoires définitivement conquis par Salmanazar Ier après sa victoire sur le Mittani.

La pièce Q a livré des récipients céramiques, des couvercles ainsi que des scellements qui témoignent de sa fonction administrative[37]. La pièce C a certainement également servi au stockage de céréales alors que, sous le sol en carreaux de briques crues de la pièce D, furent découvertes trois canalisations

---

30. POSTGATE 2014, p. 300.

31. PFÄLZNER 1997, p. 342.

32. KÜHNE 2009, p. 46.

33. PFÄLZNER 1995, p. 107.

34. RÖLLIG 1984, p. 189-191.

35. CANCIK-KIRSCHBAUM 1996, p. 9.

36. Voir également l'étude de J.N. POSTGATE (2014, p. 296-326).

37. PFÄLZNER 1995, p. 114.

parallèles qui montrent que les activités qui s'y déroulaient nécessitaient de grandes quantités d'eau. Pour H. Kühne, ces pièces servaient d'ateliers[38].

Le bâtiment P n'a été que très partiellement dégagé et il pourrait correspondre à l'entrepôt de l'ouest qui est mentionné dans les textes[39]. La question demeure de savoir si ces pièces appartenaient à un ensemble palatial plus vaste ou si elles en étaient indépendantes. Répondre à cette question n'est guère aisé, mais en tout cas ces pièces ne ressemblent pas à une structure domestique. Cette zone ne paraît guère habitable et, outre les tablettes, les quantités de grain qui y étaient stockées excèdent de loin les capacités d'une maisonnée. Le matériel céramique qui y a été découvert a servi de base pour l'établissement du corpus de référence par P. Pfälzner. Il se distingue souvent par son caractère fruste, par sa rapidité d'exécution et par son répertoire peu développé de formes. La céramique fine en est singulièrement absente, mais ce n'est guère étonnant compte tenu de la fonction des pièces fouillées. On sait donc fort peu de choses du palais – si c'est bien lui – de Dur-Katlimmu et rien ne permet de déterminer s'il s'agissait du palais du gouverneur de la ville ou de celui du grand vizir[40].

Tell Taban/Ṭābetu, une capitale vassale assyrianisée

Tell Taban, qui se trouve sur la rive est du Habur, en Syrie actuelle, a été fouillé par une équipe japonaise dirigée d'abord par K. Ohnuma (trois campagnes en 1997-1999) puis par H. Numoto à partir de 2005. L'étude de Tell Taban (l'ancienne Ṭābetu) revêt un intérêt particulier. De nombreux documents mentionnant un palais y ont été découverts et l'identification d'un tel bâtiment sur le site a retenu l'attention des fouilleurs.

En 2005 trois lots de tablettes furent découverts dans une pièce (appelée pièce 1) mesurant 1,20 m de large[41]. Les deux premiers lots regroupaient une centaine de tablettes qui étaient à l'origine conservées dans une niche ménagée dans la paroi nord et sur une étagère dont elles seraient tombées[42]. Dans la partie sud de la pièce, 26 fragments de tablettes, mélangés à des ossements d'animaux, des tessons et à des pierres dans une couche cendreuse, furent ensuite mis au jour. Pour H. Numoto et son équipe, au moins cette partie de la pièce avait été

---

38. KÜHNE 1984, p. 168.
39. KÜHNE 1984, p. 168.
40. POSTGATE 2014, p. 300.
41. NUMOTO 2007, p. 3.
42. NUMOTO 2007, p. 3 et fig. 5.

utilisée comme un dépotoir et les tablettes y avaient été jetées[43]. Les textes de la pièce 1 étaient donc pour une part des archives vivantes et pour l'autre des archives mortes.

Vers le nord, la pièce ouvrait sur une cour de 3,50 m de côté, pavée de briques cuites. Ils mirent également au jour, sur ce pavement, environ deux cents fragments de dentalium, d'ivoire et de pierres fines[44]. Les murs sud et est de la pièce 1 portaient des traces de peinture rouge[45]. Le mur nord, qui n'était conservé que sur 40-60 cm de haut, mais atteignait environ 2 m d'épaisseur, était décoré en noir (bitume) et blanc (chaux). Dans les débris du mur accumulés dans la cour furent découverts des briques fragmentaires décorées en rouge et noir, ainsi que des éléments sculptés dans la brique crue et colorés en noir[46]. Dans ce même mur, fut identifié un fragment de brique *in situ* portant le nom de Rîš-Nergal, un roi du début du xııe siècle[47]. Enfin, au-dessus du pavement, furent mises au jour deux briques inscrites mentionnant le palais d'Etel-pî-Adad, un autre roi de Ṭābetu, ayant régné vers le milieu du xııe siècle[48].

Les reconstructions postérieures et l'érosion ont grandement perturbé les vestiges archéologiques de ce secteur (tranchées 5 et 7), et des tablettes ont été retrouvées en dehors des lots, aussi l'épigraphiste du site D. Shibata n'exclut pas que la pièce 1 ait servi de dépotoir plus que de lieu de stockage des textes[49].

Les quelque 150 textes de la pièce 1 datent du milieu du xıııe siècle au début du xııe siècle, *i.e.*, entre les règnes de Salmanazar Ier (1263-1234 av. J.-C.) et de Ninurta-apil-Ekur (1181-1169 av. J.-C.)[50], voire Aššur-dan Ier (1168-1133). Il s'agit principalement de documents administratifs et de lettres[51]. Tous ne sont pas encore traduits, loin s'en faut, mais les premières informations données par D. Shibata montrent qu'ils consignent pour l'essentiel l'entrée et la sortie de divers produits: vêtements, laine, objets en métal, armes, grains, farine ou bétail[52]. Quelques textes enregistrent des transactions commerciales effectuées

---

43. Numoto 2007, p. 3.

44. Numoto 2007, p. 3.

45. Numoto 2006, p. 8.

46. Numoto 2007, p. 7.

47. Numoto 2007, p. 7.

48. Numoto 2006, p. 6.

49. Shibata 2007, p. 64.

50. Shibata 2007, p. 65.

51. Numoto et Shibata 2013, p. 169.

52. Shibata 2007, p. 69 et 72.

par les membres de la famille régnante[53]. Tell Taban est en effet un cas particulier dans l'empire assyrien car des rois locaux continuèrent d'y régner[54]. Ces « rois du pays de Mâri », reconnaissaient la souveraineté d'Aššur et étaient complètement associés au fonctionnement économique de l'empire. En effet, plusieurs textes mentionnent des livraisons de biens à destination d'autres villes assyriennes dans le triangle du Habur, mais aussi à Arbail et à Aššur même[55].

Les tablettes de la pièce 1 et de la cour adjacente partagent toutes les caractéristiques d'une administration palatiale et la question se pose, surtout si ces tablettes proviennent d'un contexte secondaire, de savoir où le palais pouvait être localisé.

Un certain nombre de cylindres, de briques et de clous décoratifs découverts sur le site mentionnent le palais. Des cylindres commencent par « Propriété du palais d'Aššur-ketta-lêšer »[56]; des briques portant une inscription du type : « Palais de (Nom Royal), le roi du pays de Mâri » ont été retrouvées pour trois autres rois[57], invitant à penser que le palais – ou des parties plus vraisemblablement – ont été reconstruites par ces souverains. Malheureusement le contexte archéologique de ces documents ne permet guère de se faire une idée très précise de la topographie de Tell Taban. Les tablettes trouvées dans la pièce 1 signalent peut-être une des pièces de ce bâtiment. La brique appartenant à Rîš-Nergal et trouvée dans le mur nord de la cour adjacente et celles du palais d'Etel-pî-Adad trouvées à proximité du mur ouest de la pièce 1 pourraient être un autre élément en ce sens. Pour H. Numoto, « les structures découvertes dans la tranchée 5 appartiennent au palais médio-assyrien de Tell Taban »[58]. Cette proposition s'appuie sur la découverte des tablettes bien sûr, mais aussi sur le soin apporté aux décorations murales. On peut y ajouter les pierres fines et les *dentalium* qui ont dû servir à la réalisation de produits raffinés.

Tell Fekheriye, la capitale mittanienne réoccupée ?

Tell Fekheriye, en Syrie du Nord, est un vaste site d'environ 78 ha avec une ville haute de 12 ha. Sa célébrité dans les études mésopotamiennes vient surtout de sa possible identification avec Waššuganni, la capitale du Mittani. Des niveaux

---

53. SHIBATA 2007, p. 72.

54. SHIBATA 2015, p. 235.

55. SHIBATA 2007, p. 70-71 et note 49.

56. MAUL 2005.

57. MAUL 2005, p. 50-54.

58. NUMOTO 2006, p. 8.

médio-assyriens furent fouillés dans la partie ouest de la ville en 1940, en 2001 puis, à partir de 2005[59], avec l'objectif d'étendre la zone médio-assyrienne déjà fouillée et de trouver des éléments en faveur de l'identification de Waššugganni. Ces fouilles ont dégagé trois niveaux principaux.

Le plus récent a livré les restes de deux, peut-être trois maisons dont la plus septentrionale (maison 1) avait déjà été partiellement fouillée par C. Mc Ewan et son équipe en 1940 (sondage VI)[60]. Les maisons 1 et 2 sont organisées de manière très similaire : elles mesurent environ 16 m de long, comprennent une grande cour et vers l'ouest une série de pièces avec, au nord, une salle de bain soigneusement aménagée avec des canalisations. Au sud de la cour se trouvait une pièce de réception avec un seuil très élaboré dans la maison 2[61]. Au nord des deux maisons furent dégagées des installations de production avec des fours. L'un d'eux, dans la maison 2, de forme hexagonale, était de facture très soignée. Dans la maison 1, l'équipe américaine avait identifié deux niveaux d'occupation, mais plusieurs autres au moins furent reconnus par la mission dirigée par D. Bonatz[62].

Ces maisons furent édifiées sur un niveau de remplissage fait d'un mélange de terre très compacte, de briques fragmentaires et de tessons. Des fours reconstruits à plusieurs reprises étaient associés à ce niveau montrant ainsi qu'il fut occupé pendant un certain temps. 51 tablettes et fragments, ainsi que quelques enveloppes cassées furent découvertes dans un locus de ce remplissage[63]. Elles sont plus anciennes que les maisons médio-assyriennes, mais plus récentes que l'imposant bâtiment qui fut découvert en dessous.

Le niveau d'occupation sous-jacent est caractérisé par un bâtiment monumental dont les murs atteignent 4,40 m d'épaisseur et dont quatre pièces de plus de 6,50 m de longueur ont été identifiées[64]. Lui-même avait été édifié sur un édifice plus ancien dont les murs, de moindre épaisseur, suivaient une orientation différente. Il est daté du début de la période mittanienne[65]. Une fosse associée à ce niveau a livré d'importantes quantités de scellements qui attestent du caractère administratif du bâtiment de la phase ancienne. Ces activités se seraient

---

59. Les travaux menés par D. Bonatz et son équipe sont également présentés de manière détaillée et richement illustrée sur le site internet de la mission : http://www.fecheriye.de.

60. McEwan (éd.) 1958, p. 4-6.

61. Bonatz 2014, p. 65-66.

62. Bonatz 2013, p. 225-227, Bonatz 2014, p. 67.

63. Bonatz 2014, p. 73 (locus C-1035/C-1199). D. Bonatz dans une publication précédente donne le chiffre de 48 tablettes et fragments (Bonatz 2013, p. 224).

64. Bonatz 2013, p. 220.

65. Bonatz 2013, p. 222.

poursuivies lors de la phase suivante –celle du bâtiment monumental– car de nombreux scellements ont été trouvés dans différents remplissages. Les derniers niveaux d'occupation présentent un mélange de formes mittaniennes et médio-assyriennes tant pour la poterie que pour la glyptique. Le bâtiment ne présentant par ailleurs aucune trace de destruction violente, il semble que les Assyriens l'aient utilisé avant de le démanteler délibérément[66].

En 1940, les fouilles du sondage VI avaient déjà livré onze tablettes cunéiformes ainsi que 116 scellements qui avaient été datés des règnes de Salmanazar Ier (1263-1234 av. J-C.) et de son fils Tukulti-Ninurta Ier (1233-1197 av. J.-C.). Ce corpus a été considérablement enrichi par les travaux menés depuis 2005.

Le locus C-1035/C-1199 qui appartient au remplissage qui a précédé l'érection des maisons contenait ainsi une cinquantaine de tablettes dont certaines étaient scellées et qui avaient été jetées. Il s'agit de documents administratifs, mais également de textes à caractère juridique et de lettres[67]. Des listes, en particulier, enregistrent la distribution de grain à des familles ou à des travailleurs masculins, employés par le palais sous la surveillance de ses fonctionnaires. Une des lettres rapporte les ordres d'un dénommé Qibi-Aššur, sans doute le grand vizir nommé par Salmanazar Ier. Les villes mentionnées sont Waššugganni, Taidu, Aššur ou encore Ninive. Elles montrent l'insertion de la ville au plus haut niveau de l'organisation impériale dès le premier tiers du règne de Salmanazar Ier, vers 1250 av. J.-C.[68]. Ces textes n'ont pas été découverts en contexte primaire, mais la mention d'un « palais » pourrait indiquer qu'ils appartenaient à des archives centrales qui étaient conservées à proximité de l'endroit où ils furent jetés[69].

Quarante tablettes supplémentaires furent découvertes dans les maisons 1 et 2. Elles datent principalement de la deuxième moitié du règne de Tukulti-Ninurta Ier. Trois tablettes déjà publiées par H. Güterbock en 1958 mentionnent Aššur-iddin, qui succéda à son père Qibi-Aššur comme grand vizir, roi du Hanigalbat. Son sceau a par ailleurs vraisemblablement été découvert sur plus d'une cinquantaine de scellements provenant de la maison 1. Le sceau d'un autre haut fonctionnaire de l'empire assyrien, Sin-mudammiq, a aussi été identifié sur deux tablettes, une enveloppe et une *bulla*[70]. Les activités de ces deux dignitaires à Tell Fekheriye montrent l'importance du site dans l'organisation impériale assyrienne. En tout, plus d'une centaine d'empreintes de sceau, avec au moins 22 dessins de sceaux différents, ont été reconnues pour les deux niveaux les plus récents. Certains présentent la trace de la jarre ou de la poignée de porte sur laquelle ils avaient été

---

66. BONATZ 2013, p. 224.
67. BONATZ 2013, p. 225.
68. BONATZ 2014, p. 74.
69. BONATZ 2014, p. 75.
70. BONATZ 2014, p. 79.

appliqués. Cela montre que le stockage et la redistribution de certains produits utilisés dans le secteur étaient contrôlés par des fonctionnaires[71].

Les données apportées par les fouilles de Tell Fekheriye sont très riches et soulèvent de nombreuses questions sur le lien entre architecture palatiale et archives centrales. Pour D. Bonatz, ces maisons servaient de résidences à des fonctionnaires de haut rang[72]. Dans ces conditions, on peut imaginer que comme dans le cas d'Aššur par exemple, une partie de l'administration pouvait être abritée par des bâtiments résidentiels de taille relativement modeste, peut-être plus pratiques. À n'en pas douter, l'érection des nouvelles maisons requit d'importants travaux de terrassement et leur facture est soignée, mais pourquoi n'avoir pas conservé et entretenu le bâtiment public de la période mittanienne ? Un nouveau palais fut-il construit au sommet du tell qui ne fut pas découvert faute de fouilles dans ce secteur ?

L'objectif de cette contribution était de présenter quelques cas qui puissent nourrir la réflexion engagée dans ce programme sur la relation entre palais et archives et sur l'organisation territoriale que l'on peut en inférer. Ces exemples sont représentatifs de la documentation dont nous disposons pour la période médio-assyrienne car aucun grand palais de gouverneur n'a été découvert à ce jour[73]. On ne peut bien sûr exclure d'emblée que cette situation ne reflète qu'un hasard des fouilles, mais elle traduit peut-être davantage que le lieu de rédaction des tablettes n'était pas nécessairement celui de leur conservation. Il convient par ailleurs de se rappeler que plusieurs fonds médio-assyriens n'appartiennent pas à des archives palatiales, mais témoignent de transactions privées, à Giricano (Dunnu-ša-Uzibi)[74] et Khirbet ed-Diniye (Haradu)[75], même si certaines concernent le palais[76]. L'un des lots les plus importants trouvés hors du cœur de l'Assyrie provient non pas d'une capitale de province, mais d'un *dunnu* c'est-à-dire un domaine confié à un haut fonctionnaire, Tell Sabi Abyad. Ce *dunnu* occupait sans doute une place particulière car il avait été donné par le roi au « grand vizir, roi du Hanigalbat » qui résidait par ailleurs à Dur-Katlimmu (Tell Sheih Hamad). Les textes de ce petit site de la vallée du Balikh sont encore largement inédits[77], mais ils montrent que

---

71. BONATZ 2014, p. 79-80.

72. BONATZ 2014, p. 75.

73. À Tell Chuera également, des archives palatiales (JAKOB 2009) ont été mises au jour dans un contexte domestique (KLEIN 1995 et TENU 2009, p. 94-97).

74. RADNER 2004.

75. CLANCIER 2012.

76. Voir l'exemple de Tell Rimah dans POSTGATE 2014, p. 266-268.

77. AKKERMANS et WIGGERMANN 2015.

le palais au sommet d'une province n'était sans doute pas l'unique «brique» de l'organisation territoriale.

Aline TENU
Équipe Histoire et archéologie de l'Orient cunéiforme,
CNRS, UMR 7041 ArScAn, Nanterre
aline.tenu@cnrs.fr

Bibliographie

AKKERMANS P.M.M.G. et F.A.M. WIGGERMANN 2015, «West of Aššur: The Life and Times of the Middle Assyrian *Dunnu* at Tell Sabi Abyad, Syria», dans B. DÜRING (éd.), *Understanding Hegemonic Practices of the Early Assyrian Empire. Essays dedicated to Frans Wiggermann*, Leyde, p. 89-123.

ANDRAE W. 1908, «Aus den Berichten aus Assur», *Mitteilungen der Deutschen Orient-Gesellschaft* 38, p. 21-44.

BONATZ D. 2013, «Tell Fekheriye – Renewed Excavations at the "Head of the Spring"», dans D. BONATZ et L. MARTIN (éds), *100 Jahre archäologische Feldforschungen in Nordost-Syrien – eine Bilanz. Internationales Symposium des Instituts für Vorderasiatische Archäologie und des Vorderasiatischen Museums der Staatlichen Museen zu Berlin vom 21. Juli bis 23. Juli 2011 im Pergamonmuseum*, Wiesbaden, p. 209-234.

BONATZ D. 2014, «Tell Fekheriye in the Late Bronze Age: Archaeological Investigations into the Structures of Political Governance in the Upper Mesopotamien Piedmont», dans D. BONATZ (éd.), *The Archaeology of Political Spaces. The Upper Mesopotamian Piedmont in the Second Millennium BC,* Berlin et Boston, p. 61–84.

CANCIK-KIRSCHBAUM E. 1996, *Die mittelassyrische Briefe aus Tall Šēḫ Ḥamad*, Berichte der Ausgrabung Tall Šēḫ Ḥamad / Dūr Katlimmu 4, Berlin.

CLANCIER Ph. 2012, «Les deux tablettes médio-assyriennes», dans Chr. KEPINSKI (éd.), *Haradum III. Haradu forteresse du moyen Euphrate iraquien (XIIe-VIIe siècles av. J.-C.)*, Paris.

FINKELSTEIN J.J. 1953, «Cuneiform Texts from Tell Billa», *Journal of Cuneiform Studies* 7, p. 111-176.

ISMAIL B.K. et J.N. POSTGATE 2008, «A Middle Assyrian flock-master's Archive from Tell Ali», *Iraq* 70, p. 147.178.

JAKOB St. 2003, *Mittelassyrische Verwaltung und Sozialstruktur : Untersuchungen*, Cuneiform Monographs 29, Leyde et Boston.

JAKOB St. 2009, *Die mittelassyrischen Texte aus Tell Chuera in Nordost-Syrien*, Wiesbaden.

KÜHNE H. 1990, «Gedanken zur historischen und städtebaulichen Entwicklung der assyrischen Stadt Dûr-Katlimmu», dans P. MATTHIAE, M. VAN LOON et H. WEISS (éds), *Resurrecting the Past. A Joint Tribute to Adnan Bounni*, Publications de l'Institut historique-archéologique néerlandais de Stamboul 67, Istanbul, p. 153-169.

KÜHNE H. 2016, «The impact of earthquakes on Middle Assyrian Tell Sheikh Hamad (ancient Dur-Katlummu)», dans J. MACGINNIS, D. WICKE et T. GREENFIELD (éds), *The provincial archaeology of the Assyrian empire*, Cambridge, p. 189-198.

LÆSSØE J. 1959, «The Bazmusian Tablets», *Sumer* 15, p. 15-18.

LLOP J. 2011, « The Creation of the Middle Assyrian Provinces », *Journal of the American Oriental Society* 131/4, p. 591-603.

MACHINIST P. 1982, « Provincial Governance in Middle Assyria and Some New Texts from Yale », *Assur* 3/2, p. 1-37.

MCEWAN C.W. (éd.) 1958, *Soundings at Tell Fakhariyah*, Oriental Institute publications 79, Chicago.

MAUL St. 2005, *Die Inschriften von Tall Ṭâbân (Grabungskampagne 1997-1999): Die Könige von Ṭâbêtu und das Land Mâri in mittelassyrischer Zeit*, Acta Sumerologica Supplementary Series 2, Tokyo.

NUMOTO H. 2006, « Excavations at Tell Taban, Hassake, Syria (4): Preliminary Report on the 2005 Winter Season of Work », *al-Râfidân* XXVII, p. 1-13.

NUMOTO H. 2007, « Excavations at Tell Taban, Hassake, Syria (5): Preliminary Report on the 2005 Summer Season of Work », *al-Râfidân* XXVIII, p. 1-24.

NUMOTO H. et D. SHIBATA 2013, « Excavations at Tell Taban: Continuity and Transition in Local Traditions at Ṭābatum/Ṭābetu during the second Millennium BC », dans D. BONATZ et L. MARTIN (éds), *100 Jahre archäologische Feldforschung in Nordost-Syrien – Eine Bilanz*, Wiesbaden, p. 167-179.

PEDERSÉN O. 1985-1986, *Archives and libraries in the city of Assur: A survey of the material from the German excavations*, Part 1 and II, Uppsala.

PEDERSÉN O. 1988, *Archives and libraries in the Ancient Near East 1500-300 B.C.*, Bethesda, MD.

PFÄLZNER P. 1995, *Mittanische und mittelassyrische Keramik: eine chronologische, funktionale und produktionsökonomische Analyse*, Berichte der Ausgrabung Tall Šēḫ Ḥamad / Dūr Katlimmu 3, Berlin.

POSTGATE J.N. 2014, *Bronze Age bureaucracy: Writing and the practice of government in Assyria*, Cambridge.

PREUSSER C. 1954, *Die Wohnhäuser in Assur*, WVDOG 64, Berlin.

RADNER K. 2004, *Das mittelassyrische Tontafelarchiv von Giricano/Dunu-ša-Uzibi*, Subartu XIV, Turnhout.

RÖLLIG W. 1984, « Preliminary Remarks on the Middle-Assyrian Archive from tell Schech-Hamad/Dûr-Katlimmu », *Symposium international Histoire de Deir ez-Zor et ses Antiquités, Deir ez-Zor 2-6 octobre 1983, Annales archéologiques arabes syriennes* 34, p. 189-194.

RÖLLIG W. 2008, *Land- und Viehwirtschaft am Unteren Ḫābūr in mittelassyrischer Zeit*, Berichte der Ausgrabung Tall Šēḫ Ḥamad / Dūr Katlimmu 9, Wiesbaden.

SHIBATA D. 2007, « Middle Assyrian Administrative and Legal Texts from the 2005 Excavation at Tell Taban: A Preliminary Report », *al-Râfidân* XXVIII, p. 63-74.

SHIBATA D. 2015, « Dynastic Marriages in Assyria during the Late Second Millennium BC », dans B. DÜRING (éd.), *Understanding Hegemonic Practices of the Early Assyrian Empire: Essays Dedicated to Frans Wiggermann*, Leyde, p. 235-242.

TENU A. 2009, *L'expansion médio-assyrienne. Approche archéologique*, Oxford.

VAN SOLDT W.H. C. PAPPI, A. WOSSINK, C.W. HESS, K.M. AHMED 2013, « Satu Qala: A preliminary report on the seasons 2010-2011 », *Anatolica* XXXIX, p. 197-239.

CONCLUSIONS

La problématique développée au cours de cette table ronde s'ordonnait autour de deux thèmes : d'abord l'idée qu'une comparaison détaillée des données rassemblées pour l'étude des palais royaux en Crète minoenne, en Grèce mycénienne, dans le Proche-Orient levantin et en Mésopotamie pouvait éclairer significativement la compréhension de leur organisation architecturale, de leur fonctionnement interne et des rapports qu'ils entretenaient avec le territoire sous leur contrôle. Cette idée s'inscrit dans une approche qui a désormais une longue histoire[1], depuis la présentation qu'en fit J. Deshayes dans son ouvrage de synthèse sur le Proche-Orient antique[2], poursuivie dans le colloque organisé à Strasbourg sur le système palatial[3], et par la rencontre de Sèvres organisée à l'initiative de P. Carlier en 2010, dont les actes sont parus récemment[4]. La plupart des participants du colloque qui s'est tenu à Nanterre en 2015 dans le cadre du projet collectif consacré aux Palais de l'Âge du Bronze au sein de l'UMR 7041 Archéologies et Sciences de l'Antiquité (ArScAn) ont mené leurs recherches au cours des dernières décennies dans ce cadre thématique. Le principe comparatiste a été élargi cette fois ci à l'Extrême-Orient avec la communication présentée par O. Venture sur les textes et l'architecture des palais de la Chine des Shang, contemporaine des palais égéens, levantins et médio-assyriens qui ont été étudiés ici.

Le second thème était explicité dans le titre lui-même de ce colloque « Palais sans archives, archives sans palais ». Le cas est en effet fréquent de ne disposer que d'un pan de la documentation quand on est confronté aux sources archéologiques et

---

1. Les références données ici n'ont pas vocation à l'exhaustivité et fournissent simplement quelques étapes de cette recherche.

2. DESHAYES 1969.

3. LEVY 1987.

4. CARLIER et al. 2017.

textuelles qui constituent notre documentation primaire. Certains cas, bien connus, comme Pylos en Messénie, Ugarit sur la côte syrienne ou Mari sur le moyen-Euphrate ont fourni à la fois des textes et des restes architecturaux. Pourtant, là aussi, il est clair que l'on ne dispose jamais d'ensembles complètement conservés. Les tablettes en linéaire B de Pylos ne constituent qu'une partie de la documentation textuelle produite par la structure palatiale au XIIe siècle av. J.-C., et dans le cas de Mari, on sait que le « Grand Palais », construit par la dynastie des Šakkanakku et rénové par les rois de Haute Mésopotamie, puis par son dernier occupant, le roi Zimri-Lim, fut vidé de son mobilier et d'une bonne part de ses archives par les troupes de Hammurabi de Babylone avant d'être livré aux flammes en 1759 av. J.-C. Donc, même les cas *a priori* les plus abondamment documentés présentent des trous et ne peuvent servir de référence exhaustive.

Dans la compréhension de ce qu'ont été les palais royaux du Proche-Orient et de la Grèce égéenne et mycénienne, et de la manière dont le pouvoir politique qui se définit à travers l'institution royale s'est inscrit dans le temps et l'espace de ces aires civilisationnelles, il convenait donc de mobiliser toutes les sources disponibles, de mettre en place autant que possible une typologie et des critères interprétatifs sur ce que sont palais et archives palatiales. Il s'agit là bien évidemment d'un choix et du résultat d'une sélection qui ne vise pas à rendre compte de la diversité des situations historiques dans lesquelles apparaissent des organisations palatiales : ni les palais égyptiens, hittites, ou médio-babyloniens n'ont pu être pris en compte bien qu'ils relèvent de l'Âge du Bronze, et, pour une époque postérieure, seul le palais royal de Babylone des VIIe-VIe siècles a servi de support pour l'étude des rapports entre palais et archives écrites : les cas néo-assyriens, urartéens et achéménides sont tout autant dignes d'intérêt, mais introduisent des éléments qui ne sont plus forcément ceux de l'Âge du Bronze. La possibilité d'une comparaison directe entre l'aire égéenne et l'aire proche-orientale restait l'un des critères de base qui a déterminé le choix des cas étudiés.

L'ordre initial de présentation adopté lors de la table ronde (« Archives sans palais », « Palais sans archives », « Palais et Archives ») a cédé la place, dans cette publication et en fonction des versions finales qui ont été produites, à deux groupes de communications : un premier consacré à l'élaboration d'un modèle, avec la construction méthodologique de l'objet « palais », et un second qui rassemble des études plus détaillées insistant sur l'organisation et le fonctionnement en interne de ce qui peut être qualifié de palais, ainsi que sur les relations externes qu'entretient un palais avec d'autres types de bâtiments, avec le territoire dans lequel il est implanté, et avec d'autres palais.

De cette mise en commun des recherches sur les palais de l'Âge du Bronze émergent quelques thèmes fédérateurs : celui de la difficulté de la définition du concept de palais d'abord, celui des rapports entre palais, administration palatiale et usage de l'écrit ; celui, enfin des interrelations entre le palais et son territoire et de l'éventuelle démultiplication du palais central.

Définir le palais

Toutes les communications présentées ici ont insisté sur les fonctions multiples que remplit le palais, et qui trouvent souvent leur traduction dans une sectorisation de l'ensemble bâti et dans sa diversification. Le vocabulaire n'est pas forcément explicite : comment définir, par exemple, le palais sumérien, qui apparaît sous le vocable assez neutre d'É.GAL « la grande demeure » ? On y trouve, semble-t-il, des espaces spécifiques, qui le distingueraient des premières formes de maisons du pouvoir, souvent rattachées dans l'historiographie aux temples ou à des formes de gouvernement collectif des premières sociétés sumériennes. Malheureusement, aucun palais du IIIe millénaire n'a été clairement identifié dans les premières capitales connues en basse Mésopotamie (Uruk, Ur, Girsu, Agadé). La polysémie du terme « palais » en akkadien est confirmée par l'archéologie. À Mari, Aššur, Ugarit on a affaire à un « bâtiment central » complexe, auquel s'adjoignent des structures de stockage ou d'activité artisanale et des résidences voisines mais architecturalement séparées dans lesquelles s'exerce une partie du pouvoir royal. Cette décentralisation des fonctions se retrouve jusque sur le site chinois de Yinxu. Le débat, pour le cas crétois, sur la qualification de « bâtiment à cour centrale » pour trouver une dénomination la plus objective possible rend compte aussi de la difficulté de s'accorder sur un modèle unique.

Fondamentalement, le palais royal sert de cadre de vie au souverain et à sa famille, mais il est souvent difficile, voire impossible d'identifier précisément les appartements royaux : c'est, par exemple le cas du Vieux Palais d'Aššur ou du grand palais de Mari. La question d'une délimitation dans l'espace d'une « maison des femmes » en milieu mésopotamien a également reçu des réponses diverses. S'y ajoute, souvent attesté par la documentation textuelle, mais pas forcément facile à retrouver dans l'organisation spatiale que nous fournit l'archéologie, un lieu de « visibilité » du pouvoir (salle du trône, salle d'audience, lieux de réception collective).

La question se pose d'autre part, en particulier en domaine mésopotamien, de savoir si l'émergence des villes capitales ne repose pas d'abord sur leur poids religieux et sur la présence d'une divinité poliade majeure : à Aššur c'est le dieu qui a donné son nom à la ville et qui y règne en maître, même quand elle devient le centre politique d'un État territorial. Babylone, qui émerge au début du IIe millénaire comme grande puissance politique, se définit par la suite comme le lieu par excellence de résidence et d'exercice du pouvoir du dieu Marduk. C'est de la ville de Nippur, dédiée au dieu Enlil et qui fut toujours une capitale religieuse et non une puissance politique (même si les rois d'Ur, à la fin du IIIe millénaire, résidaient à proximité dans le Tummal : c'est l'hypothèse que propose B. Lafont en suivant P. Steinkeller[5]), que Babylone a cherché à recueillir l'héritage dans sa toponymie urbaine, plus que de Larsa, d'Ur, ou même d'Agadé. En Assyrie apparaît

---

5. Cf. *supra* la contribution de B. Lafont et C. Lecompte, note 187.

assez tôt le désir du roi de disposer d'un lieu dans lequel puisse se déployer de manière exclusive l'affirmation architecturale de sa valeur et de son prestige : en témoigne la construction de Kar-Tukulti-Ninurta, à la fin du XIIIe siècle, peut-être inspirée par la construction en Babylonie cassite de Dur-Kurigalzu au début du XIVe siècle. B. Lafont et C. Lecompte ont rappelé que les temples mésopotamiens ont des systèmes de gestion très voisins de ceux des palais et que l'on utilise souvent dans ce contexte la notion de « grand organisme » pour rendre compte de cette similitude de fonctionnement, voire des interrelations étroites qui s'établissent à l'époque dynastique archaïque. La perméabilité réciproque des deux structures apparaît dans la documentation de Girsu pré-sargonique, comme l'a montré C. Lecompte, même si le palais semble disposer d'un personnel propre qui y mène des opérations spécifiques de contrôle administratif. Les temples mésopotamiens sont, par contre, dépourvus de l'aspect politique que détiennent les palais, et, par exemple, de certains types d'archives épistolaires qui les caractérisent.

Il est rare, enfin, de pouvoir définir clairement, dans l'espace palatial, une ou plusieurs véritables salles d'archives : le cas d'Ebla, au IIIe millénaire, ou, au IIe, de Pylos en Grèce continentale, restent des exceptions. L'article de J.-M. Durand[6] consacré à l'organisation de l'espace dans le palais de Mari d'époque amorrite (XVIIIe siècle av. J.-C.) et aux divers lieux de production puis de classement des archives a montré, dès 1987, la diversité des lieux d'archivage réguliers et leur non-coïncidence, parfois, avec les endroits où furent découverts certains lots de tablettes. Dans la « conciergerie » de la porte principale étaient conservées certaines tablettes enregistrant des entrées de produits ; dans le secteur réservé à l'habitat féminin se trouvaient les archives de la gestion de la « maison des femmes » ; mais certaines lettres diplomatiques furent découvertes dans des salles secondaires, où leur présence est due à l'opération de tri sélectif opérée par les soldats d'Hammurabi.

La production des archives

Le rapport aux archives écrites permet d'éclairer les fonctions du palais. Le premier constat à dresser est bien évidemment celui de l'aspect souvent lacunaire de la documentation dont nous disposons : le hasard des sources fait qu'il est normal que nous ayons connaissance de l'existence matérielle de palais sans avoir retrouvé la masse des archives qu'ils ont pu produire, ou, à l'inverse, que des ensembles de textes organisés en archives évoquent des palais dont aucune trace ne subsiste. Le premier cas est souvent typique de la situation égéenne (mais on le rencontre également à Yinxu, dans la région du Fleuve Jaune en Chine entre le XIVe et le XIe siècle), le second se trouve plus souvent en contexte proche-oriental. Comme le soulignent B. Lafont et C. Lecompte, il est même caractéristique des grandes capitales sumériennes de la période protodynastique III, où, de manière

---

6. DURAND 1987.

un peu paradoxale, le « palais » (é-gal) est surtout attesté comme institution et beaucoup moins comme bâtiment.

Même lorsque les deux sources de données, vestiges archéologiques et documentation textuelle, sont présentes, elles ne sont pas forcément synchrones : les textes documentent régulièrement la phase finale d'occupation d'un bâtiment (parfois seulement sa dernière année comme le souligne M. Del Freo), alors que la durée d'existence de l'édifice est en général bien plus longue, comme à Pylos, Mycènes, Ugarit ou Mari. Quant aux archives textuelles elles sont elles-mêmes rarement complètes : elles peuvent avoir fait l'objet d'un tri sélectif juste avant la destruction du palais, comme dans le cas du palais de Mari ; ou bien elles n'illustrent que l'un des aspects de l'usage de l'écrit dans le palais, parce que d'autres groupes de documents n'ont pas été retrouvés comme à Ebla ou dans le palais de Babylone, ou avaient déjà disparu, en raison du support utilisé comme à Pylos ou à Yinxu. On peut également se trouver en face d'« archives mortes » lorsque les textes ont été utilisés pour leur support (l'argile des tablettes) et non pour leur contenu. Plusieurs cas sont attestés, de tablettes déversées par paniers entiers pour aider au remplissage d'un mur ou à la formation d'un radier.

De même, Fr. Rougemont et J.-P. Vita rappellent que le « Grand Palais » d'Ugarit contenait des textes de types divers répartis en cinq lieux principaux de conservation, mais que l'« enceinte » ou le « quartier » royal contenait aussi d'autres archives, dont le principe de constitution et de répartition nous échappe. Ici aussi entre le contingent et le structurel, il est parfois difficile de trancher. Le cas du double palais de Babylone étudié par L. Cousin est exemplaire de ce point de vue : chacun des deux ensembles de bâtiments (Palais Sud et Palais Nord) a son histoire et ses fonctions, qui ne coïncident pas forcément, en particulier dans le cas du Palais Nord, avec la documentation écrite qui y a été retrouvée.

Quel sens, enfin, donner à la dénomination « archives (écrites) », quand on la met en relation avec le fonctionnement d'un palais égéen ou mésopotamien de l'Âge du Bronze ? L'une des idées sous-jacentes est évidemment l'existence d'une administration palatiale productrice de documents écrits et susceptible de classer ces documents et de les organiser pour en tirer parti dans la gestion des activités et des ressources du palais. Mais les documents doivent être les témoins des différentes étapes de l'enregistrement de ces ressources et de leur utilisation et une typologie précise peut en être dressée : dans le cas mycénien par exemple, on distingue le nodule lié à la présence d'un animal ou d'une unité de produit, la tablette de format « feuille de palmier » liée à un enregistrement simple, puis le récapitulatif « format page » dressant une pluralité d'enregistrements ; dans le cas d'un palais mésopotamien, la hiérarchie est la même : bulles scellées (mais dont beaucoup sont anépigraphes), documents d'enregistrement simples, récapitulatifs sur une durée de temps déterminée, ou combinant, comme à l'époque d'Ur III, différents types de données comptables quand il s'agit de la production d'un atelier d'État par exemple. La nécessité de poursuivre cette recherche typologique s'impose clairement : par exemple l'usage des scellés apparaît lié, en contexte crétois, à un transfert de biens et de produits et suppose donc un système de collecte, mais ne débouche pas forcément sur un archivage volontaire des documents, alors que les tablettes sont plus directement produites et utilisées par une administration palatiale. Le rapport scellés/tablettes permet aussi de poser la question de l'acquisition et du stockage des produits de luxe et des flux commerciaux qui les portent.

Le palais dans son environnement

La diversité des fonctions du palais entraîne une démultiplication des édifices à l'intérieur d'un même site urbain, souvent qualifié de « capitale ». Même un bâtiment qui rassemble en un seul lieu plusieurs fonctions distinctes comme le Grand Palais de Mari que décrit P. Butterlin à la suite des travaux d'A. Parrot et de J.-Cl. Margueron n'est pas le seul édifice palatial présent sur le site : il faut y associer le Petit Palais ou Palais oriental, sans doute un peu plus récent (mais construit lui aussi au XXIe siècle par la même dynastie des Šakkanakku). On ne peut cependant pas toujours opter dans l'interprétation des rôles joués par ces bâtiments entre une répartition fonctionnelle (l'un pour l'exercice public du pouvoir, l'autre pour l'aspect résidentiel, par exemple) ou des doublons dont la raison d'être n'est pas plus explicitée : même si l'interprétation finale de la raison d'être des tribunes dont P. Butterlin trouve et analyse la présence dans le « Grand » et le « Petit » Palais à Mari reste mystérieuse, il est probable qu'elles renvoient à un usage politique, religieux ou culturel assez similaire. De même, à Ugarit, comment doit-on interpréter la coexistence de l'« enceinte royale » qui contenait le « Grand Palais », avec le « Palais Nord », vidé de son contenu plusieurs décennies avant la chute de la ville et avec le « Palais Sud », qui était avant tout la résidence du chef de l'administration royale ?

Élargissant la perspective de l'échelle du site urbain à celle du territoire sous contrôle du palais, les études présentées dans l'ouvrage ont clairement montré l'existence de réseaux qui démultiplient l'organisme palatial pour le rendre présent dans plusieurs endroits. Les cas de Pylos et des palais crétois montrent que l'exploitation économique d'un territoire passe par l'existence de succursales palatiales, qui peuvent être d'abord des lieux de collecte, et de stockage. Plus le territoire est vaste, plus ces implantations décentralisées reproduisent les fonctions multiples du palais et en deviennent des répliques, comme le montrent les cas médio-assyriens présentés par A. Tenu et par S. Jakob. Ils montrent que le roi, avec une partie de sa cour, peut voyager entre plusieurs palais et que le lieu du pouvoir est avant tout là où il se trouve.

Dès lors, comme le soulignent Fr. Rougemont et J.-P. Vita, unité géographique ne signifie pas unité politique, et la Crète ou l'Argolide mycénienne témoignent de l'existence de palais voisins, qui ont livré chacun des archives et dont les relations restent à établir : ainsi, la comparaison avec le modèle ougaritique peut orienter vers une organisation régionale hiérarchisée où l'un des sites pourvus de palais exerce une prééminence sur les autres. Le rapport dialectique entre « palais central » et « édifices centraux » ou « grandes résidences » ou « villas royales » ou

« princières » est cependant complexe à démêler comme l'illustre bien le cas de la Crète à l'époque néopalatiale qu'analysent M.E. Alberti et A. Karnava. La manière dont les rapports politiques, sociaux, économiques, voire culturels se structurent sur l'île à cette époque apparaît très diversifiée, et il reste difficile de faire émerger un modèle unique d'évolution.

Ugarit montre aussi qu'on peut associer au palais proprement dit, résidence du roi et de ses proches, des lieux qui paraissent de prime abord être des résidences privées de grands personnages, mais dont les archives écrites qui y ont été retrouvées montrent que leurs occupants étaient directement impliqués dans le gouvernement de l'État, et susceptibles de produire des textes en rapport direct avec l'exercice du pouvoir. Cette organisation très particulière se retrouve, comme l'avaient déjà signalé P. Darcque et Fr. Rougemont[7], à Mycènes et à Tirynthe et permet de brosser le portrait d'une administration décentralisée agissant à la fois dans le palais royal principal, dans des palais secondaires, éventuellement répartis dans des lieux-clés du territoire, et des « édifices intermédiaires » occupés, vraisemblablement, par des hauts personnages proches du roi.

Malgré l'aspect très centralisé que l'on attribue volontiers au palais royal égéen ou mésopotamien, le système n'est pas pour autant organisé autour de la seule personne du roi et il apparaît souvent assez complexe : le souverain s'appuie volontiers sur les ressources et les contributions des membres de son entourage familial et politique, et, s'il n'est pas forcément facile d'accès, le souverain n'est pas pour autant, au moins à l'Âge du Bronze, un « roi caché ». Il existe, certes, des gradations, et il semble bien, en suivant S. Jakob, que le sens le plus fondamental du terme *ša rēši* pour désigner ceux qui sont proches du souverain, soit d'être le « prolongement du bras du monarque », lorsqu'il s'agit d'agir à l'extérieur de la capitale, et les « yeux et les oreilles du roi » quand il lui faut s'informer sur l'état de son royaume.

À l'échelle de territoires plus vastes et comptant des unités géographiques distinctes, comme dans le cas de l'empire médio-assyrien, on voit émerger l'idée d'un dédoublement occasionnel du palais central : le pouvoir royal n'étant pas monolithique, il peut aussi se déléguer en partie, et d'autres sites se retrouvent pourvus d'un palais, comme l'illustre le cas de Dur-Katlimmu sur le Habur, qui joue, à certains moments, le rôle de « capitale occidentale » de l'empire médio-assyrien par rapport à Aššur, au bord du Tigre. Ce dédoublement n'est d'ailleurs pas propre à cette période : on pourrait le faire remonter au moins à la mise en place du Royaume de Haute Mésopotamie du XVIIIe siècle av. J.-C. et au choix par le roi Samsî-Addu d'une délocalisation de sa capitale, d'Ekallâtum au bord du Tigre à Šubat-Enlil au cœur de la haute Djezireh syrienne. Et l'on peut sans doute, en descendant dans le temps, noter la persistance de la tendance assyrienne à la démultiplication des palais à la fois sur un même site (comme sur les acropoles de Kalhu puis de Ninive), dans des villes voisines (Aššur, Kar-Tukulti-Ninurta,

---

7. DARCQUE et ROUGEMONT 2015.

Kalhu, Ninive, Dur-Šarrukin), voire à la mise en place de nouvelles «capitales occidentales», plus ou moins pérennes aux VIIIe et VIIe siècle, comme Hadatu sous Tiglath-Phalazar III, ou Harran sous Aššurbanipal. La recherche sur les palais de l'Âge du Bronze est donc riche de données qui permettent la compréhension des développements ultérieurs.

Francis JOANNÈS
Université Paris 1 et UMR 7041 ArScAn
francis.joannes@gmail.com

Bibliographie

CARLIER P., Fr. JOANNÈS, Fr. ROUGEMONT et J. ZURBACH (éds.) 2017, *Palatial Economy in the Ancient Near East and in the Aegean. First Steps towards a Comprehensive Study and Analysis*, Pise – Rome.

DARCQUE P. et Fr. ROUGEMONT 2015, «Palaces and "palaces": Mycenaean texts and contexts in the Argolid and neighbouring regions», dans A.-L. SCHALLIN et I. TOURNAVITOU (éds), *Mycenaeans up to date. The archaeology of the North-Eastern Peloponnese – current concepts and new directions*, Skrifter utgivna av Svenska institutet i Athen 4°, 56, Stockholm, p. 557-573.

DESHAYES J. 1969, *Les civilisations de l'Orient ancien*, Paris.

DURAND J.-M. 1987, «L'organisation de l'espace dans le palais de Mari», dans E. LÉVY (éd.), *Le système palatial en Orient, en Grèce et à Rome. Actes du colloque de Strasbourg 19-22 juin 1985*, Strasbourg, p. 39-110.

LÉVY E. (éd.) 1987, *Le système palatial en Orient, en Grèce et à Rome. Actes du colloque de Strasbourg 19-22 juin 1985*, Strasbourg.

Index

Index des noms propres

Adad-nirari I	218
Arad-Nabû	164
Artareme	166
Artaxerxes I	166-167
Artaxerxes II	166-167
Aššur-bel-kala	58, 60, 219
Aššur-dan I	71, 223, 225
Aššur-iddin	65, 228
Aššur-ketta-lêšer	226
Aššur-uballiṭ I	61
Bēlšunu	165-166
Bēl-uballit	163
Darius I	163
Darius II	166, 167
Eribšu	163
Etel-pî-Adad	225-226
Gubaru	166
Kandalānu	167
Marduk-eriba	166
Muballitat-Šerua	219
Nabû-bēl-uṣur	163
Nabuchodonosor I	158
Nabuchodonosor II	158, 160-161 et n.25, 162-167
Ninurta-apil-Ekur	219, 223, 225
Qibi-Aššur	228
Rîš-Nergal	225-226
Šamaš-šum-ukīn	160-161, 163, 167
Šulgi	8 n.4, 40 et n.169, 41-43 et n.178, 44, 46
Tiglath Phalazar	60-61, 65, 68-70, 240
Tukulti-Ninurta I	60 et n.11, 61, 63-65, 69, 71, 217-218, 223, 228
Ur-Namma	42, 43 n.178, 46
Urukagina	13-15, 17 n.41, 18, 20 n.72, 22, 24-26, 28, 33, 35 et n.156, 36-37 et n.162, 49

Index des toponymes

Akrotiri	181, 182 et n.46, 183-184
Alašiya	97
Amarynthos/*a-ma-ru-to*	205
Amurru	97
Arbail	226
Ardiya	163
Argolide	78 et n.16, 85, 86 et n.64, 87, 88 et n.82, 89 et n.84, 98 et n.132, 99, 199-200, 238
Argos	86 n.66, 87
Aššur	58-60, 61 n.11, 65, 66 et n.38, 68, 69 et n.53, n.54, 70-71, 217-219, 221, 223, 226, 228-229, 235, 239
Babylone	49, 109, 117, 155-158, 159 n.13, 161-163, 165-167, 234-235, 237
Beyrouth	97
Borsippa	166
Byblos	97
Cnossos	73, 77 et n.15, 79 et n.26, 80 et n.27-29, 82, 100 n.134, 171, 173-175, 178-180, 183, 185, 195 n.1, 196 n.3-5, 197 n.6-8, 198-200, 202 n.25, 203 et n.29, 204, 205 et n.41-42, 206 et n.48, 208-209, 210 et n.59
Crète	78, 80, 82, 171-175, 179, 182-184, 199, 202, 233, 238-239
Damantri	172, 181
Dilbat	166
Dilmun	162
Dimini	73 n.1, 84, 198 n.13
Drehem/ Puzriš-Dagan	42, 44-46, 48, 50

Dunnu-ša-Uzibi	229
Dūr-Katlimmu (voir Tell Sheikh Hamad)	
Ebir nārī	166
Égypte	93, 97, 162
Élam, Élamites	31, 36, 47, 162
Ešnunna	45 n.185, 49
Eubée	205
Euphrate	155, 157, 234
Galatas Pediados	172, 179
Garšana	43, 47-48
Giricano	229
Ĝirsu (voir Tello)	
Gournia	171, 181, 183
Haghia Triada	179, 181, 183, 184
Haghios Vassilios	82, 99 n.133, 196 n.3, 197 n.6, n.8, 200 n.15, 211
Hanigalbat	223, 228-229
Haradu	229
Hatti	97
Iklaina	78-79, 196 n.3, 201, 202 n.22, 211
Ionie	162
Irisaĝrig	43, 47-48
Isin	49
Kafkania	198 n.13
Kalamianos	86 et n.64, 98 n.132
Karkemiš	97
Kar-Tukulti-Ninurta	217, 236, 239
ka-ru-to (voir Karystos)	
Karystos/ka-ru-to	205
Khirbet ed-Diniye	229
Kizzuwatna	97
Kiš	7 n.2, 8, 41
Kutha	166
La Canée	79, 80 et n.30, 172, 181, 196 n.3, 199-200
Lagaš	8, 13, 24-26 n.103, 29, 31, 33, 36 et n.156, 37, 43, 50
Larsa	49, 235
Lydie	162
Malia	171-172, 174 et n.20, 175-176, 178, 180, 199
Mari	7 et n.2, 26, 38 et n.165, 49-50, 109, 111, 117, 118 n.36, 128-129, 132, 134, 136, 158, 159 n.14, 160, 234-238
Mâri (pays de)	226
Médéon	73 n.1, 198 n.13
Médie	162
Messénie	77-79, 199, 201, 208, 234
Midéa	85-87, 196 n.3, 197 n.6, n.8, 200, 202 n.25
Mittani	223, 226-229
Mycènes	77 et n.13, 78 n.16, 85, 86 et n.64, 87 et n.77, 88, 89 et n.84, n.85, 98, 99 et n.133, 100 n.134, 196 n.3,197 n.6, n.8, 200, 202 n.25, 203 et n.26, 205 et n.41, 237, 239
Nichoria/ti-mi-to-a-ke-e	78, 79, 201, 202 et n.22
Ninive	64, 69 n.53, 70, 228, 239, 240
Nippur	13 et n.22, 26, 39 et n.167, 43 et n.178, 44, 45, 46, 47, 48, 235
Ougarit	73, 78 n.16, 86, 87 et n.77, 88-89, 91-92, 95, 96 et n.124, 97, 98 et n.131, 99, 100 et n.134, 238
Palaikastro	174, 181
Parsu	162
Pétras	171, 173, 175, 178, 181
Phaistos	171, 173, 175, 176, 179
Puzriš-Dagan (voir Drehem)	
Pylos	77 et n.15, 78 et n.16, 79 et n.23, 88, 99 n.133, 100 n.134, 195 n.1, 196 n.3-5, 197 et n.6-8, 198, 200-201, 202 et n.23, n.25, 203 et n.29, 204 et n.35, 205 et n.40-42, 206, 207 et n.49, n.51, 208-209, 234, 236-238
Qadeš	97
Ras Ibn Hani	87, 88 n.78, 89, 95, 97-99
Ras Shamra	87, 88 n.78, 89, 91-92, 94-99
Satu Qatu	222
Sidon	97
Sissi	79, 82, 172, 181, 196 n.3, 199-200
Sklavokambos	183, 184
Syrie	7 et n.2, 87, 92 n.92, 97, 111, 222, 224, 226, 234, 239
Šubat-Enlil	49, 239
Taidu	65 n.36, 228
Tarhuntašša	97

INDEX

Ṭabetu (voir Tell Taban)
Tell Ali 222
Tell Amran ibn-Ali 155
Tell Basmusion 222
Tell Billa 222
Tell Fekheriye 226, 228-229
Tell Kasr 155, 157
Tell Sabi Abyad 229
Tell Sheikh Hamad / Dūr-Katlimmu 65, 222-224, 229, 239
Tell Taban/ Ṭabetu 224-226
Tello/ Ĝirsu 8, 12-13, 16 et n.36, 20, 22 n.88, 25, 26 et n.103, 28-30, 35 n.155-156, 38 et n.163, 42, 43 et n.178, 44-46, 48-51, 235-236
Thèbes/*te-qa-de* 80, 83 et n.43-44, 88, 99 n.133, 196 n.3, 197 n.6, n.8, 200, 202 n.25, 205, 207 n.49, n.51
Tigre 47, 217, 239
ti-mi-to-a-ke-e (voir Nichoria)
Tirynthe 85, 86 et n.64, n.68, 87 et n.77, 89, 98, 99 et n.133, 196 n.3, 200, 202 n.25, 203 et n.26, 239
Tummal 46-48, 50, 235
Tyr 97, 162
Umma 13 et n.22, 26 n.103, 27 n.115, 42-46, 48-49
Ur 8 et n.4, 11 et n.9, 12, 26, 39-40, 41 et n.171, 43-44, 45 et n.185, 46-47, 50 et n.202, 136, 159 n.14, 235
Uruk 9, 14, 39, 42-44, 46, 49, 117, 164, 235
Ušnatu 97
Waššugganni 227-228
Zakros 171, 174-175, 181-184

Index thématique

agriculture 14, 28, 32, 67, 223
animaux 23, 24 et n.96, 26 et n.106, n.108, 27 n.115, 49
architecture 93, 115, 119, 145, 149, 229, 233

archive(s) 5, 7-8, 11-13, 15-16, 23, 28, 30, 33-34, 35 et n.153, 38-40, 42-43, 47, 49-50, 63, 66, 68-69, 71, 73 et n.1, 74-75, 77 et n.13, n.15, 78 et n.16, 79, 80 et n.29, 82-84, 86-87, 89, 91 et n.92, 92-96, 97 et n.124, 98, 99 et n.133, 100 n.134, 109, 111, 141, 148-151, 156-159, 160 n.15, 161 et n.22, n.26, 162, 163 et n.34, 165-167, 171, 182, 195 et n.1-2, 196, 199, 200 et n.15-16, 201, 202 et n.25, 203-205, 207 n.50, 210, 217, 218 et n.3, 219, 221-222, 225, 228, 229 et n.73, 233-234, 236-239
armes 66, 70, 82, 151, 206, 225
artisans, artisanat 19, 44, 145, 162, 173, 176, 178, 182, 184-185, 201-203, 206, 221, 235
ateliers 43-44, 66, 95, 141, 143-145, 147, 149, 176, 210 n.59, 221, 224, 237
banquets 173
bétail 178, 221, 225
blé 75 n.8, 77 n.11
bovins 25, 178
boules (voir scellés)
bulles 237
bureau 12, 64, 66, 75, 77 n.15, 96, 100 n.134, 114, 184, 203-204, 219
capitale 8, 39, 41 n.171, 42-45, 57-58, 61 n.11, 62, 64-65, 66 n.38, 68, 87 et n.77, 89 n.85, 96, 97, 141, 145, 149, 151, 155, 174, 208, 217-218, 221-224, 226, 229, 235-236, 238-240
chars 66
chevaux 63, 70, 221
combination nodule (voir scellés)
cours 7, 65, 91, 93, 145-146, 158, 165, 167
cour centrale 79, 80 n.26, 172-173, 181, 221, 235
direct sealing (voir scellés)
édifices intermédiaires 83, 99 et n.133, 111, 203, 239
enveloppes 227, 228

étiquettes 73, 77, 82 et n.35, 85 n.57, 91 n.92, 94, 100 n.134, 160, 196 et n.4, 197-198, 204
flat-based nodule (voir scellés)
gouverneur 12, 24-25, 26 n.103, 30, 43-44, 45 n.185, 50-51, 57, 64-65, 67, 91 n.92, 165-166, 217 et n.1, 224, 229
hiéroglyphique crétois 176, 178 et n.40
Hittites 63, 92 n.92, 96 n.124, 97, 234
huile 39, 75 n.8, 77 n.11, 78 n.16, 161, 162, 181
intendant 15, 37 n.160, 163, 218, 219, 221
irregular string nodule (voir scellés)
irrigation 174
ivoire 73 n.1, 75, 219, 225
laine 15, 24-25, 26 n.103, 39, 66, 84 n.49, 178, 206, 210 n.59, 225
lettres 31 et n.142, 36, 42 et n.176, 69, 78 n.16, 91 et n.92, 92-93, 95, 96 et n.124, 97, 163, 195 n.2, 223, 225, 228, 236
linéaire A 176 et n.30, 182
linéaire B 73 et n.1, 75, 78, 79 et n.24, 80, 83-84, 98, 99 n.133, 178, 196 et n.3, 197-199, 201, 202 n.25, 204, 234
look-alike (voir aussi *replica rings*) 184 n.51
maison 8-9, 12-13, 29, 36 n.156, 40-41, 50 n.201, 57, 61-62, 65 n.31, 77, 78 n.16, 79 n.26, 83 et n.44, 85, 86 n.66, 88, 94-95, 96 n.124, 97-98, 99 et n.133, 100 n.134, 115, 160 n.19, 163-164, 166, 176, 180-182, 202 et n.25, 203 et n.26, 221, 227-229, 235-236
maison du roi 8, 61, 91, 98
métaux 16, 27, 66
nodulus (voir scellés)
orge 17 n.42, 19, 20 n.71, 22, 26 n.108, 27 et n.114, 31, 37 n.160, 39, 63, 223
ovins/moutons 15-16, 24 et n.98, 25, 26 et n.103, n.108, 36, 64, 77 n.11, 178

palais principal 45-46
palais secondaire 99, 239
paléographie, scribes 11 n.10, 22, 23, 64, 69, 71, 74-75, 91, 95, 97, 100 n.134, 162-163, 184, 201 n.20, 204 et n.35, 207 et n.50-51, 208 et n.55, 209 et n.56-58, 210 n.59
pendule (voir scellés)
pressoir 179, 181
province 43, 44, 62, 64-65, 66 n.38, 68, 166, 208, 217 et n.1, 221, 229-230
redistribution 229
regular string nodule (voir scellés)
replica rings (voir aussi *look-alike*) 183
résidence 5, 7-9, 35 et n.156, 40, 41 n.171, 42, 44, 45 et n.185, 46, 48-50, 57, 60 et n.11, 65, 68, 91, 93-94, 96, 117, 128, 158, 163-164, 167, 171, 173, 179, 181-182, 185, 219, 229, 235, 238-239
Room of the Chariot Tablets 73, 80 et n.29, 100 n.134, 210 n.59
Room of the Column Bases 80
rondelles (voir scellés)
salle du trône 7, 60, 71, 95, 114, 117, 118 et n.36, 122, 125-126, 128-129, 131, 132, 134-136, 158, 159, 165, 235
sceaux 73 n.1, 76, 77 n.10, 94, 100 n.134, 115, 160, 163, 176, 178, 181-182, 184, 196-197, 198 et n.13, 205, 207 et n.49, n.51, 210, 228
scellés 73 et n.1, 100 n.134, 173, 176, 178, 181, 182 et n.46, 183-185, 196 et n.3, n.5, 198-200, 203 n.29, 205, 207 et n.51, 210, 237-238
 – boules 176 n.29, 182 n.46
 – *combination nodule* 196, 198
 – *direct sealing* 182 n.46, 198
 – *flat-based nodule* 196-197, 198 n.11, 202 n.24
 – *irregular string nodule* 196-197, 198 et n.12, 205 n.42
 – *nodulus* 182 n.46, 184, 196-197

INDEX

   –pendule 182 n.46
   –*regular string nodule* 196 n.4, 196-197, 198 et n.12, 205, 208-209, 210 n.59
   –rondelles 176 n.29, 182 n.46, 184
   –scellés directs 176, 182 n.46, 198
   –scellés d'objets 176, 182 n.46
   –*single-hole nodule* 182 n.46
   –*stopper* 196, 198
   –*two-hole nodule* 182 n.46
scellement 115, 134, 136, 173, 207, 223, 227-228

scribes (voir paléographie)
single-hole nodule (voir scellés)
stockage 23, 28-29, 66, 68, 91, 160 n.15, 161, 173, 179, 182, 184, 202, 221, 223, 225, 229, 235, 238
stopper (voir scellés)
tablettes 11 n.9, 13, 19, 20 n.66, 21, 22 et n.85, 23-24, 25 et n.99, 26 et n.103, 28, 30, 31 et n.137, n.142, 32 et n.144, 33, 34 et n.152, 35 et n.154, 37 et n.160, 38, 42 n.177, 43, 49, 51, 69-71, 73-74, 75 et n.7, 77 et n.11, 78 et n.16, 79 et n.25, 80 et n.27, n.29, 82 et n.39, 84-86, 91, 95, 99 et n.133, 100 n.134, 134, 155, 156 n.4, 158-159, 160 et n.15, 161 et n.25-26, 162-163, 165, 166 et n.51, 167, 176 et n.29, n.33, 178, 181-182, 184, 196, 197 et n.8, 200, 201 et n.19-20, 202 n.24, 203, 204 n.35, 205 et n.41-42, 206, 208 et n.55, 211, 217, 218 et n.3-4, n.6, 219, 221, 223-226, 227 et n.63, 228-229, 234, 236-238
   –format «page» 75, 77 et n.12, 100 n.134, 196-197
   –format «feuille de palmier» 75 et n.7, 77, 100 n.134, 196
two-hole nodule (voir scellés)
temple 7, 8 et n.3, 9, 11 n.9, 12-15, 16 et n.34, n.36, 17, 19, 20 n.72, 26 n.103, 29 et n.125, n.128, 30, 33, 36, 37 et n.158, n.160, 38, 40, 41 et n.171, 42, 43, 44, 45 et n.185, 46, 48-50, 57-58, 60, 66, 68, 92, 117, 145-147, 151, 157, 164, 218 et n.6, 221, 235-236

textes/documents administratifs 14, 16, 24-25, 31-32, 35 n.156, 63-64, 66, 69 n.53, 74-75, 91 et n.92, 92-96, 98 et n.131, 99, 150, 174-176, 181, 184-185, 195, 208, 225, 228

tissus/textiles 16, 19, 23 et n.93, 44, 66, 160 n.15, 176, 206, 209 n.56, 210 n.59
vases/jarres à étrier 73 n.1, 198
villas 173, 179, 181, 184, 238
vin 181, 202 n.25, 208, 209 et n.56

Index des mots et expressions akkadiens

aššat šarre 61
bābānû 61-62
bētānû 61-62
bīt abūsāte 60, 66
bīt qīpūti 162
bīt rēdûti 164
bīt sekrēti 163
dunnu 229
ekallu 8, 9 n.8, 57, 61, 65, 66 et n.38, 68, 98, 217
kīdānû 61, 62 et n.18
manzāz pāni 62
mārāt šarre 64
mār'ū šarre 64
mašennu rabi'u 66
muraqqiātu 64
nāmurtu 63 n.24, 64
pīhāt Bābili 166
piqittu 63
qēpu 62, 68
rab ekalle 62
rabi'ūtu 64
rēš hameluḫḫi 58, 60
sepīru 164
sinnišati ša ekalle 61
ša rēši 62-64, 68, 239
šatammu rabû 93

Index des mots et expressions sumériens

É.GAL/ e₂-gal   7-8, 9 et n.6, 11 et n.11, 12, 15, 16 et n.34, 17 et n.39, n.44, 20 et n.67, n.71, 21, 22 n.85, n.88, 23 et n.94-95, 24, 25 et n.103, 26 n.106, 27, 28 et n.121, n.123-124, 29 et n.125, n.127, 30 et n.133, 32 n.143, 35, 36 et n.156, 37 et n.160, 38-42, 43 et n.178, 44-45, 47-49, 57, 58 n.6, 61 et n.14, 235

É.gal.lugal.šar.ra.kur.kur.ra   61
É.lugal.umun.kur.kur.ra   61
ká.dingir.ra   157

Index des mots et expressions ougaritiques

bt mlk   98

Index des mots et expressions mycéniens

a-ma-ru-to (voir Amarynthos)
a-pu-do-si   205, 206 n.43, 209 et n.57
a-pu₂ / a-pu₂-we   78, 201
ka-ru-to (voir Karystos)
ta-ra-si-ja   206 et n.44, n.48
te-qa-de (voir Thèbes)
ti-mi-to-a-ke-e (voir Nichoria)